U0947407

正君子

统纪诸家归德
总御群方宗性

德学宗义

王爱品◎著

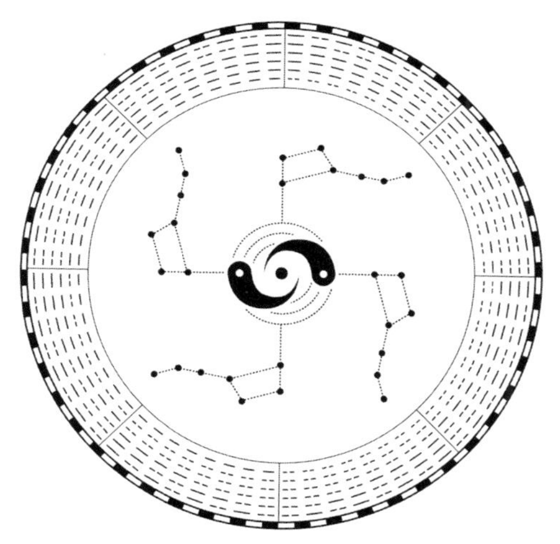

利册 | 正君子

图书在版编目（CIP）数据

德学宗义 . 利册 : 正君子 / 王爱品著 . -- 北京 :
华龄出版社 , 2022.10

ISBN 978-7-5169-2389-4

Ⅰ . ①德… Ⅱ . ①王… Ⅲ . ①道德—研究—中国
Ⅳ . ① B82

中国版本图书馆 CIP 数据核字 (2022) 第 167074 号

策划编辑 董巍 **责任印制** 李未圻

责任编辑 郑雍 **装帧设计** 郑博文 牛书磊

书　　名	德学宗义 . 利册	**作　　者**	王爱品
出　　版 **发　　行**	华龄出版社 HUALING PRESS		
社　　址	北京市东城区安定门外大街甲 57 号	**邮　　编**	100011
发　　行	（010）58122255	**传　　真**	（010）84049572
承　　印	北京文昌阁彩色印刷有限公司		
版　　次	2023 年 1 月第 1 版	**印　　次**	2023 年 1 月第 1 次印刷
规　　格	710mm × 1000mm	**开　　本**	1/16 开
印　　张	27	**字　　数**	330 千字
书　　号	978-7-5169-2389-4		
定　　价	1199.00 元（全四册）		

目录

志德卷：灾祸八体

卷之言：从失志之患到灾祸八体

本卷领起之卦为姤卦，统领之卦为震卦。以姤卦之不正领起，见灾祸八体皆以不正贯穿，围绕不正且失志而治理，以震卦统领姤卦、蛊卦、归妹卦、小过卦、剥卦、无妄卦、噬嗑卦、未济卦，形成从灾祸八体的灾祸系统见失志之祸患，从而正志而健志德。

“正志防灾祸八体”为本卷之旨，而本卷以失志呈现灾祸八体，以灾祸八体之现状见失志之患，从而坚固正志之心；君子失志且失德于祸患八体，无非是阴而不正使志不固，志不固而受阴蛊，阴惑而乱正，乱正则小过，小过则使剥落，落而剥将失德，失德则刚外来，刚外来则灾妄致恶，恶佞为祸则诸事未济，以此形成了不正之患、蛊惑之祸、乱正之祸、小过之祸、剥落之灾、无妄之灾、恶佞之灾、未济之患的祸患过程。本卷以一正通八邪，借震器之用，宜识本体而致大用，警醒若不进志致升则遭祸患，师震而立奋起之志，立重器与大器之志，既可致远，又可升格，而非重器非用与大器小用。

以姤之不正领起不正之诸祸患。在灾祸八体里，其姤卦与剥卦乃阴主大时“乾→姤→遯→否→观→剥→坤”执妄迷失过程之卦体，乃阴来阳消而主不正之体，从而以“不正”贯穿在灾祸八体的其他卦体，使其成为有灾祸之因。不正起于姤风之“柔”，阴妄从乾始，阴求遇于阳，柔遇刚，以柔成主，以遇成体，至姤一阴在下有位而成，使阴有质且有位；姤之不正乃“姤之时义”赋予，为周乾易坤的暗系统所主，以执妄迷失为路线，暗系统以“执妄迷失”为旨，执妄阴便势长，迷失则失明又失志，出现乱正又伤正、小人当道、君子烂落、昏蒙暗众等不正现状，且犹以不正言害，害君子、害正序、害正道、害德文明，因无明而有妄小人七难，又因失志而有非君子八灾。

立震器统领失志之患。震卦非言失志而成患之卦体，而是立震之大威德，使人惊恐并知惧，以震之威警示失礼丧德之违震，尤其是失志一蹶不振，处灾祸八体若不正志而进志，则陷入不正之灾祸，且灾祸日重。震卦以传德承序之重器示警，要见震得神，知进志升志且谋进取。不识震之大器而非用，且居德而小用，会致祸生，值祸变时不知反省修德，继而失志，将引起更重之灾祸，震以传德承序之大器，君子师之，应立齐地而通天之志。

灾祸八体。姤卦一阴方生有位成柔主而主不正之患，蛊卦以不正之姤风遇阴势之遯山回转行蛊而生蛊惑之祸，归妹卦以归者在妹且乱位乱正而成其乱正之祸，小过卦以内实外虚伤正害中孚而言小过之祸，剥卦以柔刚剥阳而阳消落言剥落之灾，无妄卦以灾因在妄且妄动成灾而言无妄之灾，噬嗑卦以恶佞为祸和谗邪作梗而言恶佞之灾，未济卦以阴类行未济之事而言未济之患。

在姤卦，柔遇刚并浸刚体而生不正之姤，不正之风祸乱诸卦体，犹以不正之起因致使小人当道而害正道；在蛊卦，正之姤风遇阴势之遯山回转而行蛊，以女惑男行欲生蛊事，不正乱情，蛊惑伤正，众人受蛊生坏乱之蛊果成祸；在归妹卦，妹自媒自荐动于男先来归，柔乘刚与位不当而失礼、失时，归妹不正又双失，致使双凶并至；在小过卦，山上有雷而声过其常，四阴在外，二阳在内，内实外虚，以上逆下顺立凶吉而言过；在剥卦，阴柔渐长盛极而变刚，柔刚剥阳而阳消落，众小人皆来剥丧君子，使君子失阳正、失位、失时、失剥之小体，继而被戗身落难且烂落在地；在无妄卦，灾妄起始于剥落之灾，随正道与正序剥落而无制妄止欲之器，民众行欲妄动，致使无妄卦以“妄”为体，且妄动成灾；在噬嗑卦，恶佞之徒以恶佞之内行伪善之表，从而蓄意作梗为祸德政，致使败坏德风并致灾生难；在未济卦，阴类行未济之事，因时不与、位不当、体有终等因素成其未成之果，阴类不从正致使诸事未济，且恐致使诸卦皆有履灾遭难之恶果。

正志防灾祸八体。灾祸八体之所以致灾应祸，皆有在不正之因的基础上继而失志，任其不正在阴性属性中发展，背离正道，遇灾祸八体必知灾祸之因，在于阴而不正且以不正为祸致使失去拯济阴妄之志，故而治不正之先，必先正志，以正志来固志继而固正。诸体不正，皆因遇阴浸正不固而失志，失志则需固志，且只有做好固志才能更好地固正，而正志与固志之利器在乎震，君子师震，应立齐地而通天之志。以震器大用，立拯济万民之志。在对灾祸描述中，其患、祸、灾、难乃灾祸程度由轻到重，灾祸八体虽有患、祸、灾之灾难，但尚未真正涉“难”体，故而言“防”，通过正志或德治，防患、祸、灾，若不加治理恐陷入如坎卦和明夷卦之难体。如同小过卦过错尚小伤正尚轻一样，小过错和小祸若能及时纠正将从不正得正。值灾祸八体的患、祸、灾之凶，需从阴而不正的灾祸之因起治，治不正使其得正；治阴必制阴与止阴之法，在灾祸八体之诸卦君子以及当位之阳皆有制阴与止阴之任。

姤卦以中正德制正不正之柔，姤体以承继乾文明之姤同为主体，五刚之中，仍有二五之刚居中正，以中德主姤，虽不正有祸，但阴弱祸小，故而正大的德化之风正从姤体施行，以正大之事业来正不正之姤，不仅如此，诸爻犹以“以杞包瓜”和“包有鱼”言制阴之志，谓以“包”行制阴之法。

蛊卦以“巽而止”行“止”道整饬治蛊，且慎终如始而振民育德。蛊祸在前，蛊治在后，从成蛊之因，到治蛊之法，经过整饬治蛊，根于不正之因而使蛊体得治，且成其蛊体“不正之终，大正之始”的终始之功。

归妹卦以乱位乱正成其祸，且祸患事关伦理风尚与礼制大体，有伤德政，故君子睹归妹动而不当之祸，必以“止”通正而治之。归妹之终始，正是正位序、正家人之序的呈现，亦是从归妹之乱位之不正，可见天地位序之正，以此以小见大，以“正”来振民，使民众皆能明礼序之正，行婚嫁与家人之正。

小过卦上逆下顺以有过求无过，乃治小过矫过得正之法；小过卦致过之因在于阴浸阳之弊，阴盛而阳消致使正固不利，故而止过在于制阴与止阴，止其坏德政风尚的不正之风，小过之治，更依制阴之法与止不正之道，“止”不正而通正，尤其是要纠过得中，以有过求无过。

剥卦的烂落之灾，使君子烂落在剥体，君子尚且如此，民见剥落之灾，灾如火临宅，突如其来又灾难深重，必当临剥而安民，安民必先止阴，虽不可与敌于阴之大时，但尚能治剥卦之小时，知成剥体之因，从因上治理，明大时，而治小时，应师法众卦的制阴与止阴之法，使其形成剥卦的止阴之道，当安民得正，剥卦可得治剥安民之道。

无妄卦知妄因而治妄，以灾为体，立灾为用，先有灾，后治灾，再定序，形成从有灾妄，再主不妄，最后行正望的治理过程，使正序得复，正道可立，从大亨以正至实理自然而通元亨；以不妄言妄，乃戒其妄动，宜动而有所制；从不正，通正，再到得大正，以无妄一卦，实则担其诸多卦体之责，乃灾祸治理之典范。

噬嗑卦观噬磕之象，借观卦之力，以刑入礼，再立刑从法序，惩戒恶佞，以“噬嗑”之法治天下之大用，以离火之明照雷震之威，用刑惩恶去其梗间，惩戒恶佞，以雷震之威大器重用，强力战恶，再以雷电合章而引刑入礼，兴法制建法序让邪恶知其所畏；用刑狱治乱之已生和恶之既昭，弃柔和之观，值乱世用重典，待梗间去之，再当复以教化。

未济卦诸事未济当进志使志行，以未济之体与震体相呼应，师震之大器大用而立奋起之志，唯立从正之志，健德从正，方可从未济致远而达既济。从震立失志之患警示，到灾祸八体之诸灾难启示，未济正需以不忘敬慎之体，进志从正且志行履正，才能真正做到以正止邪，以阳正阴。

章一：失志之患

震卦：失志之患

震卦：失志之患

震上震下

大器小用居功失志有患

君子正位居体，健德于身，进位以位，立志并升志，凝天命而行善政，使精气神畅于四肢，发乎事业，以此凝“命”而通天下君子之志。君子立志、升志并通志，应法“震”之器用而正位凝命，以震成天地大鼎，立震之器物而言正固升华，正是君子升志致通之时。

震者，动也，一阳生于二阴之下，动而上者为震，其象为雷，动取雷动，雷成于天地而养万物之长；动取阳动，阳刚成于一阳来复之时而养阳德健长；动取刚动，阳刚致动则有奋发行健且震惊致通之义，养君子之志且通万物之序；震者，震惊致通是以道法本序之通而致天地人乃至万物皆通，以震成鼎而言自然法序，尤其是致通道法本序，犹鼎器之重而不可移。故，震以养万物之长，养阳德健固，养君子升志，养万物通序而有生化之功和养之大德。天地人皆礼赞其大威德者，唯震也。

震取雷象言大养。雷成于天地而养万物之长，雷有养育万物之大德。雷霆震于上，风雨施于下，阴阳交感，群生被泽；雷雨成解，雷风作恒，皆利万物生长，尤其是雷动行郁之功，使气机随震而奋出，一阳助长，风雨和顺，既解郁而不发之困厄使生而能长，又助万物得雷雨灌溉焕然一新，雷之所以能养万物，在于雷动为阳盛而动，以阳交感万物，使万物得雷之精与风雨之气而长育，且风雨六气亦雷所化，布施精气于万物成就阳德之功。

震取动象言刚健。震之动必刚动，非刚不震动。震之动，乃阳气七日来复，从复见震，正是阳气刚健以行，德蓄而长的过程。震动为刚动，故而震能破，有大破大立之功，破者，破郁交气，立者，建序使新生。震动则万物随雷震出，随雷震入，以同频共振得太素至精，从而精气充盈而得静，乃动中取静，正是刚健而德固之机。震以阳裕刚健而动，而动以违背静不仅不耗阳，却能因刚动而获精气补充，便在于以震之刚动打开了法序通道而入更大的法序系统，得了太素至精之天机，这便是帝出乎于震的玄关一窍；帝者，新生至刚而上入大法序，下潜构新序而育新生。是故，震犹言法序，且有致通根本法序与属性法序的通道。震之威，便是正天地人纲序而得神，所谓根本法序与属性法序者，乃德位所主。

以震动之刚健能养，帝出乎于震的玄关一窍，无能是新生至刚而上入大法序，还是下潜构新序而育新生，皆能得大养并养万物。此玄关窍若在身内被震而开，则有气机飞电或金机飞电的震出雷电之状态，百脉得精气灌养而神足。震能行郁，郁者，阴气郁塞而不发，不能接通五脏六腑之先天精气，在于身体内序致塞，而连接身体内序的通道——经络，无阳刚之震发动气机，使其无法建通天人合一全息元象之法序而得大养，日渐消耗身体小秩序的精气而多病。

震取鼎象言器用。震言法序，法序者，体也，震又有致通根本法序与属性法序的通道，故又成用；体用皆备，正是鼎象之器用；故震为天地之大鼎，烹精气神使万物能食并知其所食。使万物能食者，乃有生养万物之大德，为以震之鼎器立大德；使万物知其所食，为引养、食而致源，源者，道体德性贯穿于法序也，为以震之鼎象言承序。故而震有传德承序之重，为天地之重器。重器要大用，不能出现重器非用与大器小用。

《序卦》曰：“主器者莫若长子，故受之以震。”器者，鼎器也，鼎者，传国之重器，震有鼎象，在于震立于体而成大用，正是鼎象所呈；震为长男，故取主器之义，长子，言宗法之序，引宗法入国器，便成享社稷，安家国之序；故以长子传国家，继位号，继王者之大统，在于从法序而成礼序，以序之鼎定国安之用。从震传德承序之重言长子，取相继之义。

震者，相继也，为传德之传继与承序之承继。能传德承序者，乃天地人之大器，顶于天立于地传于人，而立鼎。根道体德性之圣德，继之于雷威以生养万物，谓传德为上；根道法本序之刚健，继之于刚动以同频万物灌输精气，网通大小秩序间而定序督职，谓承序为主。震以传德承序为大道立纲，又以传国立家为震用立常。传德，传天地之大威德；承序，承道法自然之本序；震之威在于刚健阳足之德威，震之大与震威足，使人见己微小而明大，以震之惧，唯敬慎修德，不越纲常法序而严礼序。故而震器之用，宜识本体而大用，非以震之大功小用而不致远，立震功而不致远则祸患便来，震之祸患，在于师震而立奋起之志，立用重器与大器之志，大器非重用却小用，则有失志之祸。

《杂卦》曰："震，起也。"震，一阳动出二阴之下，有雷出地奋之"起"象。起，《说文》曰："能立也"，从震义而言，要完成阳出、阳裕到阳刚之过程，由刚出震才能谓起，故出阳不能为震，必七日来复之刚复阳气，破郁出震，以能立而言起；震养万物，从布施阳德精气，到万物育而能长，方言生养之起，亦才有长育之德。以能立言起，既有主观但必待客观，客观能受方能成震，故以震义代天振德，客观的对象有能立之势方能成就自身大威德，这便是言震不能居功，当以无为之境行无不为之事，而行震之大器小用者，却常常居功还自傲，便引起天地震威之怒。

震之起者，有起势、起气、起神、起礼、起德之起。起势，势从雷出地奋而有雷势，雷蕴藏于地，待阳裕刚足而奋起，从地达天，威势如雷，此势是震之于雷的本势，由阳贯穿天地，由阳裕刚足出震而起势，以雷动于天而成势，以风雨齐施、阴阳交感而群生受势。震势起，依时、依位而起势，乃履法序而起震，无时，阳不能裕刚不能足，无位，天地无法交感，雷势不会藏于地而升于天。

起气。知雷起势，则当知气，此气贯穿天地，来往万物，天地由此交通，万物由此孕育，四时由此履序。气者，从阴由藏，履序见德而蓄阳，阳足而蕴刚，刚震而起势，皆由气贯；从阴到阳，再至刚处震，皆德之所生，法之所呈，以气载之。天地交泰之机，正是雷育四方之时，应习雷而知气法，起气而应雷声。

起神。震气贯雷，而有雷动之大，雷之震动，惊及百里之远，震惊百里，以雷震之威，凝起涣散之神，使其镇静，故震之用常起宗庙而凝精神，是谓起神。神者，太素精气所聚，从小秩序升大秩序谓通神，从大秩序潜小秩序谓降神。神之来由，乃德性所妙化，大秩序（或本序）比小秩序更洞明，精气更足，以大德知小用而谓神。神由精气贯穿，精气被位域和德位所主，以应元而有元精与元气，故有元神，位域与德位不同，则呈现精气神界域流变的起神显象不同。卦中言“震惊百里，不丧匕鬯”便是以震来崇宗庙之道，《程传》曰：“唯宗庙祭祀执匕鬯者，则不至于丧失。人之致其诚敬，莫如祭祀。匕以载鼎实，升之于俎；鬯以灌地而降神，方其酌祼以求神荐牲，而祈享尽其诚敬之心。”

起礼。阳气奋发，皆自然之礼序，雷尚时，震尚位，皆出乎于礼，达之于礼。言起礼者，非礼之用，而是礼之本，震以传德承序而有礼序，为道法本序以礼显之。道法礼序与宗庙礼制，皆是以震起礼，天地不曾乱自序，圣人不曾乱礼序便是如此。至于礼之用，乃之以震之大器而小用，不如自然之道法礼序，便不知震之大器。震出乎于礼，乃是德文明之大化，此处所言之德乃乾天藏界之圣德。

起德。震为传德之器，根于道体德性，从圣德生化而传之，依道体四域与德性四体，而显玄德、圣德、用德、证德之位域，震所承之序亦从德。震之起德，既自有大威德，又以震之惊惧教人修德。震之威德，起于天地用于天地，崇礼从德，皆无为而无不为，履序于自然，有德于天成，而从不居德。震出序从德，震惊百里之远，远人惊恐，近人知惧，传而感之，传于无形而感于微小。君子师震，当起齐地而通天之志。

祸变。震之大威德，使人惊恐并知惧，在于警示失礼丧德之违震，且是大失大丧之违，非居家日常之背。人平时若能恐惧，则可以致福；虽卒然祸变之来，亦无可畏也。震能致福，亦能祸变；致福者，尊履从德，福从气生，祸变者，失礼丧德，祸从动来。动者，行欲而不知返也，虽震亦有刚动，却为以同频共振得太素至精，从而精气充盈而得静，谓从动取静，刚动乃履序尊时而动，非随心所欲之妄动，而行欲之动为妄动；之所以会有行欲之妄动，在于居功傲德，居德则小，小则不能入大秩序得刚壮精气补充，从而在小体内耗阳耗福，终致祸生。为何会有致祸生之妄动？在于不识震之大器，以大器非用或小用，且继而居德。

失志之患。不识震之大器而非用，且居德而小用，会致祸生，祸非患，之所以言患，在于值祸变时不知反省修德，继而失志，将引起更重之灾祸。震以传德承序之大器，君子师之，应立齐地而通天之志，齐地者，从坤德而广积外善，以善养德；通天者，从乾性而内德刚健，以刚阳之德养性，际出天地而超越天地，证得物我本来。立齐地通天之志，便不能止步于社稷之功，更不能居一时之外德，然而帝王居功，德小而薄，统统在传德承序震器下失志，不知重器、法器、礼器为何物而失进取之心，不知从震而优化正序造福苍生，反而在点滴德行面前，居功言德。失志与居功，皆震之所忌。失志与居功皆祸在不知根本而止步不前，如同雷尚未奋起天际却止步于地中，只能受地所埋，阴气侵蚀，长期以往便只知地不知天，更不知和天相应的大法序，乃至物我之本来，故步自封，非能正固，而是消耗精气，待气散神离则生大难。

《荀子·礼论》曰："生，人之始也；死，人之终也；终始俱善，人道毕矣。故君子敬始而慎终，终始如一，是君子之道，礼义之文也。"初九是终始俱善之人，而九四是有始无终之人。言震卦为重器与大器，不仅有养育万物之大德，还有传德承序之大器用，不仅震惊百里有治涣凝神之功，还能网通大小秩序而生神明之威德。纵然震有如此大德于功用，若不应震道，以居功和失志处震，则有祸、难，九四便是招祸又应难之人。失志致凶者，有上六也，失位尚可改图，而失志则无力挽救。

震之动，便是警醒若不进志致升则遭祸患，以震器之用，宜识本体而致大用。师震而立奋起之志，立重器与大器之志，既可致远，又可升格，而非重器非用与大器小用。见震得神，不知进志升志而谋进取，却以小德薄功居之，必遭失志的陷溺之难。

雷：亨。震来虩虩，笑言哑哑，震惊百里，不丧匕鬯。

彖曰：震，亨。震来虩虩，恐致福也。笑言哑哑，后有则也。震惊百里，惊远而惧迩也。不丧匕鬯，出可以守宗庙社稷，以为祭主也。

象曰：洊雷，震。君子以恐惧修省。

卦辞：立震雷，知震器，再以震器通震道。

彖辞：从宗庙社稷之震用，当知传德承序之大器。

象辞：习雷，知雷，以恐惧修省致震。

震卦，震上震下，为洊雷而动之象。卦中一阳动出二阴之下，震而奋发，其象为雷，震取雷象言大养，雷成于天地而养万物之长，雷有养育万物之德；

震取动象言刚健，雷以奋发行健而养君子之志且通万物之序，雷有上入大法序下潜构新序之功，故而以生化之功和养之大德，成鼎器。震犹言法序，且有致通根本法序与属性法序的通道，故既有体，又立用，体用皆备而成天地之大鼎，烹精气神使万物能食并知其所食，以此引养、引食而致源，而知震为传德承序之重器。震以起势、起气、起神、起礼、起德之起，根于道体德性之圣德，以传德为上，又根于道法本序之刚健，网通大小秩序而定序督职，以承序为主。在鼎器之用上，引宗法入国器，以长子传国家，继位号，继王者之大统而定国之礼序，从法序到成礼序，皆以鼎立纲常而用，方不违礼背德而不招祸。

“亨”，震体立“亨”为卦德，在于震有致亨通之能。震之起，依时、依位而起势，履法序而起震，有阳气蕴藏且贯穿成势、起势、受势而出震之过程，在阳裕刚足的起震之机里，便得雷势出于地而升于天之亨通。此为雷以气贯而亨通的模型，以此为模型推广之，震网通大小秩序之间，皆有震以精气贯而得亨通之道。虽体性与法序随位域不同而显象不同，但此贯通模型是一致的。正是震以阳裕刚足致亨通之内核，而行定序督职之能。亨通之本，便是大小秩序的贯通于洞明，且在行亨通过程中，使其精气裕足而有神知，以大德知小用而谓神。震之所以亨通的本能在于得神且由精气贯通，而得神与精气贯通正是阳裕刚足之表现；至于震如何起神显象，乃德位所主。

震有得神且精气贯通而阳裕刚足之内核，方有各种致通之能。以震之刚动，破郁出震，化风施雨，以风雨齐施、阴阳交感而养万物，使万物得其所养而亨通。震之气，贯通天地，而有地气升于天之亨通，又以此助君子升志之亨通。知雷起势，雷势皆由气贯，从阴到阳，皆德之所生，法之所呈，以精气随震出亦随震入，有来往万物之亨通。震气贯雷，雷之震动，震惊百里，以雷震之威，凝起涣散之神，以震崇宗庙之道而有治涣散凝精神之亨通。雷尚时，震尚位，皆出乎于礼，达之于礼，以震起礼，以震通礼序，而得道法礼序与宗庙礼制之亨通。震为长男，震以传德承序之重言长子，制震成礼而安家国，得礼器之亨通。震大威足，以震之惊惧，使人见已微小而知敬慎修德，得严身德和知反思之亨通。

“震来虩虩，笑言哑哑。”当震动雷来，则恐惧不敢自宁，以虩虩然而旋顾周虑。虩虩者，顾虑不安之貌；虩者，蝇虎，捕食苍蝇的小蜘蛛；蝇虎捕食时以周环顾虑而不自宁。震来虩虩，以震之大威德，使人惊恐并知惧，在于警示失礼丧德之违震行为，知惊惧者，便能以谨小慎微而致福，之所以能致福，在于谨小慎微不失礼丧德而积身德于日常致福；震来虩虩与震通气而得福，震之惊，能凝神聚气，可以止妄动而通震气，使福从气生。当能知惊惧和通震气，值震来时则保其安裕，故笑言哑哑。哑哑者，笑言和适之貌；之所以笑言哑哑，在于能知惧，更能从知惧中知法度且循法度，所谓“后有则也”便是有知礼守序之明于内，方能笑言和适处于外。

蔡清曰：“震来，当震之来时也，以心言，谓事之可惧而吾惧之也。其震惧之也虩虩然，非震来而后虩虩也。虩虩，所以状其震来也。或曰：来者自外来也，故爻云震来厉。又云震不于其躬于其邻，此说非惟昧卦辞‘震来’之义，亦失卦名震字之义矣。盖震之来，来犹至也，固亦有其事，然震之至则在我也。六二震来厉，谓当震之来而危厉，此震来正与卦辞旨同。至于‘震不于其躬’，《周易本义》分明有恐惧修省字，其与卦辞同益明矣。凡有所事者皆当惧，惧便是震来也。君子之心，常存敬畏，执事便敬，所以致福而不失其所主之重。”

“震惊百里，不丧匕鬯。”雷震动之大，惊及百里之远，人闻雷而惊惧，远人惊恐，近人知惧，唯宗庙祭祀执匕鬯者，则不至于丧失。胡瑗曰：“匕者，宗庙之器，以棘木为之，似毕而无两岐，所以举鼎之实而升于俎也。鬯者，以郁金草和酒，而有芬芳调鬯之气。”匕以载鼎实，升之于俎；鬯以灌地而降神；致其诚敬，而祈享诚神之心。不丧匕鬯，以长子主器取象。长子主器者，礼序之用也，以礼成器而言序，乃大用也。

震以雷言祭享，在于崇诚敬之道。以雷震之威，凝起妄动涣散之神，乃立祭享之礼。震成礼器，以雷享之，既聚祖、人之精神，以承祖考而尊卑且有序，又以雷的惊惧之能，治涣散凝精神，从而凝人心、聚众志。长子主器，乃取长子相继而承礼序。国君在外时，长子可监守宗庙社稷，并主持祭祀，谓“出可以守宗庙社稷，以为祭主也”。守宗庙，享社稷，安家国，皆器大之用，震之为器，要以小致远，方能通震义。故君子师震立器，宜恐惧修省而不违礼背德，且守于礼，健其德，固守刚阳以待时来通震气而致远。

得震与失震

初九：震来虩虩，后笑言哑哑，吉。

象曰：震来虩虩，恐致福也。笑言哑哑，后有则也。

九四：震遂泥。

象曰：震遂泥，未光也。

初九以阳明之德，居震之始，以一阳动出而成震主。

震主处震，知震之所动，亦知震之来去，故而以“震来虩虩”处之，周旋顾虑，虩虩然不敢宁止。范仲淹曰：“君子之惧于心也，思虑必慎其始，则百志弗违于道。惧于身也，进退不履于危，则百行弗罹于祸。故初九震来而致福，慎于始也。”

初九震主是能先戒惧与最能戒惧者，故而虩虩哑哑。虩虩，知惊惧，哑哑，致震通；虩虩知惊惧，以谨小慎微致福而不至于居功；哑哑致震通，知震之大器且知大用，之所以哑哑然在于明震之表象后有天地自然之法度，且法度深而广远，只有寄远志由震致通，方能穷震之理，寄远志而不至于丧志。

初九有吉，吉在不招祸灾，亦不应失志之难。其祸、灾、难三者均能避之。谨小慎微致福而不居功，致震通寄远志而不丧志，便是震之初九呈现的居震之道。亦是应震来虩虩与笑言哑哑之辞，故卦辞与爻辞同。震之动，在下动而气势升于天，故震用下，九在重震之初，居最下，故得位，以成震主得震道而得吉。

九四以刚处柔，不中不正，处柔失刚健之道，陷溺于二阴之间，不能自震奋，故云遂泥。遂者，无反之意；泥者，滞溺也。以不正之阳陷溺上下重阴之间，欲震动却莫能奋起，以阴陷阳失阳裕刚足之震，大失震道。未光者，失志使志不能光亨。

《案》曰：“卦爻震字，虽以人心为主，然震之本象则雷也。凡雷乘阳气而动，然所乘之气不同，故邵子曰：水雷玄，火雷赫，土雷连，石雷霹。盖雷声有动而不能发达者，陷于阴气也。此爻阳动于四阴之中，故有震遂泥之象。在人则志气未能自遂，乃困心衡虑之时也。”

九四以阳处上卦之下，本有遂震得震之义，却陷溺于二阴，以意想不到的方式入难。纵观震卦，九四以一阳动乎四阴之中，四阴耗阳，使尚未阳裕刚足之位，更无以蓄能，更无以成势，初九得震，九四从震变坎，由此陷溺。

得震与失震。初九为得震者，九四为失震者。初与四，皆震之所以为震者，因处位不同，而爻德各异。震之用在下，四虽在上卦之下，却陷阴柔之中，故成震之功在初而不在四。之所以有得震与失震之别，在于同处震初九师震而进志且升志，九四却失志，四之所以有失，在于处四阴中，以阳耀阴，又居功不知敬惧，不料却被阴所陷，耗其阳气，丧其志气。

大器当大用

六二：震来厉，亿丧贝，跻于九陵，勿逐，七日得。

象曰：震来厉，乘刚也。

六五：震往来，厉，意无丧，有事。

象曰：震往来厉，危行也。其事在中，大无丧也。

六二居中得正，以柔顺中正足以自守，以不求而守正自获，为善处震者。六二乘初九之刚，敌五之乾，则必有财货之失，故当震来而有“亿丧贝”之危厉。亿丧贝，乃敌六五，虽丧贝，但勿逐，逐则丧失所守中道，跻于九陵，求全生也。

来者，坎之归也，比下应下谓来，比上应上谓往。厉者，猛、危，因坎险而危。亿者，度也，又同“臆”，为，坎占艮卜之推测。贝者，所有之资；《尚书·盘庚》曰：“具乃贝玉。”孔疏：“贝者，水虫。古人取其甲以为货，如今之用钱然。”跻者，升也；《公羊传》曰：“跻者何？升也。”九陵，为陵之高也；九，震卦《河图》数。逐者，往追。七者，震卦《洛书》数。二七合火，火居《洛书》少阴之位，少阴生离震，离二而震七。七日，天地气运生变之数，阳气七日来复。

以震来之厉，度不能当，必丧其所有，则应量势巽避，故升至高远避以自守，度宝货之可丧而丧之，固守而勿逐，事定则必得其所。值贝丧之时，当守其中正无自失，勿逐七日得，乃自得，得中正之德。六二乘初九之刚，不可安处，故亿丧贝，往而跻于九陵，登九陵之高，见百里之远，以勿逐自守而思得失；得失者，所谓失之东隅，收之桑榆，失贝则能得正，不为失。《《程传》》曰：“卦位有六，七乃更始，事既终，时既易也，不失其守，虽一时不能御其来，然时过事已，则复其常，故云七日得。”

六五居中而处震之时，无时而不危也；虽以阴居阳，无当位之正，然以柔居刚又得中，以中德自守，故无所丧而有事。二居下震之上，故称来；五居重震之上，故称往来。往来厉，二五之厉，震之恐惧也；亿无丧，二五之亿，震之修省也。

俞琰曰：“二曰震来，指初之来。以五视初，则初之始震为既往，四之洊震为复来，五盖震往而复来之时也。有事，谓有事于宗庙社稷也。震之主爻在初，而无丧有事乃归之五，五乃震之君也。”

中为贵。天下之理，莫善于中，六二六五皆得中而不失正，凡二五不当位之诸卦，多以中为美，以中为正；相比得位之三四，因不中而常有过，故中常重于正位。五往来之动，上往则柔不可居动之极，下来则犯刚，是往来皆危之位，然五以中德化解尊位的动之危，可见中德是位之大器，有中德虽有危不至于凶。《程传》曰：“五所以危，由非刚阳而无助，若以刚阳有助为动之主，则能亨矣。往来皆危，时则甚难，但期于不失中，则可自守，以柔主动，固不能致亨济也。”联系卦辞而言，无丧，因匕鬯在手；有事，以为祭主；可以守宗庙社稷为祭主，故无丧有事。

大器大用。失贝而得正，德高贝低，以此言大器当大用，不能见小利而忘大。六二虽避难曲折，但终能致远，避害以自全，静退以观变，以舍小求大而就大，在舍小求大过程中，看似有大失，却皆不过阴伏阳振之天地气运，当“登高”见远后，则有勿疑之决心，故而言勿逐，非戒言，而是心志之笃定。司马光曰：“君子寡欲则不役于物，可直道而行。”丧贝勿逐而自得正，得正便是得大，钱财易得又易失，而正道难求，避难看似曲折却因走正道而取直道，人之所以常蹈祸，不知远利而取正道，不知就高而非处低。《文子》曰：“中之得也，五藏宁，思虑平，筋骨劲强，耳目聪明。大道坦坦，去身不远，求之远者，往而复返。” 二五震同，具中德而能亿度事理亦同，求正道，虽远亦求。二丧贝而五无丧者，二居下位，所有者不过贝耳，而五居尊，所守者则为宗庙社稷。贝可丧，宗庙社稷却不可失守。相比贝和宗庙，更不能失守的便是中德，若中德失守，则贝与宗庙皆不可得，故得大器则能得全，就小得舍大器则全无所得，所得者，乃以德全得。

失位与失志

六三：震苏苏，震行无眚。

象曰：震苏苏，位不当也。

上六：震索索，视矍矍，征凶。震不于其躬，于其邻，无咎。婚媾有言。

象曰：震索索，中未得也。虽凶无咎，畏邻戒也。

六三阴居阳位，位不正，于平时尚且不能安，何况处震时居不正，故震惧而苏苏然。苏苏，神气缓散而自失之状。若处震而知惧，若因震惧而能行，去不正而就正，则可以无过。眚者，过错也。《程传》曰："三行则至四，正也。动以就正为善，故二勿逐则自得。三能行则无眚，以不正而处震惧，有眚可知。"

行无眚，因恐惧所以修省。六三当震时而惧益甚，因惧震威而精神涣散，而有震苏苏之象。苏苏然者，非胆小怕事而被嘲讽，反而因敬惧而行，持身无妄，不做违礼背德之事，而得无眚。杨启新曰："震而不行，徒震耳，行者，改图也，此恐惧所以修省也。"震之威在于临震而知行，行有规范，则惧规范，若违规范，则要改图。

上六阴柔处震极，惊惧之甚，志气索索，视瞻徊徨，中无所主，而有索索矍矍之象。索索者，消索不存之状；矍矍者，惊慌四顾而不安定之貌。婚媾者，以联姻亲而谓同动，上六居震之上，为众动之首，又值震雷大动，乃畏邻戒而不敢进。

郑汝谐曰："上以阴柔之资，而居一卦之上，其中无所得，不能自安，故震索索而气不亢，视矍矍而神不固。人之过于恐惧者，固无足取，若能举动之际，覩事之未然而知戒，亦圣人之所许也。"

失志之凶。震惊得索索发抖，恐惧得惊慌四顾。奈何如此？为上六失志，而导致志气索索，视瞻徊徨，以阴柔不中正之质而处震动之极，又失志而行，故征则有凶。惊惧之甚，在于志不固而心乱，继而又以失志的状态征行，而致凶。震之及身，乃于其躬，不于其躬，谓未及身。《《程传》》曰："苟未至于极，尚有可改之道。震终当变，柔不固守，故有畏邻戒而能变之义。圣人于震终，示人知惧能改之义，为劝深矣。"

失位与失志。六三失位，上六失志；六三失位知修省而改图，则获行无眚；而上六志气索索，不知早作定志立向之图，以失志征行而致凶。由此可见，失位尚可改图，而失志则无力挽救。之所以震卦言失志之难，便在于志为君子大器，既可致远，又可升格。致远者，以大器大用，升格者，用震气通神；君子致远与升格皆重在立志并进志，继而升志，而升志之器便是震。失志致凶，以知惧能改之戒，乃圣人临震极之劝告。

章二：灾祸八体

姤　卦：不正之患

蛊　卦：蛊惑之祸

归妹卦：乱正之祸

小过卦：小过之祸

剥　卦：剥落之灾

无妄卦：无妄之灾

噬嗑卦：恶佞之灾

未济卦：未济之患

姤卦：不正之患

乾上巽下

以中正德制正不正之柔

在震卦，取雷为象，以刚动立义，从阳裕刚足的起震之机里，言阳气蕴藏且贯穿成势、起势、受势的出震过程，以雷势出于地而升于天，使震上入大法序下潜构新序，并网通大小秩序而定序督职，成其“震”为传德承序之重器。雷尚时，震尚位，出乎于天地礼序，达之于国家礼制；以鼎器立体用，既有长养万物的生化之功与养之大德，又以雷震之威治涣散凝精神，以宗庙制礼传位序、安家国。

震以得神且精气阳裕刚足而贯通天地万物，烹精气神使万物能食并知其所食，以此引养、引食而至道体德性之根源，在传德为上、承序为主的道法本序中，犹助君子升志，并健德养正。临震若不师震得正或进志、升志，则将遭祸患，尤其重器非用与大器小用，见震得神之时，不知进志升志而谋进取，却以小德薄功居之，必遭失志的陷溺之难。

志主正，失志则有失正之虞。当己不健正，又受外在不正侵袭，势必因失正而造成祸乱，而祸乱与不正之初始者，姤也，以柔遇刚而有不正之遭遇。《序卦》曰：“决必有遇，故受之以姤。姤，遇也。”决者，刚决柔而使柔退，是以刚主内共决之，使阴柔退而成决；当阴柔主内，则为柔遇刚，一阴为主于内，五阳听命于外而成姤体。无论是刚决柔，还是柔遇刚，均有刚柔之遇合。刚柔成体本合，奈何时位不同则际遇不同，从夬决阴使阴退，而阴不可灭，又以一阴返下，复遇五阳，且奉行风行天下之化。

《杂卦》曰："姤，遇也，柔遇刚也。"一阴方生，求遇于阳，自是而长，阴渐长而盛大；柔遇刚，以柔成主，以遇成体，一阳在下而成姤。遇者，相逢，不期而遇；以不期而遇言阴阳转换之消息，至刚至极必然遇阴长，阴长必因浸阳而渐壮大；以不期而遇之"期"言阴阳以时，也是"姤之时义"；"遇"是结果，而"时"才是主导夬、姤成体的主轴。柔、刚以时而遇，在姤体为以柔逢刚，阴之初成为姤遇。姤遇非阴之初生，而是阴生于阳体，至姤时而有阴成，阴成居下有位，阴始生并不见阴，阴在阳中孕育，致阴初成则见阴，阴成有体、有形、有位而见阳，此时方成遇。

阴柔总是起势，乃阴阳互生之理，如同阳亦会在阴中生长一样，只是值阴阳盈虚转换过程中而成不同的"体"，这便是为何成夬时，要建夬制以制抑阴。在晋或离时以德序固阳而壮阳裕，便是在有"体"时能正固其体，值体而治，产生治道文明，以此治大时。阴阳盈虚转换何时成体呢？便是如姤之阴成一阳，从阴生到阴初成而见阴之形体，并以此成爻，亦是爻有体、有形、有位之所在，这个过程贯穿了太易、太初、太始的气、形、质过程，到质之始，而成形体，故而姤有阴之质，此阴之质从阴始生之气、形而来。

姤之生。姤以二体言之，乾上巽下，为风行天下而风物，风物者，德政教化也，姤从风物而生。风物所生，为从夬到晋、离的过程，在夬卦，以五刚决柔，以德决出夬制，以一制之刚而统万政之繁乱，决在于正，且立公正决阴，从而立刚制，再到晋、离二卦离明以照，德施天下，并成就晋制离序之德政文明，以德政文明普照天下而行风物之教化，此为风物所生之过程。风物教化在于以晋制离序之德政文明行正大之事业，正大之事业正是以小体之养正而全大体之同德同正，在风物天下以阳照阴、以德化阴之时，总有阳无照之地以及德无施之地，成就了阴之势存，况且姤之阴生乃从乾体生，有生阴之源，故而阴能渐长，经过气、形、质的浑沦过程后，阴成形、成体，而渐生爻位，形成一阴遇五阳之姤体。从姤体可知，阴柔总是起势，德政与德教未曾有功成身退之时，只有值“时”而治体，方能沉淀并升级德政文明。

姤遇。风行天下之风物，总会以阳遇刚，而以阳遇刚乃德政之体，为德遇，非姤遇之体。姤遇之体为阴成体且有爻位后，以阴遇刚而产生的姤遇。在夬卦，以五阳共决一阴，非去阴使阴不存，而以制之刚使阴退，阴退而复生于下。为何会有夬阴复生于下呢？在于夬卦为祸且居上位的阴小之首领，被夬制剥夺特权并贬为平民以习教化，以此成姤起势之核，有了姤起势之核，便有了姤之阴渐长而壮的过程，从而产生了姤遇成姤体的情况。从姤遇可知决遇与德遇之区别，姤遇以阴遇阳刚，在于阴长而壮；决遇为五阳共决一阴，以扬于王庭之德决，决出夬制，以制之刚限阴胡作非为，虽言遇，却是制之成，共决之成，亦是德政大起势之时，为以制遇政。德遇，德政普施之遇，此遇成于多个卦体，以晋、离、贲为盛，德遇是以制遇政之升华，通过一制载万政和一序厚万德而著称，使以德政普施而遇阳善。

姤的文明品格被乾体赋予。姤卦阴渐长而壮，在姤体并非无德政或无德教，反而姤体德政与德教之功盛大，才出现“女壮，勿用取女”之戒言。在姤卦，以五阳之阳壮反衬阴势盛大，又以“女壮，勿用取女”之戒言反衬姤体德政之基和德教之功。姤卦阴渐长而壮非德教失利，而是在以“时”为轴的阴阳法序转换过程中必生其姤体。姤体值乾性文明而来，为德文明无论是精神还是精气皆处鼎盛之体，从乾体所生之姤阴，言“阴”非大昏冥昧、阴强妄大之阴，非昏蒙行欲并以欲为政之妄，而是粗妄漏习经过教化后的细妄与妄识流注，正好被乾体大阳明所照注，常人无法觉察之内阴，流注于“内”神成识，作精气之用，值阴长有位而产生姤遇。

不正之姤。姤的文明品格被乾体赋予，阳明刚健是姤所依之本体，德文明风化天下亦是姤之主体，此种品格界定是《彖辞》为何言“品物咸章”之所在。正因乾性文明的大正，德政与德教风行天下之大正，姤之阴成且以阴浸阳，使姤体成了不正之姤。姤之不正，长在乾，成在姤体，却害在德性，以“时”成轴，形成了周乾而易坤的乾→姤→遯→否→观→剥→坤执迷妄失图，其执妄迷失图正是由姤浸乾不正开始，以阴长而阳消，使不正害乾性，阴妄逐渐遮挡心性，成其柔道牵“乾”，迷失道“坤”。

乾体六爻皆纯阳金性之体，以元亨利贞之圣德妙化万有，此在圣之刚健，为道体自强不息的好生之德，其好生之“易”念，为净念朗照，为大哉乾元，显乾道变化各证性命之妙用。乾之初九阳被阴浸，使阴长而成形，刚强金性的光明净念被“女”“柔”牵引，柔遇刚且居位成姤体。姤体之成，正是姤之时义成其阴之爻位。金性被阴、妄之柔道牵而迷，由柔之不正主姤，使姤体文明品格因姤遇而脱离乾体，自成姤性。姤性者，从德文明风化天下之主旨，却被阴妄之不正浸袭，而逐渐失志。自震体发出失志之警戒以来，言失志致必招陷溺之祸，终在姤体成一阴之姤祸。一阴之姤祸在姤体成，起于失志，继而因失志而失正，不正亦自姤成。姤之九五言，“有陨自天，志不舍命也”。仍在强调趁阳刚中正皆具在时，应正固其志而戒其失志。

不正之患。不正之姤体，之所以成祸患，在于姤体阴成且有位，其阴能从乾体而长，自然为德无施之地；在于德化之政大多在外，而姤阴却滋生于内，从妄识而生，长成在外渐成阴妄之体，且阴体有长而盛之势，非德化无功，乃成于天，堕降于姤，自姤之成便与德化脱离，从乾性德文明脱离而被姤性所主。患者，祸之将生而未生，为祸之初始，从患再发展则即将致祸。

不正之患，既祸在姤之本身，又是一切阴为祸之因，七难九祸皆因阴之不明且失志而致祸生难，乃至一切阴妄之长皆是致祸之因。在姤体言不正之祸，其不正犹祸在明夷以及涣难。从夬决之因可见，夬体有五阳决一阴之德决，在于因中孚的豚鱼之教而起祸风，致使涣难发生，不正之风宜祸乱中孚，更祸乱涣体，风行水上之涣，便是“阴”风致涣，乃夬卦所决一阴之祸，而夬与姤互综，皆是一阴之共存和转换，其质地相同。反观夬之阴为何居上有特权且成为阴小之“首领”，在于阴承继乾体的高级文明，以及姤之因生于妄识，主于首脑，故而夬阴祸在首脑，以此成为涣祸之源，故而有五阳刚进而共决，去上之一阴，使阴尊夬制而阴退，君子道长而君子当道，小人道消而阴妄将尽。

从固志而固正。从夬决阴可知，阳战阴，皆是德决；从明夷伤阳可知，阴战阳，皆是伤食。故而形成了夬体以刚成事，而姤体以柔主事。姤以时成体，而姤体又阴柔之“位”而主事。从姤之成因以及柔主事而祸及不正可知，寻常关于不违礼背德而不招祸的戒辞，只能应对寻常祸变之体，若想一劳永逸只有故守金性且照见妄识，使妄皆转刚健大正，方能固正。姤之不正，皆因遇阴浸正不固而失志，失志则需固志，且只有做好固志才能更好地固正。固志者，乃坚守正固之志，在姤体为正固其不正之“风”，姤之风若任其妄长，则致姤→遯→否→观→剥→坤执迷妄失过程的发生，亦是诸灾祸到来之时。

姤：女壮，勿用取女。

彖曰：姤，遇也，柔遇刚也。勿用取女，不可与长也。天地相遇，品物咸章也。刚遇中正，天下大行也。姤之时义大矣哉！

象曰：天下有风，姤。后以施命诰四方。

卦辞：一阴独当五阳而成姤，勿被柔道牵而失正。

彖辞：中正主柔成之姤，以德决共阴而包容万类。

象辞：履德制并施德化之风行天下，察其不正之弊。

姤卦，乾上巽下，为天下有风柔遇刚而姤之象。姤者，遇也，一阴主内而遇五阳，使五阳听命于外而成姤体。姤体之成，为阴以“姤之时义”渐长成柔主，柔与刚以阴阳盈虚转换之“时”遇而成体，因时成，其阴从气、形、质而长，渐盛而成形且居位在姤之下，值时而生有位而成。姤者，风行天下而风物德化，使阴遇刚并浸刚体而生不正之姤，阴长而阳消，姤之不正，长在乾，成在姤体，却害在德性，以“时”成轴，阴妄逐渐遮挡心性，形成了周乾而易坤的乾→姤→遯→否→观→剥→坤执迷妄失过程，成其柔道牵乾、迷失道坤的柔遇刚之姤义。

姤卦立“女壮，勿用取女”为戒。女壮，一阴生而有位，居下自是而长，渐以盛大而成壮，女之所以壮甚，在于一女而遇五男，五男刚壮，故而女亦刚壮，以刚壮反衬女壮，《周易本义》以为一阴当五阳而有女壮便是此义。郭雍曰：“阳至四五而后言壮，姤一阴方长即为壮者，亦见君子小人之情不同也。”一阴独当五阳为姤阴之势，而女壮之质在于女阴居内且主内，并主一卦之体，而成姤壮之时。姤之下阴自乾体而生，乾者四月之卦，姤为五月之卦，从四月到五月便是阴成有位之时。姤已非正，女壮故不可取，所以戒之。

勿取女。女主姤，阴柔之见多不明，故勿听取阴柔不正之言，阴本就害阳侵正，若再以不明不正之见主之，只会加重不正的发展趋势，使其产生不正之祸变。取者，娶也，勿娶女之义，女渐壮且主内，若娶姤之女，则失男女之正而致家道伦序不正；渐卦与家人卦主婚嫁，乃以婚嫁言礼序，从礼序入伦理正序，使其养正，为正序养正而行嫁娶，非娶姤之女壮之女。姤之“女”，以阴犯阳正，渐壮而敌阳，此敌为伤食之敌，将侵阳体夺阳位，姤虽一阴甚微，但微而有位，且有渐壮之势，不可取，又务必戒之。

“不可与长也。”既不可使姤之阴势长，又不能与姤之阴长期以处。姤以阴为主，且势渐长而盛，必以阴犯阳体，使阳不固，姤体本有不正之姤祸，若与阴长期以共则被阴浸，而发生时位与卦体之转变。不正之姤到不正之祸发生，亦是失志再失正且长期累积所致。“不可与长也”是对“勿用取女”的再次敬惕之戒，此戒是将生不正之祸之戒。

“天地相遇，品物咸章也。”从姤言天地相遇，在于从姤远见坤。姤体从乾体生阴而来，且阴之势因“时”而不可拔，阴妄生于妄识且主于首脑，经过气形质的浑沦状态后，阴成形、成体，而渐生爻位，成一阴遇五阳之姤体，姤体以阴妄主姤，以不正主姤体。阴渐盛而长，值“时”而成不同体，乃至有周乾而易坤的乾→姤→遯→否→观→剥→坤执迷妄失过程发生，从阴妄之势长，便能见坤，以此言天地相遇，乃从姤远见于坤，虽言远见，却是以势长而见。阴从乾始，至坤全阴而终，天地相遇以阴柔渐长为路线，以时为轴，形成执迷妄失之过程。虽然柔道牵乾、迷失道坤，但见姤之不正，更应见德文明之同，见乾文明品格。姤之文明品格被乾体赋予，这是姤体仍有五刚成体之所在。

姤之同。见姤更应见天地品物咸章之同。咸者，交感也，阴阳之气交感继而卦体的上下阴阳之位交感；章者，文明沉淀作成章文，坤成文，乾文明必有乾中坤，为坤之文德写照，以文德彪炳德政功绩而文在中也，为有已成文明沉淀之写照。所以天地相遇而品物咸章依然作用在姤体，见姤更应见同，若不能见同，如同姤阴遮挡心性一样，使其不明又丧志。不能因姤阴主不正，便不能见乾文明之主体，不能照见品物品章之同，姤之阴妄虽居下且主姤有位，但同五阳相比依旧势弱，“女壮，勿用取女”之戒，便是戒在柔遇刚之姤初。姤同方是姤承继乾文明之主体，之所以言文明，在于姤体依然以风行天下的德政风物为主，依然以大正之进来，风化阴妄为使命。

“刚遇中正，天下大行也。”姤体遇阴，使阴主姤，继而以阴遇刚成其姤体之姤义，但姤体以承继乾文明之姤同为主体，五刚之中，仍有二五之刚居中正，以中德主姤，虽不正有祸，但阴弱祸小，柔遇刚尚有“时”，故而正大的德化之风正从姤体施行，以正大之事业来正不正之姤。虽不正将有祸，但固正则能防祸，如同震卦言失志之戒，却是值震时应师震而升志，使大器能大用。在不正之风祸乱中孚，更祸乱涣体时，皆有阴小成其“首领”，姤以柔主姤体，若不以阳抑阴正固，则又将成以阴居首之可能，故而姤言九五中正，以九五当中正之位而决阴，使阴不能成姤首，阴虽有位，但位居下，姤之阴虽主姤义，但值姤体之主仍为九五。主姤义之阴是成姤体之因，而主姤体文明者仍是九五，九五以中正之道德决其阴，使柔之“位”不能主姤事，而不能成为姤体涣祸之源，以此正姤，则是“刚遇中正”之吉。天下大行，乃风行天下的德化之教，阴之所存，便是德化之命，此为正大事业的职责与使命；风行天下亦是九五正位居体，以德决共阴而有包容万类之德。

“姤之时义大矣哉！” 姤以时成，言时，又值时，在时轴上有位而成姤体，故而姤以时、位、体备具而成卦。时者，为成姤之主轴，姤之阴，长在乾，阴从气形质的过程长成而有位，成长在乎时，阴之质与阴之位皆以“时”成，正是阴之质与阴之位成，才成其姤体，姤体成方有柔遇刚之势，姤因时义方成其姤义，尤其是周乾而易坤的乾→姤→遯→否→观→剥→坤执迷妄失过程，从乾到姤的开端赋予了“时”轴之起势。故而姤之时，既是姤成体之时，亦是执迷妄失之大时。正是这个姤之小时，成了其柔道牵乾、迷失道坤的心性被阴妄遮挡之大时，亦是细妄流注之妄识如何阴长而盛大，成昏蒙坤众而乾坤颠倒失明之过程。

“后以施命诰四方。”值姤有不正之阴，众阳皆有制阴之任，以正散伏阴，以正固去不正之姤，故而以正固制阴成已命，五阳正固且制阴者，以履德制来施德化之政，以制之刚而制不正之阴，从而发布政令，昭告四方，使众皆能自察其弊，自觉其阴。后者，乾之君体也，《说文》曰：“后，继君体也。”施者，发布。命者，政命。诰者，昭告。四方者，风物德化所行之方，以四方言无所不及。在夬卦有呼号之言，以“号”在于言危厉，而姤言“诰”，在于言严正；之所以有严正之言，在于五阳履德制而不违制，制之刚严，正是中正天下之命，以“后”承乾之体制，行正大之全大体而同德同正之事业。

不正与大正

初六：系于金柅，贞吉。有攸往，见凶，羸豕孚蹢躅。

象曰：系于金柅，柔道牵也。

九五：以杞包瓜，含章，有陨自天。

象曰：九五含章，中正也。有陨自天，志不舍命也。

初六以阴处姤下，为一阴之位，正因阴有位，故为阴长而渐盛之时。阴有位且渐长而盛，以此遇阳使阳渐消退，故制阴当制其微而未盛之时。既制阴更应正固其阳，阳固不退则阴无可乘之机。“系于金柅”为正固其阳，不受阴牵。胡炳文曰：“彖总一卦而言，则以一阴而当五阳，故于女为壮。爻指一画而言，五阳之下，一阴甚微，故于豕为羸。壮可畏也，羸不可忽也。”

金者，乾之金性之体。柅者，止车之物，柅止轮动之木，马融曰：“柅者，在车之下，所以止轮，令不动者也。”止之以金柅，又系之以金，为止之固也。豕者，阴躁之物。羸弱之豕，虽未能强猛，然其中心在乎蹢躅。蹢躅，徘徊不进之貌。羸者，瘦弱。虽阴而柔微，但羸弱的猪也要确信其不能前行。

处姤之初，从金而不从阴，方能正固，柅所以止车，以金为之，其刚可知，既止之以金柅，系之使阳能固，又防阴微之进，以最易忽视的阴微之物喻之，在于得察阴微之进。李光地曰：“一阴穷于上，众以为无凶矣。而曰终有凶，防其后之辞也。一阴伏于下，众未觉其凶矣。而曰见凶，察于先之辞也。阴阳消息，循环无端。能察于先，即所以防其后，能防其后，即所以察于先也。”

固止使不得进，则利阳刚贞正之道，若使之进往，阴渐盛而害阳，则将见凶。

既固又防，方是处姤之道。姤之阴始生于乾体，此“阴”非大昏冥昧、阴强妄大之阴，非昏蒙行欲并以欲为政之妄，而是粗妄漏习经过教化后的细妄与妄识流注，姤之因生于妄识，主于首脑，经过气形质的浑沦过程，成形于细微流注妄识，任其妄识不固而成阴之质，假以“时”成，成在姤下而有位。

乾体六爻皆纯阳金性之体，以元亨利贞之圣德妙化万有，此在圣之刚健，为道体自强不息的好生之德，其好生之“易”念，为净念朗照，为大哉乾元，显乾道变化各证性命之妙用。正是没有照见其易念之微，使至阳生阴而未能觉察，阴妄生于乾体之中，虽细微流注而渐汇成形，继而形成妄、阴之有质而成姤之初下。

对比乾体至阳金性与光明朗照的净念来说，姤之初六为阴，以“女”与“柔”喻妄念、喻阴，常人无法觉察之内阴，流注于“内”神成识，作精气之用，值阴长有位而产生姤遇。柔遇刚，遇也，解析这个“遇”是很困难的，虽为一易念，但在圣如如不动的净念下形成“女”“柔”的妄念为因缘和合，为全时空因缘际合成因后，才能形成妄念的“柔道牵也”，易念被“女”“柔”之妄念牵引。所谓孤阴不长，独阳不生，在乾体至阳金性刚且壮，至阳与至阴互化，当至阴不固则生阴，极其微观之阴系于一易念上，又时空宏大而因缘和合成“柔道”，以“柔道”来形容是说这个妄念已经因缘和合成“道”的力量，只有“柔道”的念，才能牵引刚强金性之念，让其执着颠倒。

阴已生且成姤体。姤体变发出了“女壮，勿用取女”之戒，警告跟随“柔道”的阴性的妄念跑，被它牵引，就会见凶，也呈现了易体最究竟义的凶吉观，此凶为执妄且被牵引而堕落，有凶。随阴、妄进，且执着于阴妄，此为阴长且盛的关键，故而不能颠倒在“女”“柔”的妄念里，“不可与长”就是不能执着。“系于金柅”，是让把易念系在金柱子上，以免被“柔道”牵走，这个金柱子就是乾阳的金性。以乾阳金性之明德照注，用回光返照正固之。

当姤体已成，柔道也已成势，既要加强正固，又要治明以识微妄。治明识阴微之物，以“羸弱之豕”喻可见之物，以此对比姤体尚未成而阴妄犹在时的未见之物，未见之物，存于妄识，无大明德无以觉照，而可见的阴微之患应当防之，若不防其姤体将被阴妄之不正浸袭而逐渐失志，失志必招陷溺之祸。以可见之物衬托未见之物的微小隐患，以此成警戒，来施命诰四方，既要行正固之利，又要防被阴、妄之柔道牵迷。《案》曰：“一阴穷于上，众以为无凶矣。而曰终有凶，防其后之辞也。一阴伏于下，众未觉其凶矣。而曰见凶，察于先之辞也。阴阳消息，循环无端。能察于先，即所以防其后，能防其后，即所以察于先也。”

九五阳刚居中履正，与阴本无遇，然值阴长而盛时终将遇，五以阳刚中正主卦于上，而下防始生必溃之阴。夫上下之遇，由相求也。九五以至高而求至下，犹以杞叶而包瓜。

杞木高而叶大，处高体大而可以包物者杞，阳物高在上，为九五之象。瓜，阴物在下者，甘美而善溃，初六也。以杞包瓜者，为以刚包柔，防始生必溃之阴。《周易本义》曰：“然阴阳迭胜，时运之常，若能含晦章美，静以制之，则可以回造化矣。有陨自天，本无而倏有之象也。”用杞叶来包瓜，文采隐含其中，应天时而陨落。

九五下无应，为非有遇也，然姤以“柔遇刚”而主遇，以遇道言阴长，故终必有遇。鱼与瓜皆阴物，二与初遇，言包有鱼；五与初无相遇之道，犹以高大之杞，包在地之瓜。含即包，初含蓄不露，一旦瓜熟蒂脱，虽始生而必溃，则自杞坠地。

九五阳刚中正，以德化主政，故行静而待之，而初之阴长而盛，为妄动之物，五为尊主，与阴无比应，得卦“勿用取女”之义，自既正固，又能防危，以含晦章美，静以待之，以制阴之任而修德回运转时运，待天时既至而瓜熟蒂落。夬卦一阴乘五阳，阳战阴而用决，乃德决之道；姤卦五阳据一阴，阴战阳故用包，将欲止之，乃静待时变。

初六不正，九五大正。初六为成姤之主，九五为主姤之大主。无初六之阴则无以成姤，使姤成一阴为主于内，五阳听命于外之体，尽管阴主姤遇，但阴势尚弱小，只据卑下之位。然主姤卦者，仍为九五。主姤义之阴是成姤体之因，而主姤体文明者仍是九五，九五以中正之道德决其阴，使柔之“位”不能主姤事，因此不能成为姤体涣祸之源来以此正姤。九五阳刚中正，以中德主姤，虽阴小，但有不正之祸，柔遇刚尚有“时”，故而正大的德化之风正从姤体施行，以正大之事业来正不正之姤，正是九五之天命。九五以中正来正其不正，内蕴中正之德，华章内含，刚者蕴其美，行可静待天时且顺天时而志不舍命，使大器能大用。姤卦行风行天下的德化之教，九五正位居体，以德决共阴而有包容万类之德。

有鱼与无鱼

九二：包有鱼，无咎，不利宾。

象曰：包有鱼，义不及宾也。

九四：包无鱼，起凶。

象曰：无鱼之凶，远民也。

九二刚中，遇初六不正之阴。在姤言柔遇刚，以“遇”为道，他卦初正应于四，而九二遇姤阴，能包而有之，使其不应九四而有遇于宾，令邪不逸于外。相遇之道，主于专一，二之刚中，遇固以诚。《程传》曰：“然初之阴柔，群阳在上，而又有所应者，其志所求也。阴柔之质，鲜克贞固。二之于初，难得其诚心矣。所遇不得其诚心，遇道之乖也。”初六主事，九四谓宾，四与初虽有应而不应，在于初与四不遇，初遇四有二阳阻滞，是不利宾之谓。

包者，通苞，苞茅，苴裹，青茅捆束，祭祀之时，利用缩酒，求神之降。《左传·僖公四年》记管仲曰：“尔贡包茅不入，王祭不共，无以缩酒，寡人是征。”杜预注：“包，裹束也；茅，菁茅也。束茅而灌之以酒为缩酒。”鱼者，阴微之物，鱼豕皆阴物；阴物之美者，阳之于阴，其所悦美，故取鱼象。宾者，外来者，九四居上，外来者谓宾。

二与初密比，二阳遇初阴，若能固蓄之，如包苴之有鱼，遇而有包则无咎。二与初遇，以包有鱼之象，制阴使不遇于众。包苴之鱼，岂能及宾，谓不可更及众人，故包而固之；李开曰：“剥之贯鱼，姤之包有鱼，皆能制阴者也。”初阴不正，能包而有之，使邪不及于外。“包”，包容之于内，以包而制之，制之使阴邪不得逸于外。

《案》曰：“制阴之义，不取诸九四之相应，而取诸九二之相比者。阴阳主卦，皆以近比者为亲切，而处之又有中有不中焉。故复六四之独复，亦不如六二休复之为美也。夬五近上，则有苋陆之嫌。姤二比初，独不以阴邪为累乎。曰：夬之阴，其势极矣。如病之既剧，如乱之已成，非有以除去之不可。姤则阴始生也，如病将发，如乱初萌，豫防而早治之，则不至于盛长矣。观乎不利宾之戒，未尝不以阴邪之渐驯为谆谆也。”

九四当姤遇之时，居上位而失其下，本与初正应，当遇而不遇，由己之失德。四之所失，在于位不中正，以不中正而失下民，故而有凶。吴曰慎曰：“九三以不遇阴而无大咎，上九以不遇阴而无咎，四则包无鱼起凶，何也？盖初六本其正应，当遇而不遇故也。”

包者，所包蓄者；鱼者，所美也。初四正应，而阴遇于二，不及于四，以“包无鱼”喻之，失其所遇，犹苞茅里没有鱼，亡其所有而凶。当应而不应，当遇亦不遇，居位不正，失其正应下民。包无鱼，既失民而无鱼，又不能包鱼制阴而失职，失称位之德。九四无位又无称位之德，故而有凶。

九四失应道在先，四以正应初阴之位而不应，不能以阳应阴而援阴，失应道；继而又失遇道，值姤遇时，不能与初应，使初从二比近，以正应之责失遇道。在姤遇之体失遇道，则失位又失道。《程传》曰："遇之道，君臣民主夫妇朋友皆在焉。四以下睽，故主民而言，为上而下离，必有凶变。起者，将生之谓，民心既离，难将作矣。"

有鱼与无鱼。九二包有鱼，九四包无鱼；鱼者，姤之下阴，九四当决阴制阴之任，而不能以应、以遇制阴，既无包容之量，亦无制服之方，九二虽无决阴制阴之任，却将阴包容于内，以包而制之，使阴不得逸于外。故九二亲民，九四远民且失民，九二称位中道，九四无位又不称位。阴不正而无道，九四失责，而九二担任，以中德容之，使姤体尚能行风行天下的德化之教，九二与九五同处中道，尽职尽责，以德决共阴而有包容万类之德。

不遇与避世

九三：臀无肤，其行次且，厉，无大咎。

象曰：其行次且，行未牵也。

上九：姤其角，吝，无咎。

象曰：姤其角，上穷吝也。

九三过刚不中，下不遇于初，上无应于上，居则不安，行则不进，如臀之无肤；然正位居体，既无所遇则不为制阴之责所牵，亦不被阴邪所伤，故虽危厉而无大咎也。李简曰："居则臀在下，故困初六言臀。行则臀在中，故夬、姤三四言臀。"

次且者，趑趄，犹豫不前的进难之状。九三之所以其行次且，在于值姤遇之体当志求遇，阳体又有制阴之责，虽非其任，但欲前往而制之。而初之遇在二，与二密比，志求遇前往则将受辱，不往则失制阴之志，故而次且不安，然知险能止，反而无阴之牵而无挂碍，使处危而无大咎。

上九以刚居上而无位，为至刚而在最上者角也，以刚为最上，为角之象。上九处姤之穷，不与阴遇，不能制阴，故可吝。与初无遇，然姤其角者，速求其遇，以角言触，在于求遇，遇本非正，不遇不足为咎，又以身处事外，不遇亦无咎。

《程传》曰："人之相遇，由降屈以相从，和顺以相接，故能合也。上九高亢而刚极，人谁与之，以此求遇，固可吝也。已则如是，人之远之，非他人之罪也，由已致之，故无所归咎。"

不遇与避世。九三与上九皆为不遇者，然九三又志求遇，以其行次且而犹为不安，上九以姤其角亦求遇，然最终身处事外而不遇。相比九三之不安，上九因居上而与阴隔绝甚远，值阴姤不正之时，如避世之士，超脱事外，虽有制阴之心，但已无九三那般强烈的愿望，不能救姤不正之时而亦身不乱，保持已身刚正，虽吝于道，却无咎于身。

蛊卦：蛊惑之祸

艮上巽下

慎终如始而振民育德

在姤卦，阴值周乾易坤执迷妄失之“时”，以“时”成轴，一阴生而有位，居下主内遇五阳，阴势遇“时”成体，自是而长，柔遇刚并浸刚体，而生不正之姤；姤之不正，以气形质的浑沦状态生在乾体，成在姤体，却害在德性，阴妄逐渐遮挡心性，成其柔道牵乾、迷失道坤的柔遇刚之姤义。当不正之姤阴被“时”所赋予，在执迷妄失过程里不可与敌，阴之势长进，浸姤之九二，姤之九二因阴浸而陷溺，使阳失明，继而失志，且失中道之德而沦为阴类，一阴长成二阴，成遯体。遯体二阴生于下，阴类山势已蓄，阴势成山于遯体。

风行天下之姤体，有不正之风随大“时”不断浸长，风遇阴势之遯山而回转，不正之姤风遇山而回，则物乱，已此成蛊象，所谓“风落山，女惑男”在蛊体而行蛊惑之事，当蛊象已成，蛊事已生，则有蛊卦成。

蛊卦，艮上巽下，风在山下回转而行蛊，山下之人、物因蛊而被阴所惑，尽行蛊事。《序卦》曰：“以喜随人者必有事，故受之以蛊。”随者，随物应情，因感而生情，无交不随，无感不随，随外物在于因情而生随意，能随者在于“喜”出于心而迷乱与情。此“喜”者，非吉祥之喜事，而是迷乱生情的好恶之心，尤其是超出常随之情的喜好之欲心。“随”有随意之随和无故之随，随意之随为随之迷，以随物应情之情发于欲心而心由境转，迷者无真，因不能见性而迷，为着迷之迷和情欲炽盛之迷，在姤后生随，必然为着迷之迷和情欲炽盛之迷，也正因有喜好之欲心，方能被不正之姤风蛊惑。

蛊者，以欲情蛊于人，再生蛊事而鼓动于众人，使众人皆受蛊，为从蛊情而生蛊事，蛊卦之所以能成体，在于蛊必有蛊事而惑众人。蛊体之成，必依姤之风与遯之山；山下有风，此“山”何来？为遯二阴成山；风在山下，此“风”又何来？为从不正之姤风，风行而来；不正之风落二阴之山，必成蛊象。不正之姤风，风行已久，阴柔总是适“时”起势，姤风风行至二阴之山，阴势本已弥漫，当不正遇阴，正好成其狼狈为奸，姤风遇山回转使人、物生乱，而众人皆被蛊乱。蛊之上下二体，巽长女，艮少男，长女下承少男，为不正之女下少男，意乱情迷，以情乱蛊，使阳陷而沉沦，以失明与失志之双失而沦为阴类。

蛊有蛊惑义和蛊乱义，因蛊惑而生惑乱，又因蛊乱而有坏乱之蛊果。蛊惑者，起于喜好，继而因喜而感，感而生情，其情随人、物而渐迷乱，迷乱则生欲心，欲心出而迷心性生妄识，妄识随物应情而迷于外情。随着迷日甚和情欲炽盛，而迷生惑乱，直至起心动念皆受蛊惑之欲妄，之所以迷而生惑乱者，在于迷而不觉，致使善恶不分，正邪不辨，阴妄识遮挡心性无以起智慧于内，外又有纵于情欲之欢，日渐沉沦。

惑乱。惑生于内，人被蛊惑而沉迷，则生惑乱。当惑乱在外，则生蛊乱，人迷且物序皆被扰乱而生大“乱”。此蛊乱，包括蛊惑于内之乱，和外序之乱；阴小之类，蛊而惑之，必将害正道，乱正序，使正序失序而混乱。正序者，法、礼、德三者之序也，在政为制，在文明为序。正序失序，则德政即将不存，此为蛊乱之大乱，大乱者，乱及众人。

蛊事。从蛊惑之初，到蛊乱生成，乃致坏乱之蛊果产生，皆贯穿蛊事。蛊事者，以“风落山，女惑男”成事。蛊惑一事，不仅使君子沉溺，亦因德政失序，而致使民众失德化无明而暗。言暗者，为失明之暗，故山下有风之蛊，为一片暗黑之蛊。暗黑之夜，行迷乱生情之事，乃女惑男之蛊事大行，女惑男而纵欲，便是贯穿蛊惑始终之蛊事。此蛊事从喜好女，到迷乱有生欲心，再到纵欲行欢，以致起心动念皆欲事而内生蛊虫，使人成“欲”之寄体。可见蛊事有使人沉沦之最，先迷妄识，再以妄识不固而生欲心，欲心迷乱而纵情于身，身纵欲行欢而失精气，精气失养则神不固，神不固则起心动念皆欲事，内生蛊虫，蛊虫繁乱于体，致使精气沦丧。精气沦丧于内且神驰意散，心性失明，心志沦丧，一切皆由蛊事废弛而不张，蛊乱生且蛊果成。

蛊事不正是乱蛊之起因。何为蛊事不正？为蛊体长女下承少男而意乱情迷之事不正，不合婚嫁与正家之正序。在渐卦，艮为少男，巽为少女，少男阳下与少女阴上，阴阳交感并渐进交合，方能执雁礼而明媒正娶，经婚嫁之礼才有家人之正位；在蛊卦，长女下承少男，男女阴阳不交，反而女惑男使男意下行，女阴本沉而背礼上迎，成意乱情迷之蛊事。在蛊事发生之初，男非意先下行，乃浊精下行；在少男身上，阳气皆上行，唯浊精行下，女惑男而行男女交媾之事，男迷交媾事而意乱。阴阳不合在蛊卦是卦内外之序所呈现，男女与阴阳不合而背礼交媾之事，非合婚嫁正序，无婚嫁与正家之正序，从“勿用取女”之戒可知，所来的姤阴之女，不合婚嫁正序，既不得嫁娶之“时”，又不合婚嫁正礼，被姤体阳刚之体制明令禁止，以诰命戒示之。所以说蛊卦所行蛊事非男女之正行，且是背礼违政令之乱惑，以此蛊惑之乱而生蛊惑之祸因。

蛊果。当乱蛊之起因不正，随阴浸长而蛊事深入，蛊惑之风在山下回转，不正之风遇群阴，必生大乱，自然会出坏乱之蛊果。蛊果者，因蛊之不正，果皆坏乱之果。其坏乱之果，在于人皆被蛊惑，起心动念皆欲事，内生蛊虫而使精气沦丧，精气沦丧则治阳无果，使阳道坏乱。精气沦丧，阳道坏乱，则识神祸乱心性，心性失明，心志沦丧，使治明坏乱。从个人的内外之乱，到正序大乱，正序大乱则乱及众人，使德政不存，德化失灵，正序之明由明转暗，蛊体一片暗黑，人皆沉迷而交相行欲，迷而不觉。此等蛊果，乃是苦果，人行欢愉于一时，值阴势浸长，当从遯成否时，否塞不通而致否难生，蛊体暗黑顿升明夷之难，正序乱而失序，不仅无序之屯难将临，其七难九祸亦将接踵而来。

从蛊乱随，继而蛊乱成祸。言蛊惑之迷惑，蛊有情意之随，无随不成迷。随有随意之随和无故之随。随意之随为迷于外物、外境而不能自拔，其触、受、想、行、识皆妄作，其识、根、尘相继连环起用，反复熏习；而无故之随为随之深，以随之无故的更、新、变而以心能转境。从随意之随的心由境转到无故之随的心能转境，便是随浅与随深之对比，无故之随为随之高深境界，虽随物应情，但能唯变所适而随。蛊惑乱随，在于以蛊迷惑心性，致使不能以心变物，成一切所适，随情应物无法升华成唯变所适的无故之随，只能被外人、物所迷，且沉溺于情欲蛊事不可自拔，心性不能明辨是非，只能以随之浅而着迷。以蛊惑而害随道，使随物应情变成随欲随情，而大失随物应情、唯变所适之道。当随物应情、唯变所适之随道被害，则继而使感而遂通之咸道无感，聚气凝神之萃道无聚，将泰通往来之道乱于蛊体。从泰通德政被乱、被否塞可知，只有阴毒小人用阴欲之虫而蛊惑君子，迷惑大众，致使德政受乱，正道被害。

治蛊整饬之事。不正乱情，蛊惑伤正，必整饬而治之，为蛊体治蛊之事，因有蛊惑之祸事在前，方有治蛊整饬之事在后。《杂卦》曰："蛊则饬也。"饬者，整饬，治理也。蛊惑成祸已久，必治蛊之不正而使正道复立。蛊卦所言蛊事，既为男女不正且意乱情迷，蛊惑致祸乱之事，又为蛊惑成祸已久而治蛊整饬之事。《序卦》呈致蛊之由，《杂卦》论治蛊之政。

治蛊之事。有大治和小治，大治从大“时”，得识时势而从革，此种革变无大君子不能行之。小治言整饬，从卦体之小“时”，以“制”言整饬，同姤体与遯体制阴一样，从卦之小时制住姤风，整顿蛊事。李光地曰：“易中更改之卦莫大乎革，其次蛊，其次巽。”治蛊要行革，或以革变之决心而革之，若不革治之彻底，则阴风又起，阴势又涨，又成祸乱。

蛊祸在前，蛊治在后。蛊体之成，依姤之风与遯之山，使正之风落二阴之山，立蛊象，成蛊体。其不正之风起于姤之阴，姤卦立“女壮，勿用取女”为戒。又“后以施命诰四方”发布政令，昭告四方，使众皆能自察其弊，自觉其阴，姤体制阴为五阳履德制，以制之刚严，用正道散伏阴之不正。遯之六二继姤系金柅后，又值遯而执牛革，以扶阳抑阴而制阴，尤其是九五正应而扶六二之阳，经过扶阳抑阴而制阴，使阴小之类畏阳势而远遁。当阴势从姤浸长成遯，再以姤之风和遯之山成蛊体，其女壮与“勿取女”在蛊体变成女蛊男，以蛊事蛊惑之成，随即迎来蛊卦新的治理问题——整饬而治蛊。在姤体与遯体，皆有行之有效的制阴之法，整饬而治蛊，要从祸因起治，必以德政治蛊风不正，以正序复立治蛊乱，以专诚凝精神治意乱情迷之涣散。

蛊以元亨立卦德，继而以“元亨而天下治”立意，贯穿先后之蛊事，从蛊惑致祸乱到整饬治蛊祸，以治蛊体而得蛊道。以蛊道得元亨之法而治天下，则天下得治，“元亨而天下治”乃从治蛊体而走向治天下。蛊惑之事得“止”而治，在尚未祸乱德政与正序时治蛊，治蛊之将乱与防祸之未生而言“止”。使不正得正为治蛊之思想，“止”蛊惑之风与蛊势为治蛊之法，以蛊势得制与蛊风得治，使不正在蛊体失根而得大治。

在蛊卦，初至五皆以蛊言，不言君臣而言父子，在于蛊事在前，治蛊在后，子承父业而治积弊之蛊，一体之事，蛊祸在蛊体，治蛊亦在蛊体，犹子于父事，唯上九独言事王侯，在于位、时皆出乎事外而不当事。蛊事之所以能治，在蛊体以九二与六五正应，刚阳之臣，辅承德之君，君臣上下同德齐用功，使蛊之积弊能早治，尤其以先甲三日，敬事于始，令蛊止于端，再后甲三日，慎终如始，防祸于未然，以虑之深，推之远，治蛊使正道复生。干父之蛊与干母之蛊，乃除一国之弊，除一体之祸，而不事王侯乃从天下而治全体之蛊与天下祸难。上九值止蛊势与治蛊之时，以时、位齐备而正志，进志。以正志且进志而天行，亦正志且进志者，还有九二与六五，九二刚直有明，六五承德有志，处蛊弊祸乱蛊体使失明与失志已久，以明志双用治蛊，立中道之典范振蛊而济正道。终以蛊体正其本原之“元亨”而正法序，并通天下之元亨。

蛊：元亨。利涉大川，先甲三日，后甲三日。

彖曰：蛊，刚上而柔下，巽而止，蛊。蛊，元亨，而天下治也。利涉大川，往有事也。先甲三日，后甲三日，终则有始，天行也。

象曰：山下有风，蛊。君子以振民育德。

卦辞：得正其本原之“元亨”而治蛊。

彖辞：虑不正之终推大正之始，以蛊道治天下。

象辞：慎终如始治蛊体，振民育德而新民。

蛊卦，艮上巽下，为山下有风而行蛊之象。不正之姤风遇阴势之遯山回转而行蛊，以女惑男行欲情蛊于人，再生蛊事而鼓动于众人，使众人皆受蛊；因蛊惑而生惑乱，又因蛊乱而有坏乱之蛊果，皆贯穿意乱情迷之蛊事。当不正乱情，蛊惑伤正，因蛊乱产生坏乱之蛊果而成祸，则应整饬而治蛊。蛊卦所言蛊事，既为蛊惑致祸乱之事，又为整饬治蛊祸之事。蛊祸在前，蛊治在后，从成蛊之因，到治蛊之法，使“治”立蛊体蛊事而全德政。

不正之风入阴山中，阴滞不动渐闭塞不通，风转而回以落山谷，阴无阳且风不正则生蛊虫；蛊虫者，阴欲之虫，既在内又生于外。在内者，为内生意乱情迷之妄识，随精气窜动下落，落阴湿之所繁衍，起淫从欲，使欲心生于内而根深蒂固，在道家称“三尸”，内蛊无风不窜动，风者，妄识与欲精邪淫之动也；在外者，有造蛊之法，在《通志·六书略》有云：“造蛊之法，以百虫置皿中，俾相啖食，其存者为蛊。”外生蛊虫者，乃阴毒小人用之，世风败坏，恶毒至极而不可救药者。唯洁身止蛊事，行王道而新蛊弊，内守固阳而除三尸。

蛊惑之祸。蛊惑者，以“风落山，女惑男”成蛊事，蛊事起于喜好，渐迷乱则生欲心，再到纵欲行欢，以致起心动念皆欲事而内生蛊虫；从情欲之喜好到迷外物、外境而不能自拔，其触、受、想、行、识皆妄作，其识、根、尘相继连环起用，反复熏习，只能被外人、物所迷，欲心出而迷心性生妄识，妄识随物应情而迷于外情，随着迷日甚和情欲炽盛，则生惑乱。蛊乱既有内乱又生外乱，内乱者失明丧志，外乱者，德政失基正序失序，有从个体之乱到众皆乱的过程。因“乱”生祸，惑乱者，因迷惑使君子沉溺，迷而不觉，致使善恶不分，正邪不辨，致使君子有失明又失志之祸；亦因君子沉沦而德政失序，从内乱到外序亦乱，以此祸乱德政与正序。尤其从蛊惑之初害随物应情之随道，使随道行浅意之随而非唯变所适之深邃，从随物应情、唯变所适之随道被害，继而使感而遂通之咸道无感，聚气凝神之萃道无聚，亦致使泰通德政被乱。阴小之类用阴欲之虫而蛊惑君子，迷惑大众，致使德政受乱，正道被害。

“刚上而柔下。”成蛊之事与治蛊之法，皆为刚上而柔下。成蛊之事者，取蛊体长女下承少男而意乱情迷，此为蛊事不正的乱蛊之起因，先有“女惑男”男女不正之起因，再行“风落山”之蛊事，姤风落二阴之遯山，独成蛊体，其蛊事亦从个体被蛊惑，发展到山下之民众皆被姤风蛊之，从个体受蛊走向众被蛊。治蛊之法，取艮刚在上，巽柔在下，山势不动在上，以制阴之治而不被外惑，以巽柔顺承艮刚的治阴之法在下体制阴，使阴从内便治，而无外溢成势。以“刚上而柔下”既成蛊又治蛊，亦是蛊卦虽有蛊惑之事，只能成祸，而无以生难的原因，在于治蛊及时且得力。

“巽而止。”在尚未祸乱德政与正序时治蛊，治蛊之将乱与防祸之未生，以“止”整饬治蛊。艮刚止于上，使蛊之姤风仅行于内下，无蔓延至外上之势，姤风惑于内，使蛊祸在从个体受蛊走向众被蛊的过程中能止，为止其蛊势。蛊卦之所以成蛊，在于风在山下回转而行蛊，女惑男之蛊事已成，虽蛊事已成，但蛊祸未致，尤其是尚未祸及众人以及尚未从内乱祸及外序，止蛊事及时则能制蛊阴蔓延。若想蛊势得制，则应顺势制蛊风，使蛊惑之风能从巽柔而止。蛊体治蛊的关键在于如何将不正之姤风治成柔顺之巽风，此为治蛊风；当蛊风能止，则蛊体当治。止蛊势，使蛊势止于个人而无蔓延之势。治蛊风，使蛊惑个体之姤风成柔顺之巽风，从蛊事不正处正礼，亦使成刚上而柔下之蛊，非女惑男之蛊。

制阴。艮男在上，巽女在下，男虽少而居上，女虽长而处下，尊卑位序得正，顺承位序之正，则上下顺礼而正理，则蛊风当治。以蛊治姤风与遯山，使姤风转巽柔，遯山转艮止，以蛊整饬之治而得大治。当姤风得治，蛊风乱随之状况便得以改善，巽柔以唯变所适之深随，出意乱情迷之迷随，在蛊惑之初便能以心辨物，使蛊惑乱随止乎礼，又止乎理，则出不可自拔的情欲蛊事。从蛊风治明，以艮止巽柔而自明。阴势在遯体得制，使蛊之山，非阴势之山，而为艮止之山，此为止阴之山。在遯体，遯之六二继姤系金柅后，又执牛革正应嘉遯之九五，经过九五扶阳，以及九五与六二共同以中德抑阴，使阴小之类畏山势之刚而远遁，在遯体远遁之阴已非阴势浸长之阴。

当不正之姤风遇蛊体止阴之山，风欲落山而被艮山止之，使风无法回转而蛊惑乱人，则蛊势得治。同时以艮止之山制住“风落山”，不正之风不能落二阴之山，则无以成蛊象，无以生蛊事，便无以成蛊祸。不正之风无法成蛊，且遇艮止之山，艮山依礼且正理，使不正而正，则蛊风得治。蛊风得治则姤风将不存，从而以蛊势得制与蛊风得治，得蛊道大治。

“元亨。”蛊体有亨，在于通过整饬治蛊，以“止”住蛊祸发以及蛊体乱而得亨。在尚未祸乱德政与正序时治蛊，是蛊之所以能亨之所在，蛊之所以亨，在于蛊体继山风之势，虽姤风不正，但不正以姤体为主，治蛊风则止姤风，同样山之阴有势，其阴势亦多在遯体，艮有山成，以止义为上，从尊卑位序治其背礼之处使其顺礼，则巽柔承艮山而无蛊惑。蛊之艮山为止阴之山，艮而能止遯之阴势，非阴势得长之山，故而阴从制而得治。治蛊及时，根治姤风与遯势，使姤风与遯体山势转换成蛊体，以治蛊得体而治之，使姤、遯之不正在蛊体得正，且因治于礼，根于序之正，得其元亨。言“元”者，在于治蛊使姤、遯之不正得正，经过蛊之治，使不正在蛊体失根，既无姤风之忧，又无遯阴势之虑。在蛊体，先有蛊事且将成蛊祸，经过整饬治蛊，使蛊势得制与蛊风得治，故亨通易得，而得其元亨不易；解其元亨，要明晰治蛊已使成蛊之风、山皆从不正而得正，因正其本原而得元亨，构成蛊体之山、风得正，不再是风落山、女惑男之体，而是刚上而柔下的巽而止之蛊体。

“蛊，元亨而天下治也。”治蛊体而得蛊道，以蛊道得元亨之法而治天下，则天下得治。蛊以元亨立卦德，继而以“元亨而天下治”立意，贯穿先后之蛊事，从蛊惑致祸乱之事到饬治蛊祸之事，使蛊惑之事得“止”而治，尤其是经过蛊治，使不正蛊体失根，以蛊势得制与蛊风得治，而使蛊道大治。蛊体大治，在于使不正得正，尤其是不正之姤风与阴势之遯山为祸已久。使不正得正为治蛊之思想，“止”蛊惑之风和蛊势为治蛊之法，以蛊势得制与蛊风得治，为治蛊之果。从坏乱之蛊果到巽而止之蛊果，经历了文明之转换；

从不正之风到巽而止之文明，正是蛊体所经历的“蛊事”，蛊事从坏到好，蛊风从不正到正，蛊果从失序到正序，皆是蛊治之功。使不正得正，转姤风阴山成巽而止之文明，皆是以蛊道治天下之法，通蛊道而天下治，正是以蛊体正其本原之元亨而正法序，当德政不乱，德序刚制，则通天下之元亨。

“先甲三日，后甲三日”。甲为十天干之首，取“甲”言蛊为造蛊祸之端，从“甲”以记，先甲三日，为“辛”，借言新，以尚新、取新而言治；后甲三日，为“丁”，借言叮咛、叮嘱，以叮咛之嘱咐言防祸于未然。《周易本义》曰：“前事过中而将坏，则可自新以为后事之端，而不使至于大坏，后事方始而尚新。然更当致其丁宁之意，以监前事之失，而不使至于速坏，圣人之深戒也。”甲者，创制之令，在创制之前，需改过自新。从蛊体而言，在以蛊道元亨治天下之前，不仅要防蛊祸，且必须根除蛊弊，蛊弊自新才有创制之基。孔颖达曰：“甲者，创制之令，既在有为之时，不可因仍旧令，故用创制之令以治于人。”在蛊体，蛊事之言有二，为蛊惑之祸事与整饬治蛊得蛊道之事，祸事在前，且祸及深远，故创制新令之前必然要根除蛊惑众弊，不仅防祸更要从根本上根除弊端，尤其是正其本原得元亨之蛊道，更要推原先后。得蛊道大治，必虑之深，推之远，蛊体不得正，天下无从依蛊道得治。

“终则有始”。在蛊体言终始，为不正之终，大正之始。蛊卦有蛊祸在前和蛊治在后，蛊祸之因在于不正，尤其是遇不正之姤风和不正之遯阴，使风在山下回转而行蛊，乱蛊之起因，从姤体起，不正浸长，继遯体二阴成山，其不正有势，故蛊体之不正，从姤、从遯而由来已久；在蛊之二体阳卦居上，且阴卦居下，阴阳刚柔不相交，少男与长女尊卑上下不相接，阴阳不正，尊卑礼序亦不正。所谓“隔绝而百弊生”，经过整饬治蛊，根于蛊不正之因而使蛊体得治，虑之深，推之远，坏极必有复通之理，不正已久则以“止”通正，当蛊之弊能从根源上和根本上得“正”，蛊体得正其本原之元亨，并以此得治蛊之道，成就以蛊道治天下之始，使不正得正，便能使蛊事从坏到好，从失序到正序，成其蛊体终始之功。

“君子以振民育德。”当以整饬而治蛊祸，则成其蛊体“不正之终，大正之始”的终始之功，所谓“蛊，元亨而天下治也。”正是以治蛊体之蛊道治天下，振民育德而新民之时。纠察蛊事之因，皆因不正与失德，不正是起因，失德亦被不正所惑乱。居蛊体要知不正之来由，以及不正之蛊祸将祸乱何处，然后以知蛊而治蛊。以得正之“正”来振民，使阴阳刚柔不相交而能交，以正阴阳；少男与长女尊卑上下不相接而能接，以正尊卑礼序。当蛊体阴阳得正，尊卑礼序得正，便使正道能“天行”正常。当正道天行，失明之颓废与失志之萎靡皆能得正，则民得振；振者，振奋也，正是振颓废与振萎靡之时。不正之风蛊惑已久，必然失德，尤其是蛊乱之祸使正序大乱，致使德政不存，德化失灵，失德早祸及众人矣；蛊体言“天下治”便是从正个人之身德，到全众人之公德，乃言“育德”之所在。育德者，以正序使德政运转得常而能治之。君子法山下有风之象，振民心，养正德，以蛊道正其本原之元亨新民，则正是从蛊体走向治天下之始。

承志与息志

初六：干父之蛊，有子，考无咎。厉，终吉。

象曰：干父之蛊，意承考也。

六四：裕父之蛊，往见吝。

象曰：裕父之蛊，往未得也。

初六居最下，居内在下而为主，为子干父蛊，初六蛊未深而事易治，其子能整饬，治理父辈积弊，有子如此，则置父于无咎之地。子干父蛊之道，能堪其事。蛊者，言前人已坏之绪，故蛊卦前五爻皆以父母之象，上九有王侯之象。苏轼曰："器久不用而虫生之谓之蛊，人久宴溺而疾生之谓之蛊，天下久安无为而弊生之谓之蛊。蛊之灾，非一日之故也，必世而后见，故爻皆以父子言之。"

干者，为干预、治理义，犹以破中有立谓之干，以治理之作为，而言干立之功。《周易本义》曰："干，如木之干，枝叶之所附而立者也。"为治理能使其立事之能，皆以能"立"言治理之作为。胡炳文曰："爻辞有以时位言者，有以才质言者，如蛊初六以阴在下，所应又柔，才不足以治蛊。以时言之，则为蛊之初，蛊犹未深，事犹易济，故其占为有子，则其考可无咎矣。然谓之蛊，则已危厉，不可以蛊未深而忽之也。故又戒占者知危而能戒则终吉。"

蛊之灾祸，非一日之故，必积弊日久，初六占其子则能治蛊，而考得无咎。考者，过世之父。《礼记·曲礼》："生曰父，死曰考。" 子干父蛊，能堪其事，能治久弊，则父不受续累，故必惕厉则得终吉。初六之才，体阴能巽，居下无应而能主"干"，非能治蛊之人，言"厉"；但专言子干父蛊之道，心怀惕厉，勤勉从事，则子必克，以不累其父而有治蛊之成，虽厉但可以终吉。董仲舒曰："事父者承意，事君者仪志。"子能整饬父之积弊，在于继父之志，不承其事而承其意，意乃意志也。

六四以阴居阴，柔顺而无应，虽无应但处得正，为宽裕以处其父事者；宽裕处蛊事，仅能循常自守而已，不能有为，则蛊事将日深，故往而不胜则见吝。裕者，放纵，懈怠义。

六四以阴柔而无应助，又任事有"裕"，乃懈怠行事，蛊以立事为干，而宽裕倦怠者则不能立事，不能立事治蛊，则蛊事之弊将日深。刘弥邵曰："盖六四体艮之止而爻位俱柔，夫贞固足以干事，今止者怠，柔者懦，怠且懦，皆增益其蛊者也。”怠且懦，使六四从吉而趋凶。初六虽厉却终吉，而六四言“吝”则临蛊事已深，又怠、懦事之，岂能趋吉？

承志与怠志。初六承志有吉，初四怠志则吝。初六虽厉却终吉，初六居蛊下，本无明且失志，为非治蛊且有厉之人，但子继父之志，以志能继而干事，乃正“志”之功。对比初六承志有为，初四怠志而无作为，初与四，皆阴柔之才，初之位居巽柔之下，四处艮之初，蛊以艮“止”立整饬治蛊义，居艮之位本有吉且见吝，便在于六四无志且不能“立”志，初六与六四本因处蛊而失明失志，但初六以“意承考”能继志奋发，可见“志”德不仅关乎是否能有所作为，还直接关乎凶吉悔吝。

中道之典范

九二：干母之蛊，不可贞。

象曰：干母之蛊，得中道也。

六五：干父之蛊，用誉。

象曰：干父用誉，承以德也。

九二刚中，上应六五，以阳刚承六五之阴柔，有母子之象，故以子干母之蛊立象。以刚承柔而治其坏，故又戒以不可坚贞；但以巽顺得中道，为善干蛊者。

九二以刚阳之臣，辅柔弱之君，干之尤难；正之则伤爱，不正则伤义，以是为难。二巽体而处柔，顺义为多，虽以阳居阴有刚之实，但无用刚之迹，故而以柔顺事之，在乎屈已下意，巽顺将承，使身正而事治。曰“不可贞”，谓不可贞固尽其刚直之道，只能以刚行顺而从柔，实则为得中道。不可贞，为九二以中德明之，明其不可尽其刚直之道，以子承母，要行顺而从柔，以中道事之。

黄道周曰："外事尚刚，内事尚柔。"所谓不可贞又得中道，在于以阳刚之才不可固守陈规而固执其刚直之道，要懂得变通，以明治顺，行顺而从柔，九二居内，正是尚柔之时、位。九二从刚直之道变通行顺而从柔，乃以刚明之才得中道之典范。至于柔弱之君，九二只需尽诚竭忠，执守中道即可，以守成不失道而得干母蛊之道也。

六五柔中居尊，以阴柔之质，当人君之干，下应于九二，九二承之以德，以此干蛊，可致闻誉。之所以"用誉"，在于六五能任刚阳之臣，倚任九二阳刚之臣，则可以为善继而成令誉也。

六五履居尊位，不承父以事，而承父以德，六五阴柔不能为创始开基之事，所持事业乃承其父之旧业，故为干父之蛊，居蛊需治蛊，非承父事守旧能安。故而必以中德治之，继世之君，虽柔弱之资，苟能任刚贤，信贤崇德，又以中德自处，以此除弊。

六五干父之蛊，乃干父之前已坏之事，故守旧亦不能安，必然治蛊而除弊，六五至于用誉，是用誉以干之也，为干蛊之最善者，所谓立身扬名，体亲之誉，全父之德，因治蛊得蛊道而致元亨，使父亦有事德。

承德治蛊。之所以能值蛊事而治蛊，在于刚上而柔下，上能止，下能顺；上止者，止蛊势与治蛊风，止蛊势则需承父之旧业而治其弊，以除弊而止蛊势；治蛊风，乃承以德而振民育德。蛊势者，先甲三日，敬事于始，令蛊止于端；再后甲三日，慎终如始，防祸于未然，以此虑之深，推之远，而治蛊使正道复生。

中道之典范。九二与六五正应，九二以刚阳之臣，辅承德之君，以治蛊有成而立中道之典范。九二之所以舍刚直之道而变通行顺从柔，在于六五有中德，六五虽柔但承德且治蛊，以六五与九二上下齐用，成其刚上而柔下之整饬之治。六五虽质柔，但据有中德而行刚，故以刚上处之；九二质刚，亦有中德，舍刚行顺而从柔，以柔顺处下；此两者皆成立中德之典范而皆得中道，正是君臣上下同德齐用功，使蛊之积弊能早治。《彖辞》言“刚上而柔下”舍九二独用六五或舍六五独用九二，皆不能成其治蛊之能，正是上下齐用，才能振蛊而济正道。九二刚直有明，六五承德有志，蛊体处蛊弊祸乱使失明与失志已久，以明志双用而得大治，且是立君子明、志双质而立德治之，故而成中道之典范。

刚柔相济与守其志节

九三：干父之蛊，小有悔，无大咎。

象曰：干父之蛊，终无咎也。

上九：不事王侯，高尚其事。

象曰：不事王侯，志可则也。

九三以刚阳之才，居下之上，为主干者，然三之位过刚不中，以子干父之蛊，蛊已积弊渐深，以重刚不中之才治积弊渐深之蛊，故小有悔。然九三在巽体，以顺主之，刚过而能顺，又能居正矣，故无大过。九三正位居体，以顺德处位，上亲六四，以刚阳之才与和顺之德处事，刚柔相济，勤勉惕厉，而终无大咎。

胡炳文曰：“干蛊之道，以刚柔相济为尚。初六六五，柔而居刚，九二刚而居柔，皆可干蛊，不然，与其为六四之过于柔而吝，不若九三之过于刚而悔，故曰小有悔。若不足其过于刚，继之曰无大咎，犹幸其能刚也。”九三重刚而居柔，从小有悔到终无咎，在于以顺德处位，得刚柔相济之道，以此干蛊，既刚柔相须，又宽严相济。

上九居蛊之终，无系应于下，处无所事之地，在事之外，故而可高尚其事，以高洁自守，不累于世务，故曰，“不事王侯，高尚其事”。上九在卦之上，因无蛊事之承担，而可身退，处蛊体而不累与蛊弊，在于蛊势因“止”而无蔓延之势，使上九能逍遥于卦外。

上九居蛊之终位，又得止蛊势治蛊之时，以时、位齐备而不当事，故曰不事王侯。初至五皆以蛊言，不言君臣而言父子，在于蛊事在前，治蛊在后，子承父业而治之，在于一体之事，乃蛊体言蛊事祸与治二义，为祸在蛊，治亦在蛊，祸在前，为积弊之父业。一体之事，犹子于父事。上九独以“不事王侯”言，在于合君臣之义，子于父母，有不可自诿于事之外，而王侯之事，君子有可为与不可为也，当必治蛊事时，以父子言，在于责任赋予，当蛊事得治，可处事外时，以王侯言，洁身以退而不为僻。

不事王侯，当事者以干蛊为事，不当事者以高尚为事，故不曰无事，而曰高尚其事。上九处无事之地，不为事累，不事王侯，而独守志行藏，君子藏志，志在高远，非王侯俗务。邵子曰：“安得淳厚又秀慧，与之共话天下事。”上九之志不在王侯事，而在天下安，蛊体王侯事，仅治一体，而天下安之事，能治全体，自尊其身，守其志节，则高尚其事。上九居贤位，进贤志，非蛊体干蛊之事，不屑王侯事，自担天下事，以“志可则”而进退合道。干父之蛊与干母之蛊，乃除一国之弊，除一体之祸，而不事王侯乃从天下而治全体之蛊以及天下之祸难。

归妹卦：乱正之祸

震上兑下

礼与时皆不正而乱位成祸

在蛊卦，不正之姤风遇阴势之遯山回转而行蛊，以女惑男行欲生蛊事，不正乱情，蛊惑伤正，众人受蛊生坏乱之蛊果成祸；蛊祸在前，蛊治在后，从成蛊之因，到治蛊之法，经过整饬治蛊，根于不正之因而使蛊体得治，且成其蛊体“不正之终，大正之始”的终始之功。再以治蛊体之蛊道治天下，振民育德而新民有时，从蛊体蛊惑之不正走向治天下之大正。

蛊事成祸皆因不正与失德，不正是起因，失德亦被不正所惑乱；当不正之风蛊惑已久，必然失德，尤其是蛊乱之祸使正序大乱，致使德政不存，德化失灵，无德照之明使蛊体一片暗黑，亦使君子失明与失志。知蛊而治蛊要知不正之来由，以及不正之蛊祸将祸乱何处；因其不正，故而阴妄蛊惑而伤正，伤正则不能正尊卑礼序，不履位序乱其德位，则乱正；从不正到乱正，成其归妹卦体。

归妹卦，震上兑下，男动于上，女从之嫁而归从男，少女从长男，以说而动，动而相说，人之所说者，少女，故云妹。兑以少女从震之长男，其情又为以说而动，两者皆非正，从而导致两相失正，成其以“归妹”言之。归妹者，归者在“妹”，妹从男而归于人，非长男来取，乃少女以说而动且动而相说的动而不当之体。动而不当，为“动”与“不当”两者；少女动则凶，位不当亦凶，乃双凶并至。以归者在妹之不正，乱其礼序与时序；以动而不当之双凶，成其归妹的乱正之祸。

《序卦》曰：“进必有所归，故受之以归妹。”进者，渐卦之进也，在渐卦以女归立意，又以鸿雁设象言婚嫁之雁礼，通过“女归”而婚嫁成家，言履礼而序之“渐进”过程。之所以有渐进，在于履礼而进，渐进之进者，必有归；归者，女子出嫁曰归；归妹卦依渐之归义而继渐。归妹之归，为女之归，女者，兑之少女，故以“妹”云之。女子出嫁谓归，少女非偶而随长男，成其归妹的嫁娣之义。

古代诸侯以媵制婚姻一娶九女，而归妹之谓为姐妹同嫁一夫，姐姐称姒，妹妹谓娣，“女子同出，谓先生为姒，后生为娣”。正室夫人谓女君，随嫁娣侄谓媵，娣是女君妹妹，侄是女君侄女，媵不同于妾，妾谓之须。西周有韩侯娶妻，韩侯是周武王第五子的后裔。渐卦主言女归之正，而归妹主言妹娣动而不当之不正，以娣自媒自荐之归，动于男先。

归妹卦，少女从长男，男动而女说，男动者，非男取妹娣之动，而是男动取姐姒之先，此男动为渐之正取。女说者，为妹说而从之，再说而动，成其归妹动而不当之体。男动而女说，正是男以婚嫁之礼行取之正，来反衬妹自归而从之不正。取之正，在渐卦，妹自归而不正，在归妹卦，从渐到归妹，有从正取到不正之过程，正是因为有渐之正，才衬托了归妹之不正。故而归妹卦贯穿了“男动而女说，又以说而动”的从正到不正过程，正是因为明了何为婚嫁之正，才知正礼，亦才知妹自归而不正的失礼之处。《管子·形势》云：“自媒之女，丑而不信。”便是言说妹自归求合的背礼行为，履礼有孚信，而失礼则不信，故而身德不存，有丑径。

《案》曰：“不曰妹归而曰归妹，以明其失礼；不曰归女而曰归妹，以见其失时。”归妹卦以动而不当之体所失有二：一则以“妹”之身份动于男先，不待取而自归，自归者失婚嫁之礼，所谓“自媒自荐者，士女之丑行也”

正是如此。归妹之义，便是妹不待男以婚嫁之礼取之，而自动于男先来归，此“归妹”明其失礼；明其失礼之“明”，为婚嫁之礼以礼“制”约之，已成制度约束之礼序，众人皆应明晓制度规范，而“归妹”处明知故犯之状态，以犯明失礼正。二则以少女归长男，少女处下，位不正而失婚嫁之时；时者，在卦中常以位显之，男女相感之时，为咸卦艮之少男下求与兑之少女上应，两气交感相合，感有专且应而至，成其感通之正；男女婚嫁正“时”，为渐卦艮之少男阳下与巽为少女阴上，阴阳交合而成其成家媾和之正；“归妹”处位不当而自归求合，以犯位失时正。

失礼正与失时正两者，成其归妹不正之主体。礼与时，皆位也；礼序者，履位言礼，制礼言序；时序者，履位序言时，时之成，全然位序。归妹卦以“动”失礼，“不当”失位时，以失礼正与失时正两者而两相失正。凡言“正”者，皆贯穿了位正，履位而得礼正，礼正则制礼有序正，以此可见“位”之重。

易之全体言男女相合者有咸、恒、渐、归妹四卦。咸卦，兑柔在上，艮刚在下，两气相交感，艮之少男下求与兑之少女上应，艮以止则感有专，兑以说则应而至，以此感而通，形成山泽通气交感的感通之象；咸有咸正，为男求女之正，到夫妇咸正，继而成其尊卑、上下位序正，以“正”成咸体。恒卦，震者长男，巽者长女，男在女上，男动于外，女顺于内，形成夫妻成室而雷风相与之象，雷风相与使之，雷动则风起，雷迅则风烈，雷止而风息，犹如夫唱而妇随，恒有恒正，从男女阴阳回转而互抱之正，到夫唱妇随之伦序正，以男女初成和恒益常久之正成恒体。渐之正，以“女归”婚嫁成家之正，有礼与时皆正，礼与时正，为男女大正，履礼、时之大正而得渐进之渐体。归妹不正，礼与时皆不正，正好构成渐正与归妹之不正相对，从而亦失咸正、恒正、渐正之“正”。咸与恒者，主言夫妇之道；咸与归妹者，主言男女之情；咸与渐者，主言夫妇之义；男女之情，夫妇之义，皆陈于四体。

《杂卦》曰："归妹，女之终也。"归妹以"女之终"言终始，为继蛊卦之终始，蛊卦之终始者，为蛊治之功使不正得正，成其诸不正之终，以及大正之始；而言不正者，除姤、蛊外，亦有归妹之体。归妹之体贯穿在蛊卦不正之大体中，虽蛊祸与治蛊皆在蛊之一体，但蛊事在前，治蛊在后，且子承父业而治积弊之蛊的"治蛊"，是基于蛊祸后的治理；且以"子承父业"之特征有父子隔代关系，因蛊弊存之已久，故而才成其顺延蛊事发展之归妹体。在归妹乱正之因里，其姤阴与蛊阴，成为归妹体不正之始。故而归妹女之不正有终，因蛊治而得大正之始，归妹之体贯穿在蛊言不正之大体中，治蛊使蛊得治，亦能使归妹得治。

不正到乱正的过程。不正之始，始于姤之不正与蛊之不正。姤之阴存，使归妹之"艮"有不正之先，继而又顺延蛊之不正；归妹之艮为少女，女之阴，使归妹尚未发生"男动而女说，又以说而动"的归妹乱正之前，不正便先入，也正因妹之不正，方行动而不当的自归求合之举，归妹乱正，为乱其位，为以娣乱姒之正位。归妹乱正位而行男女之合，将因位乱而乱家人之序，家人者，以正位言伦序，犹言以正位正家；家人伦序之道，先从婚嫁成家之礼得"家"，得礼正，再从夫妻共成正位之主体，得"家人"。得位正，再以风自火出，以小家之礼、德内出，及于外成伦理共序，故而由家人卦从正位正家而呈现家人之伦序。归妹以乱正位乱正，则乱其家人之序，再波及伦序共理，可谓害之大矣。

乱正之祸。归妹卦言"征凶"，征者，动也，正是归妹的动而不当之举，女先动，惑男，行蛊惑之蛊事，继而意乱行欲；凶者，动则凶，位不当亦凶，乃双凶并至之占；征凶者，祸害也，并非归妹一身之患或一家之祸，而是因祸序害理，波及众人，乱其礼序与时序，以动而不当之双凶而成归妹大祸。归妹之风气，虽是诸侯媵制婚姻之奢靡，但终究主体之不正在"妹"，娣乱姒之正位，非男女两人或一家之得失，而是事关伦理风尚，礼制大体。

归妹之终始。归妹以乱位乱正成其祸，且祸患事关伦理风尚与礼制大体，有伤德政，故君子睹归妹动而不当之祸，必以“止”通正而治之。而“止”者，既是止女说而先动，又是止女惑男生欲。“止”之治，正是蛊体得治之精髓，蛊体治不正而得大正，归妹之体贯穿在蛊言不正之大体中，治蛊使蛊体得治，亦能使归妹得治，以此成其归妹女之不正有终，得正而有位正之始。归妹之终始，正是正位序、正家人之序的呈现，亦是从归妹之乱位之不正，可见天地位序之正，以此以小见大，以“正”来振民，使民众皆能明礼序之正，行婚嫁与家人之正。当归妹体阴阳得正，尊卑礼序得正，便使正道能同蛊体般“天行”得常。

归妹：征凶，无攸利。

彖曰：归妹，天地之大义也。天地不交而万物不兴。归妹，人之终始也。说以动，所归妹也。征凶，位不当也。无攸利，柔乘刚也。

象曰：泽上有雷，归妹。君子以永终知敝。

卦辞：归妹双凶并至，乱正失德伤序害理并无所利。

彖辞：虑不正之终推大正之始，以归妹通天地大义。

象辞：知敝而治敝，成其归妹大正的恒久之道。

归妹卦，震上兑下，为泽上有雷而雷震泽动归妹从之之象；归妹者，归者在“妹”，妹从男而归于人，非长男来取，乃少女以说而动且动而相说的动而不当之体。雷震而泽动，震者，长男，兑者，少女，男动于上，而女从之；少女从长男，以说而动，动而相说成归妹体，使归妹卦贯穿了“男动而女说，又以说而动”的归妹过程，亦呈现了从正到不正之过程。取之正，在渐卦，妹自归而不正。在归妹卦，正是因为明了何为婚嫁正礼，才知妹自归不正的失礼与失时之所在。归妹，动而不当，为“动”与“不当”两者，两者皆非正，从而导致两相失正，妹自动于男先来归，既失礼，又失时；礼与时，皆位也，凡言“正”者，皆贯穿了位正，归妹卦以失礼正与失时正两者，成其归妹不正之主体。归妹以归者在妹之不正，乱位乱正，以动而不当之双凶，成其归妹乱正之祸。且祸患事关伦理风尚与礼制大体，伤及礼制与德政，故危害大矣。

“征凶。”归妹卦以“征凶”立戒，却是以归妹乱正失德有凶之戒而言正德之必须。归妹卦有凶，在于归妹失礼与失时不正，成其乱正之祸。征者，往动也，妹自动于男先来归，即归妹之动；言征之往，为明而往征，有明知而故犯之意，明知之“明”在于婚嫁之礼以礼“制”约束，明晓礼制规范而往，妹自动于男先来归，属自媒自荐，完全违背婚嫁礼制，故为失礼之往；失礼之往，有礼制之明章制度而不遵守，本有明却失明，失明则为阴，正是归妹的动而不当之举。女先动，以女阴惑男，行蛊惑之事，继而意乱行欲；以女阴惑男成其蛊事，其蛊惑之患发生在男女二人身上，蛊惑者，“风落山，女惑男”。欲心出而迷心性生妄识，随着迷日甚和情欲炽盛，而生内惑，当内惑一生便迷而不能自拔，行动而不当的归妹之行。

征往而动，从自媒自荐之归，到生情欲于内，皆是“动”之患，以动之患，招凶。凶者，动则凶，位不当亦凶，乃双凶并至之占。征凶者，归妹乱正失德之祸害也，既成祸，又有大危害；其归妹之危害始于蛊事，以男女二人之蛊祸，发展到一家之患，当动而不当的自归求合之举成行，归妹以娣乱姒之正位，继而因位乱而乱家人之序，家人之道，犹以正位正家，家正则家人伦序正，当礼不正、时不正，再有伦序不正，则伤其伦理共序，伦理共序为礼制正序，归妹以动而不当之双凶大祸，危害伦理风尚和礼制大体，其“凶”可知。双凶并至为归妹之凶，而危害伦理风尚和礼制大体之凶，乃从归妹卦之双凶发展成乱正之大凶，由小及大，由浅渐深，故而卦辞立“凶”为戒，不能任其小患“征”往成大祸，再生内外之乱。

“无攸利。”归妹动而不当的自归求合之举，实属乱正失德，故而并无所利。以归妹卦之双凶以及乱正之大凶为前提，其“利”便无从生发。男之利，男得自媒自荐之女，看似有得，实则失大于得，因未履婚嫁礼制，故失礼无法正家。且从得女来看，以女惑男之蛊事成合，身纵欲行欢而失精气，精气失养则神不固，神不固则起心动念皆欲事，致使精气沦丧，再发展到心性失明，心志沦丧，别说正家无成，且一切皆由蛊事废弛而不张。女之利，女以阴惑得男，看似有小得，实则小得而大无利，其归妹双凶以及乱正之大凶，根源皆在归妹之少女，其凶险大于得利，而且因祸患波及深远必终将被遏止。体之利，在归妹卦，男女之事小体曰家，家人正位乱而乱家人伦序，故小体无利；大体曰理，伤伦序共理和“礼”之理，使其有刚制而不遵守，为失礼，有明德而不取，为失明，故大体更无利。

归妹征凶且无攸利，非归妹一身之患或一家之祸，因祸序害理在深层，在大体，看似男女行欲有得，实则乱正而无得，且让正大之道失德。归妹根系蛊惑之祸，其蛊惑既有内乱又生外乱，内乱者失明丧志，外乱者，德政失基正序失序，有从个体之乱到众皆乱的过程；女惑男，使君子有失明又失志之患，继而沉沦使德政失序而祸乱德政与正序。尤其是伤正害正道，从小体失家人伦序之道，到大体祸乱德政并害礼制。虑之深，推之远，坏极必有复通之理，应“止”不正而通正。

“归妹，天地之大义也。”归妹，男女阴阳交感且婚配，天地交而万物得生息，男女合而子孙可孕育，乃万物繁衍之类，孔子曰：“大昏，万世之嗣也。”故而从生育与生息而言，归妹可与天地同功，之所以归妹要得正，这是蕴含在天地生育与生息之内的位序。归妹不正，乱在位，亦乱在礼，还不得时，若能从归妹之不正，见天地万物之德位，见礼序与时序乃至天地万物之法则，则是大洞见。从归妹之女从男不正生祸乱之象，见何为婚嫁礼制之正，以及家人之正，以归妹之象来以小言大。天地交而万物生息只可履位而合其道，不可乱位而伤其正，男女婚嫁以及子嗣繁衍更应履位、履礼、履时。从归妹之象，见万物生息森严之位，以小言大，取象而见天地万物之法序；见位序，见礼序，见时序，见天地法度与法则，方为从归妹通天地之大义，从归妹之不正，得其归妹之终始，以不正通正，从归妹达天行。

位不当。在归妹卦，艮之少女非偶，侄娣非正配，若为妻而行则凶，以娣乱姒之正位是归妹乱位、乱正之所在。乱位在于艮之少女乘震之长男，为“柔乘刚”之位，居乘位却动于男先，成其“说以动，所归妹也”。失礼与失时之失，言凶也好，言乱正也罢，均为位不当所致。归妹居位不正，若又以位不当来犯正位，家室难正则有凶祸，故而既失礼义，又失时宜。卦中四爻失位，犹姊未嫁而妹先归，失其婚嫁常序，作为媵制婚姻的“附属品”，妹为娣而行则吉，若姊未嫁而妹先归，则位序大乱。卦中柔乘刚，柔悦而求进，意欲以媵夺嫡，必越其妻之正位，便是以位不当再乱正位，则尊卑之序、家人伦理之序皆乱。程颐曰：“男女有尊卑之序，夫妇有唱随之礼，苟不由常正之道，徇情肆欲，唯说是动，则夫妇渎乱，男牵欲而失其刚，妇狃说而忘其顺，如《归妹》之乘刚是也。”

“君子以永终知敝。”君子观雷动泽感与阴说从阳之象，明归妹之不正，见婚嫁礼制之正与家人位序之正，知其始之不正，必终其不正而大正，成其以归妹之象来以小言大，以始见终，所谓“永终知敝”而是从“敝”知如何治敝，当归妹之敝端与败坏之处，能止而治之，则能见不正之终，大正之始。如何使归妹无敝，在于雷发而泽感，阳先唱而阴后合，男动之以礼正，女说之以情正，正其礼，履娣位，和合其家，成其男唱而女随之道，则通天地之大义。

归妹之终始，知其不正之始，师蛊治而行“止”道使其不正能终，大正能始，以归妹得治，成其归妹女之不正有终，得正而有位的正之始，当位正有始则尊卑礼序皆能得正。正是以归妹之小，见位序之大，见礼序之大，见时序之大，见天地法度与法则之大。

守位之典范

初九：归妹以娣。跛能履，征吉。

象曰：归妹以娣，以恒也。跛能履吉，相承也。

九四：归妹愆期，迟归有时。

象曰：愆期之志，有待而行也。

初九居下而无正应，为娣之象；娣为柔，而初九阳刚，其阳刚在娣，为娣的贤贞之德，故而初九有德配位。初九之娣，能正德行，为娣之贤德者。初九之娣以其娣之当位，正当位之德行，得配位之德，以当位而配位，又能处卑顺而称位初九，正是以当位之位，配位与称位之德，得其大贤正。

娣者，姐妹同嫁一夫，姐姐称姒，妹妹谓娣，所谓“女子同出，谓先生为姒，后生为娣”。女子谓女兄弟曰姊妹，而惟媵己之妹则谓之娣，此便是姊妹与娣之区别，古之嫁女者，以侄娣从，自适而下，凡谓之娣。《释名》云：“侄娣曰媵。”又云：“媵，承也，承事嫡也。”

跛能履。娣贱而卑下，虽处位贤贞，有配位之德，但仅能承助其君而已，因非正室，故所为有限，故而言跛。跛者，腿瘸，《说文》云：“行不正也。”《礼记·曲礼》云：“立毋跛。”郑注：“跛，偏也。”跛能履，在于行虽不及远，但可自善其身，守娣位，尽本分，故而能行。胡瑗曰：“跛者，足以偏也，侄娣非正配，而能尽其道，以配君子，犹足之虽偏，而能履地而行，不至于废也。”

跛之所以能行，在于娣居下为顺，处卑顺而有贤贞之德，全在守其娣位。归妹全卦以乱位而乱正，初九以守位而得配位之德，虽跛却能行；又因娣可依礼继承正室，广继子嗣，以全姻亲，是象辞言“相承”之所在。故而虽跛有凶，但能变征凶而为征吉。

初九征吉。凡女之归，不待六礼备且履六礼，为失礼，惟娣可以从姒而归之，而不嫌于失礼，当娣从而归之，便要守其娣位；初九以娣之身份处卑顺之当位，守位有德，又以顺承之为，配贤贞之德，以当位之位和配位与称位之德，得其大贤正，是吉之所在。孔颖达曰：“征吉者，少女非偶，为妻而行则凶，为娣而行则吉。”

九四以阳居上体而无正应，贤女不轻从人，故愆期以待所归，成其愆期以待所归之象，所以愆期者，在于女以贤明之德知已之所愿，为九四有明；又有九四许嫁由己而不由人，就算愆期亦待其所归，为九四有志；九四以明志双用而待所归，守其本位，成九四守位之范。

九四居上体，居巽之高位，高贵其心。室家之道，非得履礼而婚姻不成，又待得佳配而后行，《程传》曰：“盖自有待，非不售也，待得佳配而后行也。”九四执阳刚之志，静待其时。阳刚在女子为正德，乃贤明之象；无正应，而未得其归，过时未归，故云愆期。愆者，错过；愆期者，误期也。胡瑗曰：“以刚阳之质，居阴柔之位，不为躁进，故待其礼之全备，俟其年之长大，然后归于君子，斯得其时也。迟，待也。”

守位之典范。初九与九四皆守位而有德。初九与九四皆阳而无应，无应则无征应之动，宜守其本位。初九处卑顺之当位，守位有德；九四之女子以贤明之资，居贵高之地，愆期有时而待归，以明志双用守位；女子守位，配贤贞之德，便能得正，使归妹之不正得正，以守位止其乱位，成其归妹终始之功，使初九与九四皆成守位之典范。

正位之典范

九二：眇能视，利幽人之贞。

象曰：利幽人之贞，未变常也。

六五：帝乙归妹，其君之袂不如其娣之袂良。月几望，吉。

象曰：帝乙归妹，不如其娣之袂良也。其位在中，以贵行也。

九二阳刚得中，为女之贤正者，上正应六五，反阴柔不正，为动于说者也。九二贤正，六五阴柔，乃女贤而配不良，九二虽贤，不能自遂以成其内助之功，当不能成其内助，尚可以得中来善其身，如眇者虽不能及远但尚能视。

“眇能视。”眇者，一目失明而偏盲，视野不能及于广大，但尚能视。九二与六五正应之言，贤女配不良，虽为贤内助，但因主弱而不能成其助；九二阳刚有明，又得中德，故九二不能因不能成其助而妄动，只能以明守其本位，守其幽独之操，不夺其位，而曰利幽人之贞。幽者，隐幽，坎也。《尚书·尧典》云：“宅朔方，曰幽都。”东曰旸谷，西曰昧谷，南曰明都，北曰幽都。幽人，幽居之媵，抱道守正而不偶者。

初跛二眇，取兑之毁折象，兑毁震足故跛，兑毁离目故眇。言男女相合者，凡以阴应阳者，为女之有配者，以阴应阴以阳应阳者，为女之无配者，若以阳应阴，为虽有应而反其类，比之无应者更甚，乃女之有配而失配者。九二正应有配，却非良配，犹如失配，配之而不终。然九二刚明，五虽不正，二必执中德而守志，以幽人之贞抱道守正，虽失所仰望，但尚能视。《案》曰：“凡足以两而行，目以两而明，夫妇以两而成，跛者一正而一偏也，眇者一昏而一明也。娣虽屈于偏侧，而犹能佐理，故曰能履。幽人虽失所仰望，而其志炯然，故曰能视。”如此贞定贤能之女，以利幽人之贞，使伦序不乱且家道常正，而未变其常理。

六五柔中居尊，为妹之贵高者；下应九二，为下嫁之象，至尊之妹，必归于夫，乃人伦之正，王姬下嫁，自古而然。六五尊贵之女，尚礼而不尚饰，贵德而不贵饰，为帝女下嫁而服不盛之象。帝女下嫁而服不盛，以尚礼崇德而足为天下表。

帝乙，乃商朝第三十代君王，文丁之子。文丁诛杀季历，使商周交恶，为化仇隙而亲邦交，帝乙嫁妹于姬昌，成其“帝乙归妹”之典故。君者，女君，《释名·释亲属》云：“妾谓夫之嫡妻曰女君。夫为男君，故名其妻曰女君也。”帝乙嫁妹，女君服饰不如娣盛，六五尊贵之女，尚礼而不尚饰，故其袂不及其娣之袂良。袂者，衣袂；良者，美好；月望者，阴之盈也，阴盈则敌阳矣；几望，未至于盈也。

帝乙归妹，正婚姻之礼，明男女之分，贵女以阴尊而谦降归之，唯谦降以从礼，乃尊德尚。娣之袂良，虽衣袂光鲜在外，但不及女君位正，其君之袂不如其娣之袂良，乃为君尚女德，五之贵高，不以衣袂之华美为盈极，而以德高为盈。

正位之典范。九二与六五正应，皆有正位之范；从九二而言，正应有配，却非良配，犹如失配，虽失所仰望，但尚能视，九二以刚明之才，以幽人之贞执中德而守正，使伦序不乱且家道常正，虽眇却有正位之功；从六五而言，贵高之女，降尊屈贵得其正应，帝乙归妹之美谈，不仅使商周舍仇隙而重归于好，还犹以推礼崇德比娣之袂良。娣之袂良虽华美在外，但女君正位之美更盛，六五正位不以衣袂之华美为盈极，而以德高为盈，成正位又正德之典范。

失礼与丧德

六三：归妹以须，反归以娣。

象曰：归妹以须，未当也。

上六：女承筐无实，士刲羊无血，无攸利。

象曰：上六无实，承虚筐也。

六三居下之上，阴柔而不中正，为说之主，本非贱者，以失德而无正应，女之不正，人莫取之，故为欲有归而未得其归，未得所适，而反归为娣之象。须者，妾室，女之贱者，《史记·天官书》云："须女，贱妾之称。"织女为贵，须女为贱。陆希声曰："在天文，织女为贵，须女为贱。"

初九居下，为娣，六三居下之上，不仅非娣，且阴柔而不中正，又为兑说之主，为动奔而无德之女。无德之女，无人取之，以妾随嫁，后改作娣随嫁。在媵制婚姻中，若女君亡故，妾不可继承正室，而娣可相承，可依礼继承正室，广继子嗣，以全姻亲。若以妾身则曰"未当"。妾之未当与娣可相承对比可知，六三失位、乘刚、无应，处位不当，若归妹以须，则承事不当，两相不当，使六三行不顺，故本宜须而反归以娣。只有反归以娣，才能反未当而得当。

三不中正而无应，故取象于女之贱者；位不当，德不正，又以阴柔乘刚，故而行不顺，以说求归，妄动非礼，上不应与，无有聘，不可以为人配，人不之取，但反归而为娣。在归妹全体，惟下卦无应，有娣之象，上卦无应，则并无娣之象，故在四为"愆期"，在上为"虚筐"。

上六以阴柔居归妹之终，居而无应，为女归之无终者；爻辞先女而后士，罪在女，曰士曰女，以约婚而不终，未成夫妇。妇者，所以承先祖，奉祭祀，嫁而未行，见庙礼则不称妇，爻辞言"女"，在于不能奉祭祀则不可以为妇矣；士，娶而未行见庙礼不称夫。《仪礼》云："三月而庙见，称来妇也。择日而祭于祢，成妇之义也。”郑玄注：“成妇义者，妇有供养之礼。”古人婚后，要杀牲取血，祭祀祖先，行庙见之礼。震有虚筐之象，兑羊象，上与三皆阴虚而无应，故有“承筐无实”与“刲羊无血”之象。

夫妇行庙见之礼而刲羊无血，无实无血，祭礼不成，必无所利。夫妇共承宗庙，女承筐无实，妇不能奉祭祀，士刲羊无血，夫不能承祭祀。刲羊而无血，亦无以祭，谓不可以承祭祀主宗庙，不能奉祭祀，夫妇则当离绝无终。

纵观归妹卦，以妹随嫁立意，且妹有说而动自媒自荐，以娣犯姒之正位，乱正位有凶，卦辞、《彖辞》以柔乘刚与位不当言凶，且双凶并至，并由小及大，由浅渐深，发展成乱正之大凶，故而卦辞立“凶”为戒；而爻辞却以初九与九四的守位之典范，以及九二与六五的正位之典范，使不正得正，反征凶而见征吉。无论是守位还是正位，皆“止”其归妹成祸之不正，当归妹之祸从根源上和根本上得“正”，使不正得正，从失礼到正礼，从失时到成其时，以治归妹之功，全其归妹终始之大义。爻中六三失礼与上六丧德而不得其正，其凶依然，六三无应以须，反归以娣，失礼未当；上六无应虚筐，丧德无血，离绝无终而无利。在归妹卦，要知其不正之始，及时行“止”道，使其不正能终，大正能始，尤其要以归妹之小，见位序之大，见礼序之大，见时序之大，见天地法度与法则之大，以全归妹通天地之大义。

小过卦：小过之祸

震上艮下

上逆下顺以有过求无过

在归妹卦，以妹随嫁立意，以娣犯姒之正位，乱正位有凶立戒。妹自媒自荐动于男先来归，柔乘刚与位不当而失礼、失时，失礼与失时之失，均为位不当所致，若又以位不当来犯正位，意欲以媵夺嫡，必越其妻之正位，致使尊卑之序、家人伦理之序皆乱。归妹不正又双失，致使双凶并至，其凶有由小及大，由浅渐深，发展成乱正序与共理之大凶；归妹所言之凶患，非归妹一身之患或一家之祸，因祸序害理在大体之深层，恐继续沉沦致德政失序而害正道，将归妹之不正发展成乱正之过，且此“过”将祸及众人皆有过。

不正之体有姤阴不正、蛊事不正、归妹乱正三者，正不固则易受阴蛊，阴惑且乱正则致小过。姤体为阴不正，蛊体为男女蛊事不正，归妹为位不正，三者之不正皆有阴浸阳之弊，阴盛而阳消，致使正固不利而生过，其过在姤体、蛊体、归妹体已然发生，只不过在小过体成大众皆有过的局面。

小过卦，震上艮下，山上有雷，雷震于高，其声过常，故为小过；卦中阴居尊位，阳失位而不中，小阴过其常，称为小过。《杂卦》曰：“小过，过也。” 小者过，小事之过，以及过之小。小者，阴也，阳大阴小之谓，为卦四阴在外，二阳在内，内实外虚，阴多于阳，为小阴过阳；过者，过其常度也，常度者，时、位、序之常，法度与法序之常，而“过”为越常度而伤之，则致过错；常度者，正也，越常度而伤之，为越正且伤正，伤正则有过错；小过者，过错小者，未及祸变，为伤正尚轻。

言小必有阴，言过必伤正，小过者，乃以阴伤正。从“伤”致小过可知，阳为正度，正为常度，不偏不倚之位，适中之时，发乎自然之序，皆是“正”与“常”的比照。不正之体三者，皆有阴浸阳导致阴盛而阳消之弊，以阴之不正伤正，且阳消无法正固而生过，故而小过之阴，起于姤风，盛于蛊惑，其过起用于归妹，从归妹乱正，蛊惑伤正而致过，使小过之体渐成。从姤卦不正之患，柔遇刚并浸刚体而生不正之风，继而姤风遇阴势之遯山回转而行蛊，再到归妹乱正而致过，便是小过以阴伤正致过的渐变过程。又因归妹之体贯穿在蛊言不正之大体中，故而蛊体不正乱情，蛊惑伤正，亦有归妹之乱正，其蛊惑之祸与归妹乱正之祸，皆有祸正序、害共理之深层伤害，又由于正序与共理牵及众人，从而致使小体之过逐渐转向大众皆小过。

不正和乱正危害正序与共理，以不正之风坏德政风尚为小过之主因。德政教化需君子励精图治，若在明夷体还收获甚微，而不正之风气，姤风与蛊风过处，众人皆受其惑，被阴浸，放纵行欲，不知修身养德，放纵易，修持难，一直是君子与小人显著的比照。在归妹卦言“无攸利”便是从不正之处与不当之作为来明辨得失，尤其是表面之小得后面蕴藏着大失。从男之利而言，看似有得自媒自荐之女，却失礼无法正家，还因心志沦丧致使诸事废弛不张；从女之利而言，女以阴惑男，亦看似有小得，实则小得而大无利，尤其是归妹之女乱正，致使发生了致小过之主体，再害伦序共理牵连众人有小过；从大体之利而言，因乱家人伦序，伤伦序共理，致使不正之风坏德政风尚而大失。

以不正之风坏德政风尚。大众皆致小过之因，在不正之三体中，犹以归妹位不正致祸为甚，因其“位”可以上下关联甚广，其正序与共理之正，皆以位所呈，离位皆无法言“序”，而秩序恰恰是关联众人之常度，且位与德彼此无法剥离，失位则失德，健德必履位。不正之风之所以能败坏德政风尚，便在于行欲而失本位，本位者，身位与政位，人人皆有身位，亦有政位。政位者，既言当政者之位，又非当政之位，而是人的社会属性之位，人身处于复杂的社会关系中，故而人人皆有政位，又因区别于政位，故而言共位。身位与共位构成了确私与共之属性，由个体联系公共。不正之风败坏德政风尚，从小过而言，继于归妹乱位所致的深层伤害，小过以过其常度，尤其言位，归妹乱位便乱其“正”度。从姤，致蛊，再从蛊惑行归妹乱正，非以乱位之得而贪图行欲，乃阴之不明，无以止欲，失明丧志所致，致使不知身德为何物，故而从姤卦言勿用取女之戒，便是惕惧不正之风，包括治蛊止阴，均是防过之措施。

《序卦》曰：“有其信者必行之，故受之以小过。”人之所信则必行，行则过也，行者动，动必有所感，感亦应其动，感而动之，乃中孚之应；为何信而行会有过呢？这便是乱正与伤正的小过之伤害。中孚之应，为以信求感，再以信应，得其既虚又实之感应，使专诚之信在小内，而感通之应在大外，感应相与在乎中，再以孚见之，得其孚信之道，而伤正之事，其感应相与皆不“中”，位乱不中则无以见孚，更无从达信，使其虚而不实，小过卦四阴二阳，阴虚更不实，便无从交感，达其诚信，行者动无中孚则有过，中孚者，身德与位德之基，故而伤正害中孚，无中孚行而动则有过。

小过卦以飞鸟遗音取象，卦体内实外虚，如鸟之飞，其声下而不上，飞鸟遗音之应乃应其空虚，再以阴多实小，其感应更虚而不实。在中孚之上九有“翰音登天”之象，翰音登天同鹤鸣子和之同应相比，乃徒闻其虚声而已，虽然音之华美外扬，但难以掩盖无质失信之实，况且中孚可以人伪为之。小人常以“感”无诚而非信，借“乘木舟虚”之虚妄，望文生义，借兴风而作浪，闻风而奏，继而煽风点火，陷害忠良而掀起祸乱。小过卦的飞鸟遗音与翰音登天类同，只是飞鸟比翰可高飞，其音高而远而已，皆声闻过情，华而不实，且小过伤正更加无孚，无孚而伪作其诚，未动便是过，行而动更加致过。

伤正害中孚，无中孚行而动则致过，且祸乱中孚之事，便由伤正无孚中出，要知涣卦之涣难亦是由“至信可感豚鱼”引起的豚鱼之祸，涣小人以华美外扬的翰音飞天而人伪中孚，以不文且无质的“乘木舟虚”伪作孚信之事，使其成涣难；中孚被伤正所乱，小过乃涣难之前奏，若小过之祸患不加以治理，任其不正之风气败坏德政，则从小过发展致涣难。

小过与大过之区别。小过为阴而虚致过，大过为阳无实致过。阴小阳大，小过之过在乎小，乃阴者虚小，其过牵连之小，危害尚浅；大过之过在乎大，乃阳者托大，牵连甚大，危害至深。小过阴而虚致使中孚无实，诚信难达其感应之所，过小行难，无孚致过则易止，大过之阳无实致使激阳激进拖大，以德不备、才不具、功不成、行有过之资，自视过高，言过其实，浮夸妄动而充当栋梁之大任，导致王道壅滞之大过，过大伤害犹大。小过是祸，大过成难，祸小易止且易过，难大难止且出入无期。

治小过，必矫其过使其正。致过之因在于阴浸阳之弊，阴盛而阳消致使正固不利，故而止过在于制阴与止阴，止其坏德政风尚的不正之风；又因阴伤正，伤正害中孚，无中孚则乱正，位乱则致小过，止小过之过位，则需矫正过位到中位，行使中道，得中德则无咎。制阴与止阴者，在姤卦五阳皆有制阴之任，犹以“以杞包瓜”和“包有鱼”言制阴之志，谓以“包”行制阴之法。在遯卦，虽有避阴势为主体，但依然从“刚当位而应”来应阴，行阳当位之责；在蛊卦与归妹卦，皆行“止”道，祸在前，治在后，以“止”通正，成其不正有终，得正而大正有始，以全蛊卦与归妹卦终始之大义；小过之治，更依制阴之法与止不正之道，“止”不正而通正，尤其是要纠过得中，以有过求无过，更应师法归妹初九与九四的守位之典范，以及九二与六五的正位之典范，正位居体而健中正德。

小过：亨。利贞。可小事，不可大事。飞鸟遗之音，不宜上，宜下，大吉。

彖曰：小过，小者过而亨也。过以利贞，与时行也。柔得中，是以小事吉也。刚失位而不中，是以不可大事也。有飞鸟之象焉，飞鸟遗之音，不宜上宜下，大吉，上逆而下顺也。

象曰：山上有雷，小过。君子以行过乎恭，丧过乎哀，用过乎俭。

卦辞：上逆而下顺，以过其常度伤正。

彖辞：小过以阴胜阳伤正，又以有过求无过而利在归正。

象辞：知过而改过，行警惧与反省之道。

小过卦，震上艮下，为山上有雷而声过其常之象；为卦四阴在外，二阳在内，内实外虚，有飞鸟之象。山上之音，非雷震之实，乃飞鸟遗音之声，闻声响于山之高上，却不见其鸟，虽有声但信不实，致使声亦虚，其声虚与信虚而致不实之过。不实者，失孚信也，小过不见震之实信，而闻鸟之遗音，使其阴多实小，感应空虚，徒闻其虚声，不见其雷震之信。飞鸟遗音与翰音登天类同，皆声闻过情，华而不实，且小过伤正更加无孚，无孚而动更加致过。小过者，过之小也，言小必有阴，言过必伤正。小过者，乃以阴伤正，使其动而“过”其常度，失位，过其常度伤正位而致过错，言小过，为过错尚小，未及祸变，伤正尚轻。

为卦震主行，兑主止，动而有过，以止治过，故其过尚小，伤正尚轻；震行艮止，乃辵也。辵者，《说文》云：“辵，乍行乍止也。”正是乍行乍止使“过”其常度与失位尚未偏离太远，成其过者有“小”。过者，经过也，为行经门口而过之之意。小过体二阳在内，四阴在外，中实外虚，为大坎之象，坎主过错，故而其过其常度之动必致过错，震主动，闻声而动，乃动而无实信，必然始动便有过，始动有过再行而动之，为过上加过，只不过其过尚小，虽孚信无实但过错有实。

“小过，小者过而亨也。”小者，阴也；小者过，乃阴过阳也。阴过阳致使阳正失位，本无亨通可言，然正是因有小过之对照，才知失正与失位，以有过求无过，有小过而改之，使阴过阳失中亦失亨得见。故而治其小过，在于止其阴过阳来治其小过体，治不正使其得正，治失位使其中位，是小过之所以得亨通之所在。以有过求无过，乃小过体求亨通之道，小过其常，便要知常。常者，时、位、序之常度也，为既有常理，又有常度常理者，共理也，常度者，如法、礼、德之共序也。从过常而知常，知常便能依常度和常理行常，此为德政之教化也，以小过之失，通德政之教化，乃得小过之大亨通。伤正与失位往往是教化难行，无以知其共理和共序所致，从小过体有过改之通往德化之教，实现其德政教化之功能，可谓求之不得；在小过卦，言个体之小过逐渐转向大众皆小过，有波及众人之弊，而小过之亨通，正可以德政教其大众。

“过以利贞，与时行也。”过者，小有过错，以小过伤正与失位之对照，方知守正利贞之好，过以利贞，正是小过卦以有过求无过的利在归正之道。从过错之果溯因，过之因，在于不正之风败坏德政风尚，而小过之阴，起于姤风，盛于蛊惑，其过起用于归妹，从归妹乱正，蛊惑伤正而致过，使小过之体渐成，且姤之柔遇刚并浸刚体的阴浸阳之弊，乃“时”所赋予，姤之一阴生，与遯之二阴生，皆以“时”成轴，在周乾而易坤的乾→姤→遯→否→观→剥→坤执迷妄失过程中，阴长而阳消，阴妄逐渐遮挡心性，成其柔道牵乾，迷失道坤，此种“与时行也”不可与敌，阴之势长进，必助阴妄之长，小人之长，乃至伤阳败德之风盛行。小过卦以有过求无过，必知致过之因，从因上治理，明大时，而治小时，大时者，为阴长阳消之时轴，而小时者，便是小过卦自身，当不可与敌大时，则顺其“与时行”而治其小时之体，亦如姤卦与遯卦，皆有制阴与止阴之法，亦能形成止阴之道。小过有大时亦有小时，大时顺承阴之过使阴过有亨通，小时止阴得贞正，皆为与时行也。

“可小事，不可大事”。卦之二五，皆以柔而得中，阴者小，柔中有德，故可小事，亦利小事；三四皆以刚失位，阳者大，刚失位且不中，无德亦无政，大事不可为，故不可大事，更不利大事。可小事不可大事者，乃小事可有过，小过可济、可改，利在小过可归正而致亨通，大事不可过，大过则伤害犹大，牵连甚大，危害至深，大过成难体而不可济，除变革取新外更无有更改之处。小过是祸，大过成难，所谓祸小易止且易过、难大难止且出入无期便是如此，故可以小过而利小事，不可大过甚至过之犹甚。

“飞鸟遗之音。”小过卦以飞鸟取象，其卦四阴在外，二阳在内，内实外虚，有飞鸟之象，艮主鸟身，巽阳象左翼，兑阴象右翼，以震之动而飞鸟振翅；鸟之飞，其声下而不上，故能致飞鸟遗音之应。飞鸟遗之音乃致小过之因，在于飞鸟遗音之应乃应其空虚，闻声响却不见其鸟，声虽有但信不实，信不实则害中孚；循音辨形，乃虚中又捕影，非君子之信达；飞鸟成象，为阴胜阳，乃以文掩质，声闻过情，华而不实。鸟成象，以阴胜阳，未动先有过，再动又致过，闻声捕影虚而又虚无信实，害其中孚而伤正，过上加过使过而失位。处小过卦，观飞鸟遗之音，不能只知飞鸟，而不识过之因，不知正之度，位之中，卦示以兆，如飞鸟之遗以音，不能只见表象而不达实质。

“不宜上，宜下，大吉”。卦中二五皆阴，以柔中处位，二承阳，下以顺，得宜；五乘阳，上以逆，得不宜；阴在阳中，阴逆，阴在阴中，阴顺，顺则大吉，逆则过之。卦中阴胜阳，为上逆而下顺，观飞鸟之象，上无止戾，翔于天而无所措，下有栖宿，集于山木则身有可安之处，故上逆下顺有因亦有时。孔颖达曰：“飞鸟声哀以求处，过上则愈无所适。过下则不失其安，譬君子处过差之时，为过矫之行，顺则执卑守下，逆则犯君陵上，故以顺逆类鸟之上下也。”拟诸人事，高亢者失正而远于理，卑约者过不远而得正近乎人情，故而宜下大吉，吉在远害得利。高飞过奢有凶，行恭行俭则得吉，舍“翰音登于天”之华美，而就音实信实之孚。

“君子以行过乎恭，丧过乎哀，用过乎俭。”山上有雷，雷声隐蔽于峰谷，空谷回响，声过其常，其警惧震慑之力倍增，震之动，在于震器之用，闻声过常而反省自身，警醒若不远害矫正则遭祸秧，故君子法之，以有过求无过，思雷震之警，止过常之动，以曰“行”曰“丧”曰“用”处之，行乎恭，丧乎哀，用乎俭，以“过”言警惧之功而加倍省修。加倍省修者，乃进志进取，非懒惰怀之，而是事必恭亲。行恭，警惧雷震之威慑，止其嗔心；丧哀，反思过其常招祸之悲苦，止其愚慢；用俭，止其高飞过奢之骄，止其贪骄。正是以小过之过错，行其以有过求无过的利在归正之道，当小过能改正，则是小者过而亨与小过利贞之所在。

不识时宜有凶灾

初六：飞鸟以凶。

象曰：飞鸟以凶，不可如何也。

上六：弗遇过之，飞鸟离之，凶，是谓灾眚。

象曰：弗遇过之，已亢也。

初阴柔在下，小人之象，小人易躁而动，上应九四，四处动体，以动应动，为动而过者，其过如飞鸟之迅疾，动而过常，则飞鸟以凶。孔颖达曰：“小过之义，上逆下顺。而初应在上卦，进而之逆，同于飞鸟，无所错足，故曰‘飞鸟以凶’。”

初六阴而卑下如山下虫，四飞动在上而有羽，“飞鸟以凶”乃羽虫之孽，虫与羽皆躁疾如是，过之速且远，虫宜伏静在下，羽动亦宜下安身，动而过常，救止莫及。《淮南子·天文训》云："毛羽者，飞行之类也，故属于阳；介鳞者，蛰伏之类也，故属于阴。"飞鸟，阳之禽而用阳之行，宜下反而动上，宜栖宿安身而飞动于上，且虫鳞之类以其应，亦舍蛰伏而动于上，所以致凶。如何者，奈何也；不知如何，乃无可奈何之谓。之所以无可奈何，在于羽虫不识时宜，更不知动静。

李光地曰："《大过》象栋者两爻，《小过》象飞鸟者亦两爻。然《大过》宜隆不宜桡，则四居上吉，三居下凶，宜矣。《小过》之鸟，宜下不宜上，初居下应吉而反凶者，何也？盖屋之中栋，惟一而已，四之象独当之，鸟之翼则有两，初与上之象皆当之也。"

上六阴柔居动体之上，处阴过之极，又居震之上，其飞已高，动皆过之，又过而不知止；过动而不能止，以至于极亢，必遭罗网，故曰"飞鸟离之凶"也。王弼曰："小人之过，遂至上极。过而不知限，至于亢也。过至于亢，将何所遇。飞而不已，将何所托。灾自己致，复何言哉。"

弗遇者，不能有遇，或不能以理而遇；过之，阴之极，亦过极。离者，过之远，亦为罗网。灾眚者，伤害日灾，妖祥日眚，灾者天殃，眚者人为，皆乃灾祸之谓。亢，过亢，取上六位。

上六以小人之身，过而弗遇，必遭罗网。上六应九三，五滞其行，犹鸟飞而无托不能返下，必离缯缴，故而过亢又过远，过而不知止，是当有灾眚也。余芑舒曰："飞鸟离之，如'鸿则离之'之离。"

不识时宜有凶灾。初六与上六之凶灾，皆在于不识时宜，宜伏者反飞，宜下者反亢，皆失时宜。从初六爻位而言，其卑下如山下虫，宜蛰伏而不宜躁动；从飞鸟之象而言，鸟飞动于上则逆，失下顺之理，故招凶灾。上六过而不已，鸟之飞高而不知所止，其过亢离凶之理亦不知，飞而无托不能返下，如人傲骄在上而不近人情。

大过卦辞以栋为象，且以三四两爻成栋，小过卦辞以鸟为象，初上两爻以鸟言，大过乃阳过中，小过乃阴过外，且初与上又处阴外之外。初上二爻，阴过又处外而不得中，是以凶也。从飞鸟之象言之，鸟之用在翼，初与上二爻，皆为鸟翅，且为翅末，初六艮下，需止而欲进飞，以飞致凶，故曰“飞鸟以凶”，上六震极，其飞已高，离为网罟，则罹于网罟，故曰“飞鸟离之凶”。

外来之灾皆自招之损，无论是飞鸟以凶还是飞鸟离之凶，皆有阴而不明时宜之弊，无明以照，空有高飞之“志”，其志虚而空，不能振奋不说，还因欲高飞之妄动而招凶，凶由已作，灾眚外至便是如此。居下不知下之安，处上不知就下栖宿，乃不能自守也。

君臣求遇

六二：过其祖，遇其妣。不及其君，遇其臣。无咎。

象曰：不及其君，臣不可过也。

六五：密云不雨，自我西郊。公弋取彼在穴。

象曰：密云不雨，已上也。

六二柔顺中正，以柔承刚，进则过三四而遇六五，是过阳而遇阴。阳之在上者父之象，尊于父者祖之象。四在三上，故为祖。二与五以柔中之德相应，虽以柔承刚，却不从刚，故过三四而遇五，为过其祖也。所应之五，阴而尊，有祖妣之象。二与五以柔中之德相应，但其位不应，二不应五，离阳远尊，为过祖不及君者；二五又以柔中合德而应，两阴相得，为遇妣遇臣者。曰“祖”曰“妣”者，乃阴阳大小之分。《案》曰：“古者重昭穆，故孙则祔于祖，孙妇则祔于祖姑。晋之王母，此爻之妣，皆谓祖姑也。两阴相应，故取妣妇相配之象。”

六二不及六五而自得其分，是不及君，而适遇其臣，不及其君遇其臣，谓上进而不陵及于君，适当臣道，则无咎也。无所不过，故二从五亦戒其过，皆过而不过，守正得中之意，以此得无咎之道。

妣者，已亡祖母，《说文》云：“殁母也。”《诗经·斯干》云：“似续妣祖。”郑笺：“妣，先妣姜嫄也。祖，先祖也。”不及者，未及期而时未至，《礼记·曲礼》云：“诸侯未及期相见曰遇。”郑注：“未及期，在期日之前也。”按春秋礼法，备礼则曰会，礼不备则曰遇。遇者，会见也，《周礼·春官·大宗伯》云：“春见曰朝，夏见曰宗，秋见曰觐，冬见曰遇，时见曰会，殷见曰同。”凡易之义，阴阳有应者，常为君臣，为夫妇，取其阴阳耦配与尊卑有位；无应者，常或为父子，或为等夷，或为嫡媵，或为妣妇，取其同类，在卦中二五皆柔，有妣妇之配，无君臣之交，故取遇妣不及其君为义。

俞琰曰：“遇妣而过于祖，虽过之，君子不以为过也。遇臣则不可过于君，故曰不及其君遇其臣。《彖》言‘可小事不可大事，不宜上宜下’。而六二柔顺中正，故其象如此，其占无咎。”

祖妣作阴阳之分，乃阳亢而阴顺之谓，过祖遇妣，是去阳而就阴，去亢而从顺。过其祖，不可大事也；遇其妣，可小事也，适当臣道，则无咎也。孙行而附于祖列，疑其过矣，然礼与位皆要求适得其分，守柔居下，不失臣道，虽无应于君，却未不敢仰于君。《案》曰：“夫子之言麻冕拜下，意正如此也。小过之义主于过恭过俭，妻道也，臣道也。二当其位，而有中正之德，故能权衡于过不及而得其中，于六爻为最善。”

六五以阴柔居尊位，又当阴过之时，虽欲过为，却不能有为，如密云而不能成雨。六五位尊居高，乘刚失应，不可大作为，乃弋取六二以为助。密云者，阴之气；不雨者，两阴相得，阴阳不和不能雨；密云不雨，乃小过阴气胜阳。《大戴礼记·曾子天圆》云："阳气胜则散为雨露，阴气胜则凝为霜雪。"我者，彼之对，六五也。西郊，少阴之方，兑也。两阴相得，故不能济大事。

姚舜牧曰："时值小过，宜下不宜上。阴至于五，过甚矣，其所居者尊位也。挟势自亢，泽不下究，云虽密而不雨，自我西郊故耳。当此之时，欲沛膏泽于生民，必须下求岩穴之士以为辅，乃可也。故又戒之以求助，抑之以下贤。"

公弋取彼在穴。公者，王公，取震王。弋，缴射，谓以绳系矢而射，《韵会》云："弋，缴射飞鸟也。"震为射，巽为绳，弋之象也。取者，射而取之。彼，六五之对，六二也；取彼，乃往而取之，为将有行也。穴，鸟巢，山中之空，中虚乃空也。穴者，处阴居下而虚中者，指六二之位，所以隐伏而在下。五与二本非相应，乃弋而取之，五当位，故云公，谓公在上，公以弋缴而取穴中之物，乃同类相取，虽得之，却密云不能成雨而不能济大事。小过有飞鸟之象，故曰取彼在穴。

君臣求遇。六二与六五皆有君臣不能际会之义，不能际会相应则求其应，以应对其过，六二守臣道以行小事居下，六五自我西郊，虽无应但行往得匹合，从取彼在穴有臣遇君。小过卦有飞鸟之象，盖飞则上而不下，违背了卦辞言不宜上宜下之义。鸟为飞物，云亦为飞物，云降为雨，而密云不雨为犹飞而未下，乃飞而在上，五以尊居上，以上而未下当小过之时，故取密云不雨为象。君臣求遇，求其相合，更求其就下安民，而非上飞不下致小过，君臣求遇乃济小过之法，虽皆阴而无应相合，但云若就下亦能雨。《案》曰："云而不雨，则膏泽不下于民矣。以其虚中也，故能降心以从道，抑志以下交。如弋鸟然，不弋其飞者，而弋其在穴者，如此则合乎宜下之义。而云之飞者，不崇朝而为雨之润矣，此爻变鸟之象，而为云者以居尊位故也。"

刚柔之时宜

九三：弗过防之，从或戕之，凶。

象曰：从或戕之，凶如何也？

九四：无咎。弗过遇之，往厉必戒，勿用永贞。

象曰：弗过遇之，位不当也。往厉必戒，终不可长也。

九三以刚居正，为众阴所忌恶者；小过体以阴过阳，在小过失位之时，三以刚独居正，自恃其刚，不肯过为周防，有遇戕害之象；言戕害者，以阴过阳而害阳。九三重刚不中，虽与上六有应，但遇九四以阳滞于其间，是志欲往而身见戕者，必其慎防己过。

言防者，为既防己过，又防阴害。防己过，为正己道，在防小人之时，正己为先；防小人，小过以阴过阳成过，故小人多且成群；三于阴过之时，以阳居刚，为过于刚，过刚出小过体，亦戒其过刚，三处位不中，故过刚亦为害。三虽有阴害和过刚之虑，但仍不失正，故无必凶之义，所以言“防”，且能过防则免凶害。

过者，过越，超过。防者，预防。从者，远亲，三代之上始谓祖，曰“祖”曰“从”，指上六爻，九三应上六，应而从，上六居远。或者，可能。戕者，戕害。小过卦阴过致过，九三阳过亦或致过，故均只可小事，不可大事。

远小人，亲有德，或可免其凶。《管子·立政》云：“宁过于君子，而毋失于小人。过于君子，其为怨浅；失于小人，其为祸深。”君子能勤小物，故无大患，便是此义。

九四以阳刚之才，以刚处柔，为刚不过者也；当过之时，以刚处柔而过乎恭，乃无咎之道。九四比五迫于君，以阳迫尊，往之有险，往则过矣，故有厉而当戒。九四以失正之位应初则滞于三，弗过遇之，言弗过于刚而适合其宜也，故云“遇之”，谓得其道；往则有危，必当戒惧。勿用永贞，阳性坚刚，故戒以随宜不可固守，应随时顺处且能适时所变。

《程传》曰：“方阴过之时，阳刚失位，则君子当随时顺处，不可固守其常也。四居高位，而无上下之交，虽比五应初，方阴过之时，彼岂肯从阳也，故往则有厉。”

刚柔之时宜。九三与九四为小过卦居中两阳爻，三四皆“刚失位而不中”，九三纯刚，过刚不中故有凶，九四以刚居柔，故无咎。九三失时宜，阴过害阳，有戕身之祸，九四得时宜，能合人情，就事理，虽往而有危，但以适时所变处之，则得小过之时义。

纵观小过卦，以飞鸟遗音立象，以过遇不及系其辞，以“不宜上，宜下”立体，以上逆下顺立凶吉，以“可小事，不可大事”行用，虽言“过”，却在于以有过求无过，观其过，却重在时与位，时有未至，位不正，皆“不及”，故处小过，宜守正安本分，以遇正得中行其恭、俭。初与上同为飞鸟之象，初六位卑志高，以“飞鸟以凶”不宜上；上六居亢且处极，以“弗遇过之”不能下。九三与九四以二阳居之，九三过刚居上，不能自下，有戕身之祸，九四居柔能下而无咎，从处位而言，九三应舍应取比，九四舍比取应。六二柔顺中正而承乎阳，为下顺，六五以阴乘阳上，为上逆；六二以“过其祖，遇其妣”，因位制宜；六五以“公弋取彼在穴”，因时制宜。

剥卦：剥落之灾

艮上坤下

剥阳成灾宜知厚生而安民

在小过卦，以飞鸟遗音立象，以过遇不及系辞，以上逆下顺立凶吉而言过。小过者，山上有雷而声过其常，四阴在外，二阳在内，内实外虚，言“小”必有阴，言“过”必伤正，小过之“过”乃伤正无孚，无孚而动使动而过其常度。阳为正度，正为常度，不偏不倚之位，适中之时，发乎自然之序，皆是“正”与“常”的比照。言小过，为过错尚小，未及祸变，伤正尚轻，故而宜守正安本分，以遇正得中行其恭、俭，尤其是行其以有过求无过的归正之道，使小过能改正。

以雷震之器用，闻声过常而反省自身，警醒若不远害矫正则遭祸殃。当阴势渐长，其阴之害，非小过改正能止，在乾→姤→遯→否→观→剥→坤执迷妄失过程里，阴自姤卦始，阴始自下生，渐长至于盛极，至剥卦五阴而一阳，为群阴消剥于阳，故而成“剥”。

剥卦之成，起于姤风，姤之柔遇刚并浸刚体，姤之一阴生与遯之二阴生，皆以阴之“时”成轴，阴妄伤正而渐长成阴势，阴长而阳消，阴之势长进，必助阴妄之长，小人之长，乃至伤阳败德之风盛行。小过之过，便是阴盛而阳消以阴之不正伤正所致，小过之过，根于姤阴不正、蛊事不正、归妹乱正三者，为三者不正之体，阴伤正，则生灾祸，灾祸之生，便是从阴长阳消之患，继而“正”与“位”被浸，发展成灾、祸、难之果。灾祸者，坏、乱也，故而阴浸阳之果皆为坏果。同“难”相比，祸小而灾大，形成了由轻渐重的患→祸→灾→难之过程，其祸、灾、难便是阴不正而伤正之果。不正之体有三者，阴而不正之坏果亦有小过、剥、噬嗑三者。

《序卦》曰：“至饰然后亨则尽矣，故受之以剥。剥者，剥也。”贲卦六爻饰以文华又务本求质，犹集内德刚壮而成阳火于内，内外合用又文又质成其卦体，内德刚壮而成阳火为贲之内体，贲卦内刚壮之成乃基于德为核的三次升华，从精气化神之内固以及神主气精之外养，到精气神三全而驱动内外，一直顺承蓄德、升华、刚壮、再升华坚固之路，从而合成刚壮阳德成内文明。物不可致饰，贲极则反质，当阴长而浸阳，使阳正受损，蓄阳、刚壮、升华之路径因阴势当道，阳被阴尽浸而剥落，当正阳无法持续正固，且阴再剥阳已久，则刚壮之内阳无以养外，且驱动内外，使内阳不能养外而离贲成剥。

剥体继贲体，必然阴浸阳已久，且阴必然成势，方能撼动贲刚壮之内文明，故而剥之阴势为大时所赋予。既然贲之内文明极其刚壮且蓄聚成德山，为何还能被阴所浸而剥呢？奈何“阴”之大时，连至阳金性之乾体亦然无法阻止姤阴之生，何况贲之刚壮还为阳、德渐蓄而成。原本贲卦内文明之火可照明夷，明夷无明而暗黑，值贲卦内德刚壮成阳火而有明，致剥卦时，阴浸阳且剥阳，使阳弱无法发乎外，而不能照明；明夷无明，剥亦无明犹甚，暗黑之山反附着于地，原本积阳、积德之山，被四阴共浸，且被至阴剥落而成颓剥之象，便成剥体。

剥卦，艮上坤下，五阴在下而方生，一阳在上而将尽，阴盛长而阳消落，剥卦被“时”所赋予，乃大时之时行，以五阴之成，成其剥卦之小时体。贲有德文明生成之功，而剥以一体之阴力，尽剥贲之阳，使贲阳剥落而成剥卦，此为剥继贲之过程；当剥卦成体时，剥卦阴势继长，积聚成势，当无阳可剥时，则剥其山，山者，民众依附之体，如在贲卦所成的德制与德序，皆是民众所依之体，当德制与德序被剥，德政必然不存，民众无依附之序，故而落难履灾。

《杂卦》曰：“剥，烂也。”剥之义，《说文》言“裂”，乃物裂而落，物落且继续败坏；曰“烂”，为先落而后烂。从剥卦继贲卦而言，阳被阴剥落，贲失阳而致剥，为贲阳先落，成剥卦后，在剥卦因阴势盛大而继续败坏，成烂。以阴盛浸阳，使阳“落”成剥，此为从贲成剥之过程；剥落后再落而后烂，为剥体阴盛之际遇。剥体之际遇，乃剥落履灾也，以烂言，言灾祸之程度犹深。

在剥卦，阴盛阳衰，小人壮而君子病，群阴长盛正是消剥于阳之时，更是小人当道之体，小人不仅道长，且小人害君子，众小人皆来剥丧君子，使君子剥落。君子剥落者，为小人害之使君子有戕身之祸，君子被戕身落难。被小人害而落，为小人祸患之甚也。

剥卦继贲体，以及在剥体成其剥落之灾，乃“正”丧也。正者，在德文明体系里，赋予了阳正、大正、正大、德文明之同正之义。阳正者，乃身德修持诸卦体，通过治君子九德系统，健德修身而有称位君子之阳正，以称位君子之成，有阳正君子成。大正者，乃卦之小体的贞正之道，亦是居小体的德政之治道，以德政治理卦体，而得卦之小体之大正。正大者，从大正之道全大体之德政王道，所谓正大之事业正是以小体之养正而全大体之同德同正。德文明之同正，乃同人之正，内有明志双正，外有王道德政之大正，为内外精气神皆同。值剥卦之体，阴势盛大而阴剥阳使“正”丧，正丧则阳无基，既无正固之利，更无德政之迹，群阴消剥于阳，而成剥落之灾。

剥落之灾。在姤阴不正、蛊事不正、归妹乱正的不正之体言伤正，其大正犹在，卦体仍有德政为主体，而剥落之灾，随“正”丧使正体不存，阳、德、正皆丧而致灾。剥落之灾有剥落之过程，在姤→遯→否→观→剥→坤执迷妄失过程中，呈现了剥落之灾的剥落之过程：君子在姤体、遯体失阳正，从一阴始生浸阳至二阴势长，阴势渐长，阳正渐消，且不正之姤风遇阴势之遯山而回转成蛊，蛊惑伤正，又贯穿于归妹之乱正，使阳正无以制阴继续恶化；君子在否卦失位，否卦主小人道长，君子道消，并因阴势否塞，致使否体无法与大秩序交通往来，而生不交不通之否难与小人当道之难，小人当道则君子失位；君子在观卦失时，阴长阳消而阴有余，君子虽然予政与予德于民，以风行地上遍触万类而化德政，奈何四阴在下使君子已失大观中正之时；君子在剥体，失阳正，无位又不得时，阳又被阴剥丧，且烂落在地。德政之体，最重时与位，时未至，位不仅非正还将不存，阳不能及阴，剥落之灾在所难免。

剥落之灾，灾在何处？失阳正，失位，失时，再以众小体之失，烂落在剥卦而成灾。失阳正则君子不能称位，因阳正不足而身德有缺，君子不能以阳足德固称位，则不能当位，无当位之位，再加上小人当道，致使君子失位，君子失位则德政不存，无德政则无以治祸患，久之则诸难将生，当难之时到来，又德政不及，以失大观中正之时，无以制阴，阴势盛大而诸难并生，诸难剥明，又剥君子之志，使明志双失，君子烂落于剥体，必当灾祸其身，就连遁而避难皆不能成行。

剥以安民。剥卦的烂落之灾，使君子烂落在剥体，君子尚且如此，民应剥落之灾，灾如火临宅，突如其来又灾难深重。故必当临剥而安民。坤者众，受灾者众多，且皆是民众，艮者止，安民必先止阴，虽不可与敌于阴之大时，但尚能治剥卦之小时。知成剥之因，从因上治理，明大时，而治小时，剥卦顺承大时，亦主卦体小时，应师法众卦的制阴与止阴之法，使其形成剥卦的止阴之道，当安民得正，剥卦可得治剥安民之道。

剥：不利有攸往。

彖曰：剥，剥也。柔变刚也。不利有攸往，小人长也。顺而止之，观象也。君子尚消息盈虚，天行也。

象曰：出附于地，剥。上以厚下安宅。

卦辞：剥落之灾成祸乱而言立戒惧之必须。

彖辞：柔渐变成阴刚而剥正道，君子尚消息而安民。

象辞：知天厚生之道，得治剥乱安民之法。

剥卦，艮上坤下，为山附于地而剥落之象。剥卦被阴“时”所赋予，阴自姤卦始，阴渐长而盛极，五阴在下而方生，一阳在上而将尽，阴盛长而阳消落，为群阴消剥于阳而成体。贲有德文明生成之功，而剥以一体之阴力，尽剥贲体之阳，当无阳可剥时，则剥其民众所依附之“山”，使其民众无依附之序，而落难履灾。剥卦之所以成剥落之灾，乃“正”丧也，正丧则阳无基，更无德政之迹，群阴消剥于阳，而成剥落之灾。

在剥卦，阴盛阳衰，小人随阴长阳消而壮，君子随阴妄之长，小人之长，以及伤阳败德之风盛行而病，群阴长盛正是消剥于阳之时，更是小人当道害君子之时，众小人皆来剥丧君子，君子在剥体，失阳正，无位又不得时，阳又被阴剥丧，君子被戕身落难，且烂落在地。

剥者，剥消、剥离、剥裂、剥落、剥乱也。积阴为地，聚土又成山，民众被“剥”体剥落无有依附之序，只能依山而存，山又存之于地，地可载，又可剥覆，民众依山而食，必然剥山。剥消者，乃阴浸而阳消使正之不存，阴起于姤风，姤之柔遇刚并浸刚体，姤之一阴生与遯之二阴生，皆以阴“时”成轴，至五阴并起，阴之所起处，便是阳之所消处，言阴剥阳之剥消，必有阳消而阴进之剥消过程。剥离，为阴剥消阳后，卦体逐渐离贲体而成剥体的剥离过程，剥体继贲体，必然阴浸阳已久，且阴剥消成势，使原本积阳、积德之山，被五阴共浸，以贲阳剥落而成剥卦之过程，呈现剥继贲的剥离过程。剥裂，阴剥阳而彻底离贲体成剥体，阳无以养外，使阴剥裂而落，成剥卦之体，裂者，阴剥阳而使卦体脱裂于贲，与贲体失去“阳”之联系，剥裂之成，其卦时已全然在剥卦。剥落，为剥卦小人害君子致使君子落难履灾，君子在剥卦因阴势强盛而失阳正，继而无位又不得时，阳又被阴剥丧而烂落在地。剥乱，剥卦五阴祸乱卦体，不仅君子落难，因无君子主德政，民众亦履灾，卦体无有可依附之秩序，皆被剥落之灾所乱。

剥卦以“不利有攸往”立戒，在于剥落之灾祸乱卦体而言立戒惧之必须。剥卦阴盛，其阴势之长被“时”所主，大时乃自然法序无以匹敌，卦体小时五阴已成大势，皆不能“制”与“止”，只能任其小人当道，使其众小人皆来剥丧君子而让君子履灾。君子立正大之志，以小体之养正而全大体之同德同正而有正大之事业，值剥卦时却不利有攸往，我们言从大正走向正大的大乘之进，尤其是“进”明夷体这种难卦，同明夷之进不同，剥卦不利其进，明夷体虽暗黑，但阴势不长，君子尚能从正固之养而蓄阳，使阳刚壮来化外政；而剥卦正是以阴消阳且使阳剥落成卦体，君子赖以固守的阳之利正在逐步消亡，任其内德刚壮而成阳火为贲之内体亦能被剥尽，何况失位又失时的剥体？君子不利正固，无正固之基则不能以内阳化外政，故戒其攸往。

君子怀全大体的正大之志，值剥卦戒其攸往，在于识“时”务，时者，大时体，乃阴长阳消的自然法序；小时体，乃剥卦五阴当政已然成势，其大时与小时皆无可与敌。这也是剥卦之所以“灾”言之所在，同诸难一样，难以救济，只能适时和待时而变。同其他难卦小人遭难犹为深重不同，剥卦为君子履灾遭难之卦，卦体呈现众小人皆来剥丧君子，君子与正序首要地受到冲击，以失阳正、失位、失时，再失剥卦小体之政而烂落成灾，剥卦虽伤正伤君子，实则民众履灾更甚，君子虽然失位、失时、失政，但君子尚有明，可遯而避之，而民众只能任其德政不在，正序不存，任由小人祸乱。

“柔变刚也。”在姤→遯→否→观→剥→坤执迷妄失过程中，其“柔”

起于姤风之“柔”，盛于否卦之长，变于观卦之时，成于剥卦之刚，故柔变刚，有渐变之过程，且伤害之力亦随柔变刚的过程而增长。姤风之柔，并未成害，以不正之风渐长，至二阴成遯时，才在蛊体伤正，继而又在归妹乱正；三阴成否后，柔因小人道长而渐生难，以否难之成，可知“柔”已然成大势；四阴成观，且在观得时而变，正因阴势强盛，阴阳交战，正是正道消退不可不观之时，以中正观天下，可见阴伤阳致大不正，小过卦伤正之正偏离未远，而观卦之正已然去之甚远，柔之变，使德政亦变，不得不行观之治，由此可见，柔已有刚之力；五阴成剥，阴柔之势强盛成刚，已能消阳致使阴体与阳剥离，通常在正不伤的情况下阳强阴弱，阳大阴小，阴势既然能消阳成剥，必然阴势强大，破坏力十足，从君子失位与德政失序可见，其柔刚之力已非同寻常。

阳刚之力在于离明以照，可治明继志而明德普施，而柔刚之力尽剥其阳，破坏德政，冲击君子，使已有之序失序，亦使已有之德政不存，且以阴浸阳之久，亦使君子失明与丧志。从“柔变刚”的渐变过程，亦知君子失阳正、失位、失时、失剥体德政，继而烂落在剥卦成灾之过程。柔变刚，乃大时所变，亦是卦体执迷妄失的变易之序，此序乃阴阳盈虚法则所主；言“刚”者，非阳足盛大之刚，乃柔势盛大所具的“刚”性，为阴之刚，阳有刚，阴亦有其“刚”。之所以在阴阳盈虚变化过程中言“战”，正是阳之刚战阴之刚，两者属性力量在变易转化中博弈，阳刚迅猛，阴刚缓成，阴蓄势且大后成刚，从姤之柔起，言阴浸阳，以浸之性，使阴渐蓄缓成，而阳逐渐被阴吞噬剥落。剥卦立“不利有攸往”之戒，且如归妹卦等其他卦亦立戒，便在于以立敬戒而言戒惧之必须，且时常要以震之器用，以雷震之威惕惧之，在于警醒君子不可疏忽大意，阴浸阳之渐变，往往在毫无察觉中。

“小人长。”众小人以阴刚之力，剥丧于君子使君子烂落在剥卦，乃“小人长”势。剥卦小人长与否卦言小人道长不同，否卦之小人道长乃从君子当道渐变成小人之道渐长。小人之道渐长，亦有君子之道参与其中，只是否卦的交通往来之政以小人之道从之；剥卦之小人长，乃阴势盛大，小人人数众多，君子落难，同否卦小人当道致使秩序否塞不通，君子无处发力不同，剥卦当政之体完全被小人所主。剥卦群阴成刚，小人用其“刚”，以阴刚消阳，更消落君子，正是小人当道害君子之时。君子唯当尚消息盈虚而正固其阳，且适时而避阴势，以免小人之害。

“顺而止之，观象也。”坤主顺，艮主止，乃顺而止之，之所以言“顺”，在于五阴成体而小人势长，民众之阴与阴妄之阴类同，同类归类而顺之，同类归类则阴类聚势成山，使山附于地，民众皆依山而存，而山又为地生，故而民众有抱团取暖之义，抱团取暖，坐山吃山，故而山亦被剥，剥而渐落。五阴之剥体，阴妄势大，剥落阳道与君子，君子不以力敌而顺其大时之阴势，在顺中止阴，为居小体的治阴止阴之法。

观象者，观剥卦阴妄盛长阴类聚集成山之象，观阴势从柔变刚而阴刚强盛之象，观阳道剥落君子亦烂落之象。观者，反观也，剥卦五阴之刚势正是从观卦阴长而来，观卦以中正之道观天下，观卦四阴迫近，其中正已失。邵雍《皇极经世》曰：“圣人之所以能一万物之情者，谓其圣人之能反观也。所以谓之反观者，不以我观物也；不以我观物者，以物观物之谓也。”正是居剥卦能以物观物，以象观物，才能行顺而止之的止阴之法。

顺而止之，乃剥以安民之法。君子观山附于地而剥落之象，行治阴止阴之时，必先安其临灾履难之民，君子自身知正固之道，又因失位和失时而无以德政安民，只能观履灾之民。大安民必先止阴，明大时，而治小时。在卦中，上九一阳在上，一阳制众阴，使其阴顺，一阳在上众阴皆有顺从之义，众阴顺阳，乃有“顺”，阳制众阴，乃有“止”，其顺而止之功，不仅在上九，更在六五，六五以群阴之长能制阴使其能顺序，避免众阴各自为政而不能从顺。顺而止之，从六五位而言，制阴使众阴顺序而无剥阳之忧，又得上阳庇护。

“君子尚消息盈虚，天行也。”消息者，言九月之卦也。君子居剥体，应随时消息，察时亦察变，知阴之长与阳之剥，知祸之处以及灾难之缘由，尚消息盈虚，便是知时与得时，处剥体得时则得察，得察则能固阳，可及早进行灾祸之应对。君子察阴阳之消息，观天道之法则，以阴阳之盈虚体察刚柔之变，观天行之大时，执治剥之小时，知天而敬天，应难而济难，际遇剥乱之际，亦可行救阳之功，可得治剥安民之道。

“上以厚下安宅。”君子观山附于地而剥落之象，以诸象之“剥”而行“止”道，行安民之法，厚待百姓。上者，乃天行之法则，阴阳盈虚之天行，上以厚，乃知天之厚生，虽处剥卦烂落灾祸之体，尤其是在姤→遯→否→观→剥→坤执迷妄失的过程中，更知阴妄势长之“大时”，剥卦之祸乱非天杀，亦是上天厚生之体，民众履灾应难，乃福祸自招，应顺应天之大时，修持己身。下者，履灾应难之民众也，居剥卦应难而济难，应广行安民之法，民烂落无宅，无有托居之所，便要安民使民有宅。山地成剥，山上地下皆剥体，山、地之成皆天之厚生，天地厚生大体，阴妄强盛成剥乱之小体，知天之厚生之道，亦可治剥乱而得安民之法。

剥体三凶灾

初六：剥床以足，蔑贞凶。

象曰：剥床以足，以灭下也。

六二：剥床以辨，蔑贞凶。

象曰：剥床以辨，未有与也。

六四：剥床以肤，凶。

象曰：剥床以肤，切近灾也。

阴之剥阳，自下而上，初六以阴居下，故剥之犹甚，为剥床及足，初在下，剥床而先以床足，为灭于下之象。剥床及足，剥自下始而灭下，渐至于床身，身者使床正也，灭正则凶，当正道消亡，其凶可知。

剥卦以床为象，床者，《说文》云："床，安身之坐者。"乃取身之所处，床正可安身。阴自下始生，故剥自下而上，自下而剥，渐至于身。剥床以足，为剥床之足也，故为剥足。蔑者，灭也，谓阴盛而消亡正道。剥卦以阴剥阳，以柔浸刚且阴刚成势，亦是以邪侵正，乃小人伤君子之时。床足者，立床之基也，床足被剥灭，其凶可知。

阴剥阳落而生灭，既灭初之足于下，又灭二之辨于中。辨者，分隔上下之床干也，阴渐进而上，阴刚之利剥至于辨，致使床体失正，从初六失正，至六二愈灭于正也。初六有凶，六二床体失正其凶益甚。

六二居中位，却无中德，六二之凶，以其不能见微知著，居中位而不知阴长之消息，临凶固执而不知变，履凶不知应济，所守之常亦为非常。同时"辨"亦有判断之义，为六二不知其判，居中却无识阴之明，为阴而不能判阴。辨者，判也，《说文》云："辨，判也。"郑玄注："判，半也。"《说文》："半，物中分也。"正是分隔上下之半。半者，从牛，从八，艮为牛，坤为八，为取象而成"半"之义，以半言辨之判。当剥床以辨，六二则孤立无援，远无应近无助，故曰"未有与也"，与者，应助也。

阴势长进而阴祸切身，从始剥于床足，到渐至于肤，为将灭其身。肤者，身之外也，身之外肤将灭，乃身亦将灭矣，被阴剥而灭身，其凶可知。

阴之盛，已从内体盛及外体，四居外体，而身之外为肤，肤布在身表，当肤被剥落，身早已被灭，阳剥之甚，已然将贞道消亡，故更不言蔑贞，直言其凶。剥床及肤，身死垂亡之际，以曰"切近灾也"而言凶祸之甚。

剥体三凶之灾。剥体三凶之灾乃剥床以足、剥床以辨、剥床以肤，从足下，辨中，外肤，言剥灾之渐进，亦是凶灾之渐重之状态。剥自下而上，以阴剥阳，随阴渐长而成势，阴势之长非在剥卦一体长成，乃从姤、遯、否、观之体蓄聚而来，亦是柔浸刚而阴长的过程，至剥卦后，其柔已然有刚强之势，为阴刚之势，阴刚战阳刚，阴势强盛而剥阳，阳落，阴更灭阴，就连六二以中德亦不能辨阴，虽为阴而不能判阴，不知阴刚之危厉，乃失明所致，这便是不知修持健德而从阳道之后果。

从剥体三凶可知，君子言修持健德并教大众有德，其身德修持不进则退，无有安逸可言，在剥卦当阳落无以剥时，其阴更灭阴，使阴从足下、辨中、外肤之位，尽被灭，直到剥床及肤，身死垂亡之际，仍然不能脱剥体。虽然说君子失位、失时、失政，但阴类之遭遇在剥卦更差，履灾应难更深重，这便是无阳亦无明之恶果，无阳以应对其阴之浸、剥，无明识时势，更无志脱难体。

无咎与无尤

六三：剥之，无咎。

象曰：剥之无咎，失上下也。

六五：贯鱼以宫人宠，无不利。

象曰：“以宫人宠”，终无尤也。

六三以阴居下之上，与上九阳应，意脱离群小，剥离众阴而从正道，故其道无咎。六三脱离群阴，独应上九，故曰“失上下也”，失上下，为失上下之阴类之党。

上下者，剥卦阴类同党之谓，三与上应，群阴剥阳之际，三亦在其中，虽有剥阳之同，但其心志正，值群阴无明亦无志之时，六三以志从正，虽处于剥，但可无咎。董仲舒曰：“仁人者，正其义不谋其利，明其道不计其功。”六三之利在于正应阳利，非群阴剥阳之利，言功，乃脱离群小有功，非同阴类之党为害正道之功。

胡炳文曰：“剥之三，即复之四。复六四不许以吉，剥六三许以无咎，何也？曰：复，君子之事，明道不计功，不以吉许之可也。剥，小人之事，小人中独知有君子，不以无咎许之，无以开其补过之门也。”

六三居众阴之中，为阴党之同类，值众阴剥阳之时，三居刚应刚，而显从阳从正之志，其从阳从正之举与上下阴类迥异，志从于正，在剥之时为无咎者也。之所以“无咎”言之，而不言得吉，从五阴成势，群阴剥阳之时，三亦在阴类，亦助其危害正道，其无咎为单从六三位而言，言其无咎，有劝善去恶之义。

六五为群阴之长，当率其类，受制于阳，五近比于上，能率群阴顺阳相次，如宫人获君上宠爱，故曰“贯鱼以宫人宠”。六五取鱼为象，鱼者，阴物也，宫人者，阴之美而受制于阳者，后宫妻妾鱼贯相次而得宠幸，则无不利。妻妾者，侍使也，以阴言，乃取获宠爱之义。

六五居尊，以阴承阳，率众阴承阳，如后宫之妻妾待宠，后宫妻妾多为争利之徒，乃剥卦群阴趋利之群小，争名夺利，六五近阳而最能得阳顾，故曰“宠”。《说文》曰：“宠，居尊重也。宠，举土器也。”坤为土，艮山为土器，艮象手。《后汉书·杨赐传》：“念官人之重，割用板之恩，慎贯鱼之次，无令丑女有四殆之叹。”李贤注：“言王者御宫人，如贯鱼之有次序也。”众阴听从阴长，五能使群阴顺序，如贯鱼然，反获宠爱于在上之阳，如宫中美人，则无所不利也。

剥卦以一阳在上，众阴皆有顺从之义，由此可见阳之利，即使居上亦能使群阴驱阳利而顺从之，有阳不一定能逢凶化吉，而无阳处阴则必然有凶。六五能上附于阳，反制群阴，不使进逼，方得处剥之善，六五之善，乃近阳之得，从而以群阴之长能制阴并使其能顺序。张载曰：“下无剥之之忧，上得阳功之庇，故曰无不利。”

无咎与无尤。六三无咎，六五无尤；六三无咎在于有从阳从正之志，从阳从正且欲剥离群阴之党；六五无尤在于制阴使众阴顺序而无剥阳之忧，又得上阳庇护。在剥卦以阴剥阳而阳凶，五为阴且为众阴之长，不仅未让上阳见凶，还顺从于上阳，皆为阳之功。

在遯卦言遯阴长而犹微，有众多制阴与止阴之法，犹以“蓄臣妾”言制阴之道，而剥卦阴势盛大，五阴并进已然不可制，唯教之以正，行以欲牵引之法，故曰“以宫人宠”，所谓先以欲勾牵便是如此。阴能顺阳，在于群阴皆听从于六五，可见阴之同类亦要有其首领，群阴之所以能顺序，在于被五所制，为群阴之长所统领之，不然众阴各自为政，乃上九独阳之害。

以阳观阴而一体两观

上九：硕果不食，君子得舆，小人剥庐。

象曰：君子得舆，民所载也。小人剥庐，终不可用也。

上九一阳在上处剥体，为剥未尽而阳亦复生，诸阳被群阴削剥已尽，独有上九一阳尚存，如硕大之果不见食，将见复生之理，故曰“硕果不食”；贯鱼者，众阴在下之象，硕果者，一阳在上之象。

硕果之得，乃君子之存，君子在上，一阳独大，为众阴所载，是“君子得舆”之象。硕果不食，有果则便能复生，复阳道，复君子之道。《程传》曰：“上九亦变，则纯阴矣。然阳无可尽之理，变于上则生于下，无间可容息也。圣人发明此理，以见阳与君子之道不可亡也。”

君子得民众拥戴，小人则自失其庇护，上九下应六三坤体，六三志在从阳，故曰“君子得舆，民所载也”，且亦有众阴宗阳的共载之象。阳剥尽则为纯坤，若小人当剥之极，则为剥其庐，无容身之所。阴阳盈虚之消息，必待尽而后复生于下，阴尽则阳生，阳尽则阴生，皆始生于下而渐长，若在上则有复生之义，当六阳尽剥皆成阴，阴体必生阳于下，使阴无所覆，阴不能在上复生，故而阴将用失容身之所，故言小人剥庐终不可用，乃自绝其路。

《程传》曰：“剥尽则为纯坤，岂复有阳乎？曰：以卦配月，则坤当十月；以气消息言，则阳剥为坤，阳来为复，阳未尝尽也，剥尽于上，则复生于下矣。故十月谓之阳月，恐疑其无阳矣。阴亦然，圣人不言耳。阴道盛极之时，其乱可知，乱极则自当思治，故众心愿载于君子，君子得舆也。”

以阳观阴而一体两观。上九之阳未被剥尽，并不值得庆幸；反而以阳观阴，知阴时、阴势以及阴之危害，才是上九之得。以上九之位来一体两观，既观阳之利好，又观阴之弊害。一体两观者，以君子观之，硕果不食，其硕果亦为民所共载，乃众德承载之；以小人观之，剥尽无存身之所，乃竭泽而渔，小人必然剥庐且竭泽而渔，因为小人趋利，有鱼必取之，又无明知其阴阳消息，不知小人剥庐乃自绝其路之危害。从剥卦上九之存可知，若君子被小人剥落而遭难，则民众之难更加深重，无阳亦无明之恶果在患、祸、灾、难之卦体反复上演，如蔡清之言“观小人剥庐之辞可见，天地间岂可一日无善类哉？”此类劝告，世人永远置若罔闻。

无妄卦：无妄之灾

乾上震下

尚正道复正序而治灾妄

在剥卦，阴柔渐长盛极而变刚，柔刚剥阳而阳消落，众小人皆来剥丧君子，使君子失阳正、失位、失时、失剥之小体，继而被戕身落难且烂落在地。故以“不利有攸往”立戒，言剥落之灾祸乱卦体而言立戒惧。五阴在下成势而盛长，小人亦随阴长阳消而壮，君子与正道随阴妄之长、小人之长，以及伤阳败德之风盛行而病落，阴盛剥阳，当无阳可剥时，阴更灭阴，使阴从足下、辨中、外肤之位，尽被灭而见凶，让卦体阴剥阳所言凶祸见之以爻位；由此可见，君子与正道落难，阴类履灾应难却更深重，这便是无阳无明亦无志的恶果。

剥卦一阳在上虽将尽，但上九以一阳制众阴，使众阴顺阳且止阴类妄动，以一爻阳刚之德力，顺而止之，成其众阴宗阳的共载之象。以上九之位作一体两观，既观阳之利好，又观阴之弊害，有阳、有正则能安民，尤其镇群阴之乱，有正则有序，有共序可依，有刚制来制止阴妄横行，反之失阳、失正且小人当道，尤其是剥落民众赖以生存之共序，使灾难如火临宅，将失去安身立命之所，其凶险与惨状可知。

剥卦以剥落之灾，不仅使君子烂落，随君子与正道被剥落，亦剥其民众所依附共序之“山”，为正道所主的德政与共序亦被剥落，当山附于地而被剥落，民众无依附之共序而落难履灾。民众之灾难程度远比君子深重，故而临剥急需安民，民者众矣，安众民急需有刚制共序可依，在剥体因阴剥阳早已使刚制烂落，故而安民所需之刚制非卦体自生，乃外来之。刚外来，则成无妄卦。

无妄卦，乾上震下，震动而乾健，震之成，乃阴类妄动；乾之成，乃乾刚之外来，外来之刚居外成乾体，当灾难深重，民众妄动，有乾之刚制驾驭于震动之动，以制其妄，乃动而有节制。无妄卦体之君治其无妄体，引入乾刚制其妄动，外来者非自生，乃借鉴或引进，在剥卦有五阴成势的柔变刚，经过柔变刚之渐变过程，使柔刚已强盛而具破坏力，将正道所主的德政与正序剥落，使其卦体与民众失去依附，民众履灾又无正序依存则如无头苍蝇，为生计奔波必然妄动，欲制其妄动，则引入刚制，刚制之全者，乃乾体之刚，以刚制妄动，去妄存阳，再动而行健，则成无妄之体。

《序卦》曰："复则不妄矣，故受之以无妄。"复者，阳之复，反于剥之阴，所谓剥极必复，群阴剥极则一阳生于下而成复。一阳外来，成复，复之成，乃真阳来复之震，为刚阳之动，刚阳之动在于动而有明，非无明妄动。当无妄体有一阳外来之复，则可反于正道，一反剥体群阴剥阳正道沦丧之灾，正道既复，则应履刚制去阴妄而正天行、正欲望。

所谓"动以天为无妄，动以人欲则妄矣"，健动于天，乃天行法序，自然造化，天生万物却无求于万物；天者，外在之刚也，刚者，共序制度规范之刚，以刚适众，以刚制乱，更以刚止不正。妄动于人，乃人行欲、妄，无知躁动，以欲、妄遮挡心性，行天人离一之行，人之行无法合天道法序则生无妄之灾，此乃无妄之义大矣哉！动而履刚制则无妄，动以行欲则妄，妄则凶。

无妄，有无望，不妄，诚望，无妄之义，亦是无妄卦渐进之过程。妄者，在内为心性不主识神，而任其行欲；在外为无明妄动，一切皆为无明遮挡心性光明所致。无望，乃剥卦群阴剥阳灭正道使灾难深重而出入无望，在剥卦五阴并进，阴妄势长，无明阴众增多，皆无以知正道刚制之利好，此阴类亦致明无望，导致民众履难深重而无济难脱困之途，故而出入无望。不妄，当剥极反复，群阴剥极则一阳生于下而成复，刚阳来复出震而可复正道，刚阳之动在于动而有明，非无明妄动，且有履乾之刚制，去妄存阳则不妄，以不妄而动非行欲之妄动，乃动而有节制，以不妄言妄，乃戒其妄动，宜动有所制。诚望，经过不妄的去妄存阳后，以阳刚之明健动。阳刚者，内实也，内实则有信，乃有诚之动，故言诚望，诚望之动为正望，以正求代妄求，通常乃君子立志且进志，力图循正道而有为，诚望乃得力之“动而健”，亦是无妄卦大亨以正之所在。无妄，在不妄与正望的基础上更加舍欲从心，为“动而健”的理想状态，其“动”与“健”非期望之追求，乃实理自然且无所期望而顺应所得；无妄卦体从剥落之灾起，言不妄已实属不易，言正望需健德向明、从正，唯君子能行，故亦非易事，而无欲之无妄便更难，乃心性光明的无为之境，非内证可达；无妄之望，乃无所期望而得焉。

无妄之释义，《周易本义》言在《史记》作“无望”义，谓无所期望而有得焉者。《周易本义》曰：“为卦自讼而变，九自二来而居于初，又为震主，动而不妄者也，故为无妄。”无所期望而有得焉者，乃是处无妄卦追求无妄之境的理想。

实理自然且无所期望而顺应所得，乃心性光明而不主妄，亦不从妄行欲，一切皆顺应天道法序而适心所变；实理者，万变不离其宗之本性也，自然者，天道法序也，妄皆被欲所牵，被识神所主，无以达心性光明，只能任其行欲而无以觉照，诸多灾难尤其是剥卦之剥落之灾，便是阴妄剥阳，致使正道沦丧，心性渐迷所致，行妄定会致身丧烂落而陷灾难之中。故无妄之义存乎精神，执无妄无为之精神，确是要治灾使其不妄与皆能达正望，正身德治明，进位德升志，适心所变而明志双用，方是无妄之正为。

《杂卦》曰：“无妄，灾也。”无妄之灾，乃是言灾因在妄。无妄之体，以刚外来居外成上卦之乾体，以乾之刚制驾驭阴类妄动而制妄，使其去妄存阳，阳刚足而出震，又以震居内，行动而健的正望之体。无妄之体起于剥落之灾，陷在灾体，故先有其灾，因有灾并知其灾因，方以刚外来而治之，阴妄得制而去妄存阳出震，才能践行无妄之理想。所以无妄之体，有灾重、治灾、灾变的言“灾”过程，以震之出言灾退而正望可行，亦是无妄卦标志性转变。

有灾、治灾、灾变、正行乃无妄卦以“灾”为体的治理过程，亦是卦体的变化过程。灾之因在妄，其妄之大以及妄成害犹在剥卦，在剥卦五阴妄动剥阳，致使君子与正道被剥落，且阴更灭阴，民众之灾如火临灾，无有安身之宅所，故而群起妄动，此种妄动便是行无明之欲，正是无明之欲在阴浸阳的漫长过程中，发生了柔变刚之转变，使行欲的阴刚有力成势。欲乃妄行，为粗重之妄习，不正之思维乃妄想，为识神之妄，欲行于外，而妄识主于内，习气日渐粗重，其危害亦日加严重，故而引入刚制来制其阴妄之欲，止其妄动，从妄动到阳刚之震动，乃刚制的治之功。阳刚之震出，使其能“动而健”，得大亨以正，行无妄的正望之行，当正望得行，又得止正行之妄，为有行必有妄，这便是制妄与止妄的区别，制妄在乎治粗妄止其阴灾，止妄在乎无灾祸乱而纠正正行之偏差，前者阴妄成势且祸乱成灾，后者习气粗浅，可矫枉得正。

无妄卦，先有灾妄，再主不妄，行正望，力求达无妄之望的理想之境。先有灾，后治灾，再定序，最后适心所变而定其心。定序便是制定刚制秩序，以履制而行不妄，以不妄言妄，乃戒其妄动，宜动而有所制。从失正道履灾，再治灾履制复正道，当正道得复，又以刚制成正序，得正序则得大亨以正之天命，使无妄卦配位有“元亨，利贞”之卦德。从不正，通正，再到得大正，以无妄一卦，实则担其诸多卦体之责，乃灾祸治理之典范。

无妄：元亨，利贞。其匪正有眚，不利有攸往。

彖曰：无妄，刚自外来而为主于内，动而健，刚中而应。大亨以正，天之命也。其匪正有眚，不利有攸往，无妄之往何之矣？天命不祐，行矣哉！

象曰：天下雷行，物与无妄。先王以茂对时育万物。

卦辞：以实理自然之道亨通所有，且识正理履正道。

彖辞：尚正治灾妄复正道，正道复而灾妄治。

象辞：正天道而复正序，立灾祸治理之典范。

无妄卦，乾上震下，乃雷行天下履刚制而无妄之象。无妄之体，以刚外来居外成乾体，以乾之刚制驾驭阴类妄动而制妄，使其去妄存阳，阳刚足而出震，又以震居内，行动而健之正望之体，震之出乃刚自生，从刚外来治灾到刚自生得正，使正道复立，君子复位，行大亨以正之天命。无妄卦呈现了有灾、治灾、灾变、正行的变化过程，以灾为体，立灾为用，先有灾，后治灾，再定序，从有灾妄，再主不妄，最后行正望为治理过程，且力求达无妄之望的理想之境。因治理得体，无妄卦有从灾妄之体到正望之体的转变过程，处灾妄时妄动成灾，以制其妄动而治，以正道得复而得其正望之体。

灾妄之体。灾妄起于剥落之灾，使其无妄体亦始陷入灾体。为何无妄体起始于剥落之灾呢？因为剥卦的剥落之灾不仅使君子烂落，君子所主正道与正序皆因阴剥阳而同剥落，无正道与正序供民众依附，民众只能随阴类妄动，阴类不明多欲有害，故而民众行妄成灾。灾妄之体以“妄”为特征，无妄卦亦以“妄”立意，其妄便是剥落之灾成体后，民众行欲妄动，行妄且多欲，无节制之明和节制之手段，只能更加妄动而剥落一切可剥落之事物，使其原有秩序皆烂落而见凶，此为无妄体起始之妄，到灾妄得到治理后，其无妄卦体之“动”，亦有妄动，言“动而健”并非全然是明动，亦有正序之偏差和习气浅薄之欲动，从妄动到明动有履刚制而复正序的过程，在正序复立且履制正行的过程中，亦有“妄”，此妄亦会致灾祸，故而治理灾妄之路和矫枉得正之路还很漫长。

“刚外来。”灾妄之体如何治理使其止妄动而复正道呢？乃以刚制治之。在灾妄起始之初，正道之刚制皆被剥落，原有秩序皆被破坏而烂落，且群阴当道无有自生的可能，只能“刚外来”而引入刚制。以“刚”之严与行之谨来止妄动，以“制”的制度规范来广应大众。正因正道与正序皆被剥落，才引入刚制加以治理，此为无妄君主之大明，刚制之全者，乃乾体之刚，故而刚外来居外成乾体，此处的刚外来非一爻之刚，乃上体之刚，以上体之刚驾驭下体之动，以刚制其妄动，去妄存阳，待阳足出震时，再复立正序，依正序再动而行健，则成无妄之体，故无妄之体乃从灾妄之体治理得正而来。

“刚自外来而为主于内。”以刚外来治其妄灾，当阴妄得制，则可去妄存阳，阳足则出震，震之出则有刚主内，有主内之刚，则无妄卦体正序得复，正道可立。以外来之刚制止其妄，则能去妄存阳，此为刚制之功，当阳足蓄而成刚，刚复出震，则借外刚而生内刚，此为主内之刚，主内之刚为自生。经过刚制治灾，使其发生灾妄到不妄的变化过程，亦是正道和正序复立之过程。震之出，为灾退而正望可行的标志性转变，震出从复，便是从不正“复”正之转变，而震之出需阳足出刚，阳足则需去妄，妄为阴，行阴妄则耗阳，此为阳与正道能被剥落之原因，当妄能去则阳能存，阳存来复则阳刚出震。震之动出，乃无妄卦体自生内刚，有自生之内刚便知正序复立的过程。

外来之刚与主内之刚。当无妄卦体有自生主内之刚，便有了自生正序的机制，亦有从阳、从正的诸多方法，主内之刚是无妄卦从灾妄之体过渡到不妄之体的标志，亦是刚从柔之阴刚变化成阳刚的过程，由柔变刚之阴刚，借用外来之刚治其阴刚剥阳之灾妄，使其变化成主内之阳刚，而外来之“刚”

乃刚性之制，为制度之刚，以制度和规范治其妄动之不规范，并加以约束其妄行，主内之阳刚，既有阳足而刚，又有正序复立后制度之刚。从“刚”的转变过程可知，无妄卦从灾妄之体逐渐转变成正望之体。

正望之体。刚外来是成复出震的关键，而正序复生为得正望之体的关键。妄动被治而止，借刚外来止妄而生不妄，以不妄生其正望，将行欲转变成为政。震出而灾退则正望可行，以德政之正来正灾妄之大妄，使大妄变不妄，去妄存阳则不妄，以不妄而动非行欲妄动，乃戒其妄动且动有所制，经过不妄的去妄存阳后，尤其是震出有刚，使其内体充实而有孚信，故正望之体亦是诚望。言诚者，乃实信充实其中，阳刚之信犹诚，正道复立之刚正亦犹诚，当有实诚充实其中，则能以正求代妄求，君子可乘正道复立之机而进志，力图循正道而有为，此为“望”之义。胡居仁曰：“无妄，诚也。诚，天理之实也。圣人只是循其实理之自然，无一毫私意造为。”居无妄之卦体，必知实诚正望之义，若无实则无阳，无阳则无以阳刚足而出震，无震之出，灾妄则无从转变，无妄之求则为空谈。

《程传》：“无妄者，至诚也。至诚者，天之道也。天之化育万物，生生不穷，各正其性命，乃无妄也。人能合无妄之道，则所谓‘与天地合其德’也。无妄有大亨之理，君子行无妄之道，则可以致大亨矣。无妄，天之道也，卦言人由无妄之道也。利贞法无妄之道，利在贞正，失贞正则妄也。虽无邪心，苟不合正理，则妄也，乃邪心也。故有匪正，则为过眚。既已无妄，不宜有往，往则妄也。”

无妄卦以“元亨，利贞”立卦德。在灾祸之体，通常敬惧立戒，少有“利贞”且通元亨者。无妄卦之“元亨”，为从大亨以正至实理自然而通元亨，从灾祸之体得其无妄的治理之道，从不正，通正，再到得大正，亦乃无妄卦利贞之所在。无妄卦之“大亨以正”乃从治灾妄之功，君子力图循正道而有为，以诚望得力“动而健”，师法刚制而复立德政之序，当能得德政正序之正，必然亨通，其阴妄剥害正道之积弊皆因正序复立而亨通；再从“大亨以正”通实理自然，使其天地正道能得复，天地大秩序之正序和卦体秩序能合一且得以运转。以万变不离其宗之本性谓“实理”，以天道法序得常运转谓“自然”，以此通“元”而亨通所有。群阴迷心性生妄，逐妄行欲而成灾，以无妄通元亨，乃心性得其光明。无妄卦经过有灾、治灾、灾变正行的治理过程，而成灾祸治理之典范。

丘富国曰：“惟其无妄，所以无望也。若其处心，未免于妄，则无道以致福而妄。欲徼福，非所谓无望之福。有过以召灾，而妄欲免灾，非所谓无望之灾。此皆未免容心于祸福间，非所谓无妄也。若真实无妄之人，则纯乎正理，祸福一付之天，而无苟得幸免之心也。”

“其匪正有眚，不利有攸往。”无妄卦从灾妄之体来，且有治灾妄而得正之过程，当灾妄未治且正道未复立，则不利有攸往。匪者，强盗，值无妄卦正是阴盗阳而阳与正剥落的剥落之灾，亦是无妄卦灾妄之体的起始，在此灾妄之起始，阴妄皆不明且无所主，尚处于是非不分的阶段，而是非不分正是目病生翳之眚；眚者，《说文》曰：“眚，目病生翳也。”阴妄不明是非不分，只能从妄而行欲剥害正道，故而有过错，且过错甚大，以致成灾。值无妄卦灾妄之起始，以此立戒警灾，更要知患识体。卦中上九虽以刚明之才处无妄之极，却不识正理，如目生翳而视不清，值无妄得正之时不知固守，反而恣意妄动，行有过而亢龙有悔，虽刚健但动穷生灾，故而更要识正理履正道，行健而非妄动。

“无妄之往，何之矣？天命不祐，行矣哉！”无妄卦有治灾妄而得正之过程，在灾妄之起始，若无外来之刚制治其阴妄行欲之妄动，只能以其妄动之“往”加剧剥落之灾的深重程度，因无“正”来对照，纠正其妄动，民众的无知之往，只能在灾祸中火上浇油，而出入无期。无明以知妄，更无明以知得大亨以正之天命，有剥卦三凶灾的恶果在前却“目病生翳”而不能识，民众无知之妄动，使阴更灭阴，阴不仅尽灭“足下”“辨中”“外肤”之位，还将继续剥阳吞正，使其值身死垂亡之际仍不能脱灾体。灾难如此深重，可叹无明之危害，阴妄不明，何谈天命？行妄自作，灾祸自招，皆侥幸趋吉又何谈天佑？这种对无知妄动深陷灾难的感叹，可见圣人立辞之苦心，乃句句血泪。

“先王以茂对，时育万物。”值灾妄之体并治妄之卦体，灾妄若治则得正离灾，若任其妄动而不治则灾祸加深，无妄卦体灾祸之因在于阴妄成势剥落正道，且祸乱正序，天下雷行正是万物各正性命之时，在此言先王，乃言正道运转与德政大施之时，以大正对照灾妄之不正，以时育万物对照履灾居无定所，灾来如火临灾而失容身之所，以先王社稷之繁茂思临灾治理之道，先王社稷繁茂，在于先王体察天道，立正道使其履法序而得常运转，更师天道法序而立德政秩序，且勤勉治理，故而才能阴阳和合，万物得育。

《中庸》曰：“唯天下至诚为能尽其性；能尽其性，则能尽人之性；能尽人之性，则能尽物之性；能尽物之性，则可以赞天地之化育；可以赞天地之化育，则可以与天地参矣。”正是以实理自然之道，各正性命，追求无妄之境，而达无妄之境，必然正天道，复正序，参天地之法序，应对以勤勉，治理方能得体。

明志皆复主正道

初九：无妄往，吉。

象曰：无妄之往，得志也。

九四：可贞。无咎。

象曰：可贞无咎，固有之也。

初九以震爻执震体，为以刚在内而主于内，有刚、有实、有诚而得无妄之象；初九以刚实居内，为中诚不妄者，《周易本义》曰："为诚之主，以无妄而往，得其吉。"得无妄之占又处初，为君子当行者；卦辞言"不利有攸往"，乃戒其妄动，如今初九得无妄，往而无过，则当往，当往之往乃济灾之任，灾妄之体无以济灾，在于无阳无正，初九以中诚不妄之诚主，有刚有实，乃济灾妄之主也，灾妄之卦体得其济灾之主，自然得吉，君子前往亦能得志。

往者，动而前行，乃震之动。震之刚动主正望，以不妄而正行，得其无妄；往之动乃震主之，往之行乃乾主之，以一爻之主牵动卦之全体，乃君子心存至诚，以阳刚之心存浩然正气，以此复立正道，牵系苍生之谓。

胡炳文曰："《彖》曰，'刚自外来而为主于内'，《周易本义》于此曰：'以刚在内，诚之主也。主字最有力。盖妄者，诚之反也，诚之主如此，妄自然无矣。如此而往，其吉固宜。'"

初九以诚之主，当其无妄，以诚主妄，又以震之刚动，以刚主阴，其阴与妄皆被初九所主，故而初九担当其济难之主。灾妄之体如此深重，自有济难振灾之人，初九担其救亡的匹夫之责。故而初九一爻担其无妄全卦，以动而健之大亨，复立正道，以此而往，既得志又济灾如愿，动与天合，志与心齐，乃大吉所有。

九四刚阳而居乾体，下无应与，以阳刚处位，本自无妄者，再以贞固自守而刚而无私，岂有妄乎？故而贞固守位，而得无咎。对比初九无妄往吉，九四刚居阴位，并非怀才不遇无所施展，在于无系应而不妄动，九四能止其妄动而固守，乃有明也。无系应而不妄动在于有才不施，乃时位不予，非己之过。九四以刚居柔固守安稳，既不外求，又不妄行，故而利于贞。

《程传》曰：“九居阴得为正乎？曰：以阳居乾体，若复处刚，则为过矣，过则妄也。居四，无尚刚之志也。可贞与利贞不同，可贞谓其所处可贞固守之，利贞谓利于贞也。”

正道与明志皆复。初九与九四以明志皆复主正道，值无妄初始的灾妄之体，群阴剥阳致使正道与阳皆被剥落，君子受难且失明失志，初九与九四在灾妄之体得阳刚，初九震体，九四健体，皆刚足阳正。震动之刚，从刚外来到刚自生，正是正道得复之转变，行健之刚，居外体而有制，乃治妄有功之体。

初九以诚之主，复立正道往而济灾，动与天合，志与心齐，时与位皆得，既有明主正道，又进志担其救亡之责，可谓明志双用。九四刚居阴位，在时位不予之时，不妄动知固守，乃知时势有明，行固守更有志，亦为明志双用，在灾妄之体，之所以妄动行欲，便是无明知妄和知固守之利，更无坚固之志行固守之法，继而恶性循环而有灾殃，九四在不能有为之时，行固守乃立正反妄，以静制动。初九大吉，九四无咎，皆在于以正止妄，以明志双用不与恶行为伍，至于初九有为，九四不可有为，乃时与位所赋予、所选择，而正固之道，乃自身之修为，事关阳正，故而皆有身德。

尽本分而尚正

六二：不耕获，不菑畬，则利用攸往。

象曰：不耕获，未富也。

九五：无妄之疾，勿药有喜。

象曰：无妄之药，不可试也。

六二柔顺中正，因时顺理，以宽裕居中，而无私意期望之心，有不耕获，不菑畲之象，故而为理之所然者，凡理之所然者，非妄也，而人所欲为者，乃妄也。六二居中得正，与九五正中而应，为动而能顺乎中正，使其身无妄行且心无妄念，随无妄之正道，而利有攸往。

胡炳文曰："耕获者，种而敛之也。菑畲者，垦而熟之也。一岁之农，始于耕，终于获。三岁之田，始于菑，终于畲。不耕获，不菑畲，诸家以为不耕而获，不菑而畲，惟《周易本义》以为始终无所作为之象，而必曰因时顺理者，理本自然无所作为，自始至终，绝无计功谋利之心，故其占曰'利有攸往'。"

耕者，农之始，乃人作；获者，耕有终而得，乃天予；田一岁曰菑，乃初垦之田，三岁曰畲，乃熟田，《采芑》诗曰："于彼新田，于此菑亩。"毛传："田，一岁曰菑，二岁曰新，三岁曰畲。"巽为耒耜，艮为手，耒耜在手而动于下，有耕种之象，同时亦有收获之象。

不耕而获，不菑而畲，乃顺其事理自然，当耕而耕，当获则获，不以获而多欲行耕，而是以耕来计获，为值本末之道，耕乃行本分之事，获乃耕之果，非以"获"之多而乱耕之始，为以欲乱其本心，再祸其本分，使其无所适从，不能宽心安处。孔子曰："夫遇不遇者，时也；贤不肖者，才也。"只能才具才能得遇，故不能以求遇而舍富才之本。

六二未富，在于阳刚不足，中德待健，六二之中德者，乃勤于本分之事，六二以阴居中，虽勤于本分，却仍有妄取之嫌，爻辞以"菑畲"言之，在于告诫其收获有从生田到熟田的转化过程，这个转化过程便是健中德之过程，本分之事便是做好耕耘之事，而收获之得乃到熟田时期方能得成，当耕而耕，不以获计，想不耕而获，便不是妄想的问题了，而是行欲之凶道。

九五中正居尊位，下复以中正顺应之，乃《彖辞》所言"刚中而应"之谓，九二刚中，下有中正顺应，上刚下柔，为无妄之至者。刚中而应，动而健却遇四为滞，犹身遭疾，五与二刚中而应，但二为阴，九五君王求贤，九四有刚明之才却失位，必以刚妒柔而成滞，然六二勤勉耕耘健其中德，终与五正应，乃不药而愈也。治病之药，健中德便成大药，勿以药治，则有喜也。

方孝孺《深虑论》曰：“药石所以治疾而不能使人无疾。”九五之疾，非九五自身，乃灾妄之体自有，故九五以无妄之位得疾，并非在无妄的境界有疾，乃是卦体自有之灾疾尚未康复，九五居尊而心系大体，故而忧怀天下，下应六二虽中却阴，尚需健中德耕耘之，九五将六二视如己身，以无妄治其六二有妄，为治其疾，而医病之方非药石攻之，乃以正应之“正”治之。张载曰：“心大则百物皆通，心小则百物皆病。”故生妄之疾，重在治正，非攻之以药石而能得善果，无妄卦体之灾在于阴妄不正，以正治之，为对症下药。九五勿药有喜，正是治理得正而正道复立之过程。

何为无妄之药？乃以无妄之正治其有妄之疾，以尚正为药。为何曰：“不可试”也？在于正道勿疑，言试者，乃信而不定尚有疑惑也。正道之事乃以明德烛照之，方能明其大用，以正道医百病，正是上医之思想。无妄卦之所以能从有灾到治灾，发生灾变到正行的变化过程，就在于崇正道以正治妄，以刚制止妄动，以正道得复而得其正望之体，故而曰正道之事不可试，在于不可疑，疑则无有明，乃有疾之谓。

尽本分而尚正。六二与九五皆中正，九五刚中应六二柔中，乃动而健且能得大亨以正的无妄之象，在六二与九五正应得亨通之前，是有疾而不通的，从六二与九五关系而言，六二柔中处下，动而有妄，故有疾，九五刚中居上，健而无妄，以尚正而成治六二之药。六二柔中虽未富，但以正应九五，乃君子复位之兆，君子复位先治疾病，再行耕作，从生田耕耘至熟田，自然收获在望，乃是尚正并取正之得。九五有喜，乃是尚正治有妄之“病”而得喜，正道复立，百废待兴，正序建立，才是九五心怀天下之大喜，非小获而言可言喜。六二耕田乃尽其本分，尤其是开生田耕作之，再从生田到熟田勤勉对之，乃知其正道复立与言收获之规律，尽其本分而非妄动妄求和贪取，故而成其妄去，疾愈，终得亨通。尽本分而尚正，使无妄卦体从灾凶到大亨以正得吉，去妄存阳则不妄，以不妄而动则动而健，则能从不利有攸往到利有攸往。

妄且动而致灾

六三：无妄之灾，或系之牛，行人之得，邑人之灾。

象曰：行人得牛，邑人灾也。

上九：无妄行，有眚，无攸利。

象曰：无妄之行，穷之灾也。

六三以阴柔而不中正，以失位而为有妄者，卦之六爻皆无妄者，三之时位乃有妄，无故而有灾，如行人牵牛以去，而居者反遭诘捕之扰。六三应上九，志应于上，乃有欲也，乃妄而行欲之徒，持身匪正则有眚，肆意妄动而生灾。

行若系牛，灾若失牛，正是六三之谓，有妄而行必系之不住则失牛。《程传》曰："人之妄动，由有欲也。妄动而得，亦必有失。虽使得其所利，其动而妄，失已大矣，况复凶悔随之乎？知者见妄之得，则知其失必与称也。故圣人因六三有妄之象，而发明其理云'无妄之灾，或系之牛，行人之得，邑人之灾'。"

《杂卦》曰："无妄，灾也。"乃谓在无妄卦体，六爻皆无妄，却六三有妄而有灾，正是以有妄有灾立戒，言其无妄之灾的灾之来由，灾之来由在于有妄且行欲，从无妄释义可知，无妄为义乃妄已得正，灾已得治，言"无妄之灾"灾非在无妄，乃在有妄。匪正有眚，人自为之也。失牛之灾，还祸及同乡邑人。行人得与邑人灾，乃有得有失之谓，行人虽得牛，灾却亦随之，妄得之得不能为正得，反而为失，为得非其所。行人得牛，却不知天数，其“牛”乃六三行妄而系之，行人得牛必解牛牵牛，实则行贪欲，同六二耕田得获相比，行人得牛乃不劳而获，故非祥事。

上九居卦之终，处无妄之极而不知固守，反而恣意妄动，极而复行，过于理，过于理则妄，故而自招其灾祸。上九之“行”，正是《彖辞》所谓“匪正有眚，不利有攸往”者。无妄者，得实理自然之道，上九处无妄之极而不知得实理自然，为其有眚，以刚明之才目病而不识正理，如生翳而视不清。上九不循实理而动乃妄动，妄动则凶，乃从无妄而生妄。上九值乾之终，乾主行健，行有过则亢龙有悔，虽刚健但动穷则灾。

妄且动而致灾。六三与九三皆妄且动，动而有灾。六三言“无妄之灾”，灾非在无妄，乃在有妄，上九刚健动穷从无妄生妄而有灾。六三正应上九，要知道六三为何系牛而失牛？在于身德未健而应上九妄动，被上九行健而引诱，本可执牛犁田耕作，奈何舍本追妄，既行妄逐欲，又失耕耘之本钱。故六三不如六二，便在于六二尚正而勤勉对之耕耘收获之事，六三好高骛远，行不切实际之事，不忠本位与本职，偏偏想近水楼台，有牛不知养牛耕田劳作，却系之逐上九之妄，所以系之不住导致失牛，不仅自己失牛，还连累祸及同乡邑人，这便是阴妄如何浸阳而致灾的过程，六三阴类，已身无明知牛之用，且不以牛为得，反而舍牛行妄求大得利，已身失牛不正还连累同乡受灾，同乡亦对得失不明，与六三乃同类之人，皆为阴类，见系有牛焉有不得之理？阴类相互以得失逐之，如同瘟疫流行而不可收拾。

噬嗑卦：恶佞之灾

离上震下

恶佞作梗宜治刑理狱

在无妄卦，灾妄起始于剥落之灾，随正道与正序剥落而无制妄止欲之器，民众行欲妄动，犹以“妄”为体，成其无妄卦以“妄”立意之因由；知妄因而治妄，以灾为体，立灾为用，先有灾，后治灾，再定序，形成从有灾妄，再主不妄，最后行正望的治理过程，使正序得复，正道可立，从大亨以正至实理自然而通元亨；经过有灾、治灾、灾变正行的变化过程，以尚正道、复正序得其无妄卦体之治道，而成灾祸治理之典范。

无妄之因乃剥卦五阴为祸，群阴剥阳，致使君子与正道被剥落，被正道所主的德政与共序亦被破坏而烂落，民众执妄行欲，在剥卦五阴成势而柔变刚，以阴刚之成而具剥落正道之破坏力，柔之初成时，为不正姤风之柔，当五阴成势，则柔成刚，继而君子失位与德政失序，形成灾祸之体，以剥落之灾和灾妄之灾可知，其阴柔成势后的阴刚破坏正道之力度有多么恐怖，从灾祸之坏果，民众不仅被灾祸害得居无定所，还时常陷入身死垂亡之泥潭。

灾祸如此深重，阴柔如此渐长成势，破坏力如此强大，乃有恶佞从中作梗。阴势大则生恶佞，以恶佞蓄意作梗而败坏德风，使阴风如瘟疫流行，阴成势则生阴刚为祸，而恶佞便是阴刚之坏核。恶佞致祸者，噬嗑之象也。

噬嗑卦，离上震下。噬者，啮也；嗑者，合也。乃口中有物间之，啮而后合之，为有间啮而合之之象。为卦上下两阳而中虚，为人颐口之象，中虚之中，又一刚爻，为颐中有物之象。人颐口而有物间之，口中有物，则隔其上下不得嗑，必啮之则得嗑，故曰噬嗑。其“物有间者”乃作梗之物，有物作梗，故而言先啮而后合。《程传》曰：“圣人以卦之象，推之于天下之事，在口则为有物隔而不得合，在天下则为有强梗或谗邪隔于其间，故天下之事不得合也。”

《序卦》曰：“可观而后有所合，故受之以噬嗑。嗑者，合也。”四阴之观，从否卦小人当道阴妄渐长，阴势强盛随时而变，正是正道消退不可不行德教观天下之时，否小人当道且趋利已久，小人趋利害正道便是生恶佞之时，小人成群，阴中生恶，为争权夺利而无恶不作，尤其是结阴类群党，使其成阴势，阴势渐长必浸阳害正道，值三阴成四阴长之际，以中正观天下，可见阴伤阳致大不正，故而以中正观天下行德政教化，当德教普施，以德化之力使阴阳有所合。之所以言有所合，在于以风行天下的德化之功，使否卦当体的不交不通所导致的不合，尤其是与大秩序否塞隔绝而不合的交通往来状态得以暂时交合，以“中正”行王化之道，以道→法→术→用之王道系统行使民养而壮大之用政，其王道之德，被人所观，为人所仰，尤其是以“天下服”而有德服之成效，故而言观后有所合。大观中正德化天下，必然与恶佞为战，言噬嗑，其大观之力必将作梗之恶“物”噬之，此为噬嗑卦继观卦之所在。

嗑者，合也。有从不合到合的过程，不合，从姤阴始到否塞生成，否卦的不交不通之难和小人小难，致使交通往来秩序否塞而不合，尤其小人当道迫害君子，使君子失位与德政不合；与大秩序交通往来不合，致使天地人三才气机无以畅通，与德政和正序不合，致使无正可以制阴，而任其阴恶丛生。合，乃大观中正德化天下，以德化之功和德服之力，使不合能合；这种在阴势渐长大格局状态下的“合”，其阴类并非全然服而合，还有其阴中之恶表面上合，实则不合，如口食食物，其梗藏于饭食之中，直到食物入口咀嚼后方知。其不合之因在于阴恶作梗，大观卦以风行地上而修德行政，大行王化天下而德被四方之道，当大观失卦体之小时，无力与敌阴势之大时，必然德教失政，在观卦卦体时尚能以德政制阴，当观卦失时，德政失位，其阴群之中的恶佞必然死灰复燃，而大行其阴恶之道，以噬嗑继观，成就了在噬嗑卦恶佞猖獗的状态。

阴恶作梗。观卦最终无力于阴恶之势，在于观卦本身处于姤→遯→否→观→剥→坤执迷妄失过程中，只是观卦有众卦未有的制阴教化之力，勉强在处观卦小时之体时，以德化制阴与修德行政之典范，成其大治之体。阴恶之所以能作梗，在于阴长成势，且伤害之力亦随柔变刚的过程而增长，姤风轻柔，并未成害，以不正之风渐长，至二阴成遯时，才在蛊体伤正，继而又有归妹乱正，三阴成否后，则生否难和小人之难，“难”体已成，再从难体到四阴成观，且在观得时而变，恶佞蓄意作梗而败坏德风，恶佞猖獗致使五阴成剥。在此过程中相继出现剥落之灾、无妄之灾、恶佞之灾。

《杂卦》曰：“噬嗑，食也。”为卦上下两阳而中虚，乃颐口之象，九四一阳间于其中，为进食而有梗，必啮之而后合。从噬嗑卦体继观卦而言，进食者，民以德政为食，处阴妄之群体，民尚有食，德政正序保民生，使民有食而能食，而进食之中，有“物”梗之，使食而不能合，必噬嗑之。

恶佞之生，继观体德政之后生恶佞，乃恶佞之类不识德政，不知正序利好，以内生趋利之欲心与正对抗，他们内妄根深蒂固，愚顽不灵，非德化之风能教化，用正道对比便知绝非善类，此类刚强阴类，乃阴强妄大且顽固不化的恶佞之徒。其“阴”在观卦四阴之后，五阴之成，且是观卦德化天下时仍冥顽不化的阴“核”之类，阴在于无明而阴，大昏而冥昧，且昏昧足够深，其阴核之谓，乃诸阴围绕之中心，类似于匪首；其“妄”是剥落之灾和无妄之灾动妄行欲之祸根，六根皆大气习且习气顽固，其所思所想皆被阴妄所主，以欲当头而不识正，巧言谄媚以利为图，为达利益之目的不惜中伤君子，祸乱正序，形成以阴核与妄根成恶的恶佞之类。

恶佞成梗，在于恶佞有伪正的一面，以狡诈之内行伪善之表，且有“巧”“谄”之技，使其能混入“食”中，不食无以知梗，所言“食”者，乃君子行德化布德政之政，恶佞扮成君子混淆视听，民众无以辨其真伪，不食无以知梗，直到食后被梗，方知为恶之本性，乃得其阴恶中伤后方知阴之危害，而知恶佞作梗者，非寻常民众，乃剥卦之上九，唯剥卦上九值五阴炽盛时，仍一阳独大，被众阴所载，以阳明之才识梗。

恶佞之灾。恶佞之灾是致使发生剥落之灾和无妄之灾的根源，以及一切阴妄致灾成难的根本，从剥落之灾和无妄之灾两者并行，可见其灾祸深重与为祸的程度，致使君子戕身落难，正序烂落在地，他们以阴核妄根之特征，成为一切阴妄为祸之始作俑者，且是正序被打破，君子与当政者被迫害后，最得利者。在诸多患、祸、灾、难之卦体，尤其是阴妄为祸发生灾难，都有他们为恶之身影。

识梗，知梗，才能治梗。战恶佞必行噬嗑之道，言噬嗑，必以强力战阴恶。刚外来则灾妄致恶，恶佞为祸败坏德风，这是继观卦德化天下后却致剥落之灾和无妄之灾的原因。恶佞作梗，在于谗邪间于德政其间，乃有为造梗，蓄意坏之，治恶佞之灾，必利用刑罚除恶佞，再用德政使不合能合，以正序复生来保民有食且能食。

《程传》曰:“圣人以卦之象，推之于天下之事，在口则为有物隔而不得合，在天下则为有强梗或谗邪隔于其间，故天下之事不得合也。当用刑法，小则惩戒，大则诛戮，以除去之，然后天下之治得成矣。凡天下至于一国一家，至于万事，所以不和合者，皆由有间也，无间则合矣，以至天地之生，万物之成，皆合而后能遂。”

观噬磕之象，借观卦之力，以刑入礼，再立刑从法序，惩戒恶佞，以“噬嗑”法治天下之大用，以离火之明照雷震之威，乃用刑惩恶去其梗间，所谓“天下之间，非刑狱何以去之”便是如此。故噬嗑之道，乃以德为体，刑礼并用，用刑狱治乱之已生和恶之既昭，弃柔和之观，值乱世用重典，待梗间去之，再当复以教化。

噬嗑：亨。利用狱。

彖曰：颐中有物曰噬嗑。噬嗑而亨，刚柔分，动而明，雷电合而章。柔得中而上行，虽不当位，利用狱也。

象曰：雷电，噬嗑。先王以明罚敕法。

卦辞：恶佞为祸和谗邪隔间，宜治刑理狱。

彖辞：以雷电合章用刑狱护正道。

象辞：从先王法制之道而明罚敕法建法制。

噬嗑卦，离上震下，为离火照震威而用刑狱之象。为卦上下两阳而中虚，乃颐口之象，九四一阳间于其中，象进食而有梗，必啮之而后合，故为噬嗑。噬者，啮也；嗑者，合也。有物作梗，必有恶佞为祸和谗邪隔于其间，故当用刑法，以强力战阴恶，使其先啮而后合。恶佞作梗，在于谗邪间于德政其间，乃有为造梗，蓄意坏之，治恶佞之灾，必利用刑罚除恶佞，再用德政使不合能合，以正序复生来保民有食且能食，言进食，民以德政为食，再以德之正序保民生，使民有食而能食。离上震下，下动而上明，乃恶佞作梗必有离火明照，识其为祸的恶佞阴类；又下雷上电，惩戒恶佞，宜用刑狱，以雷震之威，大器重用，强力战恶，以“雷电合而章”，引刑入礼，再刑礼并用治乱之已生和恶之既昭。

“颐中有物曰噬嗑。”恶佞之徒蓄意作梗为祸德政，使其祸败坏德风并致灾生难，明君子用噬嗑之道治其为祸作恶，用刑狱惩戒恶佞之徒，先啮之而后合。“颐”者，乃艮止于上，震动于下，颐之象；颐中，为进食之中，乃进食之中遇梗，使物间颐中，吞吐两难。有物者，乃有阴核妄根的恶佞之徒，以恶佞之内行伪善之表，借巧、谄之技混入食中，使其不进食不知有梗，可见恶佞之徒狡诈之手段。民以德政为食养，恶佞之徒必然扮成君子混淆视听，行走于德化布德政之列，直到食后被梗，方知为恶之本性。

恶佞之徒为何如此狡诈？在姤→遯→否→观→剥→坤执迷妄失过程中，从阴妄始生到群阴为祸，皆有制阴之法和止阴之道，如遯之六二继姤系金柅后，又值遯而执牛革，以扶阳抑阴而制阴，且阴妄生患、为祸、成灾的每个卦体皆有卦体之治道，如蛊卦的治蛊之道，剥卦的治剥安民之道，以及无妄卦还以尚正道复正序治灾祸，成为灾祸治理之典范。尤其是到了大观卦体，以“中正”行王化之道，其王道之德，被人所观，被万民所服，卦体虽有四阴在体，仍以正道统率天下，有致阴妄无处藏身之利好，正是因为诸卦体治理阴妄得力，才练就了阴妄在正道下存身为祸的本领，且待卦体小时已过，便继续滋阴生恶。恶佞之徒以阴强妄大之特征走正道无明，行奸佞藏身使其“颐中有物”却头头是道，可见皆是以偷奸耍滑的小聪明，阻碍了行正大光明之正路。

“噬嗑而亨。”颐中有物作梗，使其吞吐两难，行噬嗑之道治其恶佞作梗之祸，则得其亨通。吞吐两难不能合，梗去则能合，而去梗之法乃噬嗑卦的噬嗑之道。噬嗑卦以雷电立象，在于治恶佞作梗之祸，惩戒恶佞以强力战阴恶，在大观卦德教风行天下巽风无力时，必以雷震之威，大器重用，立刑狱而治恶惩奸。噬嗑卦以“亨”立卦德，其卦体与卦象，皆有亨通之象，乃噬嗑得力，奸佞能除，以恶除梗去得其亨通，故曰“噬嗑而亨”。

"利用狱。"不言利用刑而云利用狱者，乃卦有明照之象，以明照而能明判，恶佞为祸，其乱和恶皆昭然若揭，不存在察而不明致有冤狱的可能，故惩戒恶佞不在"刑"，而在于用狱，以用狱隔绝阴核妄根的恶佞之徒，杜绝行结阴之群党而长阴势的可能，以此除天下作梗之间和去阴势渐长之弊。以利用狱，来惩治天下恶徒。在德政治道里，犹以法、礼、德三者成序的德文明体系里，应明慎用刑而不留狱，亦是言立法为基之所在，以雷电用狱的噬嗑之道治恶佞之灾，乃先王立法之功，先见之明；利用狱，非肆意行暴政，乃正道不容，恶佞为祸必用雷霆手段，亦是对观卦德教之巽风无力使恶佞新起之补充，可见易之治道，当柔则柔，当教则教，当刑则罚，当战必战。

震之大威德，有起势、起气、起神、起礼、起德之功用，亦是护正道行雷霆之威的重器，遇恶佞为祸，当行雷霆手段。李舜臣曰："噬嗑震下离上，天地生物，有为造物之梗者，必用雷电击搏之。圣人治天下，有为民之梗者，必用刑狱断制之。故噬嗑以去颐中之梗，雷电以去天地之梗，刑狱以去天下之梗也。"正是以"利用狱"去作梗之间隔，使不合能合。噬嗑卦取"颐中有物"而不合之象，推天下万事之当合而未合，皆有间也，尤其值阴妄为何之体，必有谗邪间于其间，《程传》言："间隔者，天下之大害也"犹是如此，而噬嗑之道，乃治天下之大用，噬嗑之道用"利用狱"之法，则治不合而合。

"刚柔分，动而明，雷电合而章。"卦中三阴三阳，刚柔各半，卦中上下二刚爻而中柔；上卦离体一柔分乾刚，使乾中虚而成离，下卦震体，一阳分坤柔，坤下有刚成震。上卦之离主乾明，有烛照之功，下卦之震有一"震"两用之义。坤之纯阴为阴类群体，坤阴生刚，乃恶佞之阴刚，正是阴刚动而离火照之，使其能识恶佞之徒，恶佞之徒始居下为躲藏较深，当恶佞妄动则离火照明，以"动而明"之功见其恶；震再用，以雷电之合制恶佞服法，雷电以去天地之梗，刑狱以去天下之梗，而行噬嗑之道。震始动为恶佞生而妄动，乃阴刚之动，震再动，为雷霆之威，刑法之严，以震两动而见刚柔之分，震之两动两用，皆有离火在上生大用。正是“动而明”才能“雷电合而章”，离火照恶佞妄动，以乾之明识恶佞之徒，为恶佞动而识别之的“动而明”；明恶佞之所生，亦知恶佞之所动，必然行雷霆之谓，以雷电合力惩戒之。处噬嗑卦体必知震之两动两用，否则将不得其要领。

“柔得中而上行，虽不当位，利用狱也。”柔者，乃六五中柔，六五以阴居阳，位不当，但依然有明，能发号施令，以利用狱而惩治恶佞之徒，虽柔却能行雷霆手段，既有离火之明见，又借雷霆之下阳，使下阳上行而立威德。值阴妄生祸之体，皆忌见柔，而噬嗑之六五却是当仁不让之柔位君子，虽位不当，但以中尊之位借雷霆之阳上行，宽严相济，行雷电之合力而得惩戒恶佞的噬嗑之治道。

“先王以明罚敕法。”治恶佞之灾的噬嗑之道，以“利用狱”而明罚敕法。其雷电合章的惩戒之法乃取先王之道。用雷霆手段治恶佞之灾，乃先王立法之功，亦是柔中而上行之谓：六五中尊之位借雷霆之阳上行，行雷电之合力而得惩戒恶佞，雷霆之阳，正是先王所立之法。雷电合章之“章”为立法之章文，立法成制，乃德文明之法、礼、德三者之法制正序，值噬嗑卦明刑罚、宣法令而治灾妄，正是兴法制建法序之时。《贞观政要》曰：“刑罚者，治乱之药石也。德教者，兴平之粱肉也。”兴法制建法序让邪恶知其所畏，以刑制恶，以法止阴，则能止邪于未形。

受刑与用刑

初九：屦校灭趾，无咎。

象曰：屦校灭趾，不行也。

六二：噬肤灭鼻，无咎。

象曰：噬肤灭鼻，乘刚也。

六三：噬腊肉遇毒，小吝，无咎。

象曰：遇毒，位不当也。

初九位卑居下，乃无位者，值噬嗑卦“利用狱”治恶佞，初九以下民之象为受刑之人，中四爻为用刑之象；初在卦始，罪薄过小，又在卦下，当用刑之始，罪小而刑轻，故为“屦校灭趾”之象。

校者，狱具，乃木制枷锁。在噬嗑卦，有刑具之象，初九类脚枷，九四类手枷，上九类颈枷。初九在下，乃趾象。灭者，没也，没而不见，取初九隐伏坎下之象。以刚物加于着屦之足而没其趾，故曰屦校灭趾。小惩大戒，惧进其恶，并使恶止于初，古人制刑，取禁止其行，使不进于恶，故得无咎。

王弼曰：“居无位之地，以处刑初，受刑而非治刑者也。凡过之所始，必始于微，而后至于着。罚之所始，必始于薄，而后至于诛。过轻戮薄，故屦校灭趾，桎其行也，足惩而已，故不重也。过而不改，乃谓之过。小惩大诫，乃得其福，故无咎也。”

《系辞》曰：“小惩而大诫，此小人之福也。”初与上无位，为受刑之人，余四爻皆为用刑之人，初居最下为无位者，上处尊位之上而过于尊位，亦无位者。小人因刑获福，乃是矫枉得正之谓，且初九有阳，从卦体而言，正是震之两动两用之位。震始动为恶佞生而妄动，乃阴刚之动，离火照明其恶佞之徒居下躲藏较深，只有值妄动时能明见，故而能识其恶佞之徒；震再动，以雷霆之威和刑法之严，加刑于初九，正是“动而明”才能“雷电合而章”，离火照恶佞妄动，以乾之明识恶佞之徒，再动则行雷霆手段，以雷电合力惩戒之。震两动两用加于初九，非初九之凶灾，反而为初九之福，初九有阳在矫枉之前为不正之小人，而小惩大诫之后，能使其得正，有从阳得正之福。

六二居中且中正，是用刑得其中正者，用刑得其中正，则恶者易服，故取噬肤为象，其所治如噬肤之易，噬啮人时，肌肤为易入。然六二以柔顺乘刚，治刑虽甚易，亦不免于伤灭其鼻。孔颖达曰：“六二处中得位，是用刑者。肤是柔脆之物，以喻服罪受刑之人也。乘刚而刑未尽顺，噬过其分，故至灭鼻，言用刑太深也。刑中其理，故无咎。”

灭者，灭而没；灭鼻，乃深入至没其鼻。噬而言肤与腊肉者，乃取颐中有物之象，各爻有取所噬难易程度之象，六二柔而中，所治如噬肤之易，故六二有噬易之谓。初九有刚而未服，刑加刚强之人，必须深痛，使其知悔，故二用刑至其灭鼻而无咎，乃六二用刑得其中正之道，职责所在，而得无咎。

言灭鼻，有治始之义，初九刚而不从，不止其行，必受六二噬肤灭鼻之刑罚，六二“噬肤灭鼻”乃柔乘刚，六二中正明罚敕法，使初九受其噬肤灭鼻的刑罚，非用刑严苛且重，乃职责赋予，对待罪积恶累且不肯改过从正的恶佞之徒，必然严苛，此为正道对邪道之胜。

六三阴柔失正，自处不得当，以居下之上成用刑之人，用刑治人而人不服，怨怼悖犯之，如噬啮干腊坚韧之物，遇毒恶之味且反伤于口，故为噬腊遇毒之象。六三体柔位刚，故象腊肉，肉因六柔取象，腊因三刚取象；六二以柔居柔，所噬象肤之柔，六三柔居刚，所噬象腊肉，虽为肉但有刚，柔中有刚之腊肉，比二难治矣。

六三阴柔失位，处位不当，所行失正，既无当位之位，又无称位之能，故刑者难服，且怨怼悖犯之，而被反毒。对比二用刑致“噬肤灭鼻”且无咎而言，三有小吝，便在于位不当，不如二有中位且行正，三遇怨毒，虽有位不当之处，但终究无过，实则恶佞仍然顽抗，噬腊肉这等干腊坚韧之物，更应用强去梗。

担责与尽任

九四：噬干胏，得金矢。利艰贞，吉。

象曰：利艰贞吉，未光也。

六五：噬干肉得黄金。贞厉，无咎。

象曰：贞厉无咎，得当也。

九四居近君之位，当噬嗑之任者，而“利用狱”的治狱之任尽在四五两爻；从全卦言之，九四乃颐中之物，为滞于颐中的强梗者，而从爻位言之，九四刚直聪明，以近君治狱之任，所以去强梗者也。胏，肉之带骨者，与胾通，肉之有联骨者谓之胏，干肉而兼骨，至坚难噬，九四处位已过中，是其间愈大而用刑愈深也，故云“噬干胏”。

至坚难噬而噬之，得金矢。金矢，钧金束矢，古代狱讼双方致官之物，如诉讼费。三十斤铜曰钧金，一束箭曰束矢，胜讼者归还，败诉者没入。金取刚，矢取直，九四阳德刚直且内刚外柔，深得用刑之道，亦得刚直之道。金者取其坚，矢者取其直。得金矢者，言讼得直而归其钧金束矢也。

《程传》曰：“九四阳德刚直，为得刚直之道，虽用刚直之道，利在克艰其事，而贞固其守，则吉也。九四刚而明体，阳而居柔，刚明则伤于果，故戒以知难，居柔则守不固，故戒以坚贞。刚而不贞者有矣，凡失刚者，皆不贞也，在噬嗑四最为善。”

九四失中，利在克艰其事，故其道未能光大。九四之所以艰难克艰，在于既兼全卦之位，又担爻中之责，从全卦言为滞于颐中的强梗者，从爻位言又需治梗，为既作梗，又需治噬嗑而去梗；以己之任担全卦之责，只能以刚直之道克艰。六三柔居刚，所噬如腊肉，九四刚居柔所噬如干胏。三遇毒，所治之人难服且怨怼悖犯之，四得金矢，其人服，其梗去。

六五居尊柔中，得九四之辅，又以居尊位用刑于人，刚柔相济，人无不服矣；六五阴柔，有人君不忍之仁，顽民当道之时，治狱需常怀戒惧之心，咬合干肉，返还钧金，乃守正怀惧是也。李过曰：“九四以刚噬，六五以柔噬。以刚噬者，有司执法之分。以柔噬者，人君不忍之仁也。”

胡炳文曰：“噬肤、噬腊肉、噬干胏，一节难于一节，六五噬干肉则易矣。五君位也，以柔居刚，柔而得中，用狱之道也，何难之有？讼则出矢，狱则出金。讼为小，狱为大。四于讼狱兼得，大小兼理之也。五君也，非大狱不敢以闻，《书》所谓罔攸兼于庶狱是也。”

噬干肉难于肤而易于腊胏。五居尊位，乘在上之势以刑于下，其势易得，然为间甚大，亦非易嗑，但五得四辅以刚，乃得黄金之象，黄者，中色，金者，谓钧金。五无应而四居大臣之位，为得其内助，五执中道且得辅，以刚柔相济治刑理狱，故而治其服。《史记》曰：“帝喾概执中而遍天下，日月所照，风雨所至，莫不从服。”

六五虽治其服，但非德服，只是尽尊位治天下之责而已，六五虽处中刚，然实柔体，需用刚辅之，值当噬嗑除恶佞之时，非怀仁天下之时，六五以德不称位，岂可不贞固而怀危惧哉？六五正固而怀危厉，则得无咎。九四先艰而后贞，先以艰难存全卦之责，再以贞正之道尽全卦之任，五先贞而后厉，言贞者乃得治理之正，后厉者，六五容易生人君不忍之仁，若不忍之仁不当时，则有危厉；人君好生之德与仁慈之心，要在治刑理狱大成之后，引刑入礼时方得其时。担责与尽任者，乃九四与六五。君能得贤臣，贤臣又能担责尽任，而成噬嗑卦治狱之人。在责任与担当面前，九四先艰而后贞，六五先贞而后厉，皆以除全卦恶佞作梗为己任，从九四之艰难与六五之危厉可知，治刑用狱并非易事，且六五还有不当位之弊，只能以柔中之尊位借刚上行，行刚柔并济之道，方得其无咎之治。

小惩不能大戒之凶

上九：何校灭耳，凶。

象曰：何校灭耳，聪不明也。

上九居卦之终，过乎尊位，为无位者，过极之阳在卦之上，恶极罪大，以受刑惩其恶。《系辞》所云“恶积而不可掩，罪大而不可解”便是上九之凶。何者，负也，谓刑具在颈；何校灭耳，为罪之深刑之重之谓。

戴着刑具，淹没耳朵，听不到声音而聪不明。孔颖达《尚书正义》疏：“听远为聪，见微为明。”听而不聪，视而不明，见治刑用狱之当时，仍不能收敛其恶，小惩亦不能大戒，而履凶道。

郭雍曰：“初上灭字，或以为刑，独孔氏训没。屦校，桎其足，桎大而灭趾。何校，械其首，械大而没耳也。或以灭耳为刵，灭鼻为劓，灭趾为剕，《书》注劓刵轻刑，《吕刑》剕辟为重，故汉斩趾同于弃市。方初九小刑，固不当断趾。上九罪大，复不当轻刑。以是知三者言灭，皆非刑也。”

噬嗑六爻，自初而上，其罪由小积大，其刑治亦由弱变强，乃根据作梗之间的强弱而定刑。初上无位，为受刑之民，初罪小，能小惩大戒，上罪大，不能小惩大戒。六五柔居尊位，以治狱之主，得九四大臣之辅，从而刚柔并用，君臣共担治刑用狱之责，九四以刚直之德，克艰其事，而得金矢，亦助六五得金不得矢。二三象干吏，为治狱之吏，治噬肤、噬腊肉之讼，亦尽职尽责；六二以中德用刑致“噬肤灭鼻”且无咎，六三位不当，所行失正，使受刑者难服，且怨怼悖犯之而被反毒。值恶佞为祸之当时，恶佞皆顽抗如干腊坚韧之物，更应用强去梗，维护正道。

未济卦：未济之患

离上坎下

诸事未济当进志使志行

在噬嗑卦，民以德政为食，再以德之正序保民生，使民有食而能食，其恶佞之徒以恶佞之内行伪善之表，借巧、谄之技混入食中，使其不进食不知有梗，从而使物间颐中，吞吐两难；取颐中有物为象，言恶佞之徒蓄意作梗为祸德政，使其祸败坏德风并致灾生难，明君子治刑理狱惩戒恶佞之徒，先啮之而后合。用刑狱惩戒恶佞，以雷震之威大器重用，强力战恶，再以雷电合章而引刑入礼，兴法制建法序让邪恶知其所畏。

若乱已生，恶已昭，当用治刑理狱而制恶，通常阴妄为祸，并非直接生恶，而是聪不明之见行阴浸阳之弊，浸乃缓变也。纵观诸卦，阴妄为祸多，而恶佞之徒显现较少，大恶易制，小患难防，阴妄生于不觉之间，却为祸于大难之时。故为患有大者，还是阴妄不正之长，虽有时生出恶佞作梗，但更多还是以阴核妄根之本性，行走于德化布政之列，随时为祸，以不正侵蚀大正，导致君子所求诸事未济。

未济卦，离上坎下，离中六五阴为小，坎中九二阳为大，故而成前小后大的立狐之象。未济卦取“狐”象，狐者，前小后大，《说文》云：“狐，妖兽也，鬼所乘之。”狐性多疑，每渡冰河，且听且渡。晋·郭缘生《述征记》云：“冰始合，车马不敢过，要须狐行。云此物善听，冰下无水乃过。人见狐行方渡。”之所以有狐渡冰河之事，在于狐行多疑，以且听且渡确认冰下无水安全后乃渡，其因在于噬嗑卦治刑狱过于严苛，雷电合章的震慑之威，使阴类甚为忌惮，且惩恶范围过大，把非恶阴类也列入治刑理狱的打击范围。狐乃鬼所乘之，必为阴物，必以多疑之性被雷电合章的惩恶事件所震慑，且狐虽通灵性，但最惧雷电，尤其是震雷之大威德在上，严苛其乱正乱法序行为，必降罪而惩戒之。

治刑理狱乃恶佞作梗败坏德政风气且为祸深重，不得已而行雷电之威，从德文明之德政而言可勉强为之，久之必损政德。噬嗑之六五值用强去梗之时，兼有不忍之仁而怀仁之，便是尊位怀天下之深虑，恐严苛伤气神，反而致败。阴类之狐，并非为恶之类，亦然受其震慑，在威压之下练就善听善见的避祸伎俩，此等伎俩虽与正道相背，但亦是狐类求生之技。

噬嗑卦的雷电之威严苛乃过，使其阴类灵性之物不敢露头成恶，以阴小之妄躲藏行之，让阴妄仍存于不察之中，反之阴类灵性之物能察其法制漏洞，以谨小慎微之行避其祸，阴类懂避祸且能避祸，则正道将受损，阴妄之存，而影响诸事未济。

《序卦》曰："物不可终穷，故受之以未济。"诸事既济乃物之穷也，言既济之穷者，乃诸事皆成而告一段落；易体往来不穷，非有固穷之理，故既济之后，受之以未济而终。未济者，终了之卦，虽言终了，却变易而不穷；有终了之体，亦有变易不穷之用。为卦离上坎下，火在水上，不相为用，故为未济。

未济乃时不与、位不当、体有终而事未成之义。未济乃事未成，因时不与、位不当、体有终等因素成其未成之果。未者，犹不也；济者，振济，救助；未济，未有振济、救助之道，所谋之事犹不能成，或事物未能沿正确的路径通往预料之果。

时不与。狐渡水而冰未成，狐之老者多疑，善履冰而听，惧其陷，但小者尚未练就老成，只能以壮勇而往，结果因不察而导致濡其尾，渡水濡尾乃未得其时；同时又处雷电合章而惩恶制阴之时，其善躲藏之性造就无暇顾及危险，故行壮勇冒进之行，反而濡尾，致未济。小狐未练就老成乃时不助其历练，惩恶制阴之大时使“阴类”战战兢兢。

位不当。未济之卦火炎上与水下润，水火两不相交亦不相济益，相交且济益者乃既济之卦，既济与未济之别便在于水火之位迥异，上下卦体失位，六爻亦皆失其位，位不当则不能称其位，更不能成其配位之德，践行诸事最终将因福德不足而未济。

从《周易本义》解“汔济”言“汔，几也。几济而濡尾，犹未济也”可见，在未济之果产生的过程中，是有“几济”之过程，而最终未济便是因失位而少德，以当位之位行称位之能才能有其配位之德，其当位、称位、配位的德位法则正是未济卦因位不当而缺失的。

体有终。以未济卦列六十四卦体之终，既在于阴类行未济之事本有终，又在于以未济继承其复始之义；本有终者，在发生“几济”之过程来振济，依然呈未济之果，便应该思考其本因，改变其策略，而启复始之道。以未济继承其复始，乃成其卦体之终始，并以未济时刻思患而治，世人皆求既济，却不知未济之体才是既济之始，既济之所以能济非一卦之济，乃全易体共济，每一个卦体之治道皆贯穿了既济与未济两者，使其“既”时成卦体治道，“未”时反思未济之因，有未济之路途，故而需慎为。

未济事不成，才能纵观易体而探寻不易之至理，未济亦非一卦之未济，乃全易体共济时未济，未济必有因，尤其是治道之用，治道之用未成，必然违背了“体”序。履未济言“慎”，正好与震呼应，以警示之器用而致远，慎之思，正是“君子以慎辨物居方”之谓。

未济事不成，定有策略、路线乃至执行上的种种问题，正是慎思而辨之，才能以正确的方式方法来继承其复始，而达济。

《杂卦》曰："未济，男之穷也。"言男之穷，非阳之穷，在于"男"在未济卦并非阳类，乃阴类之谓，阴类不得正且不从阳，故而成未济之因。阴类求济，不得正不从阳，故而所行皆为穷道，与能成事之正道相背，故而既济之体在于得正并行正，唯正道方能成事，亦才能健德成君子。未济之男，不仅非君子，连"阳"亦失位而难得正，卦中三刚失位，其阳道不正而穷。

未济之患乃不正之患。未济之"狐"类，乃德政难以教化使其从正之类，以及治刑理狱之道难以驯服之类，经过噬嗑卦后，未济之阴类虽非恶佞，但亦阴而不阳，男而不阳，其阴类之本性难在一时和一卦体之内转变。观卦以中正观天下行德政教化，以治德服而有天下服之成效，阴类在德政与德普施的感召下，在四阴成势之时，能从正而服之，这亦是观后有所合的原因，只有少数恶佞之徒难以被德政"风"化，在噬嗑卦作梗。

恶佞之徒扮成君子混淆视听，行走于德化布德政之列，直到食后被梗，方显为恶之本性，且恶佞蓄意作梗会败坏德风并致使阴类猖獗长势而五阴成剥，这才成了其噬嗑卦制恶之决心，以雷震之威大器重用，强力战恶。怎奈噬嗑卦的治刑理狱过于严苛，使其有"阴"之属性的狐类不敢盲目活动，宁愿战兢度日，亦不知向阳从正，可见其阴妄之刚强，非一卦之体能改变其恶之本性。阴而不正且不从正，才是未济事未成之因，未走在成事的正确道路上，其方式方法皆与正道相背，纵然经过"几济"努力之过程，亦难改变未济之果。未济之果并不可惧，可惧的是阴而不正且不从正之内因，不仅会导致事不成，且在阴类环境中，邪会滋长，恶将复生，不仅一卦未济，诸卦皆有履灾遭难之恶果。

未济求济，君子当进志而志行。在经过观卦德化与噬嗑卦刑化后，其阴类亦不从正而致使诸事未济，值未济求济，非外来之救济，而是自求健德向阳从正之济，以阴类之本性而向阳从正，需进志而志行。外有德政正序之体，若本性不改阴从阳，任其阴性主导，必然难以成济，根于阴类本性应进志从正，且非一时之热忱，而是坚固其志行从正之心。

履未济言“慎”，因不正方才有慎，不慎则致未济，且“慎”只是应对一时之方法，非根除未济的根本之道。

值未济应进志而志行，亦与震相呼应，师震之大器大用而立奋起之志，唯立从正之志，健德从正，方可从未济致远而达既济。灾祸八体之所以致灾应祸，皆有在不正之因的基础上继而失志，任其不正在阴性属性中发展，背离正道，未济不正致使诸事不成，正是灾祸八体的诸卦在致灾应祸发生时的前兆，在未济时并未思不正之因而遏止其阴势，任其未济状态发展则致灾应祸。从震立失志之患警示，到灾祸八体之诸灾难启示，未济正需以不忘敬慎之体，进志从正且志行履正，才能真正做到以正止邪，以阳正阴。

未济：亨。小狐汔济，濡其尾，无攸利。

彖曰：未济亨，柔得中也。小狐汔济，未出中也。濡其尾，无攸利，不续终也。虽不当位，刚柔应也。

象曰：火在水上，未济。君子以慎辨物居方。

卦辞：阴类不向阳从正而致使诸事未济。

彖辞：时不与、位不当、体有终而致未济。

象辞：以辨物居方识正从正，并立从正而志行之志。

未济卦，离上坎下，为水在火下而未济之象。为卦离上坎下，火在水上，火炎上与水下润而不相为用，水火两不相交亦不相济益，故为未济。未济离中六五阴为小，坎中九二阳为大，以此前小后大的立狐之象而取“狐”象。

狐为阴物，狡诈多疑，惧雷电之阳正，震雷之大威德在上严苛其乱正乱法序行为，故狐类行战兢之惧。未济者，乃事经过“几济”的过程后仍未成，因时不与、位不当、体有终等因素成其未成之果；时不与，“小狐”未练就老成之小时，又值惩恶制阴之大时，使“阴类”战兢行事，小狐以壮勇冒进之行，反而濡尾，致未济；位不当，未济体上下卦体失位，六爻亦皆失其位，践行诸事最终将因福德不足而未济；体有终，以未济卦列六十四卦体之终，既在于阴类行未济之事本有终，又在于以未济继承其复始之义。

未济之患乃不正之患。未济阴“狐”之类，乃德政难以教化使其从正之类，以及治刑理狱之道难以驯服之类，在经过观卦德化与噬嗑卦刑化后，其阴类亦不从正而致使诸事未济。阴妄刚强不识正道才不能从正道，阴而不正且又不从正，才是未济之因，纵然经过“几济”努力之过程，却未走在成事的正确道路上，其方式方法皆与正道相背，故而难改未济之果。未济之果并不可惧，可惧的是阴而不正且不从正之内因，不仅会导致事不成，且在阴类环境中，邪会滋长，恶将复生，致使诸卦皆有履灾遭难之恶果。

未济立“亨”为卦德。《程传》曰：“未济之时，有亨之理，而卦才复有致亨之道。”未济贯穿了致亨通之理，便是从未济得见不正之内因以及未济应从正而治。

从未济一卦寻因治正，方能把既济与未济的不确定性，通过德政之有为确定为诸事既济；诸灾难之体，皆有从不正到正的过程，未济犹要进志从正而通既济，既济之所以能济非一卦之济，乃全易体共济，而全体能共济便在于治道皆以正为准则。未济通“正”理且进志而从正，治阴类健德从阳，才是未济能亨通的关键。以未济继承其复始，乃成其卦体之终始，亦是未济卦亨通之所在，以未济之终启通往既济之始，而得既济必然从正道而合法序，在正道与法序的正确道路上，阴类能顺大观德化而服并健德成为德君子。已成未济之体，其众阴皆已不得在未济体从阳且从正，故而只能用“慎”，卦中六五柔中而用九二，以九二之阳行之，以“柔得中”用慎而行亨。

“小狐汔济，濡其尾，无攸利”。未济全卦取小狐濡尾而未济成象，小狐者，乃阴类稚嫩者，尚未练就履冰而听的老成本领，乃未得成长之小时，以“小”言之。汔者，本义言“几”也，《程传》言“汔，当为仡，壮勇之状”。其壮勇之汔，乃小狐自壮其胆，以无知而盲勇，未能畏慎，故勇于济，再经过几济之努力，仍濡其尾不能济。小狐未像老狐老成而勇于济，乃不知行慎而盲勇，为阴而不明；经过几济仍濡其尾，乃成济的条件未能具备，其时不与、位不当、体有终等因素成其未成之果，乃未济卦体的大局所限，以阴类之属性，在如此不能成济的大格局下，又不能行慎，再多努力也不能突破未济而成卦体，其内外精气神皆被卦体所限，如同卦体封印。

濡其尾，乃未济之果；濡者，沾湿，取坎之水；尾者，初之位也，未济卦之初六，初六阴柔，居坎之下，上应九四而欲行，以盲勇强行事，而濡尾殆身而失济道。无攸利，未济卦诸事不能济，无成事之因，又无居正之功，诸事不能济而无所利矣，可见言利，亦只有得正道方才有大利，阴类善逐小利，且随欲逐利，并非时时能成，在卦体无功的情况其小利亦难得。

“不续终也”。未济卦诸事不能济，无成事之因，亦无施济之功，阴类趋小利亦难得，初六以阴柔居坎之下，拘于智识不明且力微，始不知行慎，终则必濡尾。

陈梦雷《周易浅述》曰：“‘不续终’，指初也，初在下为‘尾’。二所以不能出险，以初阴柔力微，故首济而尾不济，不能续其后也。”所谓“首济而尾不济”乃头脑决定行动，头脑乃狐类阴而不明之智识，以盲勇之识行之，“首”虽向前，奈何从一开始便造就了无成事之因，以阴而不明的盲勇之识渡水，实则首亦不能济，故而不能续终。终者，果也，以什么样的因种什么样的果，阴而不明的盲勇之识乃行动之因，便造就了不续终之果——诸事未济。

“君子以慎辨物居方。”未济卦水火两不相交亦不相济益，水不能得火用，火亦不能得水用，以不相济之体再行两不相用，可见未济无成事之体，未济不能成事之体，实则贯穿任一卦体中，尤其是在不正致灾祸的发展过程中，是否以正止邪和以阳正阴决定了未济与既济的两不确定性的走向，若行正则能使不正能正，而灾祸得治，卦体得治道，反之不能行正任其不正势长，则灾祸愈发深重，卦体相互关联与转化，使诸卦皆贯穿了未济的因素。故而未济必求济，而求济必从本因上入手，从不正之患治之，使其从正并得正。从正需治明识正，若不知何为正，又如何识之？如同未济卦之“几济”，在条件不具备的情况下，再多努力亦未曾超脱未济不能成事之格局。

辨者，明辨，乃明德所谓；居方者，各得其所之道，亦是得正的途径和方式方法。所谓“辨物居方”的至理乃如何治明，再以明识正，从而进志从正。正者何？正者，德也，有正方有德，以明德之智识识正，才能从正，再以从正之志行志而得正，得正之基础乃健德成身德君子；身正为得正之基，有身德君子之基，方能进位治位德，再以位正行德政，而言大正。无正不成既济体，无德不能济，既济贯穿各卦，且决定着卦体治道之成败，而德又是致通所有，振济所有，决定整体与过程皆是否成败之核心。

无善因则无善果

初六：濡其尾，吝。

象曰：濡其尾，亦不知极也。

九四：贞吉，悔亡。震用伐鬼方，三年，有赏于大国。

象曰：贞吉悔亡，志行也。

初六以阴居下，处险而应四，当未济之初，有应则志行于上，而四居位不正不能援之。张振渊曰："卦辞所谓小狐，正指此爻。新进喜事，急于求济，而反不能济，可吝孰甚焉。"

全卦以狐立象，又以小狐涉济观其象，以濡其尾成未济之果。初六阴柔居下，如小狐而未长，其智识尚弱，处险而不知，且不能安其居，反而以求应而行，以处险行险应四，四之位又不正，以失正之姿不能济小狐之智，任其小狐渡水，终致其濡尾。

小狐濡尾的未济之果里有其未济之因，小狐之"小"乃未得长大之时，且小狐乃阴类稚嫩者，尚未练就履冰而听的老成本领，居成长之小时而妄动，本身就有凶险，有险而不知却要涉险，不以慎行，更不得其行法；初六以阴妄动而行在于应四而动，而四失位，无位可济初六，不能引援济之。

四不能济初，既在于不能济其阴而无明之智，又不能劝退其盲勇之行，言应却非应，正合未济卦六爻失位而失正之理，如此不度其才力而妄动，以成事条件不备而终不能济，可羞吝也。羞吝在于小狐尚小本可安居待身得智成长，却盲勇而动，羞其自身，又在于四虽有应，却无能以济，亦羞九四之"伪"阳，不能持正道，使小狐从之，而任其阴类行妄，故亦羞其九四之不明。

濡尾之吝，在不知止，小狐无明知险，以及见险而不止，九四不知制其小狐妄动止其行险。不能敬始，终将有祸，若任其阴妄行险，以不正处之，初"濡其尾"，则上"濡其首"，乃无善因，必然得持续之恶果。敬始而谋终必然从正而得正。

九四阳刚失位而不正，以大臣之位近迫阴柔之君，当有忧悔也；然五为虚中明顺之主，使事可施。《周易本义》曰："能勉而贞，则悔亡矣。然以不贞之资，欲勉而贞，非极其阳刚用力之久不能也，故为伐鬼方三年而受赏之象。”

震用伐鬼方者，震动而使之惊畏也。震者，雷震之威，在于震有大威德，其惊惧甚远。用者，施行之；伐者，征讨；鬼方者，乃殷周远夷之国；三者，三年功成。震用伐鬼方，乃用事之时已至，且九四以大臣之位行事而力能及，故所行有正，正是正固其志而持正施行之时。三年功成，且有赏于大国，乃以既济之成济未济之体。

李光地曰：“此‘伐鬼方’，亦与《既济》同，而差一位也。‘三年克之’，是已克也。‘震用伐鬼’，是方伐也。‘三年有赏于大国’，言三年之间，赏劳师旅者不绝，非谓事定而论赏也。与《师》之‘王三锡命’同，不与《师》之‘大君有命’同。”

《尚书·武成》云：“乃偃武修文，归马于华山之阳，放牛于桃林之野，示天下弗服。”先王用兵，征讨不服，武功既成当偃武修文。噬嗑除恶佞用强，九四济未济用武，皆不得已而为之，实乃阴类难以经过观卦德化与噬嗑卦刑化，只能行武而革之，虽然言德服天下非武统天下，可德政范畴内的风行天下之教化和雷电合章之刑狱皆用尽，其恶佞仍生，只能以不祥之兵器行雷震之用，古人用力之甚者，乃伐鬼方也，借史言志，行贞正之道而志行，行其能济之道，成可济之体。

无善因则无善果。初六濡尾未济之果，乃无成济之善因，且诸阴皆不正而不善；九四行贞正之道，以善因行征伐之正，而得三年成功之济。由此可见，因善则果善，因不正则果亦不济。

因不善，纵然初六行慎，亦难免未济之果，而因得正，九四纵然行不祥之兵器，亦能得既济之果。其善因得善果可知得正何其重要，以初见四，其四未能济，而以四见初，四却能持正施有为，用兵伐鬼方也能成，之所以有如此大的差别，便在于时、位不同所呈现的“因”不同，初之因，皆是阴而不正为始，小狐阴而无明之智以及盲勇妄动之行，自然得未济之果；而四之因，以正固行贞正之道，再持正志行，皆在乎正，自然得其既济之果。

刚柔相济得既济

九二：曳其轮，贞吉。

象曰：九二贞吉，中以行正也。

六五：贞吉，无悔。君子之光，有孚吉。

象曰：君子之光，其辉吉也。

九二阳刚居中，上应六五，为力足以济者；然处未济之时，又身陷坎险，不可以大用，故曳其车轮，不敢轻进，唯恭顺以待时，中正以行，乃为吉也。

在他卦九二居柔又得中，无过刚之义，而在未济卦，二以阳刚之才居相应之地，为当用刚者，五尊而柔，若九二不用刚则诸事未济，九二爻有“中以行正”之贞吉，故为力足能济者。九二用刚居坎，应离之六五，以刚应柔，为以水胜火，在处未济艰难之时，用刚乃胜。《程传》曰：“刚有陵柔之义，水有胜火之象。方艰难之时，所赖者才臣耳。”然九二若用刚太过，则以刚陵柔尊而犯上，故倒曳其轮而戒用刚太过。

九二用刚行中正而济时，犹当尽恭顺之道，故曳其轮，杀其势，缓其进，以此戒用刚之过也。曳者，拖拉。轮者，车轮。曳其轮，乃缓其进势，九二利用刚行中正，但戒其用刚太过。《程传》曰：“刚过则好犯上而顺不足，唐之郭子仪李晟，当艰危未济之时，能极其恭顺，所以为得正而能保其终吉也。于六五则言其贞吉光辉，尽君道之善。于九二则戒其恭顺，尽臣道之正，尽上下之道也。”

六五为文明之主，居刚而应刚，以六居五，亦非正也；然六五得中，虚心以求下之助，得九二阳辅，有刚柔相济之功，以此而济，则无不济也；既得贞正，故吉而无悔。杨万里曰：“六五逢未济之世而光辉，何也？日之在夏，曀之益热。火之在夜，宿之弥炽。六五变未济为既济，文明之盛，又何疑焉？”

五为文明之主，故称其光，乃离之明。五以光辉之盛，信实而不妄，功德俱足，故吉而又吉。六五失位居中，比四承上应而，取信三阳，有信实而不妄之象。六五贞吉在于有德，无悔在于贞正，有孚吉，在于有刚柔之功，其晖吉，乃从未济得既济而有庆。

刚柔相济得既济。九二用刚但戒其刚过，以恭顺之道事六五柔尊，而六五以柔尊之位，虚心以求下之助，得九二阳辅，以刚柔相济之力，成其文明之主而得既济之庆。九二用刚济柔行中正，故以曳其轮而缓其进势，乃九二刚中之明，明时势更明尊卑之位，用刚又戒刚过，实乃难得之贤助，而六五虽柔却得信实而不妄之象，以柔中之才取信三阳，在未济时治信德，使能用刚补其不足，故而成就六五的光辉大吉。

从未济通既济之艰难

六三：未济，征凶。利涉大川。

象曰：未济征凶，位不当也。

上九：有孚于饮酒，无咎。濡其首，有孚失是。

象曰：饮酒濡首，亦不知节也。

六三阴柔不中正，失位居坎才不足济，居未济之时，阴柔非能济者，故明言未济征凶。然以柔乘刚，将出乎坎，有利涉之象，行则凶，必出险而后可征。六三未济，为居坎而犹在险；征凶，为力不及再涉险求渡，必遇凶事；利涉大川，有当济之时。

六三居两坎之间，言济则进退维谷，惟有承刚应阳以济阴柔，六三上有阳刚之应，若能涉险而往从之，则济矣，故曰“利涉大川”。六三以柔乘刚将出乎坎，必待时而济，居坎易陷，不进则亡，故只当进，进而有阳如大川拦路，看似无路实则可涉，从阳涉大川则是六三可济之道。六三阴柔见九四为“大川”拦路，心生惧忧，实则九四以刚阳大川阻陷，阴易陷而大川不易陷。

上九以刚明居未济之极，刚极而能明，时将可以有为，居未济之极，非得济之位，无可济之理，则当乐天顺命，饮酒自乐，而处无咎之道。若纵而不反，如狐之涉水而濡其首，则过于自信而失其义。何为纵而不反？为居乐而不知节制，放任其饮酒自乐，无担刚之责，则复濡其首。

上九有刚明之德，是内有孚也，故曰“有孚”；“有孚”于饮酒，乃知时势而以饮酒应对，上九居明之上，有明之极，有明则识时势，知处未济之极无有可济之理，更知如何应对，故安享无为之乐而应对有为。卦中言“几济”之努力便是如此，不在正确的道理上，没有正确的方式方法，徒劳耳，在条件不具备的情况下，再多努力亦未曾超脱未济不能成事之格局。

有孚于饮酒者，乃明时势而取自乐之道，若饮酒无度，行事不知节制，以至沾湿其首，纵有孚信，亦失正道，如《程传》所言，“若从乐而耽肆过礼，至濡其首，亦非能安其处也”。失是，乃失其所孚也。有孚失是，不续终也。刘牧曰：“既济以柔居上，止则乱也，故濡其首厉。未济以刚居上，穷则通矣，故有孚于饮酒无咎。”

爻辞先言饮酒之无咎，后又言饮酒有濡首之失，乃时不同而所为不同，饮酒无咎在于有识时势之明，未济不能济时有自乐之道；饮酒有濡首之失在于不知节制其自乐而失孚，处未济之卦，难得有孚，更应惜其孚德而行慎惧之道，不可放纵而致未济陷入深重之难中，未济之终应顺应物极必然之理而返既济，更应时刻反修固德，上九明未济之时势却不明变通之大时。李简曰：“未济之终，甫及既济，而复以濡首戒之。惧以终始，其要无咎，此之谓易之道也。”

从未济通既济之艰难。六三居两坎之间惟有承刚应阳以济阴柔，方能在进退维谷之际，从非得济之位勉强济之；上九亦从非得济之位取自乐之道，虽得无咎之道，却还是未济之体；可见要想从未济通既济，何其艰难。未济虽有继承其复始之义，但以未济之本体通既济，难度甚大。处未济需知未济之因乃不正之患所致，故应从未济复始决心治其正，经过健德得正之过程后，方能以正通既济，而直接以未济通既济，却无有致通得正的条件，如同上九有刚明之断，能以明德知处未济无有可济之理，而选择行无为之事，以饮酒取自乐之道，所谓明能烛理、刚能断义，上九之明在未济卦已属罕见，却亦不能致通，反而有放任饮酒之事而沉沦失志的可能。无正不成既济体，无德不能济，未济要想通既济而济，必然要健德从正，方能以复始之义致亨通。

未济全卦取小狐濡尾而未济成象，取“狐”象要知立狐为象之本义，狐为阴物，狡诈多疑，未济阴“狐”之类，乃德政难以教化使其从正之类，以及治刑理狱之道难以驯服之类，在经过观卦德化与噬嗑卦刑化后，其阴类亦不从正而致使诸事未济。“小狐”未得练就老成之小时，又值惩恶制阴之大时，惧雷电之大威德严苛其正，以行战兢之惧，壮勇冒进，最终因时不与、位不当、体有终等因素成其濡尾之果。内三爻处坎险，初言濡尾，有吝，二言曳轮，有贞，三言征凶位不当，有戒，居坎而诸事未济；外三爻处离明，四言伐鬼方，有赏，五言君子之光辉，有孚，上言饮酒自乐，有无咎，居离而有济。

从未济不能致通既济，阴妄刚强不识正道才不能从正道，阴而不正且又不从正，才是未济之因，纵然经过“几济”努力之过程，却未走在成事的正确道路上。既济初吉终乱，未济则初乱终吉，济于始者必乱于终，乱于始者必济于终，乃终而复始的变易之道，以是始终，易之大义，惟不变者乃尚正道之至理。

身德卷：治君子九德

卷之言：从蹇困之难到治君子九德

本卷领起之卦为蹇卦，统领之卦为谦卦。以蹇卦的险、困之难领起，围绕身困以及多因交困之治而有修身健德的治君子九德系统，以谦卦统领困卦、复卦、损卦、益卦、恒卦、井卦、巽卦、履卦、谦卦，形成修身健德的治君子过程。

蹇卦主言险、困之难，困卦主言道之艰。蹇难在于见险且阻，以不能蹇行而有行难，呈现进亦难，退亦难，难中有难的状态，相比处蹇之见险与行难，而身困之难多在困卦，困体坎刚为兑柔所掩，为阴柔掩刚的光明掩蔽之象，光明掩蔽又多困因交困缠绕，既无济困之道，又无脱身之途。

在蹇卦，初六位居最下，为民之蹇，民之蹇为蹇义所示之险蹇；民实无可来之地，不来则止于本位，能止本位则去险最远，尤合彖辞言“见险而能止”。王臣之蹇，六二与六四皆有当位之位，蹇难在邦，匹夫有责，故皆为当位之王臣；六二以正应之位，志在济君，六四乘承皆笃实，可以处蹇而立命，六二与六四，王臣蹇蹇，能尽其本分而终无尤。君之大蹇，九五以君之位德君临天下，以邦、民之难视同己难，集天下诸蹇于一身，使其成为蹇之又蹇的大蹇难；虽有大蹇，但九五以中正之节来治蹇，以尚中正之德治于政，使天下之民皆如朋来而相助济之。

在困卦，困以柔掩刚立象，主体光明被掩蔽，君子被小人掩蔽，初六、六三、上六三阴因身困而穷乏异常，九二、九四、九五三阳君子，因本性蒙蔽，再加上名利与官途加身，便不知所困，困于酒食、金车、赤绂，为困在富足，富伤其图奋之心志，虽有福，却才德浅薄，德不当位更无法配其当位，处困局而不自知，无出困之心，更无济他困之志。

思蹇难与睹身困之难，在于处难当知治困而脱难之道。处蹇之时，在于能知蹇势，明了蹇之难在于"势"迫之，知蹇势方能以"知"蹇而寻求出蹇之道；处蹇之责，既知安身立命之责，又知反以修身之要；济蹇之事，进以尽经纶之本分，退以从贵而能宣君德。处困之时，从处困的外在因、内在因、本因以及呈现困象的因果之道可知，其困象，只为未健德之表象；德，方为济困、济通之本，唯德能通所有，能济所有。

治君子九德。为九卦所呈从困→复→损→益→恒→井→巽→履→谦的治君子过程，形成治君子九德系统。通过困卦以辨质见修之道，呈现德之辨；复卦以性命双修之道，呈现德之本；损卦以损修固阳之道，呈现德之修；益卦以益阳裕德之道，呈现德之裕；恒卦以德固恒养之道，呈现德之固；井卦以善地井养之道，呈现德之地；巽卦以进位节制之道，呈现德之制；履卦以履位制礼之道，呈现德之基；谦卦以谦谦君子之道，呈现德之柄。立于身德之修健，以及进位且当位之位进，再健配身、位之德，以九德共健，使其能称位君子。

辨质见修者，为辨明本质而知处困本因，从因上着手，以此健德而修持。性命双复者，先复其体疾而能立身，为健德修身以立身；再复志疾以上行立位，继而以见天地之心而见性，见道并证道，以道（性）、法、术贯穿健德见修之路。德固恒养与善地井养者，恒益德固与恒养阳善，犹如井之食养，需有水源，而德性便是生水之源。德者体也，井者用也，体用一如，治君子方能制胜，以阳固修德，以井修善政，使养者受阳之惠，使困者得善以济。在巽卦有基于井而进位之象，进位者，利见大人，巽也；进位而当位，践礼以守位，履也；巽者，德之制，为养而有节制，履者，德之基，为节制而履礼、履法。在巽卦，一阴潜于二阳之下有巽伏象，为以阴伏阳，阳入阴使阴散，阴散而阴不消再与阳合德，阴阳合德而和巽德。在履卦，以履礼行节制之道，各安其位，各舒其礼，各正其德而合于正序。以阴节制阳是巽卦之主体，既是节制阳耗散的固阳之道，也是阳温阴相辅相成的善政之地。巽卦以风入之象取风入生教化，而言王化无迹，以治于精神而制欲。节制之道大者，为履礼共序以节，且制之于位与法，以位履德而使德正固，当值履时，以“与共”的属性完成个人到与共的大转变。

谦谦君子者，立谦卦以三种格局收谦义四体，以修身健德之最而有治君子之成，用德之柄以谦道驭德，以谦卦统领其他八个卦体，使其在谦卦融会贯通，有处一谦卦而修其他八个卦体之会，形成从困→复→损→益→恒→井→巽→履→谦的治君子过程，谦卦以统领和贯通而兼具身德君子、进位君子、当位君子等修持内容与特点。处谦卦，以法序之柄通法序之正，以统领之柄而通治君子之正，以健德与有德之柄通君子德健之正，以身君子与位君子之柄通大乘之正，以君子与大同文明之柄通天下君子之正。法序之柄是处谦第一机要，不明谦之法序，便不入谦卦之门，诸卦皆言法序，但从未有如谦卦从天、地、人、鬼神四域齐言法序者，故除乾坤二卦外，从未有谦体这般四通八达，谦体之所以四通八达，就在于谦卦建立了属于自己的体性系统。以众多法序能明谦之“盈”以及能盈之本性，是法序之柄发挥的作用，借谦而入道法之质。

《系辞曰》："履，和而至；谦，尊而光；复，小而辨於物；恒，杂而不厌；损，先难而后易；益，长裕而不设；困，穷而通；井，居其所而迁；巽，称而隐。履，以和行；谦，以制礼；复，以自知；恒，以一德；损，以远害；益，以兴利；困，以寡怨；井，以辨义；巽，以行权。"

在履卦，履位制礼而生和，谓以位序自和，尊位履礼以和道行之，践位序也。在谦卦，谦谦君子以劳谦之义行尊卑之健，当身德称位，有德而光；劳谦有德在于知尊卑，尊卑在于制礼，履位且制礼则有谦谦君子。在复卦，一阳来复阳虽小，但足以阳之质而辨修健之理，且以小见大能见天地之心；阳复在身内而自知，明辨质见修之理亦自知。在恒卦，行德固恒阳之道，固阳之事莫过于见善，善常以事为，故杂而不厌，多多益善；恒以一德，乃使万善归于一德，乃入内之阳德，方能长且久且恒固之。在损卦，惩忿窒欲遏止习气总是难事，当能损欲，便能益德，此乃易事，损欲在前而益德在后，乃先难而后易；行损道虽不只益德，但损陋习窒欲妄，终将远害。在益卦，以德之修来损欲而益德，只求德能长裕，益阳裕德之事应行广大不设之道，故凡益之道，与时偕行；助益之道在于兴利，行舟楫之利而广相助益，且化益为教，使大众皆能得益。在困卦，众多困因交困，必能从困而辨明，所谓困穷而通，乃德辨而明；遇困守节不移，不怨天不尤人，是无怨于物，故称寡怨，处困当思济困之途以及治困之道，做到能辨质见修，而非被困所困。在井卦，以德之地立井，要知立善地来养善固阳，居其所而迁，在于有立于身德之健而行外善以养人，立足之井地入世迁善，为大众有养而谋善；以"井养而不穷"辨养善之大义。在巽卦，当以进位节制之道行修健，便能履"制"而自养，所谓"称而隐"在于以制自养，让大众皆能自养，以自养行隐养，既称位又隐伏，实乃大养；巽以行权，在于以制度行节制，乃建德制来行德化，以制度行养，在乎德政，在乎当位者行位权。

从九德治君子过程可知，成就有德真君子非谦卦或九卦中任一之卦单独支撑，故而建立九德系统来言君子的治理。九德系统谦卦之君子者，从身德君子、外德君子到位德君子皆是一个“真”君子之质地，既有刚明之才，又具阳刚之德，是同人卦“同人于野”野之所起的那种君子，可以由野济否，而通往大同文明，皆在于居于邦体之中的核心源动力——劳谦君子。谦卦君子的转换，支撑了君子个体与邦国大体之间的联系，更加强了小人健德而有所作为的示范。正因唯德能通所有、能济所有，健德成为治君子之范式，这是发乎德性之“元”而利永贞之首要之事。方能以自健“小乘”之利，行使小人有德且天下同德的“大乘”之愿。

章一：蹇困之难

蹇卦：险困之难

蹇卦：险困之难

坎上艮下

处身困险难而反身修德

蹇卦主言险难以及遇险难而身困的困“难”之状态。困卦与蹇卦同有身困之难，但困卦主辨困因，以众多困因交困缠绕的复杂困境，辨而明，既明遇险难而身困之因，又言明处蹇体与居困体的“君子以反身修德”的必要性，以居蹇险、居困难而见修的德之辨，辨质而见修，从而构建治君子九德系统。

《序卦》曰：“睽者，乖也，乖必有难，故受之以蹇。蹇者，难也。”内外不交谓之睽违，上下不济谓之蹇难，睽乖之时，必有蹇难。处蹇体时，当值蹇难。蹇者，见险而阻，阻而不前，坎险与艮阻使其进退维谷而困身。可见，对比屯卦动乎险中的无序之难，蹇之难，在于止于险中，足不能进，有行之难。行而不进，坎险与艮阻所迫，为处势之艰，虽险在“势”，但也犯身困险难。

蹇卦，坎上艮下；坎者，主险，艮，为止。险在前而止，尤不能进，前有险陷，后有峻阻，水欲流山自下阻之，进退维谷而困于身行，故而为蹇。《释名》云：“蹇，跛蹇也，病不能执事役也。”坎主病，艮象脚，足病则跛，跛蹇则难行，为难尤在身。在蹇体，既有险陷之外蹇，又有身病之身蹇，外蹇不能进退，身蹇跛行而迟缓，为蹇之所以困身之所在。

处蹇难之状态。初六位居最下，为民之蹇，民之蹇为蹇义所示之险蹇；民实无可来之地，不来则止于本位，能止本位则去险最远，尤合《彖辞》言

“见险而能止”。王臣之蹇，六二与六四皆有当位之位，蹇难在邦，匹夫有责，故皆为当位之王臣；六二以正应之位，志在济君，六四乘承皆笃实，可以处蹇而立命，六二与六四，王臣蹇蹇，能尽其本分而终无尤。君之大蹇，九五以君之位德君临天下，以邦、民之难视同己难，集天下诸蹇于一身，使其成为蹇之又蹇的大蹇难；虽有大蹇，但九五以中正之节来治蹇，以尚中正之德治于政，使天下之民皆如朋来而相助济之。邦国难蹇，民处蹇，王臣蹇蹇，九五至尊亦大蹇，故而邦国皆处蹇难之状态，天下非一家之事，亦非君王一人之事，处蹇难之险，必得众人齐心协力而相助，以恩德互施来互助之，蹇之大，助亦大。

居蹇法则。以处蹇、知蹇、行蹇而有居蹇之法则；知蹇，为居位行往来之道而知处蹇之状态，上进则为往，不进则为来，以来对往，往则入蹇，来则有誉。知蹇，在于有明，以明而识，故能知，才能切中《彖辞》言“知矣哉”之要害；既明己所居位，以居位行往来之道，而知“蹇”或“誉”，又根据“位”可知有既成之体、序可履位，区别于屯体昏昧无序；之所以有识，在于有既成之体、序，比之无序之低级文明，蹇之难要轻于屯之难。

知蹇，行蹇，在于先识蹇，继而能执蹇，执蹇之要，既在于处蹇时如何在往来之间抉择，君子当不为其来蹇，而为其来誉；又在于如九三一样能反身修德，正是因为修德之朋与阳德裕养之朋，才使处大蹇时能有众朋以相助，皆在于反身修德能济蹇难之要义。反身修德之“德”修在何处？为以治君子九德系统而修健之。

蹇：利西南，不利东北。利见大人。贞吉。

彖曰：蹇，难也，险在前也。见险而能止，知矣哉！蹇，利西南，往得中也。不利东北，其道穷也。利见大人，往有功也。当位贞吉，以正邦也。蹇之时

用大矣哉！

象曰：山上有水，蹇。君子以反身修德。

卦辞：居蹇难，以利见大人的大正之德振济蹇难，固守正道。

彖辞：治明德以知蹇，以正德行蹇，继而当位正邦。

象辞：君子当知蹇难之因，反身修德而济难。

蹇卦，坎上艮下，为山上有水艰复有险之象。坎险与艮阻并行于蹇体，使处蹇而居难，与其他卦体言难不同，蹇难主言险，遇险而艰，艰则难行，难行则进退维谷。虽言进退维谷而难行，但处蹇有利与不利，利西南而不利东北，利见大人之德，利正固而吉祥。西南者，坤之方位，西南坤方而平易，有坎险而不陷反而水地亲比，化坎水为亲，所以利西南；东北者，艮方，艮山崎岖，体止而险，且水不润上，无法化险，所以不利东北。《周易本义》曰："蹇，难也。足不能进，行之难也。为卦艮下坎上，见险而止，故为蹇。西南平易，东北险阻，又艮方也。方在蹇中，不宜走险。又卦自小过而来，阳进则往居五而得中，退则入于艮而不进，故其占曰'利西南'而'不利东北'。"

"蹇，难也。"蹇体主言险难。范仲淹曰："蹇与屯近，然屯则动乎险中，难可图也。蹇则止乎险中，难未可犯也。"对比屯体、困体、否体、明夷体……言难不同，蹇体之难在于险难，且险难成势，内外迫之，使其艰而难行，难上加难。屯体言时之艰，在乎"时"，无序而稚弱，以无序的艰难之本，使其屯难成为诸难之首，故待时以建，草昧君子待位以出；困体言道之艰，在乎"道"，光明掩蔽又多困因交困缠绕，既无济困之道，又无脱身之途；否体言交之位，在乎"交"，内外秩序既不交不通，又小人当道而君子无位，使其否塞而成大弊；明夷体言明之艰，在乎"明"，光明没入地中而明夷晦暗；而蹇言势之艰，在乎"势"，险与阻成外势以迫之，再加上身有跛蹇，以难行之艰而困其身。蹇体虽言困与难，但其“难”并非如困体之初六困于“株木”，又有刑杖加身，既不能自济又无引援以助，其困与难皆有身祸，与困卦的困其身不同，蹇体之困在于险而阻之外“势”，或为外境之困，可见“难未可犯”正是如此。

“利见大人”是振济蹇难之良策，在于以大正之德，固守贞正。之所以言“利见大人”，便是能知蹇体之难而不犯难以穷困其身，所谓识时务而见险能止，在于大人之德。“见险而能止，知矣哉”，见险而能止者，处蹇难之时唯大人也，唯大人具阳刚明德，知难而解难，知者明也，大人治明德以知。蹇难之时，险与阻并行而困，唯以利见大人而济难。大人知难更知守正，凡处难者，必在乎守贞正，以大正之道而坚固其守，若遇难不知难之何在，且不能固其守，则将以身犯险而困其身，自招身祸。在蹇体之九五，刚健中正，有大人之象，且与二正应，卦中自二以上皆得正位，有居贞之义。故卦体以“利见大人，贞吉”，从“盖见险者贵于能止，而又不可终于止；处险者利于进，而不可失其正也”来济蹇难，既知险而避险，又居正位而健德。

“利西南，往得中也。不利东北，其道穷也。”为居蹇难而行蹇之指南。在蹇卦之体，险在前，居蹇难则不易冒进，这是遇险、居险的行动之前提；当以“利见大人”治明德以知济蹇难后，故而能行、能往；但如何行蹇而进，必须有行蹇之指南。《案》曰：“参之诸卦大义，则坤者宜后而不宜先者也。蹇者宜来而不宜往者也。解或可以有往，而终以来复为安者也。然则西南当为退后之位，东北当为进前之方。坤在后之地，则可以得朋；在先之地，则利于丧朋。蹇当退而居后，不可进而居先，此两卦之义也。难既解矣，或可以有进往，故无不利东北之文。然曰利西南者，终以退复自治为安也。盖文王之卦，阳居东北，阴居西南，阳先阴后，阳进阴退，大分如此，似非险易之说也。”正是有处蹇、知蹇、行蹇之过程，才有卦辞与《彖辞》言“利西南、不利东北”之区别，卦辞以西南属地而平易以及东北属山而险阻来言处蹇难之状态，而《彖辞》以阳先阴后、阳进阴退来言行蹇的先后、进退之凶吉。卦辞在于描述蹇难之势呈在何处，《彖辞》在于以进退言明行蹇之凶吉。蹇险在前，应知险退而居后，不可进而居先，利西南，在于退复自治为安，也符合大人以贞正之德固守自安之理，且西南得朋，既得朋就在于能助朋脱蹇难，利于君子反身修德而正位济难，以得朋之当位，行振济蹇难正邦之政。

“当位贞吉。”正是以利西南之行蹇，以此“往得中”而行，得六二柔顺之中德与九五刚中之德，此两者，正是卦中之“大人”，两者“大人”正是卦中当位之人，且卦中自二以上皆得正位，又能引“大人”及其他正位君子共同振济蹇难，以居贞的大正之德，而当位贞吉。

当位与正邦。同屯卦处无序之难时，只能走出草昧君子以合群建侯而济难不同，蹇卦既有知蹇体状况之大人，又有诸多当位且反身修德的君子，虽处见险之难体，但他们以明德知蹇，又以正德行蹇，继而当位正邦，虽有险且阻，但险未犯身。从蹇体大人与众君子治明德能知蹇，来对比屯卦民众昏昧无知来说，其德文明已不在同一位域层次，屯卦无序无政体，而蹇卦有政体，能使君子当位以政，君子当位以政则能建序以尊从之，只有在有序之政里，才能得朋而助朋。言大人与君子当位，则在邦之政体而言，以处蹇、知蹇、行蹇之过程言正邦之政。此正邦之政并非易事，难就难在济蹇者贵于能止又不可终于止，以及处险者利于进，而不可失其正。其当政之要害在于知蹇，处蹇难而知先后，再知进退，一个“知”字，必依明德以健。先后者，阳先阴后；进退者，阳进阴退，西南阴气之始，为当退之位，而东北阳气之始，为当进之位，利西南不利东北，不为阳者先，反为退复自治为安，以大人贞正之德固守。济蹇难而行蹇，终落在健德以正位，居德以正邦。

“君子以反身修德。”反身，在于自求；孟子曰：“行有不得者，皆反求诸已。”处蹇体为反思蹇难和身困之难，而自求脱难之道；修德，在于既健明德又治能助朋脱蹇难之政德，更是以居蹇险、居困难而知见修的必要性，以处困的德之辨，依治君子九德系统而反身修德，使其能脱蹇难以及诸难、诸祸，能助他人脱难并教他人有德。思蹇难，以利见大人之贞吉，从大人处健明德以知蹇难之状态，既知险与阻在何处，又知行蹇的指南要义，最重要的是要明晰之所以能济蹇难而行蹇，在于大人有德。大人有明德以知蹇，又有大正之德以位，故济蹇难而行蹇的要点，在于有德。

反思身困之难。蹇难在于见险且阻，以不能蹇行而有行难，呈进亦难，退亦难，难中有难的状态；相比处蹇之见险与行难，而身困之难多在困卦，困卦之体坎刚为兑柔所掩，为阴柔掩刚的光明掩蔽之象。卦中亦有九二为二阴所掩，四五为上六所掩，为小人掩君子之象。君子穷困者，无位亦无食，且有初六困于“株木”、六三困于“蒺藜”之境困，有九二困于“酒食”、九四困于“金车”之物困，有九五困于“赤绂”之志困，有上六困于“葛藟”之极困，呈现以境困、物困、志困、极困而呈现众多困因交困缠绕的复杂困境，尤其是初六、六三、上六小人群体，因身困而穷乏异常，且都无法济困而暗无天日，成为处难体最悲惨的群体。

自求健德。思蹇难与睹身困之难，在于处难当知治困而脱难之道，如何能知呢？为从处难的外在因、内在因、本因以及呈现难体、难象的因果可知，其难象，只为健德与否之表象。蹇体之大人，治明德则知蹇难险在何处，亦知行蹇凶吉之指南，且行当位与正邦之能事，在于健德以正位，居德以正邦，其落点均为有德。唯德，方为振难、济通之本，正是唯德能通所有，能济所有。

往来之蹇难

初六：往蹇来誉。

象曰：往蹇来誉，宜待也。

六四：往蹇来连。

象曰：往蹇来连，当位实也。

初六以柔居下，处难之始，居止之初，当蹇之时，以阴柔无援而进，其蹇可知，虽言往进，但四不接引，为时不我与，不宜往进入蹇。而宜静待固守之。往者，进也；来者，非进而处也；誉者，通豫，安乐之谓，取艮之止；待者，以静守而言往与来之时机。

六四阴柔之才居正位，困于两坎之间，往不能独济，来不能安身，前往艰难，回归亦难，往来皆难，且阴柔之才不足济蹇。荀爽曰："蹇难之世，不安其所，故曰往蹇也。来还承五，则与至尊相连，故曰来连也。"六四之所以往蹇，在于往则益入于坎险之深。来连，与初相敌而承九五，与至尊相连，流于上而忘返于下，为来连之象。《孟子·梁惠王下》云："从流下而忘反谓之流，从流上而忘返谓之连，从兽无厌谓之荒，乐酒无厌谓之亡。"六四虽有入坎险之深的往蹇之难，但六四当位，乘承皆阳，阳为实，故以当位之位而交于笃实。

何谓往来？上进则为往，不进则为来，以来对往，往则入蹇，来则有誉。初六位居最下，无可来之地，谓之不来，不来则止于本位，能止本位则去险最远，其止最先，尤其合《彖辞》言"见险而能止"，初六虽阴柔但以"知"而显有智。六四往不足于济蹇，来又不能安身，迫于两坎之险势间。

往来之蹇难。初六止于本位则去险最远，而六四困于两坎之间，同为阴柔之才，初六显智，六四则处境艰难窘迫。初六固守则来誉，六四往蹇则无以安身，实则蹇誉如福祸般相倚，蹇往则誉来，誉往则蹇来，不过位与时耳。如何处蹇，又如何能居誉，在于往来之间的抉择，君子当不为其来蹇，而为其来誉；不来而止与来而不进总好过往而入蹇，静守固德也总比有蹇势迫身应难要好。

君子思患预防，在于能睹蹇与誉之别，而抉择往来与否。初六抉择的要点在于静待固守，以静生慧而有智，健明德以知往来之处境；六四虽入往蹇而不能安身，但有当位之位，且乘承皆笃实，可以处蹇而立命，反身修德，同九五至尊一起成为济蹇之“大人”，以至尊相连之来连之象和当位笃实之性，做好本分之事，能知蹇而行蹇，成为居蹇体虽身陷蹇难，但位与德却因正邦而有功。

君臣之蹇难

六二：王臣蹇蹇，匪躬之故。

象曰：王臣蹇蹇，终无尤也。

九五：大蹇朋来。

象曰：大蹇朋来，以中节也。

六二柔顺中正，正应九五，居中履坎正在险种，故蹇而又蹇，虽言与五相应，但五亦在大蹇之众，致力于蹇难之时，其艰蹇至甚，故为蹇于蹇也。虽无力以济蹇，但执心不违，志匡王室，亦无失也。二与五相应，因同是中正之人，而上下同德，被九五中正之君所信任，故谓之王臣。正因有王臣之谓，二以王臣之责，志在济君于蹇难之中，其蹇蹇者，非为身之故，虽不能济而胜蹇，但其志义可嘉，故称“其忠荩不为己也”。

震为主，艮反震，故为臣；王臣者，志匡王室之臣。坎坚其心，艮坚其节，为爻中王臣蹇蹇之象。躬者，言自身，取象艮之身，艮主身，坎象弓，成“躬”字。故者，原因，为艮之由。尤者，取坎象言过失，其卦中坎象，三爻皆失位，为过失之象。苏轼曰：“初六、九三、六四、上六四者，或远或近，皆视其势之可否，以为往来之节。独六二有应于五，君臣之义深矣。是以不计远近，不虑可否，无往无来，蹇蹇而已。君子不以为不智者，非身之故也。”

九五居尊，为蹇之主。《朱子语类》云：“问蹇九五何故为大蹇？曰：五是为蹇主。凡人臣之蹇，只是一事，至大蹇须人主当之。”故凡言大蹇者，为九五至尊之蹇难。九五下应六二，皆持中正之德而相亲，故有济君之臣；同时，九五尚中正之德于政，故天下之民皆如朋来而相助。朋者，同门曰朋，以坎之坤地水共师而同师门，坎坤如水地亲比，为朋之象；节者，以艮言制悦；中节，为以中正之节来治蹇。虽言至尊之蹇难，实则言邦之大难，蹇卦九五有君之位德，以大德君临天下，以邦、民之难，视同己之难。

《程传》曰:“方天下之蹇而得中正之臣相辅，其助岂小也，得朋来而无吉，何也？”曰：“未足以济蹇也。以刚阳中正之君，而方在大蹇之中，非得刚阳中正之臣相辅之，不能济天下之蹇也。二之中正固有助矣，欲以阴柔之助济天下之难，非所能也。自古圣王济天下之蹇，未有不由贤圣之臣为之助者，汤武得伊吕是也。中常之君，得刚明之臣，而能济大难者，则有矣。刘禅之孔明，唐肃宗之郭子仪，德宗之李晟是也。虽贤明之君，苟无其臣则不能济于难也。故凡六居五，九居二者，则多由助而有功，蒙泰之类是也。九居五，六居二，则其功多不足，屯否之类是也。盖臣贤于君，则辅君以君所不能；臣不及君，则赞助之而已，故不能成大功也。”

君臣之蹇难。胡炳文曰：“诸爻皆以往为蹇，圣人又虑天下皆不往，蹇无由出矣。二五君臣复不住，谁当往乎？是以于二曰蹇蹇，于五曰大蹇。”君王之蹇，非臣、非民之蹇可比，诸爻（臣与民）之蹇皆有“往”之因由，而君王之蹇，既有九五尊位之蹇，又集天下诸蹇于一身，使其成为蹇而又蹇之大蹇难。蹇蹇之难以及大蹇之难，均不足惧，在于有众人相济。怕就怕在既有大蹇之难，又无众人亲比振济，其个中缘由在于九五君是否有德，既要有君之身德，又要有九五位之位德，还要有惠于民之政德，此三者缺一不可。若九五君无德，便无众人济难，故若九五君无德，仅一人便可致使大蹇入国难之泥潭。

恩德互施。君以德政谋社稷，有大恩于民，民则不忘君恩，遇大蹇难则朋来济君，蹇之大，助亦大，但发生能助之前提在于有君施政恩在前，朋来济君之助恩才广大。韩愈曰："所居之时不一，而所蹈之德不同也。"王臣蹇蹇，尽其分，而终无忧。

六二王臣以位、以社稷之责，志在济君，实则志在大邦；九五以尊位、以天下之己任，集诸蹇于一身，实则以身许社稷。但天下非一家之事，亦非君王一人之事，更非王臣一人之职，故处蹇难之险，必得众人齐心协力而相助，而众人相助济难之前提便是君与民恩德互施。九五有尚中正之德于政，故天下之民皆如朋来而相助。

修德济蹇难

九三：往蹇来反。

象曰：往蹇来反，内喜之也。

上六：往蹇来硕，吉，利见大人。

象曰：往蹇来硕，志在内也。利见大人，以从贵也。

九三以刚居正，处下体之上，以刚居阳位，三与六为正应上阴柔而无位，不足以为援三，又遇四、五为滞，故上往则蹇。九三为执艮体之主，见险而能止，下比初与二，为下二阴所喜，故来为反其所，反则稍安。来者，下来也，求诸已；反，还归也，反身修德之谓；内喜，为不滞于物而喜，修德有成之法喜，以修德之成的自在而喜。孔颖达曰：“九三与坎为邻，进则入险，故曰往蹇。来则得位，故曰来反。”之所以有内喜，便在于求诸已而反身修德，德养成于内，而有法喜自在。反者，以艮之反观而言自省。《礼记·学记》云：“知不足然后能自反也。”郑玄注：“自反，求诸已也。” 自反，犹言修德也。为何能喜？离为火，火主喜，反身修德，阳德裕而成阳火以喜。

上六以阴柔居蹇之极，冒极险而往，往无所之，所以蹇也。不往而来，来就九五，且亲比九五，与之济蹇，使上六得阳刚之助，助其志坚而吉，从五求三，则有硕大之功。《程传》曰：“蹇之道，阨塞穷蹙。硕，大也，宽裕之称。来则宽大，其蹇纾矣。蹇之极，有出蹇之道，上六以阴柔，故不得出。得刚阳之助，可以纾蹇而已。在蹇极之时，得纾则为吉矣。非刚阳中正，岂能出乎蹇也？利见大人，蹇极之时，见大德之人，则能有济于蹇也。”其“志在内”者，以上六比九五，九五居内，上六能见九五济全卦之志；“以从贵”者，为上六得九五之助，至尊能助，有助之大，既有尊位之位贵，又有率众人济蹇的众之贵。

九三之喜与上六之吉。全卦皆处蹇难，尤其有王臣蹇蹇和君王大蹇之难，反而九三有内喜，上六有硕大之功吉，原因何在呢？在于九三虽处蹇，但能求诸已而反身修德，有修德成于内，法喜充满，且健德以阳，阳气舒发被下二阴所喜，二阴居三之内，以阳养阴，阳德更甚。离为心，坎主智，坎居东北曰蹇，水不上往，而水性润下，流西南退后之位，在于退复自治——反身修德，以此利西南得朋。九三以反身修德，阳德裕、阳火进而法喜充满，同时再以得朋之当位，行振济蹇难正邦之政，九五爻言朋来相助，便是西南修德之朋与阳德裕养之朋，之所以有朋，在于反身修德能济蹇难之卦眼。

上六不往而来且从五求三，既亲比九五又求三之阳德以援，此两者虽是上六之本位，却以本位之成，反成济邦之道。至上六往蹇来硕吉，却是处蹇极自有可济之理，其理何在？五虽尊，以居坎险之中而处大蹇，在于君位系邦之大责，故在五不言其济蹇之功，但天下之民皆如朋来而相助济之，此种济蹇行为为上六利见之。为何言上六有硕大之功呢？在于上六既见众朋来相助济蹇行为，又再引九五之阳刚助己位，实则以己身来宣扬君德，既宣扬君民恩德互施之德，以众民助君反衬君有德在先，又以“以从贵”之助，宣扬九五中正阳刚之位德。让众人见君德，见众民济蹇难之德，所以有功硕大。

纵观蹇卦，初六以“往蹇来誉”，要义在于静以待时，固守远难；六二以“王臣蹇蹇”，立匡济之志，且尽王臣本分之责；九三以“往蹇来反”，反以修身，最能得朋，也最得处蹇之要义；六四以“往蹇来连”的当位笃实之性，为正邦立命；九五以“大蹇朋来”，从朋来助之大而知君德施之恩，继而以身作则，进以经纶，匡治天下以求脱蹇难；上六以“往蹇来硕”，亲比九五又求三之阳德以援，退以从贵而宣扬德政。六爻以处蹇、知蹇、行蹇的居蹇法则而治全体之蹇难。处蹇之时，在于能知蹇势，明了蹇之难在于“势”迫之，知蹇势方能以“知”蹇而寻求出蹇之道。处蹇之责，既知安身立命之责，又知反以修身之要；济蹇之事，进以尽经纶之本分，退以从贵而能宣君德。

章二：治君子九德

困卦：德之辨

复卦：德之本

损卦：德之修

益卦：德之裕

恒卦：德之固

井卦：德之地

巽卦：德之制

履卦：德之基

谦卦：德之柄

困卦：德之辨

兑上坎下

辨质见修之道

在蹇卦，民处险蹇，王臣蹇蹇，九五至尊亦大蹇，故而邦体上下皆处蹇难之状态，从处蹇、知蹇、行蹇之居蹇法则济上下之难可知，反身修德才是能济蹇难之要义，唯德能通得朋之道，亦唯德能恩德互施来济所有。反身修德之“德”修在何处？为健德治身困险难，以治君子九德系统而修健之，故以困卦德之辨成为治君子九德系统之始。

以困卦交困的状态，辨明君子立身、立位、立礼之治德必要性，以治君子外在之因呈现德之辨；再以德之困辨，复见天地之心。以此通达德性之本来，或从德性本来而言德治，以治君子内在本因呈现德之本；从德之困辨到德之复本的治君子状态，言明辨质见修之道。

困卦，兑上坎下，泽中无水之象；“无”则穷、乏也。“困者，君子道屈之时也，屈则不伸矣”，道屈之时，所谓祸不独行，其病、苦、危、难、忧、愁……皆交重而来，呈现困之尤困的交困状态。交困而道屈，既无法自振，更无法伸志。《程传》曰：“困者，惫乏之义。为卦兑上而坎下，水居泽上，则泽中有水也；乃在泽下，枯涸无水之象，为困乏之义。又兑以阴在上，坎以阳居下，与上六在二阳之上，而九二陷于二阴之中，皆阴柔掩于阳刚，所以为困也。君子为小人所掩蔽，穷困之时也。”

道屈交困之因，在于小人困君子，困卦以柔掩刚立象，之所以处道屈交困状态，其外因在于有德君子被小人所掩，如同否卦小人当道一样，但与否卦不同的是，君子在否卦因无位而遁隐于野，而困卦是因道屈交困而无法自处。困卦虽以柔掩刚被小人所掩，但这仅是立身之外境，而根本在于“泽无水”之治德有限，言泽者其水根必不深、泽面必不广，为君子虽治己德，但不达德本而所限，虽治德但不能用德使立，反被困德所限，故而要“以致命遂志”达德本，来亨通所有。

困卦中坎者月象，离者日象，巽为落，而兑主西，为日落归西，光明暗淡，这是光明被困之象；光明掩蔽，便是小人能掩君子之因，之所以有光明掩蔽，在于德政不通，德教不化，无德被普照之光，最重要的是君子健德有限，不能自明自照而脱穷困，虽言光明之困，但也非明夷暗黑无光，只是光明被阴所掩，故必治君子以修身健德待阳复，只待一阳来复，光明亨通而自照困途。一阳来复者，精气神化升也，从一阳来复，到从阳复而见本心，正是复卦所呈。

如何以“复”振“困”呢？从治君子而言，君子治德必自健身德；身者，性命也，为从复卦始性命双修之德证。自健身德，这是之所以能以“君子”称谓的立身之基，君子能立身再在邦体秩序中立位，再以德蒙和德政从德位治则使小人有德。自健身德，可使君子自明自照；能以德蒙和德政使小人有德，可使消极君子复反，君子之道当道。既自健治己身，又以德政治小人，此两者，是治君子之道之所在。治君子，在于德治，故必明其德本；本者，本来，根本为见道体德性之大道本性，亦为天地心；本者，基础，基础为健德修身以振身德，能以君子之称谓来立身、立世，君子之所以能以君子言，在于有身德，有位德，有礼德。君子有身德者，可独善其身而立世；君子有位德者，可立于邦；君子有礼德者，可立于邦序与法序。

困者，阴柔掩刚；通过爻象可知有初六困于“株木”、六三困于“蒺藜”之境困，有九二困于“酒食”、九四困于“金车”之物困，有九五困于“赤绂”之志困，有上六困于“葛藟”之极困，从而以境困、物困、志困、极困、德困而呈现众多困因交困缠绕的复杂困境。

困：亨，贞。大人吉，无咎。有言不信。

彖曰：困，刚掩也。险以说，因而不失其所，亨，其唯君子乎。贞，大人吉，以刚中也。有言不信，尚口乃穷也。

象曰：泽无水，困。君子以致命遂志。

卦辞：信德缺失，君子困而不立，唯九五大人能济困。

彖辞：阴柔掩刚之困象之因和大人治德而解困之法。

象辞：君子当知困之天命之因，养气志以振阳复而解困。

困卦，兑上坎下，为泽中无水之象；孔氏颖达曰：“困者，穷厄委顿之名，道穷力竭，不能自济，故名为困。”困卦中坎如室，巽者木，为室中生木而当困，所谓“穷而不能自振”，穷者，道穷也，因交困缠绕而道穷路尽。为何有困？卦体坎刚为兑柔所掩，为阴柔掩刚的光明掩蔽之象；卦中亦有九二为二阴所掩，四五为上六所掩，为小人掩君子之象。卦体与卦中皆有君子为小人所掩蔽，正当穷困之时，又从兑缺、巽资、坎食可知，君子穷困者，无位亦无食，所谓 “行而无资谓之乏，居而无食谓之困”正恰当。

在困卦，坎险兑说，处险而说。为何有处险而说之象呢？为光明虽被掩，但光明尤在，只是被掩蔽而已并未被黑暗彻底转换；君子虽被小人所掩，只因小人当道使君子身居穷困，无位而无食，但君子之质地尤在；这便是处困而不失其自通之道，故而有“困亨”之象。在卦体中，二、五刚中，有“大人”之象，为处困而履正体之人，大人者，刚中而当位。明困象而自有处困之道，在穷困之途仍具自通之明，此为大人处困之道，为身困而心志亨。心亨者，明也；志亨者，有自振身德脱穷困之志。

有言不信者。兑主言，信者，伸也，《周易正义》云：“信，古伸字。伸即终极之义。”为申、伸义；“夫子以尚口乃穷解之，以信字对穷字，则信字当为屈伸之伸。”因穷困之屈以致伸。有言不信者，为君子之言小人不信，小人当位，故而君子之言不能伸，君子所言何者？言处穷困而守正之道、言修身以德脱穷困之志，君子之言小人不信，非君子失信德，而是小人无明德，小人无明德致使君子言之大义不能伸达其义，故而言不信；亦有小人之言，君子不能采信，小人之言不过以小人之眼前得利而同流君子，不能采信，使小人之言不能伸，小人之言若在君子处得以伸，则君子与小人同流合污，而无有贞正之道和大人吉之象。面对道不同不相为谋的君子与小人之道，只能曰不可尚口，总之，口未启则词穷便是此义。

困而“无咎”，原因何在？在于虽处困但有出困之道，而出困之道便是以困卦交困的状态，言明辨质见修之道，使君子以立身、立位、立礼之重而治德，从困卦开启治君子九德系统之始；既知处屯、处蹇、处困之难因，又知济难之道，故而言“无咎”。

对比各种难境，屯之难因无序且昏昧成为诸难之首；蹇之难却有体、有序，但因见险而成蹇势——前有险陷与后有峻阻，使其被险势所迫，呈进退维谷之势且困于身行之难；困之难，在于光明被掩蔽，从而出现境困、物困、志困、极困、德困的多困因交困缠绕，虽言光明被掩蔽而处困，但光明犹在，以及君子之质地尤在，以此两者，使“困”而有明，既有光明之体，又有处困德辨之明，故而其困之难，多在如初六、六三、上六的小人群体中，君子有明，可固守反身修德，小人无明智可识光明之本体，既无君子阳刚与健德之质地，又无明识之智从处困辨而明，使小人群体困上有蹇，蹇而又困，其难体自然无以复加。

济蹇与出困之道在于以屯体、蹇体、困体之难境，呈现治君子反身修德的德之辨。以难境之外在困象，辨析难境之因，无论是外在因，还是内在因，乃至产生诸难体之本因，都是德“辨”之素材，以此辨而明，从而复见天地之心并通达德性之本来，再来面对诸困难，寻求解决办法，使其所辨明的困果，能成为济蹇与出困之道的行动指南。

困而得志。《杂卦》曰：“井通而困相遇也。”何为困而“相遇”呢？《春秋谷梁传》云：“遇者，志相得也。”为处困体之难，以辨质见修而得君子修身健德之志。困卦为兑金坎水，兑金生水，故兑金为生水之精，而水之精为志，故言得“志”。处困境而得修身健德之志，以此“志”济困而通，故而出困有道，再者兑主言，以君子之志而言，并通天下君子之志。之所以能通天下君子之志，在于修身健德治君子，能使君子之质地纯粹，使君子以德之健而称位君子。之所以言济“通”，在于自困卦治君子九德系统之始，可通九卦所呈的治君子过程：即困→复→损→益→恒→井→巽→履→谦过程。其“通”在于通修身健德治君子的路径，亦以此路径通称位君子之成。从蹇、困之难的外在困象，到通达治君子之成果，正是困而得志贯通所有，而促使其有“志”的原因在于德之辨，所辨明的德之本因，故治君子九德系统乃是解困之法和脱难之路。正是因为有德性本来的大明之体在，才有立“志”济困的光明在，亦才有治君子九德所在的健德之路径。

君子以致命遂志。致命者，知其困境辨而明达德性之本因，为处困之天命；遂志者，遂达修身健德治君子而济困脱难之志。命者，天命也，以巽称命；遂者，成就，遂达，取巽之顺；志者，兑金生水之精而言志。之所以言天命，便是处蹇、困之难，要必知其导致困因（外在因、内在因、本因）的本理，明此本理为处困而追求之天命，而遂志便是成就能解困和脱难之志，而遂达此“志”的路径便是治君子九德系统。所谓致命遂志，便是处困而辨质见修，从因上着手，一切围绕“德”之本因修而健，历经治君子九德系统，使其有称位君子之成，再以当位、称位、配位之君子，见道并证道，帮他人脱难，亦教他人有德，从治君子脱困“小乘”之小志，通达使小人有德且天下同德的“大乘”之大志。

境困

初六：臀困于株木，入于幽谷，三岁不觌。

象曰：入于幽谷，幽不明也。

六三：困于石，据于蒺藜，入于其宫，不见其妻，凶。

象曰：据于蒺藜，乘刚也。入于其宫，不见其妻，不祥也。

困卦初六以阴柔居下，又处坎险之下，为处困之底且暗险尤甚之象。臀者，物之底，取象巽之股；株者，枯也，株木为无枝叶之木，其枝叶被兑金所刑，又凋落于坎冬；入者，巽入也；幽谷者，坎象之深暗之所。为坐于枯木之下，进于昏暗之谷，伤而不能行，不仅暗尤甚且不能自济。为何坐困于枯木之下？为臀部受刑杖，伤而不能行，

高亨曰：“臀困于株木者，盖谓臀部受刑杖也。杖以木株为之，故谓之株木。”困而不能自济，必引援以助，而助之者九四也，初六与九四应，九四虽与初应，但九四失正不中，且困于金车，又有二、三为阻滞，上下与明暗两隔，难成入幽谷之行，不得相见，故而不能济初之困；三者，坎之数；岁者，巽木之星，亦为岁星；不觌者，离为目，兑为伤，为目伤不觌，觌者，相见也。所谓三岁不觌，为既不能自济又无引援以助，为终困者，故而言“幽不明也”。

困卦六三以阴柔不中正之质，居阳用刚，又处险之极，为山石所困，屈居蒺藜之中之象。石者，坚重难胜之物，以四位三之前，犹如立山，“石，

阴中之阳，阳中之阴，阴精补阳，故山含石”。三上进被在上二阳所阻，二阳如山石坚重而难胜，谓困于石。蒺藜者，有刺而不可据有之物，古代监狱周围种满蒺藜以困犯人，常以“蒺藜”指代监狱。宫者，安居之所；妻者；宫室之主，所安之人。三上无应，为不见其妻而失其妻配。

《程传》曰：“以不善之德，居九二刚中之上，其不安尤藉刺，据于蒺藜也。进退既皆益困，欲安其所，益不能矣。宫，其居所安也。妻，所安之主也。知进退之不可，而欲安其居，则失其所安矣。进退与处皆不可，唯死而已，其凶可知。”

初六与六三皆为境所困，株木、幽谷、石、蒺藜者……皆身外境地。身外境地之困，为困其身。《系辞》曰：“非所困而困焉，名必辱。非所据而据焉，身必危。既辱且危，死期将至，妻可得见耶？”初六以困于枯木而入于幽谷，不能自出又无引援，以致终为其所困；三居进退之际，却进退两难，进者三四立山而困于石，退者又居九二刚中之上，尤据于蒺藜，又失其妻配，进退两难之际，唯死而已。

可见虽以境困身，也困之尤甚，《程传》曰：“二阳不可犯也，而犯之，以取困，是非所困而困也。名辱，其事恶也。三在二上，固为据之，然苟能谦柔以下之，则无害矣。乃用刚险以乘之，则不安而取困，如据蒺藜也，如是死期将至，所安之主可得见乎？”

物困

九二：困于酒食，朱绂方来。利用享祀。征凶，无咎。

象曰：困于酒食，中有庆也。

九四：来徐徐，困于金车，吝，有终。

象曰：来徐徐，志在下也。虽不当位，有与也。

困卦九二以刚中之才处困，因刚中之德而得其酒食，反而被酒食之欲所困。酒食者，人之物欲；绂者，蔽膝，缝于长衣之前；享祀者，祭祖曰享，祭天曰祀。“二以刚中之德困于下，上有九五刚中之君，道同德合，必来相求，故云朱绂方来。”意为以酒食以享、着朱绂以祀，方有处困之福庆。以刚中之德安其所，则不被酒食之欲所困；若不安其所，以犯欲而征，则以失刚中之德而自取凶悔。从九二处困可知，“困于酒食，累于物也。朱绂方来，荣于躬也。利用享祀，不自专也”。在困之时，利用享祀以志通神明，强其心志，使其健德而有处困自通之明。

九四以不中处困，虽阳，才德却不足以济困，既不能济己困，又不能济人困；九四与初六正应，初六被困于下，又为九二所隔，无法振济初六出困。来者，巽入为来；徐，安行之貌；金者，兑为金；车者，坎为轮，车象；金车，为车之华贵象；五在四之上，四进则见掩而羞，退则遇阻，尤如困于金车，来徐徐，舒缓而行不敢决进，为行不过之象。“二与四皆以阳居阴，而二以刚中之才，所以能济困也。居阴者，尚柔也。得中者，不失刚柔之宜也。”

九二与九四之困皆为物所困，酒食与金车者，为物象，或取象见物。有物困而不困身，是君子与小人之别，物困者困于心志，见酒食是否取欲，见金车是否上进，皆以物寄君子之志。从九二无咎和九四有终可知，二与四皆与五之大人同德，虽德不济无力出困，但终以德而有亨通之道。

志困

九五：劓刖，困于赤绂，乃徐有说，利用祭祀。

象曰：劓刖，志未得也。乃徐有说，以中直也。利用祭祀，受福也。

九五以尊居中处困，受劓刖之刑，为赤绂所困，中正而居兑，处困而通以脱困，利用祭祀，以其济困天下之诚而获福。劓者，割鼻，为艮伏，葛藟蔽于上，伤于上；刖，断足，为震伏，蒺藜掩于下，伤于下。九五刚中，上被柔所乘，下为刚所比，有上下皆伤之象，如同受劓刖之刑。虽受劓刖之刑，但却言困于赤绂，在于下已伤，而赤绂无所用，为天下不来之义，天下不来则无法同人君一起济困，故九五虽有济天下之志，但困于天下不来，赤绂无所用，可见五不以已困，却以天下处困而困。虽言天下不来，但九五刚中与五道同德合，必相应徐徐而来，为始困而徐有喜说之义。

《程传》曰："人君在困时，宜念天下之困，求天下之贤，若祭祀，然致其诚敬，则能致天下之贤，济天下之困矣。五与二同德，而云上下无与，何也？曰：阴阳相应者，自然相应也，如夫妇、骨肉分定也。五与二皆阳爻，以刚中之德同，而相应相求，而后合者也，如君臣朋友义合也。方其始困，安有上下之与，有与则非困，故徐合而后有说也。二云享祀，五云祭祀，大意则宜用至诚，乃受福也。祭与祀享，泛言之则可通。分而言之，祭天神，祀地祇，享人鬼。五君位言祭，二在下言享，各以其所当用也。"

九五之困为志困，虽有受劓刖之刑之象，却不言劓刖之困，而言困于赤绂，在于赤绂不来共济天下之困，而使九五困于有济天下之志而无济天下之行。以劓刖之刑伤九五，在于伤其尊面，是位序礼制之辱，但九五不以此辱为困，在于有济天下出困之志，志未遂故而困于志。为何利于祭祀而受福？对九五济天下出困而言，困于赤绂不来，不求人而求于天，并非祈天降外神，而是以祭祀之诚、祭仪之度、尊位之序……明其法序，以治其诚德、位德、序德而自健其德，弥补才德不全，待天时齐备，再图脱困之道。

极困

上六：困于葛藟，于臲卼，曰动悔有悔，征吉。

象曰：困于葛藟，未当也。动悔有悔，吉行也。

困卦上六处困之极，困于葛藟与臲卼缠束而动摇不安，所谓缠束者，实为多重缠绕交困，又以动辄有悔实则无所不困。葛藟者，藤萝缠绕之象；臲卼者，危动之貌；上六居兑之主，因无所不困而尚口乃穷，但困极而通，若能去缚远危，以此心无挂碍征而行之，则有吉象。世事牵绊缠绕苦不堪言，不如抽身随清风。

《程传》曰："三以阴在下卦之上而凶，上居一卦之上而无凶，何也？曰：三居刚而处险，困而用刚险，故凶。上以柔居说，唯为困极耳。困极则有变，困之道也。困与屯之上皆以无应，居卦终。屯则泣血涟如，困则有悔，征吉；屯险极，而困说体，故也。以说顺进，可以离乎困也。"

上六之困为极困，也为困之极，困于葛藟为无比交困，凡是能成困因者皆缠绕交织在一起，不仅如此，还尚口乃穷，无以言表。其他之困，为道屈，而上六之困为穷途末路无道可通，处困之极则遇极必通，既然穷途末路无道可通，不如心无挂碍至于道，自证德性，以见本心而无所不通。

德之辨

辨困象。纵观困卦，困以柔掩刚立象，主体光明被掩蔽，君子被小人掩蔽，以致君子穷困道屈，无位亦无食，虽自有困亨之通，但也是困因交加，立身与处世艰难。在初六困于"株木"，又有刑杖加身，如同入于幽谷而无天日，既不能自济又无引援以助，以“三岁不觌”终为其所困；在九二困于“酒食”，为被物欲反困，虽刚中却才德不足以济困；在六三困于“蒺藜”，不仅身困进退两难，且又失其妻配，名辱身殆，唯死而已；在九四困于“金车”，被名物所困，不能且又不思上进；在九五困于“赤绂”，被整体时势困局所困，且有劓刖之刑伤其尊面，伤其位序礼制；在上六困于“葛藟”，为处困之极，多种困因皆缠绕交织，还尚口乃穷，身心皆苦闷至极。

在困卦虽言以阴掩阳，并非只困三阳君子而任小人逍遥猖狂，在大困势之下，可以说小人群体更惨，初六、六三、上六因身困而穷乏异常，且都无法济困，成为困体最惨淡的群体。而三阳君子，困于酒食、金车、赤绂，为困在富足，富伤其图奋之心志，或者叫心智不明而不知所困，因本性被蒙蔽，再加上名利与官途加身，便不知所困，以为尽其所有不过酒食、金车、赤绂耳；虽有福，却才德浅薄，德不当位更无法配其当位，处困局而不自知，无出困之心，更无济他困之志。

辨困因。由蹇险与困象可知，小人之困为多困其身，以身穷为困，而君子多困其名位，以道穷为困。从困卦的阴被阳所掩来对比小畜卦言阳为阴所蓄，在小畜卦，阳为阴所蓄，为六四以阴怀柔调和众阳亢之矛盾，怀柔而触礼，再施礼成术治小畜有功，有蓄聚之实，从而能以小畜大，成小畜之治主。在困卦，阳为阴所掩，阴被身困，阳被位困、志困，人人皆处困局，由于心智不明，才德浅薄，故无实际的解困与济困之人。对比小畜卦众阳君子皆德足志盛，志心济邦，心怀大同的蓄聚状态不同，困卦众阳君子皆德不盛且志多困，安于名利现状不思进取。

外在因。阴掩阳而阴当道的整体局势，是困卦之当局，处困体者人人受困，位位受限，既不能自处脱困，又无力济他人之困，就连最有济困之才德之九五，也不免自受劓刖之刑之辱，虽有志共济天下之困，却无赤绂帮困，心有余而力不足；无赤绂前来帮困，皆因酒食、金车当前，不知九五所济困之困在何处。也以此可见，唯九五能见穷困乏力之人——卦中阴柔群体，而有名利、名位在身者，不能见，或见而不怪，都习以为常。在困势表象里，皆不思破局，不思济困，更无人反思其困因，寻找致困根源，似乎一切都理所当然，可见已麻木不仁。

内在因。所谓困穷而通，道屈而反，正是思“困”之时。虽言思“困”，却困之深矣、困之久矣。在卦中，对比酒食、金车……小人身困而无食，在于福薄，而福薄之因在于不修德；无德不立身，故而初六、六三、上六困身而无食，小人群体处困势时，常被困其身而终为其所困，终为福德浅薄。众君子虽未困身，但也自有困局，其困因在于才德不足，才德不足不当位者如九二与九四，有才有位但德不备者如九五；对比小人群体，众君子虽有德，但才德不足，又安享酒食、金车之福报，而使德不配位，故无称位之能。这在于君子不明本性而困于时局与名利，鼠目寸光，安图享乐，以志丧而失去君子之质。

本因。本因者为德本不明，而德本者，为大道德性。其福德、才德，皆是德性所显，外化显象；如何显象与外化呢？为因果之道。有修德、健德之因，便有福德、才德之果，而小人群体困身，在困卦无立身之本为连基本的才德也无，原因在于小人不信且不谋君子之道，既不健身德，亦不为众人之福祉求谋当位而正位德。为何众君子鼠目寸光，麻木不仁呢？在于既不明德之本性，又不知因果呈现，不明本性，便无明德以识困局，更无大志振济他人之危难，无法将邦体与民众带入更好的文明状态；因果者，处困局不明德之本因，酒食、金车、赤绂之来，不知从何而来以及为何能来，君子与小人处困之不同境遇，便是健德与否的写照，小人处困，身困且无食，君子处困，虽困却有酒食、金车等现于眼前的微薄福德。

辨则明。困穷而通，德辨而明，处困当知治困之道。从处困的外在因、内在因、本因以及呈现困象的因果之道可知，其困象，只为健德与否之表象；德，方为济困、济通之本，唯德能通所有，能济所有；除此以外，其他皆为面对具体困境的解困之法，非通行且究竟之道。辨质见修者，为辨明本质而知处困本因，从因上着手，以此健德而修持，方能道行中正，大志可遂，这便是从困卦德之辨到复卦德之本的结构所在，而呈现德本以及言健德修持之道者，正是复卦。

复卦：德之本

坤上震下

性命双修之道

在困卦，困穷而通，德辨而明，为处困之天命，天命使然必然要明其德性之本因，继而立济困脱难之志；所谓致命遂志，便是处困而辨质见修，从因上着手，一切围绕“德”之本因修而健，而有修身健德之复；复者，德之本也，从德性之本处健修，见道并证道，成其修健之捷径。

《序卦》曰：“物不可以终尽，剥穷上反下，故受之以复。”物无剥尽之理，故阴极阳生而剥极复来；以复对剥可知，阳剥极于上而复生于下，一阳生于五阴之下，谓以阳生而从复；从阴阳消息可知，岁十月，阴盛既极，冬至则一阳复生于地中，故为复。《杂卦》曰：“复，反也。”反者，为阳复见善而反善之义；一阳复反，阳气复长，君子之道复长，君子之道复长则见善，阳复而反，则善反；善者，阳足德裕见于行。阳复者，独身修健之谓，见善者，入世进位而得善行、善政。邵子曰：“复次剥，明治生于乱乎！夬次姤，明乱生于治乎！时哉时哉！未有剥而不复，未有夬而不姤者。”

复卦，坤上震下，为雷在地中震往坤来之象；《程传》曰：“为卦一阳生于五阴之下，阴极而阳复也。岁十月，阴盛既极，冬至则一阳复生于地中，故为复也。阳，君子之道。阳消极而复反，君子之道，消极而复长也，故为反善之义。”在困卦光明被阴所掩，正值道屈交困而君子消极时，值复卦，阳消极复反，正是振济交困君子时。

在复卦，初九为复之主，以阳出之消息，蓄而出震，震之发生便是有德之征兆，亦是可以无悔之价值，故而宜居敬行简以师法阳复之道贯穿修身奥秘；六二中正且亲比复主，以复之休美，克己下仁而得休复之美善；六三以阴躁处动之极，失位，又不比不应，频失频复；六四以正位中行独复，下应初九得复主阳之应，实为得初九阳善之阳，初九刚反之阳足且裕而养四，使四得亦得复道；六五以中顺居尊位，行顺志笃，其德敦厚载物，志心治复道；上六居极，昏聩迷复，灾祸自来，败师自招，皆因迷复不返。对比修身之复、休复与敦复有“亨”而言，频复危厉，迷复有凶；之所以有“亨”，在于复之道，在于以阳复而通明，阳裕则明，明而亨通，阳之道渐长则明亦大，继而贯通“复，其见天地之心”之大明，大明亦大亨通；之所以有危厉与凶，在于复之道，本以复见天地之心，从性而达命体之本，其频复与迷复皆在于不能明，且频复与迷复皆非复之恒道，与复道相背离故而成其危厉与凶道。

修身健德之复。一阳来复，师法与取法天运自然而复阳于身，阳复则德长，故而成修身健德之复，修身健德之复虽言修身，实则为性命双修之道。以见天地之心达德之本性，以此悟后起修。振济交困，当以修身健德之复行阳刚反而长之道，以复阳而复善。而复阳之道在于师法阴阳盈虚“天行”所在的消息，以自然法序之度，修健于身，注重反复迭至的消长之道，从而复阳、固阳，再以一阳之复，待诸阳之来，然后集成生万物之功。言复阳，不能以一阳始生至微而不固阳之小，言阳善，在于以复长的君子之道胜小人之行径，使小者能大。

复：亨。出入无疾。朋来无咎。反复其道，七日来复，利有攸往。

彖曰：复，亨。刚反，动而以顺行。是以出入无疾，朋来无咎。反复其道，七日来复，天行也。利有攸往，刚长也。复，其见天地之心乎。

象曰：雷在地中，复。先王以至日闭关，商旅不行，后不省方。

卦辞：一阳来复而有复道自成。

彖辞：从君子之道到见大道德性。

象辞：雷在地中，至日闭关修身健德。

复卦，坤上震下，为雷在地中震往坤来之象；在复卦，阳气复生于下，阳气渐而君子之道复，阳长则万物发育，以一阳之体成复，谓一阳来复。一阳来复为修身有成，可立身，反复其道，为固阳，阳固则能称阳道，阳道初成，才能成复卦。阳来则震，故内震，为阳在内发动，外顺有坤，为阳动在内而顺以上行，阳道得以升，以此能泽济天下，故而可立志。邵雍曰："性得体而静，体随性而动，是以阳舒阴疾也。"阴掩阳而困，阳舒阴疾走而无病，故能解困者，复也。先复其体疾而能立身，为健德修身以立身；再复志疾以上行立位，为修持健德当知有天下有疾之人，故复者，有复亨之道，所谓"既复则亨"为复道已成，复道者，阳之道也。

"刚反。"刚者，以德言阳之性，反者，阳长且蓄；因阳反而有刚反，以刚言则强调"德"，阳反不一定健有刚德，而言刚则表明阳已蓄德，阳道有成，其刚反便是蓄德之阳的复道之成。也正是因为"刚反"之阳德之性，可以阳舒阴疾。从困可知，疾在体，不能立身；疾在志，安图现状而无济困之志；疾在既无明德知其德本，又无健德修持之道以供修福，故而使其困身、困志，乃至交困缠绕。

"出入无疾。"阳复生而震于内，为入，阳固且长进顺于外，为出；出入者，阳生德长也。《程传》曰："物之始生，其气至微，故多屯艰。阳之始生，其气至微，故多摧折。春阳之发，为阴寒所折，观草木于朝暮，则可见矣。出入无疾，谓微阳生长，无害之者也。既无害之，而其类渐进而来，则将亨盛，故无咎也。所谓咎，在气则为差忒，在君子则为抑塞，不得尽其理。阳之当复，虽使有疾之，固不能止其复也，但为阻碍耳。而卦之才，有无疾之义，乃复道之善也。”

“朋来”者，为志同者通其心志而来，为阳复生德，阳德所招感，如同人于野中野之所起——众君子由野济否，以济天下之志通众阳君子，当天机与天时具备，众君子当自明而进志，在复卦亦是如此，志同道合之人皆来，在复卦的志同道合之人，为明德本且重修持自健德之人。有朋来之象，说明出困之人越来越多，复阳出困之法完全足以解困。朋来无咎，面对志同道合且出困的朋来之象，仅以“无咎”言，在于复阳出困之法还只能被少数人认同且掌握，远非德政普施的恒常之道，故言反复其道，以阴阳消长之道，既固阳，又育德健德，七日者，七者生变，为阳蓄成刚的实质变化。为何会有消长？为阴柔侵阳，使阳不固。从消息卦而言，阳长至于阴长，历八月，郑氏刚中曰：“七者阳数，日者阳物，故于阳长言七日。八者阴数，月者阴物，临刚长以阴为戒，故曰八月。”

“天行也。”基于复阳之道，而明阴阳消息之天行法度，取法阴消阳长之自然法序，效法天行规律以固阳，此为复言“天行”之所在，而复阳之道的根本在于扶阳抑阴以健德，使其君子道长。当君子道长，小人道消，故而利有攸往，利有攸往者，表明复道已成，有复之成且已收复之利，故应往，以修身健德小乘之利怀德普广施大乘之心。林氏希元曰：“天下事非一人所能独办，君子有为于天下，必与其类同心共济，故复重朋来，而泰重汇征。”

修身健德复阳之复道，取“先王”之道，从象辞言“先王以至日闭关”可知，先王重德以及倡导修健之传统由来已久，也是在复卦以“德之本”言治君子治理的休复之美政之所在。休复之美政，取自六二以柔顺中正近初九，能下从阳，有复之休美之道，六二以初九阳裕而自获益，并以阳善之政而惠已位，正是大获阳道之利，故而取先王重德及倡导修健之传统。之所以言复道为先王之道，在于以阳裕而自益的获利之实，言阳道之信，继而取复道之信，行治复之法。“以至日闭关，商旅不行，后不省方”便是发乎于先王复阳并裕阳之道的修健古法。

“复，其见天地之心乎。”复者，扶阳固握之修身健德之术；天地心者，天地大道之本心——德性，为由术，洞法而见性的德证过程。以修身健德之“复”阳术，洞悉阴阳相易之法，从而见大道本性，只有从大道本性之本体认知，方明为何要见修，以及如何见修，这便是复者，德之本之所在。只有见道并证道，以道（性）、法、术贯穿健德见修之路，方能以自健“小乘”之利，行使小人有德且天下同德的“大乘”之愿。

无悔之复

初九：不远复，无祇悔，元吉。

象曰：不远之复，以修身也。

初九一阳始生，居震之始，为阳动而震，是阳蓄成刚而动震之象。初九以阳生且震出为复卦之主。复者，阳盛而复，是君子之道复反，也是治君子复阳道之始，更是性命见修之始。祇者，敬也；“无祇悔”，为不至于有悔。

为何言“无祇悔”呢？为以无悔对应有悔，言明修身健德之价值，以敬阳而无悔，阳者，既是修身阳气出，更是阳道君子之德已健，阳道始复。不至于有悔在于修身之初，是从光明被掩蔽的困体或剥体来起修，并未见任何“消息”给予价值确定。

其阳道消息——一阳来复就在不远处，反复其固阳之道，则能阳蓄而刚出一阳来复之消息，所以“不远复”为勉励修身应勤，“无祇悔”应示一阳来复的阳道消息到来是胜过所有价值的，故而应恭敬其修身之道，更要敬阳。

由此可知，阳气便是消息，阳蓄而刚出震，有德便震就是可以无悔之价值，这是天运自然之法序赋予，是道（性）、法、术贯穿修身奥秘。

休复与敦复

六二：休复，吉。

象曰：休复之吉，以下仁也。

六五：敦复，无悔。

象曰：敦复无悔，中以自考也。

六二以柔顺中正近初九，能下从阳，是复之休美之道。休者，吉庆、美善也；为以阳善而自益，吉庆美好地归复复道。

六二虽阴却处中正，因阳复蓄刚出震，其震联动二，故六二志从于阳。“复者，复于礼也。复礼则为仁，初阳复，复于仁也。二比而下之，所以美而吉也。”可见阳出健仁德，六二以中正能志从于阳者——克己复礼，义也，健义德；仁、义皆健，故吉。

六五阴柔以中顺居尊位，“行顺而志笃，居中而自成”，故其德敦厚，而能载物。敦者，厚之至也；考者，成也；敦复，以德厚行复道而能健德自成，故而无悔。项氏安世曰：“临以上六为敦临，艮以上九为敦艮，皆取积厚之极。复于五即言敦复者，复之上爻，迷而不复，故复至五而极也。卦中复者五爻，初最在先，故为不远。五最在后，故为敦。”

六五不与初应，本当有悔，但因居尊位，虽阴柔但德厚，初九一阳来复，修身健德之象，而六五以有德便能自行复道，可见言复道者，阳出只为表象或为借阳修德，其终究目的在于健德，既有德便自有复道之成。从丹道而言，有复道自成，为不借命功而直入性之顿悟者，虽言顿悟，也在于往昔所积累的能使其顿悟之因缘成熟，如六五之德敦厚之至，不与初应，也能自成。

中行独复

六四：中行独复。

象曰：中行独复，以从道也。

六四阴柔处坤之初，又处群阴之中，居正而独应于阳，为虽与群小同行而能独善其身，从初九之阳善，应初九复阳修身之道。孔氏颖达曰："中行独复者，处于上卦之下，上下各有二阴，己独应初，居在众阴之中，故云中行。独自应初，故云独复。"虽应初九但隔二阴，阳气已危不足以济，再者四以阴居阴，既与初难合，又复道多艰难。

尽管如此，"中行独复"并不完全在于阳之利，而在于自知且自明；阳之利，在于六四下应初九得复主阳之应，既得初九阳善之阳，又得初九刚反之阳足且裕而养四，使四得亦得复道；四得阳之利在所难免，但功在初九，而自知且自明便是六四己之功，董子曰："仁人者正其义不谋其利，明其道不计其功。"独复者，在于独知复道，知则明，明则藏志，既健明德，又健志德。六四以其知而能从复道，为既知复道以出阳而阳舒阴疾之现状，又知通过复道能"见天地心"之远大前景。"中行独复"虽是居小人当道，居困、剥之境，但仍是心怀大志之人的真实写照。

频复与迷复

六三：频复，厉，无咎。

象曰：频复之厉，义无咎也。

上六：迷复，凶，有灾眚。用行师，终有大败，以其国君凶，至于十年不克征。

象曰：迷复之凶，反君道也。

六三不中不正，处震极，复而不固，为频失频复，频复频失之状，有不安于复之象，不安于复者，危道也。但又因频失又频复，故而能无咎。

《程传》曰："三以阴躁处动之极，复之频数，而不能固者也。复贵安固，频复频失，不安于复也。复善而屡失，危之道也。圣人开迁善之道，与其复而危其屡失，故云厉无咎。不可以频失而戒其复也。频失则为危，屡复何咎？过在失而不在复也。"

上六以阴柔居复终，为终迷而不复之象，终迷不复者，无阳可应，无刚可比，凶道。终其所有不见阳，亦终其所有而无德，以此质地，用行师亦会大败。灾者，外来之困、厄；眚者，己之过错，由自招；行者，震象；师者，坤众之象。徐几曰："上六位高而无下仁之美，刚远而无迁善之机，厚极而有难开之蔽，柔终而无改过之勇，是昏迷而不知复者也。"

灾祸自来，败师自招，皆因迷复不返。可见，君之道必健其德，凡在迷道者必有凶、灾、败之祸，这是道体德性所赋予的吉凶观。胡氏炳文曰："迷复与不远复相反，初不远而复，迷则远而不复。敦复与频复相反，敦无转易，频则屡易。独复与休复相似，休则比初，独则应初也。十年不克征亦七日来复之反。"君子之道，言修身健德，而君道立于君子，必以德蒙和德政从德位治则使小人有德，这是邦国德治之明。

性命双修之复

在《周易》里有一个关于内丹修证的程式，是以乾坤总纲性命双修，以坤→复→临→泰→大壮→夬→乾的正坤返乾修真过程构成的次第逻辑，完整讲述了性命双修双圆之《周易》内证学。实际上指以《乾》卦和《坤》卦为总纲领，大总持坤→复→临→泰→大壮→夬→乾的过程，在这个过程中，以坤卦和坤卦对应的爻为起点，根据正坤返乾修真图对应的卦、卦与爻、爻与爻的过程，到乾卦和乾卦对应的爻为实证结果。乾坤总纲性命双修，是以乾坤之道指导具象乾坤事物的修真证道，乾与坤道为性，在乾坤之道显化的乾坤的具象事物为命，从乾坤的命功入乾道与坤道的性功，才为乾坤总纲性命双修的完整描述和内涵。在《周易》中，乾卦为性，坤卦为命，从证悟的角度来说，乾卦为在圣，坤卦为在凡修持。其他六十二卦为从乾的在圣到圣化凡过程后如何顺其堕落到坤，以及如何再由坤在凡修持通过次第命功到乾的综述过程，其卦的爻位，为次第的功态和具体方法。

从坤→复，乃坤卦初六→复卦初九。复卦，震下坤上。《复》曰："亨，出入无疾，朋来无咎，反复其道，七日来复，利有攸往。"《彖》曰："复，亨。刚反，动而以顺行，是以出入无疾朋来无咎。反复其道，七日来复，天行也。利有攸往，刚长也。复，其见天地之心乎。"《象》曰："雷在地中，复。先王以至日闭关，商旅不行，后不省方。"《复·初九》："不远复，无祇悔，元吉。"《象》曰："不远之复，以修身也。"坤卦初六阴，随阳气初动，一阴刚反，变阳成复卦。这是以坤卦初六阴爻到复卦初九阳爻的变化，来说明一阳初动的功态现象，以及在一阳初动的基础上如何证得一阳来复。

在坤卦中，以站桩静坐来驯致其履霜坚冰的阴凝之道，在站桩静坐破冰的功法道路上，行凝神曰静之实质，配以饮刀圭与调息升降之法，而得阳气，此阳气循经而身热，并且与脏腑藏匿精气有了沟通往来，依赖丹田及经络穴位等太极官的运化，而有阳气初动之象。所谓“刚反，动而以顺行”，刚，为阳气升则刚，是阳的写照，阳升则动；阳升并循经身热正是对“阴凝”的驯致之道，也就是好的事情一定要懂得坚持，为顺行，故而要“动而以顺行”。

初得阳气到一阳来复，要经历行“耒耨之教”的“犁田”耕耘过程，就是得做好谦谦君子，并且常处于卑位，以谦卑之心而辛勤耕耘，谓“谦谦君子，卑以自牧也”；在阳气以人体经络象视野循经而身热至一阳来复功态的过程中，要注意谦谦君子卑以自牧和归根曰静两大要点。其中谦谦君子卑以自牧，为要以谦卑之心，做好以“刀圭”自牧耕耘，既有心态又有实践的坚持和耐心，守好自己这口无价“井”。归根曰静，为从凝神曰静的层次到神、气、意三者归根，成为凝神入气穴的归根曰静。

归根曰静，是凝神曰静中“静”到至静而出现归根的功态结果，也是对静以至静做目标的具象描述。从凝神曰静到归根曰静就需要重视并践行上面的两大要点。“至静”为围绕老子《道德经》：“致虚极，守静笃。万物并作，吾以观复。夫物芸芸，各复归其根。归根曰静。”而言说，它有三个阶段。一是“致虚极、守静笃”的身内与身外的动静二相；二是“万物并作、吾以观复”的一阳初动，在《周易》内丹学上为从坤卦到复卦的初始，为阳气初动，并没现真气；三是“夫物芸芸、各复归其根、归根曰静”的身内与念外的动静二相，并能通过此动静二相，在静中识别五蕴六根的根尘种子。这里又说到动静二相，在这段话讲的三个阶段的两种动静二相，一种为身内与身外的动静，在打坐入静时，身外一切外缘色尘皆空，从内动来说，包括身体整体也为静，而且要到虚极之静，但此静中，还有身体在代谢，念头在动，在此动静中，能一念不乱，意念不散，守其静笃。另一种为在致虚极，守静笃的静中色身为空，为静，只有念动，并能在念的动里，识别念的根尘，及五蕴六根的根尘种子。“万物并作，吾以观复。夫物芸芸”为入极静后的细微之念、往昔所有的根尘种子全都显现，如万物并作样，且每一念种子就是一个根尘因缘，去观照它识别它，观复为返观，也就是观照念头的方法，在返观中这些根尘因缘种子似乎能说话一样讲述着自己的故事，这些念头的出现就是根尘种子的作用，这些种子皆为往昔五蕴六根的妄，观照念头，便觉知根尘。

刚反而动，则是复卦阳气初动的写照，当从坤卦爻变到复卦，则是一阳初动之时。而复卦初九，其一阳初动的阳又刚反，阳气集聚而增加了能量，故有“不远复”之刚动来复，为一阳来复。在一阳初动和一阳来复的功态实质中，以“出入无疾，朋来无咎”对照“先王以至日闭关，商旅不行，后不省方”两者的功态行为要求。如何对照以及提出了什么要求呢？以“出入无疾，朋来无咎”可以随意出入、照会朋来松散的修行与生活要求，对照“商旅不行，后不省方”的至日闭关的严格，一个松散自由，一个什么都不要考虑的严格，闭关不严格，闭什么关呢？是对闭关的行为以及闭关内容进行了规范。为何要这样要求？因为阳气阳刚来复发展本质变化极其宝贵和不易。

这个不易，从坤卦初六的坚冰、阴凝就要深入认识到无明因果所主的坤道法则，懂得坤卦所示的利牝马之贞，实则是以妄逐妄，增加无尽轮回轮转的种子，在强势“阴凝”的坤元世界与无明因果所主的坤道法则里，得其破冰并打破无明的阳气，何其之难；如果没有这个根本的认知，功态到这里就会不知尊卑，就会纯粹的蒙混颠倒，不识真面目的无知与愚昧透顶。《素问·五常政大论》曰：“夫经络以通，血气以从，复其不足，与众齐同，养之和之，静以待时，谨守其气，无使倾移，其形乃彰，生气以长，命曰圣王。故大要曰：无代化，无违时，必养必和，待其来复。此之谓也。”其中“待其来复”就是专指一阳来复，尤其是从经络以通，血气以从的阳气循身，并且达到“与众齐同”的全身皆有阳气气机充满，以此“生气以长”的阳气来养之和之，待其一阳来复。“故大要”就是强调非常重要，“必养必和”的“必”就要明白关键要害，没有什么比这个宝贵，它是一切之必须和万缘放下之必然；要如何做呢？要“静”，静能摄气，要“谨”，谨守其摄受的阳气，然后无使倾移，不要再做消耗和动荡了，内、身、外的消耗要斩断了；要懂得闭关之于一阳来复大要的关键，更要识得何为生命的大要。当“无代化，无违时”待其一阳来复，则可主宰自己身内的阳气。

在一阳初动至一阳来复，就要懂得应该专注“至日闭关”，其“不远之复，以修身也”的大好局面即将出现，闭关修身的时机已到。正因如此，以“出入无疾，朋来无咎”对照“先王以至日闭关，商旅不行，后不省方”来告知这两者的本质状态，一定要发生思想认识以及行为上的改变。从前面所讲也知，一阳初动与一阳来复是两个功态和境界，一阳初动为阳气刚反之初，此时的阳气由于还未发生刚复的本质变化，真阳未出，其阳的根基还不稳定，随时会被“出入、朋来”侵袭。直到初动的阳气，每七日来复，至七七四十九天后，此阳动才变为阳刚，而称为“一阳来复”，此复为刚复，阳气已刚。“不远复，无祇悔”，是在一阳初动的第一个七天后，以“来复”的功态报告消息后，就知道由一阳来复至刚复，已经离得不远了，这样闭关修身做下去，才不会后悔。所以此时“商旅不行，后不省方”，放下一切商旅并且不考虑一切事情，而专注修行。

至于七日来复和七七四十九天的时间概念，取决于是否专注“闭关”的认识以及行为，又由于对闭关见地不明，把这个本来四十九天的时间拉长了将近三年，而且还未见来复的消息，皆为还牢牢把持着习以为常的见识和习气，其改变都难成行，这就好比你怎么放下一切去对待闭关的认识，其刚复的功态就怎么对你一样，来到这里不做改变或者不明改变所愚弄的正是自己。此时的“商旅不行，后不省方”针对“出入无疾，朋来无咎”来说，就不是一个阶段和层次了，从在刚开始的“履霜，坚冰至”的破冰之修中，还可以有“出入、朋来”之行，那是因为从阴凝到阳气出并不是一个手到擒来的过程，所以出入无疾，朋来无咎，并不做严格的要求，但是到了一阳初动的时候，为了能够一阳来复至刚复，并且“见天地之心乎”的刚复阳气入气穴，进入恍惚与窈冥内景，就必须至日闭关，商旅不行，到万缘放下不再考虑任何事情。关于“至日闭关”的“至日”就是一阳初动到来的日子，以此为标志，到了此实证功态后就要闭关，随到随闭。

在“动而以顺行”中，顺的是能使阳气刚复的反复其道，而非顺“出入、朋来”的顺，前一个持续顺行是一阳初动的功态，后者是习以为常的习气与见识的顺。很多人要问，前面出阳气并阳气循经身热就是这样出入与朋来的顺，同样是积蓄阳气，这个“顺”的含义和要求现在为何不一样呢？此时要注意这个概念，阴凝之顺与刚动之顺，前一个阴凝之顺为无明因果法则所主的利牝马之贞，为以妄逐妄，为顺其势而行修行之要；后一个为刚动之顺，为修行阳气初行，刚反之顺。如何就产生了本质的区别呢？为刚动之顺能止阴凝之顺，我们知道阴凝之顺为无明因果所主的法则，为顺势堕落，业障加重，而此时的刚动之顺，以其真阳驯至其阴凝之妄，则可止无明沾染、染浊，其沾染一少业障就不会加重，则出现止顺，则是顺止之法与止顺之道，这也是为什么九易法则里有顺返法则，在实修功态这里言说顺止之法与止顺之道究竟落脚处，就可以跟阴阳法则结合，顺则阴妄不止，反则刚阳来复，就有顺返法则里内证止顺之道。

“复，其见天地之心乎”，此时阳气刚反，复为大好之象，也为大好之境，是其天地万物之所望，同时也说明在阳气刚反的反复其道的过程中，以“见天地之心”而进入九始站功连接内丹的层次，以功态进入藏象内在，具体的功态所指为恍惚功态和窈冥功态，也同时以此“心”在此狭义地指气入下丹田太极官之气穴，如果按其三脉七轮来说为气始入中脉，且下丹田太极官之气穴为中脉上的维度枢纽或者叫做关窍，以此真阳入气穴的中脉贯通“天地”，开始入内景修持，到了这里，就是藏象平衡中藏象内在精气与生理外在平衡的状态。如何平衡呢？有充身修补、外养平人、内持藏象三大要点，从充身修补和外养平人来说，是针对身体言说外养，以此做外养，一本而万利，因为它达到了治未病、平人健康的标准和要求，甚至对于外生理消耗也有了充足的藏象精气能量库给予支撑，因为中脉气穴的关窍已经连接和打通，并且脏腑藏匿精气也被活跃地调动起来了。从内持藏象来说，就进入了内丹内证的范畴，本讲义就不再涉及九始桩在“玄牝门，窈冥机，消息火候，悟禅机”内丹层次的内容。

“见天地之心”之真阳入气穴，气始入中脉而现内景，关于真阳入气穴是复卦重要的特指。除此以外，更究竟的说法应该是此“心”为真如之心，为自性，要在见识上明“心”含义的根本，也就是说，要能在此阶段见性为最好，这个“心”也是处处不离自性。再来说说这个“至日闭关”，刚复阳气“其见天地之心乎”入中脉，才为第一位丹轮的修行，那么刚复阳气入中脉要将中脉海底轮修至纯阳，到《乾卦·初九》“潜龙勿用”有了纯阳之龙炁才成，才成丹轮，也就是说一阳来复固然迎来了“气”机上的本质变化，可是在新的阶段和领域，它也是刚开始而已，这就是为什么要分阶段分层次地对待问题。到了刚复阳气入气穴，先天真阳出，此时的气机就要用“炁”这个字，以代表连通了先天之气。

顺承复卦，而有《乾卦·初九·子曰》曰：“龙德而隐者也。不易乎世，不成乎名，遯世无闷，不见是而无闷。乐则行之，忧则违之，确乎其不可拔，潜龙也。”首先是从复卦的阳在下修此丹轮，阳在下如果不遁世无闷式把此丹轮修成，则有“迷复之凶”，迷复就是从复卦初始而迷，从而到不了乾卦的“龙”炁，我们前面讲要到“确乎其不可拔”的地步，才能松懈，否则阳气从夹脊窍走心太阳藏象，以心的妄动而漏真阳精气。因此对于迷复之凶的走错路和弯路，必须从至日闭关起，继续“隐”和“遁”。以什么来作为标准要求呢？为做到“不易乎世，不成乎名”，不为世风转移，不求功名，甚至“遯世无闷，不见是而无闷。乐则行之，忧则违之”，要把隐居遁世的闭关当成乐事，而不是因烦恼苦闷有所违，圣人把这种闭关遁隐称为“潜龙”的龙德。这种“龙德”一是在这个阶段的修行过程中，要像潜龙般能遁能隐，其修真证道的心耿介如石，毫不因世俗功名与世风看法而转移，要有“潜龙”之精神。二是此丹轮修成后，阳气成为纯阳之“龙”炁，更要有其“龙德”，隐而不发，潜龙勿用。为何勿用呢？那是因为在乾卦里，其阳在下根基不牢，须持续精进方为大吉。在三脉七轮的次第与认识上，第一位太极丹轮，为海底轮。其修持的功态与功法过程为：坤卦初六→复卦初九→乾卦初九。从坤卦“驯致其道，致坚冰也”起始，到复卦“不远之复，以修身也”的“动而以顺行”与“先王以至日闭关”，反复其道，至乾卦初九，潜龙勿用，第一位太极丹轮修成。

我们说从一阳初动到一阳来复，以先天脏腑精气为原料，配以导引存思之法，以神意升降而制气机之实质，把藏匿于脏腑先天之精气导引出来，利用三丹田及全身经络太极官的调制，而行诸事内求采脏腑精气。从道医学分类原则可知，道医的“角色”既沟通起“道”与“医”两者不同体系，又从道→法→术→用层面打通其内在联系，从而分化独立出道医学，在道医学的“道教”和“道士”特殊要素上，就要立于道教发展史和道士的杰出贡献，按照道医学术分类的方法，分类出道医学术体系。融合道教派别在养生祛病的实用性上，就得梳理道教的派系宗别，尤其是最盛名的全真道和正一道，总之，如此繁多的门派宗别，都是建立在“道”信仰体系下，在性命之学上围绕性命双修，而有内、身、外之法脉与法门差别，但无不是围绕内丹与金丹的内证，立身的内炼外养，以及符箓斋醮、积功累德的外用等。从道教门派宗别在法脉与法门的“内、身、外”差别，就形成了不同的门派宗别文化系统。在这样不同的门派宗别文化系统发展进程中，就出现了门派宗别自身独具的显著特色——或内证或身治或外养的文化特征。这种由门派宗别在法脉与法门的“内、身、外”差别所形成的自身文化特征，在养生祛病的实用性的归纳上，就呈现内证、身治、外养的不同结构。

从身向内而有内证修持升华生命、超越自然出世（身心出世或心出世）修行，谓之内证；从身向外而有社会活动属性的遵行教义规则、礼仪规范，积善厚德之世间修行，谓之外养；而结合内证与外养过程中，立足于命功的身和形，在身德上严于律己，在身养上养生祛病，达到世间道德和炼养身形所在的身体发肤皆积极健康之目的，谓之身治。内证、身治、外养结构是融合道教派别在养生祛病上的实用性进行的规律总结，从而形成了道医学术所遵照内证、身治、外养结构规律的分类方法。

损卦：德之修

艮上兑下

损修固阳之道

从德之困辨到德之复本所呈现的辨质见修之道，言明修身健德是治君子立身、立位、立礼之必须，也通过辨则明，明了唯“德”方为济困、济通之本。从而君子修身健德，在复卦以一阳初动引来阳气渐复，以一阳来复之固阳有成，而有阳舒阴疾使阳道得以升，继而君子之道刚反复立，正是损益修身之时。

在治君子系统里，损者，德之修，益者，德之裕，因损而益，因修而裕，正是由损卦和益卦呈现的治君子修身健德之损益之道。《序卦》曰：“解者缓也，缓必有所失，故受之以损。”损卦者，山高泽深，下深则上益高，为损下而益上。损下者，“所失”者为下，能导致所失者，皆为败德之欲，为陋习，故取其下；能增益者为上，能使其益并益而愈高者，为德之尚，健德增益，取其上。

《杂卦》曰：“损益，盛衰之始也。”损下益上以及自损以益人，为盛之始，而损人以自益，终必自损，乃衰之始；损者必益，有益则损，以损益的盛衰转换而言损益法则，其损益法则之要在于损己之“疾”，而益人以阳、以善，其转换枢纽在于健德。损己之“疾”便是遏制嗔怒，止息意欲，以惩忿窒欲之损而修健，使其损而能裕阳、固阳，再行阳政与善政，以益他人；益他人者，既有阳政之益，又有教化之益，教人执损道修德并有德，便是教人而益人之道。

损卦，艮上兑下，为山下有泽损下益上之象。《程传》曰：“为卦艮上兑下，山体高，泽体深，下深则上益高，为损下益上之义。又泽在山下，其气上通，润及草木百物，是损下而益上也。又下为兑说，三爻皆上应，是说以奉上，亦损下益上之义。又下兑之成兑，由六三之变也，上艮之成艮，自上九之变也。三本刚而成柔，上本柔而成刚，亦损下益上之义。损上而益于下则为益，取下而益于上则为损。在人上者，施其泽以及下则益也，取其下以自厚则损也。譬诸垒土，损于上以培厚其基本，则上下安固矣，岂非益乎。取于下以增上之高，则危坠至矣，岂非损乎。故损者，损下益上之义，益则反是。”

损者，德之修也。所谓“君子以惩忿窒欲”，应遏制嗔怒，止息意欲。惩者，遏制、遏止，为艮之止义，又以艮之大而制；忿者，嗔、怒，为震象；窒者，止与息，以坤之和顺而翕；又兑象月，震纳庚，为窒；欲者，以意多言欲，在卦中取艮之求，兑之爱也，爱欲者，求之多、爱之甚成贪，为意多贪求之义；为损其嗔怒暴习与贪求之欲，而修身健德。

在损卦中，山之高喻德之厚积，泽之深喻遏欲之深，而泽愈深则见山愈高，以损欲而益德。孔颖达曰：“惩者，息其既往。窒者，闭其将来，惩窒互文而相足也。”正是因息其既往与闭之将来，才成德之获，遏制嗔怒、止息意欲，皆是修其既往习气，泽水照见既往习气，以在欲而见欲，谓之明，由何而明呢？由震而知，震者何来？阳复刚反而出震，阳盛之兆。以此明，修之既往，使习气不再沾染与污染自身，又被泽水洗涤，谓闭之将来，能闭之将来才能言德获，为修之有成，德获成山；此时，泽水照山愈高，高耸入天际而有参天之势。

损：有孚，元吉，无咎。可贞，利有攸往。曷之用，二簋可用享。

彖曰：损，损下益上，其道上行。损而有孚，元吉，无咎，可贞，利有攸往，曷之用？二簋可用享。二簋应有时。损刚益柔有时，损益盈虚，与时偕行。

象曰：山下有泽，损。君子以惩忿窒欲。

卦辞：损之道必有诚孚，以诚孚治其信德。

彖辞：以损益盈虚之道知天运法度。

象辞：君子应行惩忿窒欲修身健德之道。

损卦，艮上兑下，为山下有泽损下益上之象。损卦之众，坤地震动，则震而成山，有山之势，兑云降雨，损山成泽，而成山下之泽，山下有泽成损之象。山高泽深，泽处山根，剥其山体，使山益高，而损下益上；又泽在山下，其气上通，气为泽生，山体草木得气润而长，为损其泽气而益其山上；损卦下三爻皆有上应，亦为损其下而益其上。从取象而言，为损泽之深而益艮之高。损下益上，损内益外，从修身健德而言，为损欲奉德之象。

"损下益上，其道上行。"其道上行者，有山势上行、泽气上行、求应上行、阳气上行而成损益之道。因损泽深而益艮高，故有其山势上行，山势上行，为剥损其下厚，使其山高，山高则泽卑；卑者，丑行陋习，无以颜面相见者，高者，因损陋习而积成德行也，山势上行为遏制嗔怒、止息意欲之行渐有成山之效。泽气上行以润山，使山上草木丰盛而不被雨剥，使其山能完整山身，为君子完诸其身的立身之喻；泽者，生水气之源，而生水者，为兑云以降雨而有水，水气来于上而复归于上。求应上行，损卦下三爻皆有上应，求应者，为志气上进，为损陋习必益德，也为欲健德必从下损以修身而求诸于上德，志气上进，君子之道，立于身而言志在进邦以图施政有为。阳气上行，自复卦修身一阳来复始，其君子之道立于阳气升固而复反，阳气上行者，为君子之道固升；其嗔怒与贪欲皆为消耗阳气之陋举，损益之修为，为损阴必益阳；正是以遏制嗔怒、止息意欲的方式固阳，阳道固且阳气上行于天，便能睹天运法度而治明，山体愈高喻阳气愈盛。

“损而有孚。”损之道必有诚孚，以诚孚治其信德。“山泽通气，男女有情，六位相应，所以有孚。”无孚之损，称为虽损又还，不能益德，故欲言损见益，必然先治有孚之信德，见孚见益才成损道，损而有孚为修身健德必损而达其本，健而有其根，方能成损道，虽损又还，为明知故犯，恶之甚也，非君子之明，也非君子之信。同时，言健德，必有损信消息回馈而成德。成损道而健德，故曰“元吉”。损道者，必有减损之实，当减损的对象为嗔怒与贪欲之阴习，必然会“无咎”，也由此可见，减损之道为可贞正之正道。

“利有攸往，曷之用，二簋可用享。”利祭祀之往，其告庙之物，以二簋盛之可进献。孔氏颖达曰：“明行损之礼，贵夫诚信，不在于丰。二簋至约，可用享祭。”二簋盛之者，为治损之诚信。曷者，同谒，为进谒，告之义；“艮象宗庙，震主告，告庙之象。”用者，物用，取坤象；二者，为坤数；簋者，礼器；《礼记·乐记》云：“簠簋俎豆，制度文章，礼之器也。”用享者，进献也。《程传》曰：“损者，损过而就中，损浮末而就本实也。圣人以宁俭为礼之本，故为损发明其义。以享祀言之，享祀之礼，其文最繁，然以诚敬为本，多仪备物，所以将饰其诚敬之心，饰过其诚，则为伪矣。损饰所以存诚也，故云‘曷之用，二簋可用享’。二簋之约，可用享祭，言在乎诚而已，诚为本也。”

损道者，言损、言益、言盈、言虚，皆因时制宜，损其当损之物，益其当益之事，谓“损刚益柔有时”。何为当损之物？为损者应损其事因以及成物之因，《程传》曰：“天下之害，无不由末之胜也。峻宇雕墙，本于宫室；酒池肉林，本于饮食；淫酷残忍，本于刑罚；穷兵黩武，本于征讨。凡人欲之过者，皆本于奉养。其流之远，则为害矣。先王制其本者，天理也；后人流于末者，人欲也。损之义，损人欲以复天理而已。”

损疾

初九：已事遄往，无咎。酌损之。

象曰：已事遄往，尚合志也。

六四：损其疾，使遄有喜，无咎。

象曰：损其疾，亦可喜也。

损卦初九以阳居下，上应六四之阴，初九应四为心志相合，值损下益上之时，为阳上行，故速辍所为之事而往，无咎。初应六四，遇三为滞，如其身疾，虽可速往，但必有所酌损。已者，止也，结束之义；事者，祭祀，郑玄注："事，祭事也；遄者疾、快速；酌者，择取也，郑玄注："酌，犹取也。"

损卦六四应初，遇六三相嫉生疑而为滞，影响其相应相合而成疾，待初九遄往，以损其恶疾，解其疑滞，而获喜。疾者，病患，取巽之弊为象，有以震对巽，而能损其疾；喜者，为兑之悦。王弼曰："履得其位，以柔纳刚，能损其疾也。疾何可久，故速乃有喜，有喜乃无咎也。"

损疾。为损六四之疾。初六与六四解有疾象，而六四言疾，为见阳为滞，立于阴为疾；初曰"遄往"，四曰"使遄"，实际上为以阳济阴，以阳损阴疾，非初六酌损之自损，而是前往损六四之疾。为何在初言酌损呢？为要牺牲初九之阳气，损阴疾必耗阳，这是初六需要酌虑的地方，但既然言"遄"之速，说明损其疾之所为刻不容缓。《程传》曰："初之益四，损其柔而益之以刚，损其不善也，故曰损其疾。疾，谓疾病，不善也。损于不善，唯使之遄速，则有喜而无咎。人之损过，唯患不速，速则不致于深过，为可喜也。"

以初九阳刚遄往损六四之疾，实为以损刚益柔而损下益上。以下益上，非损己疾而损他疾，速去而有功，居功则不能言功，疾者，阴欲也，所谓惩忿窒欲，必然有去恶之责，故而非功。从"尚合志"和"亦可喜"可知，损疾有成。

窒欲

六三：三人行则损一人，一人行则得其友。

象曰：一人行，三则疑也。

六五：或益之十朋之龟，弗克违，元吉。

象曰：六五元吉，自上祐也。

损卦自六三以上三阴并行，三阴处一阳上而一阴下，呈现三人同行则减损一人，一人独行则遇友之象。六三应上九，为得友之象，《程传》曰：“上以柔易刚而谓之损，但言其减一耳。上与三虽本相应，由二爻升降，而一卦皆成，两相与也。初二二阳，四五二阴，同德相比，三与上应，皆两相与，则其志专，皆为得其友也。三虽与四相比，然异体而应上，非为四之同行者也。三人则损一人，一人则得其友。”

损卦六五以柔顺居尊，虚己而下人，虚其中而应阳刚之二，为虚中自损而益天下。朋者，古代贝壳货币，五贝为一串，两串为一朋；龟者，以取艮象，言惩忿而窒欲不食之象；弗者，不也；违者，违背、背离也；上者，上天也。十朋之龟，以卜而决，虽龟筮不能违众人之公论，“谋从众则合天心”，非鬼神佑之，而为众益之佑，因合天道，而天佑；所谓“弗克违”，为因众合而天佑之。

窒欲。欲者，意多言欲。六三值当损之时，而六五值当益之时；当损者，三人同行减损一人，为损其多者，人多者意多，意多则欲多，而应之又少，只能有一人遇友，当损之时则损，是损之有法。当益者，六五居尊而不自专，不违背众人共论而能益天下，为当益之时则益，为益之有度。损之有法，益之有度，正是窒欲之表现，当损之时，人神不能违，必损而益天下；损其多欲，克其已欲，以损者损有余，而益者益不足，成损益之道。

固阳

九二：利贞。征凶，弗损，益之。

象曰：九二利贞，中以为志也。

上九：弗损益之，无咎，贞吉。利有攸往，得臣无家。

象曰：弗损益之，大得志也。

九二刚中居阴位，志在自守，不肯妄进，不减损而反增益。二上应六五之君，六五居尊且以柔行中道，征者，行也；失其贞正而凶，守中则贞；弗损，为不自损；益之，为益其六五之上。林氏希元曰："九二在爻则为刚中，在人事则为志在自守，不肯妄进。志在自守，不肯妄进，九二之贞也，故占者利于守贞。若征行，则是变其所守而得凶矣。夫自守而不妄进，宜若无益于上矣。"所谓"多言数穷，不如守中。"正是如此。

上九处损之极，损极则益，故有不损反益之象，得正固乃是不损反益之吉祥所在。上九居位之极，下应六三，一人行则得其友，无人多意多之私欲横行，故以其正应得吉，又乘五应三，利有所往，可大行其志。得臣无家，为因公而忘私。臣者，臣民也，取艮乘坤之象，所以言得臣，坤者顺归也，故有人心归往。家者，取艮象，以艮化坤而言，艮化坤而无艮无存，故言无家。

《程传》曰："凡损之义有三：损己从人也，自损以益于人也，行损道以损于人也。损己从人，徙于义也；自损益人，及于物也；行损道以损于人，行其义也。各因其时。取大者言之，四五二爻，取损己从人。下体三爻，取自损以益人，损时之用，行损道以损天下之当损者也。上九则取不行其损为义，九居损之终，损极而当变者也。以刚阳居上，若用刚以损削于下，非为上之道，其咎大矣。若不行其损，变而以刚阳之道益于下，则无咎而得其正且吉也。如是则宜有所往，往则有益矣。在上能不损其下而益之，天下孰不服从，从服之众，无有内外也，故曰得臣无家。得臣，谓得人心归服。无家，谓无有远近内外之限也。”

固阳。九二以不变其所守而益上，其“不变其所守”者为守阳，守阳者，固阳之道。以固阳之道，而益六五之志，实为固六五益天下之志。固阳之道，自复卦一阳来复阳气得固，使君子之道正行，而成修身之复，在损卦，固阳之道仍是一卦得失之本，无阳道之固，则无言损益。从九二不自损而益上，以己固阳之道而行奉君之实，实为君子之范。上九不损反益且大得志之益，也在于上九正固，正固得臣，臣顺从而得大家，因大家之大而见无家，因正固而得公。正固者，正是损卦阳气升于天之象，见于天而能见天下，故以无家言大家。所以固阳之道，为修身健德之贞正之道。

德之修

从治君子修身健德而言损益之道，围绕“修”与“裕”，呈现德因损而益、因修而裕的变化关系，正是从损卦德之修到益卦德之裕的过程。修者，为在身修身与处世改过，立身处世而修善；裕者，为固阳而阳气裕，善足而德裕。

修身。立于损卦言惩忿窒欲，以遏制嗔怒，止息意欲之德修，而正损之名。忿者，震象；欲者，艮之求，兑之爱；在损卦，因取象而使惩忿窒欲贯穿整个卦体和爻体，可见损之又损是修身之迫切需要，非某爻之重任，当值损者，应知损之大义。言修身是因为嗔、怒、爱欲、贪求……皆为人之身欲，损其身上陋习与贪求，是修身之要义，欲者，意多言欲，值六三当损之时，当损一人，为损之有法，而六五当益之时，又益之有度。损之有法与益之有度为窒欲修习之损其多欲、克其己欲之范式。损下益上者，丑行陋习为阴，凝重下沉，不仅要损，还得受泽水侵蚀使其习气剥落，使习气不再沾染与污染自身，才有德之高洁，益上者，因损道而有益道上行，呈山势上行、泽气上行、求应上行、阳气上行之德升之兆，实为修身之功。

言修身必然损疾，何为疾？疾为有病在身，不治则有亡身、亡命之祸，故除身之疾病，使身体健全、健康在谈修身健德之先，若因疾而损身，则失去修健之本；若把嗔、怒、爱欲、贪求……等人之身欲定义为陋习，那么言“疾”，则是较嗔怒与意欲更重之“欲”，此种疾、欲如病随身，不治则有亡命之祸，故损疾重于惩忿窒欲，并行于先。从复卦言阳舒阴疾始，修身损疾成修身第一实务，阳舒阴疾，也是阴疾得阳之利的真实写照。

什么样的“疾”有亡命之祸呢？损卦以山下有泽立象，泽水之深而剥其山根，使其丧失立山之本，言泽水深者，为有疾并深而重之义，剥其山根，如重疾损人之命，会导致生命之根本倾覆。在六三当损之时，当损一人，为损之在外，而身之大疾在身，其身重之欲在内，以“疾”言，言以“损”之道损其身疾迫在眉睫。为何损卦德之修在复卦德之本之后呢？便是辨阴疾必以阳照；自复卦一阳来复阳气裕而刚反，有阳德以照之，以此方能辨身之阴疾，因为深重之阴疾，早已伴身，习以为常而无法自觉之，有阳德以照而察，方明德之修应修在何处，故损之明，在阳复刚反之后，以阳德照阴，使阴疾无所遁形，同时阴疾得阳德养之而舒，正是修在“疾病”处。

在损卦以初九阳刚遄往损六四之疾，以下益上，立于初九言损他疾，立于六四为因损已疾而益已身，初九有损者，为损其位，因初九需离已位而前往为六四损疾，故而初九阳未被损，反而因去六四之疾，使损体顺畅，能与其相应。修身先损已位，是损卦修身言损疾之要，居位则会被“位”所牵绊，或因位而无法为六四去疾，六四疾不舒则无法有应，整个损体便无法行其上行之势，因此在乎已位与贪恋已位皆为大害。也正因初九以阳舒六四阴欲之疾，关联整个卦体阳道上升之势，故而初九有去恶之责，不能居功，反之修身亦然，处损卦，损疾为损之首责，损疾必然得阳以养，而阳裕必然上行，使“其道上行”是山泽言阳气升发的自然法序。从初九离已位前往为六四损疾而言，初九既损已阳，又损已位，看似得不偿失，但他却以已位与已阳，能去他疾，损自身而益他体，这便是君子的匹夫大责，也是君子之于邦体的重要所在。表面上看既损已阳又损已位，实则初九与六四为心志相合之应，初九为六四损疾事件，为阳气在正确的阳气路径里——阳气经络里运行、舒发，初九阳气并非有损，反而因损疾之善而又得善之阳德；阳气生发而有裕，作用在于循环，言固守而非死守，其阳气在正确路径里如端循环，便是阳善之道，初九便是如此，虽离已位，但因阳损阴疾，实则为以阳布政，行阳善之道，为何阳裕则有善，且一定要言善，便是此理。

修善。立于修身之损益言善者，为陋习退、阴疾消而善自出，所以陋习与阴疾是碍善之要，此善为身善，当陋习傍身时，其嗔、怒、贪求……横行，自然无善可言。善自出者，如损之山势耸立而出，君子完诸其身当立善为首要，泽水生水气以养山之草木，为损体自有养善之道。损体养善者，是以损其陋习与阴疾而自成善。对比损卦言惩忿窒欲修身，在益卦不言修身而言改过，改过者，为改其无善政之过；实则立于善政，而言以善政惠民之大善，非个人善举之小善。如果说损卦言惩忿窒欲重在修身，是君子立身修习之道，而以善政言改过者则偏重于处世，是君子处世行善之道。

德者，性也。明心见性既是义理又是功态，明心是义理，见性是功态。从养正止学来说，内在无明染浊导致的堕落根本，让我们无法在当下的生命状态下去主导先天之因，也就是说无法从止堕落的前提入手，也无法从无明染浊的先天之因去解决消耗的根本，那么就要求我们在当下的生命状态中，找到那个转换枢纽——德，认清德的阴阳法则属性，积不善之失德，阴气加重，会加剧精气神的消耗；反之，正德升阳——积善厚德则会蓄养精气神，损修固阳，以阳裕而健德，从而以改变六识因缘能量体的结构，把对健德之损修做在当下，使其因损而益，因修而裕，让德之修不再成为空谈。在执妄迷失图与正坤返乾修真图中有一个连接转动的“中轴”，其真相便是“德”的阴阳法则属性的转化。执妄贪着则失德，内证阳蓄则厚德。所以“以德而证”是一切最 广阔的视野和转化的核心中枢，无有超出此等精妙与直达根本的。

益卦：德之裕

巽上震下

益阳裕德之道

在损卦，以损之道，损其当损之物，益其当益之事，正是以德之修来损欲而益德，损者益之，益者损之，以损卦和益卦共同呈现了立身修习与处世行善之损益要义。修者，在身修身，立身处世而修善；裕者，为固阳而阳气裕，善足而德裕；围绕德的“修”与“裕”，正是处益体而行益阳裕德之道。

《序卦》曰：“损而不已必益，故受之以益。”益卦者，雷风相益而相帮，“巽震二卦，皆由下变而成，阳变而为阴者损也，阴变而为阳者益也。上卦损而下卦益，损上益下，所以为益”，以益继损，为损极必益。《杂卦》曰：“损益，盛衰之始也。”损，损阴疾而当阴衰之始；益，阳裕固其本元而当阳盛之始。损益者，损益二卦以盛衰相依，呈现德因损而益、因修而裕的变化关系，亦是从德之修到德之裕的过程。

益卦，巽上震下，为雷风相益而损上益下之象。《程传》曰：“为卦巽上震下，雷风二物，相益者也。风烈则雷迅，雷激则风怒，两相帮助，所以为益，此以象言也。巽震二卦，皆由下变而成，阳变而为阴者损也，阴变而为阳者益也。上卦损而下卦益，损上益下，所以为益，此以义言也。”巽上者，风从天来，益损上驭风使万物生发，雷自地发；震下者，雷自地发，驾雷以动而益震气，以此成天地生化之功，益卦九五居尊，中正应二，正是以上惠下利益万物之体。

益者，德之裕也。所谓“君子以见善则迁，有过则改”，应改过以修，见善而行善，以促德裕。对比损卦遏制嗔怒、止息意欲修习之“遏”与“止”来说，在益卦言“改”，改过则益，可见通过在损修身，而习气渐浅淡，是损益之道有成效之见。裕者，富裕也，为善富而德裕，可见修身虽重在修持习气欲望，更重在积德行善，所谓见善则裕，见善者，为见他善，更行己善，以行而见，强调善行在己身。益卦以雷激风烈立象，雷风相益，修习与行善相得益彰，修身之行为在已身，而行善的对象在外，为由身向外之法，实为德裕而布施。李光地曰：“雷者动阳气者也，故人心奋发而勇于善者如之；风者散阴气者也，故人心荡涤以洎其恶者如之。”

益：利有攸往。利涉大川。

彖曰：益，损上益下，民说无疆。自上下下，其道大光。利有攸往，中正有庆。利涉大川，木道乃行。益动而巽，日进无疆。天施地生，其益无方。凡益之道，与时偕行。

象曰：风雷，益。君子以见善则迁，有过则改。

卦辞：以利益万物之益道而利涉大川。

彖辞：睹天施地生之法，明损上益下之惠道。

象辞：风雷相益，行大善在于惠下泽民。

益卦，巽上震下，为雷风相益而损上益下之象。在益卦中，坤者地，以地载众、载物；震者，雷动也；巽者，以入收气；为地吐气而巽收纳，终成雷霆，风自天来，雷自地发，而成益体。益体者，风雷相益而万物生发，“阳变而为阴者损也，阴变而为阳者益也”，损上益下，以下厚而上安。益者，增益，资益，器满水出而溢，器者震，水者坤，风者巽木，为乘木而顺风行舟，故利涉大川，又“九五居尊，中正应二，以上惠下，利益万物，动而无违，故利有攸往也”。

益卦中坤之成，为乾损一刚变而成坤，为以刚益坤柔，坤成且顺，有损上益下之象，又初阳应四，阳富在下，为藏富且增益于下，坤成则民归，民归于下，有藏富于民之象。无疆者，无有穷尽，在坤卦言“德合无疆”，在益卦因损上益下且民富而健德。《周易本义》曰：“为卦损上卦初画之阳，益下卦初画之阴，自上卦而下于下卦之下，故为益。”自上卦而下于下卦，正是以上而增益下，为益之本体。

“中正有庆。”在益卦五以阳刚中正居尊位，二亦以中正应之，二与五皆得中正，为以中正之道增益上下，九五得阳而居天下，故益者益天下也，天下民富得归，民富受福为益有实体，故福益有庆。此庆，庆于民之自发，也庆于君之有德。由此可见，益卦虽言损益，损上而益下，实则皆益，民居下富而益，君居上健德而益，因中正之道大行而皆得其益。

“其道大光。”大光者，为损益之道大光、增富于民大光、中正之道大光、修身健德大光、积善改过大光。“损益，盛衰之始也。”因损益而有盛衰者，损其恶行陋习，则德健而盛；益其阳刚，则阴疾自衰，故而有借损益而行固本之道，本固则德厚，德厚则善多，善多则民来归。自以损益之道言修身健德，当值益卦可见修德既在己身，又在行善，大善在于泽民，其德自健，且有德果。

“木道乃行。”下震上巽，皆木之象，木遇水成舟，雷风化雨而成水，水成以行木，又以坤顺而行，为顺行。言木道者，取象巽，既有巽木当益后的生发之状，又有木乘水的舟船之利。因生发之益而言天施地生，因乘木有功而言利涉大川。

“日进无疆。”日出而万物进益之象，为益卦以“日”言阳之卦眼，阳者济阴之道，修身损习之必须，阳者德也，积善德果之兆。震动为德动，巽柔为善柔，皆为善进德健之大兆，善进德健普益于民，故曰“无疆”。

在卦中，乾损一刚而变柔成巽，故巽成为天施；震承坤体，犹地所生，故而形成雷风相博，万物生发之益象，此益，因天地法序参与其中，故“其益无方”。其益无方之因，在于健德之阳积蓄于九五，积善之柔积蓄于六二，上有德而下有善，以日进无疆之德、善，成其益无方之大象，其益因德与善行，皆有实体，非精神之兆，故而民悦。民者，天地之造化，天地益而成人，造化者，天时地利人和备具，方能益，故“与时偕行”。李光地曰：“雷者动阳气者也，故人心奋发而勇于善者如之；风者散阴气者也，故人心荡涤以泊其恶者如之。”

助益之道。从天地生化之功以及万物生发的大益之象，当得助益之道。以天地大益之主体，师法天地以法序助益之，立损修益德的治君子之益体助益之，行借舟船之利修善而成其“益”善之体助益之，以此三者交相助益，以益阳裕德的德之裕，化益为教，见“其益无方”而大得益，使其成最能交相助益者，成其凡益之道，与时偕行之功。

师法天地以法序助益之，此为益卦以生化言利万物之大义，之所以能益，在于天地的大生之德，风雷相益而万物生发为“益”之主体，助益之道大者，无外乎天地生化益万物之功，根于大益之体，方有其他助益之道。立损道修身助益之，损益二卦之所以能盛衰相依，在于损者益之、益者损之，损益之道能相互转化，尤其是损修益德为“益”治君子之主体；损修益德之益，为在损修身，在益益德，并且修身则益德，损益之体又同时兼有“修”与“益”并存；益体言修，相比损卦损疾与去欲来说，在益卦言“改”，且为改“过”之，以“过”相比亡命之疾、嗔怒、爱欲、贪求等疾与陋习，其习气逐渐浅淡，且“改”相比“遏”与“止”来说，修之深度与力度亦变轻微，从惩忿窒欲到有过则改，是以损益之道修身健德之成效。借助舟船之利修善助益之，以“木道乃行”的舟船之利，广结善缘，广修善政，大行立身修习与处世行善的“益”善之体；雷风化雨功在天地，而借助舟船之利广为顺行，功在人为，以木乘水而济大川，是君子志存高远之处，亦是以善益四方之举，“利有攸往”与“利涉大川”之四方，正是益善所存之地。

益志

初九：利用为大作，元吉，无咎。

象曰：元吉无咎，下不厚事也。

六四：中行告公，从，利用为依迁国。

象曰：告公从，以益志也。

初九阳刚居下，与四应且被四所任，利用所任兴办大事。作者，震起之象，大作，以震起而行耒耜之利，虞翻曰：“大作谓耕播耒耜之利。”耒耜何来呢？为益卦取象耒耜，震为犁，坤为田，巽为风，震起惊蛰，艮为种子，故有随惊蛰雷起而大行耒耜之利。行耒耜之利者，民也，民居下，是受益之主体，民受益则德政有为，且君上不与民争利，此为民大作之大时机，故曰“元吉”。初为四所任而大作者，但言“下不厚事”是因为“初九潜龙，位未崇，诚未孚，本不当任厚事，故不如是，不足以免咎也。大吉无咎者，非尽善则咎，小善不足以称也”。说明初九之富不光是为损上益下而受益，其积德行善之功定要亲力亲为，才能厚德。

六四当益时，既与下应又近君，虽未得中但居正。《周易本义》曰：“三、四皆不得中，故皆以中行为戒。此言以益下为心，而合于中行，则告公而见从矣。《传》曰：‘周之东迁，晋郑焉依。’盖古者迁国以益下，必有所依，然后能立。此爻又为迁国之吉占也。”六四虽阴但能益下，又因非君位，故不敢自专非中但执中道其事，以告之于公而显无僭越之心，以此坦诚之心，天下皆顺从，顺则益也，上益君，下益民。为依者，上承九五而益其志也；迁国者，下顺初九之民而行其事。

益志。值益下之当体时，初九成受益之主体，正因受益，在益体中当是初九立尽善积德之志之时；尽善者，为尽耒耜之利之本分，做好本分之事，为其尽善，尽善则增富已身，从初九阳刚已成可知，初九成震之主，同复卦一样，阳固成刚则出震，阳固者为受增益之富，出震者为有积德之健；尽善积德之初九者，厚已且益他，从下不厚事，到下能厚事，便是尽善积德之功。正因初九固阳与积善，而成震之卦主，初九毕竟其位居下，想在益体参与益无方之大益，尚需从益志始，从本分之事做起，方能使益有实体，故而初九以受益之主而立尽善积德之志。《程传》曰："居下而得上之用以行其志，必须所为大善而吉则无过咎。不能元吉，则不惟在已有咎，乃累乎上，为上之咎也。在至下而当大任，小善不足以称也，故必元吉，然后得无咎。"

六四益志，虽言益志实为从志，从君之志，六四近君能睹君治益而益天下之大志，位虽非中但执中道其事，实则代君践志，代君行大事者，为行大善之举，故而有德。告公者，为获信于上下，使君信亦使民顺，为治其明德与信德。

《程传》曰："以柔巽之体，非有刚特之操，故利用为依迁国。为依，依附于上也。迁国，顺下而动也。上依刚中之君，而致其益，下顺刚阳之才，以行其事，利用如是也。自古国邑，民不安其居则迁。迁国者，顺下而动也。"六四益志，以"为依迁国"，通王臣之志，同时六四应下初，有育物之责，育物者为居益体而育民尽善积德之志。

益善

六二：或益之十朋之龟，弗克违。永贞吉。王用享于帝，吉。

象曰：或益之，自外来也。

九五：有孚惠心，勿问，元吉。有孚，惠我德。

象曰：有孚惠心，勿问之矣。惠我德，大得志也。

六二虚中处下，体柔应五，以居下而受上之益，其象“或益之十朋之龟”与损卦六五相同，郑氏维岳曰：“王用享帝，言王用六二以享帝也，古人一德克享天心，又曰吁俊尊上帝。”帝者，帝出乎于震；自外来者，言九五也。《书·尧典序》曰：“昔在帝尧，聪明文思，光宅天下。”疏：“帝者，天之一名，所以名帝。帝者，谛也。言天荡然无心，忘于物我，公平通远，举事审谛，故谓之帝也。”六二中正虚中，能得众人之益，为求益，而求益之道，非永贞而安能守。郭雍曰：“或益之，人益之也。十朋之龟弗克违，鬼神益之也。王用享于帝吉，天益之也。天且弗违，况于人与鬼神乎。”

九五居中得正，值益体而损上益下时，有信而施惠于民，天下大受益道之福，王弼曰：“得位履尊，为益之主者也。为益之大，莫大于信。为惠之大，莫大于心。因民所利而利之焉，惠而不费，惠心者也，信以惠心，尽物之愿，固不待问而元吉，以诚惠物，物亦应之，故曰有孚惠我德也。”在益体，九五当位，又有六四承之，六二应之，二与四又共坤体，益志有成，益道大行，民皆交孚来惠君之德。惠者，怀恩，推恩也，《书》曰：“皇天无亲，惟德是辅。民心无常，惟惠之怀。”故，不问而元吉可知。

益善。六二以柔居刚，柔为虚受，故为虚中求益，二与五应，五尊且刚，又有惠下之心和惠下之德，故而六二益善为有阳应而固守其阳，以补身虚而益。九五以阳且实履中，为有孚之象，“以九五之德之才之位，而中心至诚在惠益于物，其至善大吉”。九五之益善，为因益惠天下而为至善，天下受大福，故天下之人无不至诚爱戴益之君，惠我德者，善去而德来，君行大善而民益之，故民能惠我德，此种惠益天下之通理，不问便知元吉何在。郑维岳曰：“损之六五，受下之益者也。益之九五，益下者也。损六五受益而获元吉，益九五但知民之当益而已，勿问元吉也，此惠心之出于有孚者也。然上虽不望德于民，而民固德其惠矣。其德其惠，亦出于有孚也，故曰王道本于诚意。”在益体中，其益无方之因，在于健德之阳积蓄于九五，积善之柔积蓄于六二，上有德而下有善，以日进无疆之德、善，成其益无方之大象。

益凶

六三：益之用凶事，无咎。有孚。中行告公用圭。

象曰：益用凶事，固有之也。

上九：莫益之，或击之，立心勿恒，凶。

象曰：莫益之，偏辞也。或击之，自外来也。

六三不中，阴柔失正，为不当得益者，故而当以治其诚信而行中道，用圭璧以通信达诚；圭者，圭璧，为礼器，《周礼·春官》曰：“以玉作六瑞，以等邦国：王执镇圭，公执桓圭，侯执信圭，伯执躬圭，子执谷璧，男执蒲璧。”何为“益用凶事”？为以凶警善，凶事者当知凶因，从而积德行善以改其恶。《程传》曰：“凶事，谓患难非常之事。三居下之上，在下当承禀于上，安得自任擅为益乎。惟于患难非常之事，则可量宜应卒，奋不顾身，力庇其民，故无咎也。下专自任，上必忌疾，虽当凶难，以义在可为，然必有其孚诚，而所为合于中道，则诚意通于上，而上信与之矣。专为而无为上爱民之至诚，固不可也。虽有诚意，而所为不合中行，亦不可也。”

上九以阳居益之极，非能益于他人，反而求益之甚，故人所共恶。孔颖达曰："上九处益之极，益之过甚者也。求益无厌，怨者非一，故曰'莫益之，或击之'也。勿，犹无也。求益无已，是立心无恒者也。无恒之人，必凶咎之所集。"

《案》曰："卦义损上益下，则上者受损之极者也。若以受损为克己利下亦可，而爻义不然者，盖能克己利下，则受益莫大焉，不得云受损矣。故损上以处损之终，自损之极，而得益为义。此爻以处益之终，自益之极而得损为义。《书》云：'满招损，谦受益。'两爻之意相备也。"

益凶。六三与上九皆有凶象，言益凶，非执其凶事而行凶，为以凶事行警戒之实，明凶何在，当以凶事为戒。处益体而益凶。《书》曰："惟固其心志，允执中道，以拯救凶荒，始得无咎而益之也"。行善而改恶为言凶之要。值益体时，皆行损益之道，从陋习上说，损在己身，在于阴去而积阳，为修身健德之修要；从利益上说，损在己身，在于惠他而益德，为尽善积德之要，以此两要，虽言益，实则重在损，其上九专欲益己，其害大矣，以己之私欲，便忘却益道何在，"立心勿恒凶，圣人戒人存心不可专利。云勿恒如是，凶之道也，所当速改也"。

德之修

裕阳：有修身、修善之损益之基，便有阳裕与德裕之修果。所谓损益者，常理为损阳益阴，以阳之刚使阴富足，从德之裕而言，皆因阳足才能得其要义。所谓损阳益阴，在益卦为乾损一刚而益坤阴，以此成其益卦体，从复卦始，育阳与固阳皆是言修身健德之核心，言损阳益阴者，应该理解为损其阴去而固其阳来，使其阴阳自身转化，相互富足，阳者非损且蓄阳得固，阴者以阴转阳而富足，阳道裕才是振济之方。从修身而言，其嗔怒与贪欲为阴，且积重而成阴疾，皆是消耗阳气之陋举，消耗阳气减损福报而不能自察，反之，以损益之修身之道，损阴必益阳，阳气上行，也是德的阴阳法则属性所赋予。以遏制嗔怒、止息意欲的方式固阳，损而益之，益而损之，反复其道，其道必大光。

裕阳者，在损卦九二以不变其所守而固阳，并以已固阳之道益六五之志，从而使自身阳固又益六五。这也是为何言固阳之道仍是损卦得失之本，因无言固阳之道，则无以言损益，使其损而失去损之基，益而无益之体。损卦九二以己身固阳之道并行奉君之实，成为君子奉君之范式，这也是治君子在损卦与益卦的最佳落处。也正因如此，阳道足，其阳才能散播其阳利，才能以阳裕之阳利得见大家，继而进尽善积德之大志。

裕德。在损益二卦，以损益之道，通过言修身、修善、裕阳、益凶、益志……而达健德之最终目的。正因唯德能通所有、能济所有，健德成为治君子之范式，这是发乎德性之“元”而利永贞之首要之事。损卦重言修己身，在益卦重言行大善，无论是什么角度和方式，最终的落点皆是健德，健德且使德裕，使社会立于君子而自有源动力，也是邦体向上的根基。在损益之道中，“害生于嗔忿，患生于贪欲，惩忿则刚克，窒欲则柔克，刚柔之德立，则患害无所由也。”惩忿窒欲之卦体，又得雷风相益，修习与行善皆能相益，既有修习己身之要，又有立身向外行善之法。山之高喻德之厚积，泽之深喻遏欲之深，而泽愈深则见山愈高，以损欲而益德；同时，下厚则上安，故益下民为大益，益下民必依善政，故行大善在于泽民。

益德。益德与裕德的不同之处，在于立身修习与处世行善的损益之别，裕德在于阳裕而德裕，着重于立身修习，以损自身陋习而益身德之体，其损益之道发生在自身，其修习的对象在于障德以显的诸陋习，损其诸妄则见身德之长，如拨云见日；益德在于善裕而德益，着重于处世行善，以善大益四方而自益善德，其损益之道发生在善行上，其修习的对象在于能行其益道之善，尤其是诸交相助益之道，能成其益阳裕德的德之裕；当善益而德益时，其善者大，健德亦大，尤其是立于天地大益之主体，行与时偕行的“其益无方”之善，是大益而无损之道。欲大益必行大善，而大善必先立大志，继而明了如何借舟船之利行助益之道，广为引以为援，而大善益德之举莫过于引位以政以及引教以化。

损者益之，益者损之，以损卦和益卦共同呈现了治君子的立身修习与处世行善之要义；修身立身重在己身，改过行善政重在入世。而损之道，既以惩忿窒欲之损而重修己身，又以教化之益，教人执损道修德而益他人，成其入世之阳政，虽“益”有益卦之体言益，但损体以损之道德修，自有损体之益，如六四因损疾而益身，九二以不变其所守而守阳益上，更有“损下益上，其道上行”阳气上行之大益。言损之大益则有善，君子之道，立于修身继而进志以图施政有为，为积善有方。

善政者，以一政之善益四方之民，故有善之大，善之大则有君子之道大。益善而谋善政者，有益卦九五为典范，九五之益善，使天下受大福，既有惠下之心又具惠下之德，有如此之大善，便有日进无疆之德健。虽睹大善切莫丢小善，能成其大善者，需如九五当位，有位之高、位之大，才能确保善政之大，而损、益卦体者，唯九五一人耳，故修身健德更在乎小善，小善者，修身正己之善，遏制嗔怒、止息意欲便是善，能行大善者为天运择之，虽然其中有因果之理，但立小善之修习，而发行大善教化之宏愿，正是君子尽善积德之志。

恒卦：德之固

震上巽下

德固恒养之道

在损、益二卦，呈现了德因损而益、因修而裕的变化关系。损者，以惩忿窒欲之修身与善政惠民之修善而有德之修；益者，以固阳而阳裕与阳足、善足而德裕而成德之裕。阳裕、德裕则固，而有德之固。德之固者，恒也，以德固恒养而行天地恒久之道。

通过损而益之与益而损之的损益原理，我们知道其陋习与阴疾皆是消耗阳气之陋举，消耗阳气减损福报而不能自察，使其有处剥、困之累，通过遏制嗔怒、止息意欲之惩忿窒欲来修身，陋习退、阴疾消而阳善自出，其本有真心因无明消退而光明自现。此善者，为立身修持的阳德之善，对比阳德之善，还有进志入世善政之善，阳德之善为内善，善政之善为外善，阳德之善与善政之善因善性相同而无大小之别，只因善政之善惠及面大，有众而大的错觉；从德证而言，阳德之内善要优越于外善，虽无大小之分，但有内求与外求之别。凡立于修身健德而言善者，普世之大善必有修身之小善为基，但都依赖君子之健，君子健，而能处世立位，以当位之利行德政，则有惠民之大善出。

陋习退、阴疾消而阳善自出，呈现在健德上的阴阳盈虚变化关系，为德的阴阳法则属性所赋予。阳善自出必固德以养，德之固者，恒也。《序卦》曰："夫妇之道，不可以不久也，故受之以恒。恒，久也。"恒者，久也，雷风相与，而恒益，刚上柔下刚柔相应而恒久。风雷有益，雷风相与而有恒益，恒益者，以益为基，而有修身健德之阳善自出，益自体又益外体，益而恒养，则有恒固，恒固者，则恒久矣。

恒久之道。万物因时常变易而成不易之旨，故万物皆不可长久处恒道，既然处恒体言恒且久，那么如何能久？《彖辞》言“日月得天而能久照，四时变化而能久成”。此“天”谓之道，能使其久照、变化者谓之德，无外乎道体德性之本体，唯道具恒久之体，唯德具恒常之性；天地相遇，阴阳合德，此为天地之恒德，天地之大德恒常之，要有明德以识天地之恒德，继而证道与道合德，则得恒。恒常不易者，为道体德性之本体，居常变易者，为基于不易之恒德而显变化之性，使其能变以及有变化之规则者，法序也；故以德不易之本性，依变易之法序，而有天地万物变化之象，万象所变者，不过循环往复且变易有序之恒变。洞明不易之性，明晰变易之法，明辨恒变之象，依性→法→象程式，则得恒道。

观其易体，除乾坤二德外，唯恒体以久且常之道言“恒”。在恒卦，天地之道之所以恒且久，日月之所以能久照，四时之所以能久成，皆德性使然，而德、法以序则呈恒变，故而雷风相与，巽而动，皆尊序、履序以利万物，依性→法→象程式而呈万物变化之象，为利恒。利恒之道，在于以法序生化而能利，处恒变而知恒之不变，再以利能养，为恒养。在恒卦，以男女和合立象，在于以阴阳平衡且相互助益，既言利恒，又言恒养，以此两者而恒益，则得恒之法序大要。处恒能恒益，则得恒之亨通，以利、以养、以益而致通，虽处恒变而无咎也。恒者亨通，以恒之亨通之道言健德恒养，为大益万物的贞正之道，故曰利贞。

处恒体以恒道来治君子，为健德来恒养其德。如何恒养其德？为处困体困穷而通，德辨而明，唯德方为济困、济通之本，唯德能通所有、能济所有，以此辨质见修，而有修身健德之复；处复体从一阳之复而复阳、固阳，并修持待诸阳之来，再以“其见天地之心”从德性之本处健修见，成其修健之捷径；处损体与益体，以惩忿窒欲损其陋习而裕阳、益德，围绕德的“修”与“裕”，损者益之、益者损之，使损益盛衰相依，而行益阳裕德以及益善之举，再引位以政以及引教以化，使身德当健，善德益善。总之，以“修”来治君子并恒养其德，以“教”治天下恒养其善。

恒卦，德之固也。德因阳裕而固，言阳固必要益阳为基，欲益阳裕者，必然反复其阳复之道以及损益之道。之所以言损益，是因为欲多为陋习，阴凝为病，皆以无明的形态遮挡德性光明。治君子修身健德，非内证要打破所有无明，故阴不可全损，当阳裕与阴和合，而成恒卦夫妇之道。夫妇之道何来？从序卦而言，咸卦之后受之以恒，咸以男下女，男女交感之，恒者震巽为恒，震者长男，巽者长女，男在女上，男动于外，女顺于内，夫妻成室之象，故而成恒，呈夫妇之道。男女以夫妇确定关系，是长久于爱慕之咸，故取“久”义。夫妇之道，刚柔相应，阴阳和鸣而相与互益，故有恒益，恒益则阳蓄而固，而成德之固，德固而久者，有身德大成。

恒：亨。无咎。利贞。利有攸往。

彖曰：恒，久也。刚上而柔下。雷风相与，巽而动，刚柔皆应，恒。恒亨无咎利贞，久于其道也。天地之道，恒久而不已也。利有攸往，终则有始也。日月得天而能久照，四时变化而能久成。圣人久于其道而天下化成。观其所恒，而天地万物之情可见矣。

象曰：雷风，恒。君子以立不易方。

卦辞：因恒益而亨通，恒而成德。

彖辞：以立恒、行恒而居恒得恒道。

象辞：立天下之正位，行天下之大道。

恒卦，震上巽下，为雷风相与而恒益、恒久之象，故取恒，恒通亘，《说文》曰：“亘，求回也。”徐锴曰：“回，风回转，所以宣阴阳也。”何以求回转呢？为以风形回转之形而象阴阳，以阴阳回转而互抱立象，阴阳回转而互抱者，夫妇之道也。所谓宣阴阳者，为以“回”形之象而立阴阳之法。何以使风有回转之象？为雷风相与使之，雷动则风起，雷迅则风烈，雷止而风息，犹如夫唱而妇随，雷风相与而有恒益，雷风者，震者长男，巽者长女，男在女上，男动于外，女顺于内，夫妻成室之象，既宣天地之气，又唱夫妇之道。恒卦次咸卦，咸以交感而应，恒益恒常而久，咸者男女之初，恒者男女之成，“咸恒往来，乾辟坤体，阳动阴中，而肇始人伦之初，皇建人道之极也”故恒取久、常、固、恒益之义。

“久”。在恒卦，以雷风相与，刚柔相应言夫妇之道，虽言夫妇之道，而是取男女和合立象，以此示“恒”，为取法象示常道以恒。常道者，不易其常度，所谓独立不改便是此义，不易者，恒的阴阳法象——阴阳回转互抱而成恒。从道法之序而言，独立不改、周行不殆，不易其常度而曰恒，法度之恒必久，故恒之道有亨通之能，恒而能亨，“如君子之恒于善，可恒之道也。小人恒于恶，失可恒之道也。恒所以能亨，由贞正也。故云利贞”。

“雷风相与。”恒卦刚上而柔下，震刚在上，巽柔在下，震雷巽风，二物相与，所谓雷动则风起，雷迅则风烈，雷止而风息，“巽而动”柔巽以震而动，居其下而抱震阳，以“刚柔皆应”而你动我应，以此风回转，雷风相博，交助其势，立恒象。皆应者，震巽上下二体六爻皆阴阳相应。郑汝谐曰：“咸与恒，皆刚柔相应。咸不著其义，恒则曰‘刚柔皆应’。咸无心，恒有位也。有位而刚柔相应，其理也。无心而刚柔相应，其私也。能识时义之变易，斯可言易矣。”

“天地之道，恒久而不已也。”雷风相与，裁天地之道而运；刚柔相应，以阴阳之机而成，皆以立恒之象言道法之序，道法之序者，以独立不改其常度唱天地之道。天地之道者，夫妇之道者，皆阴阳和鸣而相与互益而行恒，故恒乃恒益之道，天地恒益万物，阴阳恒益夫妇，震巽恒益交通，刚柔恒益君子……故曰："日月得天而能久照，四时变化而能久成，圣人久于其道而天下化成。观其所恒，而天地万物之情可见矣"。立恒而恒益且久者，唯道体德性一理，德性随道、法、物等演而不察，皆外化于可识、可辨之象。言治君子者，借君子健德而示恒象，恒则恒益，益阳而阳裕成恒德之固，德固而久者，有治身德之大成。

"君子以立不易方。"君子观雷风相与而恒益、恒久之象，当明恒常不易、居常变易以及万象所变之原因——依性→法→象程式而贯穿的恒道。应师法恒道不易之本性，变易之法序，以此洞明之"立"，确乎洞明道体德性之大"明"而不可拔。君子更宜师恒道，恒益的持守弥坚之性，不变易其利恒又恒养之操守，当持恒道而恒益万物于四方，纵然雷风与万象虽变、能变，但变而自有方序，万象变易不过唯法序而变。李光地曰："雷风者，大地之变而不失其常也；立不易方者，君子之历万变而不失其常也。"

求恒

初六：浚恒，贞凶，无攸利。

象曰：浚恒之凶，始求深也。

九四：田无禽。

象曰：久非其位，安得禽也。

初六居下，与四为正应，有深以常理求之的浚恒之象。浚者，为入水深挖之义，处恒，以巽入兑泽，为求恒愈深之义；《说文》云："浚，抒也。"段玉裁注："抒者，挹也，取诸水中也。"初六为执巽之主，巽躁而柔，以深有所求求往应四，然四震而阳，志在上而不下，又为二三所隔，出现"应初之志，异乎常矣。"故以初之柔暗不能度势而应变，虽正亦凶，失时而无所利。《程传》曰："守常而不度势，求望于上之深，坚固守此，凶之道也。泥常如此，无所往而利矣。世之责望故素而致悔咎者，皆浚恒者也。志既上求之深，是不能恒安其处者也。柔微而不恒安其处，亦致凶之道。凡卦之初终，浅与深，微与盛之地也，在下而求深，亦不知时矣。"

九四阳居阴位，不中不正，久非其处，亦不能久安，虽求恒久，但如田猎而无禽兽之获，徒劳无功，以失恒而求恒。"人之所为，得其道，则久而成功，不得其道则虽久何益？故以田为喻。"田，田猎；禽，鸟兽，取震类走兽，巽类飞禽。胡氏媛曰："常久之道，必本于中正。九四以阳居阴，是不正也。位不及中，是不中也。不中不正，不常之人也。以不常之人为治则教化不能行，抚民则膏泽不能下，是犹田猎而无禽可获也。"

求恒。初六以浚恒之象虽求速而不知时，故不恒；九四以田猎无禽兽之获，徒劳无功，亦不恒。不恒者，当求恒。如何求恒呢？在初六欲求速必治渐，渐者，渐进也，在乎日积月累；在九四应以中正治"田猎"之术，专而在己位，以常道治常。王宗传曰："犹之造事也，未尝有一日之劳，而遽求其事成。犹之为学也，未尝有一日之功，而遽求其造道。夫造事而欲其有所成，为学而欲其有所造，固所当然。然望之太深，责之太遽，俱不免于无成而已，故凶而无攸利也。"《案》曰："浚恒者，如为学太锐而不以序，求治太速而不以渐也。田无禽者，如学不衷于圣而失其方，治不准于王而乖其术也。如此则虽久何益哉？韩愈与侯生钓鱼之诗，即此田无禽之喻也。"注韩愈《赠侯喜》诗："君欲钓鱼须远去，大鱼岂肯居沮洳。"

得恒

九二：悔亡。

象曰：九二悔亡，能久中也。

六五：恒其德，贞，妇人吉，夫子凶。

象曰：妇人贞吉，从一而终也。夫子制义，从妇凶也。

九二以阳刚履阴位，本当有悔，但以其居中，又应中，故能恒于中，为典型以其中正之当位，有配位之德，故以久中而称位。故而有忧悔消除之悔亡。

六五柔中应九二刚中，谓常久不易，但能正固其德，夫以顺从为恒者，妇人以此常道从一而终，故有妇人吉。若丈夫以顺从于人为恒，则失其刚阳之正，失恒正则凶。五居君位而不以君道言，却以妇人言，是丈夫犹凶之所在。丘富国曰："二以阳居阴，五以阴居阳，皆位不当而得中者也。在二则悔亡，而五有夫子凶之戒者，盖二以刚中为常，而五以柔中为常也。以刚处常，能常者也。以柔为常，则是妇人之道，非夫子所尚，此六五所以有从妇之凶。"

得恒。九二阳居阴位，为非常理，而又居得其正，处常道，以处常道之位行非常之理，本应有悔，而九二以中德应于五，以得中而恒中，中则正。九二得恒之所在为以刚中之德应于中，为以德胜而除悔亡。六五柔顺之德贞固，正因正固其德，故以德胜，又从一而终，以行致胜。所以，九二与六五得恒之所在，均为正固其德，尤其是正固其位德。正而固，便是得恒之要。

失恒

九三：不恒其德，或承之羞，贞吝。

象曰：不恒其德，无所容也。

上六：振恒，凶。

象曰：振恒在上，大无功也。

九三阳刚居正，以刚居刚而有过刚不中，志在从上，又不能守己位，为无常之人，无常之人则失恒常之道，故曰，“不恒其德，或承之羞”，不能正固其德，则羞辱或随之。承者，奉也，跟随之义。《程传》曰：“三阳爻，居阳位，处得其位，是其常处也。乃志从于上六，不惟阴阳相应，风复从雷，于恒处而不处，不恒之人也。其德不恒，则羞辱或承之矣。或承之，谓有时而至也。贞吝，固守不恒以为恒，岂不可羞吝乎？”

上六以阴柔居恒之极，处震之终，恒极则不常，震终则过动；以阴柔居上不能坚固其守，非安其所，以振恒之象失恒道，失恒则无功。振者，动之速也。王弼曰：“夫静为躁君，安为动主。故安者上之所处也，静者可久之道也。处卦之上，居动之极，以此为恒，无施而得也。”

失恒。九三失恒为既处位不恒，又固德不恒；上六以振恒动无节而失恒，动无节者，不知以静节制其振恒之动，同九三一样皆为不得其恒正之道。

德之固

在恒、井二卦呈现治君子修身健德的恒养状态。恒养者，恒益德固与恒养阳善，恒益德固重言身德，恒养阳善重言外善，以德之固到德之地呈现了从身德到外德的变化关系，外德者，外则入世，以入世修德多以善言德，为外善。但外善以身德坚固为基，犹如井之食养，需有水源，而德性便是生水之源；德的阴阳法则属性可知积善升阳气，外善益德，能使其阳足而裕，也是基于外而言身的恒益所在。

德之固者，恒也；以恒益阳善而使德固。欲德固，先基于陋习退、阴疾消而阳善自出的损益之道来损“阴”，损阴再裕阳，养阳裕而固德，德固以恒而得恒道。由恒卦呈现的恒道，从失恒走向求恒，从求恒走向得恒的过程，只有得恒才能相恒益，相恒益才能恒久。

在恒卦，有雷风相与、刚柔相应之恒益状态，失恒从何而来呢？失恒有不居恒而失恒和居恒而失恒两种类型，不居恒而失恒，为处恒之初的失恒状态，居恒而失恒为处恒卦中的九三与上六失恒状态，其中九三因不恒而失恒。处恒之初的失恒状态为因损益而失恒的恒初阶段，未进行修身健德之损益时，身心处于不自察的平衡状态，这种平衡状态最典型的便是困卦九二、九四、九五三阳君子，虽处困但因本性蒙蔽，再加上名利与官途加身，便不知所困；因不识本性和烦恼所在，以不知所困反而平衡。但困极必复，经辨质见修，从一阳来复阳气健开始，以损益之道损其陋习与阴疾，此时因“阴”消而阳待健，使其失衡，这便是恒初阶段的失恒状态，衡者，为阴阳之间的平衡，失恒之“恒”为尚未处“恒”的非平衡状态。

从恒初之失恒可见，最怕不得本质、不近法序的自以为恒常，这是一种昏昧且自我麻痹的非恒阶段，故需君子以健，从损益之道步入恒益、恒久的状态，而得以求恒。求恒者，从昏蒙以明，且从麻痹的不知所困以健其志，逐渐以“复”出困。求恒者，为恒卦初六与九四爻，求恒当以渐治速，欲速不仅不达，还会因速而失方，如初六以浚恒之象虽求速而不知时，时者，在恒卦以巽春、离夏、兑秋、坎冬而四时象全，欲求速却四时皆不达，可见求恒之方极其重要。方者，方术也，如九四应以中正治“田猎”之术，专在己位，以常道治常，便是九四求恒之术。求恒者，必以损益之道为基，且反复其道，再专其求恒之术，以免陋习、阴疾复染其自强之志，才能师“渐”而达常道。

从恒初之失恒与求恒不达可知，不知治其损益之基，亦不重守位是失恒与求恒不达的原因。初六以浚恒之象欲深挖，而四在上不下故不应其求，实则初六损益根基不足，已志不能上达，阳气不能破二三之隔。九四虽求恒，却不知守位，若欲求恒则必守其位，且要专而己位，才能免凶；守位者，健位德也，之所以言守不言健，在于身德要以损益为基，阳裕而固才能言健，言守者为守其损益之道，待阴消而阳出，日积月累而阳裕，阳裕以健才能显德，所以守位极其重要，为守“位”之本分。

以损益之道为基修身健德，再知守位而健德，故九二与六五得恒，其得恒之道在于居其正又守其中，均能正固其德，以正而固得恒之要。正而固，便是德因阳裕而固；正者，立身之正，立身者先修身以能立；修身者，阳出，阳蓄而喻；固者，阳裕则固，而有德之固；德固者，恒益、恒久也，不再是阴消阳出而失衡，而是刚柔相应、阴阳和鸣以夫妇之道而恒益，入处恒之状态，也为从非平衡进入新平衡的恒常状态，在新平衡里，阳唱而阴和，阳动而阴顺。正而固者，得恒之道，德固而久者，有身德大成。

治明而持恒。君子修身正固其德，当值恒卦治其大明。明性→法→象程式之恒道，恒而不易之本性为德性，日月之所以能久照，四时之所以能久成，皆德性使然；居常变易者为基于不易之恒德而显恒变之法序；万象所变皆依序而恒变，恒变者不过外象耳。值恒卦健明德，以明道体德性之大明固德，乃德之恒固，修持健德之最，莫过于见本性之明，能见本性者，便是能使德恒固者。处恒卦，无论是利恒，还是恒养，皆以达本性而大利，以达本体而大养，虽处外象之恒变，亦不会偏废其善。

井卦：德之地

坎上巽下

善地井养之道

德固而能养，而有德之养地，德之地者，井也。德之固，以恒养而固其身德，德之地，以外善井养善德，在恒、井二卦，正好呈现从德之固到德之地的变化关系，治君子修身健德之亨通状态，离不开健德的恒养阶段。

能久且固者，需有养，养而有地，为德之地，井也。《序卦》曰："困乎上者必反下，故受之以井。"井者，井养而不穷也，为木入于水下而上乎水的汲井之象，汲井以养，而成养之地。《杂卦》曰："井通而困相遇也。"通者，以井养而通善，以善养而通德，以德之能养而通德之地，以德之地而通立"井"之大义。之所以言立井，在于邑可改，民可迁，唯井不可易，之所以唯井不可易在于并非任一之地皆能出井，并使井出水以养人，能出井之地，在于所地有德。正因为井地有德，方能以"井"义通养、通善、通德……师"井"而行井养之道，以养物之不穷而取井德。

井之道。井者，木上有水，以巽木入乎坎水之下而上出其水，故井之为器，水为井用，以立井、汲井之象立井义。以井通养，在于水为井用，井水能养，也是井之为器之大用；以井通善，在于井水以养而居善，居善而得善，使水之用与井之为器，能成其用，因善而得用，又因用而显善；以井通德，在于井以养、以善而有德，井之德者，以井地之德、井养之德、井善之德而成井道。故井之为象与井之大义，宜王道取用之。

井卦，德之地也。德之地者，既是立恒益而养德之所，更是因德裕善行外得之封地，此“地”为因德而获，是德位分封的一种形式。言外得之地，表明身德从大成到已成，立于身而言外，为已有世德，以大成身德入世，为以德裕而普世之举，君子必当入世而治世，故必要经历井卦以养。从困卦状态而言，处困时，君子无位无食，而值井卦，君子有井可食，且有立足之井地入世，可治“井”而惠人，言“往来井井”，使至井者皆得其用，皆可养，“井养而不穷”者德善大焉，以此进位立世，以当位之利行善政。

德之地者，修身养德之地与善政自耕之地。修身养德，以井出水而自汲自养，并非单以井“水”养之，而是师法井之为象与井之大义，以井器之用、井水之养、立井之善、井地之德以及井善之德大养、广养之。“井”能大养、广养除自健“养”德外，还因井之王道属性而成善政自耕之地，为立井德而行外善养人，以井养人，使井成外善之“地”；地者，政地也，德政之所出，善政之所达，皆在于“地”之位，言“地”虽位卑，但“地”如坤载德，厚德便可载政，广政又足以载善，使“地”因善政而属性大改，从人自汲井水养之小用，到德器大用，能以小而成其大。之所以言“自耕”，在于善大或善小，皆应亲力亲为，才能使善终能成德，不自耕而欲获善，如水中捞月；之所以以井卦言立井、渫污、修井、汲水等过程，就在于谋善、谋政要自耕亲为成其善功，方能取德并居德，况且谋善政以井养人，治善而履善乃本分耳，只有勤奋自耕方能见善。

井：改邑不改井，无丧无得。往来井井。汔至，亦未繘，井，羸其瓶，凶。

彖曰：巽乎水而上水，井。井养而不穷也。改邑不改井，乃以刚中也。汔至亦未繘，井，未有功也。羸其瓶，是以凶也。

象曰：木上有水，井。君子以劳民劝相。

卦辞：以井象言井体、井用、井制。

彖辞：井养不穷之井德之道。

象辞：君子观汲水与井养之象而养民资治。

井卦，坎上巽下，为木上有水而汲井之象。井者，穴地而出水之处，以巽木入乎坎水之下而上出其水的汲井之象，立“井”义。巽者，木器，取水之器，以巽入于水，可汲而上。何为井象？为经纬交织，阡陌纵横而成井字象，南北谓经，东西曰纬。在井卦，坎者水，为方，兑者坑，方形水坑，人工凿成，以此制井。《玉篇》云：“穿地取水，伯益造之，因井为市也。”因井为市，是井之用，谓以井养人，也有“八家共汲一井”之说，为依井而有井地。

“改邑不改井。”邑者，城邑，《左传》曰：“凡邑有宗庙先君之主曰都，无曰邑。”《周礼》云：“四井为邑。”改者，更改，改革；兑主金，金曰从革。所谓改邑不改井，为国都可以迁移，王制不可轻易，以此“以喻王道之行，国不异政，家不殊俗”，取井养之义，以井言用之不能减损，其王政应养民、益民；不改井者，为养民之王政不可更改。改邑不改井，王无异制，臣无易节，犹井之体。《杂卦》曰：“井通而困相遇也。”为邑可改，民可迁，唯“井”（制）不可易位，位不易则困境必无所遇。

“无丧无得。”以井无盈涸，示其井养可久。丧者，为坎之失，因取而失；得，为兑之取，因汲而得。井之能养，为井有养德，有以井养人可长久之义，也喻王政应取井之德，以政而能养行恒常之道。以无丧无得言取与得，令其无丧者，为政之实效，令其无得者，为政之本分；“无”在于以“井”政养民虽有成，但不能居功，以政养民为德政之必须，能谨小慎微无过错就好，哪里敢有“得”之言。

“往来井井。”为邑人往来，汲用井水。往来者，人众也；井井，汲水于井。

汲水于井而使往来井井者，为以井之用能养。以往来井井言所及者多，以喻井养之道有大。井能养者，重以德惠人，井能惠人，且所及者多，为德能服众之义。德服者，外服也，井以地言，为由身往外之转变，修身健德在身，而井之地在外，为历经以恒固德，其德之健，使其有立身之地，进而可养德。井，既能养身德，又能以德惠人，是立恒益而养德之所。

“井养而不穷也。”立于井之体、井之德、井之用言德之养地。井之体者，修身健德治君子之主体，行而健者，乾体也，在于性健；用于德施，而言德政之体。井之德者，井之能养，为井有养德；井者，方形水坑，人工凿成，犹言人修身健德过程，井之所以能养，在于井有水，为阳足德裕而成水，阳足复刚呈金性，金能生水，故德为生水之源。井之用者，健德而养德，再以德养人。井之所以能成德之养地，乃是因德裕善行而外得之地，为因德而获，是德位分封的自然形式，为德裕且固的自然所得，流溢于外的表现。当健德之内健不懈，阳蓄反复，故井养而不穷。以外得之地，言内健之奋，内健之不穷，尤其是立于外言内之所得。以外得之地，井养他人而不穷，从入世之世德而言治世之要，治世亦然健德，使其德裕，健德政而普世。

“汔至，亦未繘。”汔者，水涸，取离象；至者，通窒，为滞塞不通；繘者，井上汲水的绳索。汔至，井水干涸，失井养之道。“羸其瓶”，羸者，败也，为拘累缠绕之象；瓶者，汲水之器；为钩羸其瓶而覆之。汔至未繘，为井失其用也，而羸其瓶，为器失其用。《案》曰：“然井能泽物，而汲之者器。政能养民，而行之者人。无器则水之功不能上行，无人则王者之泽不能下究。故汔至以下，又以汲井之事言之。”

《程传》曰：“井之为物，常而不可改也。邑可改而之他，井不可迁也，故曰‘改邑不改井’。汲之而不竭，存之而不盈，无丧无得也。至者皆得其用，往来井井也。无丧无得，其德也常。往来井井，其用也周。常也，周也，井之道也。汔，几也。繘，绠也。井以济用为功，几至而未及用，亦与未下繘于井同也。君子之道贵乎有成，所以五谷不熟，不知荑稗。掘井九仞而不及泉，犹为弃井。有济物之用而未及物，犹无有也，羸败其瓶而失之，其用丧矣，是以凶也。羸，毁败也。”

“君子以劳民劝相。”劳者，勤劳也；劝者，勉励也；相者，治理也。木入水出，为汲水之象，从井汲水以养，谓井养；君子观汲水与井养之象，应勉励贤达，养民资治，如此可井养不穷，使民不争。井能养为井恒常之用，其用之不竭，蓄之不盈，才是井道恒常之道，可要想井之养无有穷已，必知来水之路，所谓吃水不忘挖井人，犹是如此，健德使其金能生水，才有其水源。君子以劳民劝相，必要立己之健德之利，警教他人当健德以自养或“掘井”养他人，才能治民以明，使民皆有健德而自耕之地，惠民以德，不如使民自健其德，立德本明其德性，为比善政之善犹甚。

修井以食

初六：井泥不食。旧井无禽。

象曰：井泥不食，下也。旧井无禽，时舍也。

九三：井渫不食，为我心恻。可用汲，王明并受其福。

象曰：井渫不食，行恻也。求王明，受福也。

六四：井甃，无咎。

象曰：井甃无咎，修井也。

初六阴柔在井之下，与四不应，是无水之象，无水则不能济；井之下，为泥之象，泥污者，为有井而不可食。食者，饮用也；初不应四，上无应援，四为兑主，又巽反兑体，成不食之象。禽者，鸟兽也；“旧井无禽”因有井不能食用，禽兽亦不往来。“旧废之井，人既不食，水不复上，则禽鸟亦不复往矣，盖无以济物也。井本济人之物，六以阴居下，无上水之象，故为不食。井之不食，以泥也。犹人当济物之时，而才弱无援，不能及物，为时所舍也。”井，以能养而不养，因井泥不食，井泥不食，谓邦政无道，旧井无禽，谓贤人隐遁。旧井者，曾经能养，因失修而废不能养，堕政也。王弼曰：“最在井底，上又无应，沉滞滓秽，故曰井泥不食也。井泥而不可食，则是久井不见渫治者也。久井不见渫治，禽所不向，而况人乎。”

九三刚正，以阳居阳，在下体之上，为以可济用之才而可食，虽可食却未见食用，而有井渫不食之象。渫者，淘井去污。井水淘净，清洁却未见食用，路人为我恻怛痛心，井下为泥，不可食，但井上则可用，九三以居下体未得其用。井渫不食，谓君子在野。九三君子之志应上六，其志在上，为汲汲上进之象。“可用汲”，为才德已盛，修与健皆成。井渫可汲，乃见王者之明，明者，取坎之聪，“王明则汲井以及物，而施者受者并受其福也”。《程传》曰：“三居井之时，刚而不中，故切于施为异乎。用之则行，舍之则藏者也。然明王用人，岂求备也，故王明则受福矣。三之才足以济用，如井之清洁可用，汲而食也。若上有明王，则当用之而得其效。贤才见用，则己得行其道，君得享其功，下得被其泽，上下并受其福也。”

六四阴柔居正，处外卦而非泉之象，上承九五之君，因性柔才薄而不能广济，虽不能广济，但可自守其位，以修业健德补其不足，犹井甃可使井不污不废，因修治得无咎。邱富国曰：“三在内卦，渫井内以致其洁。四在外卦，甃井外以御其污，盖不渫则污者不洁，不甃则洁者易污。”甃者，以瓦甓垒井，使井坚固；修者，整饬、修治。井甃，修治井壁，以修治其失养而复其能养。来知德曰：“六四阴柔得正，近九五之君，盖修治其井，以潴蓄九五之寒泉者也。占者能修治臣下之职，则可以因君而成井养之功，斯无咎矣。”

有井可食

九二：井谷射鲋，瓮敝漏。

象曰：井谷射鲋，无与也。

九五：井洌，寒泉食。

象曰：寒泉之食，中正也。

上六：井收勿幕，有孚元吉。

象曰：元吉在上，大成也。

九二刚中，为有泉之象，上无正应，下比初六，以阳刚之才居下而不上行，犹如瓮敝而水就下。张振渊曰："以井言，则为'井谷'之泉，仅下注于鲋。以汲井言，则为敝坏之瓮，水反漏于下也。" 谷者，泉眼，井谷者，井中出水之窍，井能出水，则非泥井，故井可食。井之道，为上行有功，而井谷者，失井之功，以就井下而失功。鲋，或以为虾，或以为蟆，井泥中微物耳。射，注也，瓮敝漏，如瓮之破漏也。鲋者，小鱼、虾、蟆等，为水中阴物，类初六；射者，水下注；如谷之下流注于鲋。《仪礼·士昏礼》云："鱼用鲋。"疏："义取夫妇相依附者也。"瓮者，瓦罐也；敝者，破败也；漏者，泄漏也。射鲋者，水浅犹不能汲，汲亦无所得；瓮敝漏，失瓶之用，水反漏下。九二阳刚之才，本可以养人济物，而上无应援，故不能上而就下，是以无济用之功。如水之在瓮，本可为用，乃破敝而漏之，不为用也。虽言无济用之功，但并不言悔咎，《程传》曰："曰失则有悔，过则为咎，无应援而不能成用，非悔咎乎？居二比初，岂非过乎？曰：处中非过也，不能上由无援，非以比初也。"

九五阳刚中正居尊，为有泉之象。洌寒之泉，可为人食；洌者，甘甜且清洁也，井泉以寒为美，井泉有美，为井道之至善也。功及于物，为有德者居其位，是君德之至善者。易祓曰："三与五皆泉之洁者，三居甃下，未汲之泉也，故曰不食。五出乎甃，已汲之泉也，故言食。"

上六居井之终，应三亲五，有井道之大成，大成者在于井以上出为用，居井之上，便有井可用，有水可食，且汲水完毕，不加井盖以掩蔽，以治其有孚。收者，汲取也；幕者，蔽覆也，为取而不蔽。《程传》曰："取而不蔽，其利无穷，井之施广矣大矣。有孚，有常而不变也。博施而有常，大善之吉也。夫体井之用，博施而有常，非大人孰能。它卦之终，为极为变，唯井与鼎，终乃为成功，是以吉也。"

德之地

德固而身德大成，则养善。养善者，固阳而裕，阳裕修器，修器治养，养而有地。固阳而裕者，恒道也；阳裕修器者，言立井也；修器治养者，言以井养人而有善也；养而有地，为以善养德，有德之地也。值井卦，君子有井可食，且有立足之井地入世，为立于身德之健而行外善以养人、养物，以井能出水言勤健修德有成，以"井养而不穷" 德善大焉。

外善之"地"，要立井、渫污、修井、汲水等过程，才能有水可食，以井养人，立井者言善者，并非欲立则成，也要经历井泥不食、井渫不食以及瓮敝漏、羸其瓶的艰难过程。井泥不食者，应修上进之心，井渫不食者，应淘井去污，以健德取善之志自奋向上，并持续损益之道，使其陋习退、阴疾消，谓之渫井去污，实则使身心清洁，清洗过多的欲念、杂念，使其专使裕阳与益善之事。除此以外，还得有瓶瓮之汲水之器，井水处下，无器不足以上达，虽井谷者，上无汲引之人与上汲之器也亦不能食。井谷出水，虽才德已盛，但需依明王之聪从上汲引，否则井渫不食虽有才德而不能用。《案》曰："在卦则以井喻政，以汲之者，喻行政之人，在爻则下体以井喻材德之士，汲之者喻进用之君，上体以井喻德位之君，汲之者喻被泽之众，三义相因而取喻不同。”

丘富国曰：“先儒以三阳为泉，三阴为井，阳实阴虚之象也。九二言井谷射鲋，九三言井渫不食，九五言井洌寒泉。曰射，曰渫，曰洌，非泉之象乎。初六言井泥不食，六四言井甃无咎，上六言井收勿幕。曰泥，曰甃，曰收，非井之象乎。以卦序而言，则二之射，始达之泉也。三之渫，已洁之泉也。五之洌，则可食之泉矣。初之泥，方掘之井也。四之甃，已修之井也。上之收，则已汲之井矣。又以二爻为一例，则初二皆在井下，不见于用，故初为泥而二为谷。三四皆在井中，将见于用，故三为渫而四为甃。五上皆在井上，而已见于用矣，故五言食而上言收也。子曰：‘小人不耻不仁，不畏不义，不见利不劝。不威不惩，小惩而大诫，此小人之福也。’”

修井者，为立善政向善。修之者何？修之井底，使其出水，井以阳为泉，喻示裕阳才能出水，这便是言井以养的出水之源——健德使其金能生水，无此出水之本，便是枯井，所谓旧井无禽，不健德出水连禽兽亦不前来。修井者，要有井可修，有井者要先“掘井”，必将健德自耕而行恒。井出水，要有上汲引之人与上汲之器，上汲引之人者，要依王者之明，能擢拔健德与有德君子，使其从下而上能进位，继而当位；上汲之器者，君子治善应有凭借和实惠之处，非空取而能惠人，为行善有方法、有途径，也由此可知，修身健德与入世修善的区别，就在于入世修善需多种条件齐备，要处理众多复杂关系，而这些复杂关系的建立与修缮，正如修井，都是用来为汲水可食来服务的，所以要广泛引援以助，不光是图明王赏识与擢拔，而要自建行善政之途径。

善养与善成。善养者，九五也；善成者，上六也。九五治善而有井洌寒泉，井洌寒泉甘甜可食，便能养人。养人者，善之践也；九五治善而履善，在九五有井道至善与君德至善，这是促使在上六“井收勿幕”而善成的主因。洌寒之泉可食，在九五位未言吉，而在上九后方言元吉，在于以井言养，为位德所赋予，井之君德本应如此，故无善可言，治善而履善乃本分耳，所以不要随便以善行而居善功，有时虽可处处见善，但不一定有善功，便是如此。其井洌寒泉，井以上出为成功，未至于上，未及用也，故至上而后言元吉，元吉者，汲取皆不掩不蔽，使其往来井井，为施养无穷之象，井水常有，则有恒益居常，为益善而善大，以能养而养之大曰元吉，此时善才有善功。李过曰："初井泥，二井谷，皆废井也。三井渫，则渫初之泥。四井甃，则甃二之谷。既渫且甃，井道全矣。故五井洌而泉寒，上井收而勿幕，功始及物，而井道大成矣。"

从德之恒固到德之井地。德者体也，井者用也，体用一如，治君子方能制胜。以阳固修德，以井修善政，使养者受阳之惠，使困者得善以济，惠、济者非仅限于井水之食，而是阳善以健与健德之本示人，教他人有德，使小人健德，以"小乘"之利，行天下同德的"大乘"之愿，既为君子修持之要，亦为君子示范之本。以善之大教养天下，德健无疆而惠泽无穷。

巽卦：德之制

巽上巽下

进位节制之道

历经从损卦德之修、益卦德之裕、恒卦德之固再到井卦德之地的修习过程，以损益修身与恒养健德，呈现治君子的损益与恒养之道。更有从身德到入世健外德的转变，围绕“修”与“裕”以及“固”与“养”，从立身到入世，既有修习方式的转变，又有修习场景的转换。修习方式从损陋习与阴疾之损益修身转变到在修善之“地”以善政惠人，修习场景开始从“至日闭关”的以静制动转换到有“往来井井”的纷繁之世，修习内容也从惩忿窒欲、见善则迁到追求井养而不穷。言治君子者，其修身健德终究是立身之健的过程，经历君子裕阳固德之健，终要走向以立天下之正位而行天下之大道，以善政养民资治，教他人有德，使小人健德。

君子修身以立身，立身入世修善，必立世而进位，唯君子当位而言善政以施。进位者，利见大人，巽也；进位而当位，践礼以守位，履也；巽者，德之制，为养而有节制，在巽卦，呈现立于身德到外德，再从外德走入位德，君子进位而守位，从而以当位之位，健配位之德，而能称位君子，处巽体行进位节制之道。

《序卦》曰：“旅而无所容，故受之以巽，巽者，入也。”以巽继旅，在于旅而无所容，无立足之地，而寄于市井，以其巽入也。巽者，入也，一阴在二阳之下，巽顺于阳。《杂卦》曰：“兑见而巽伏也。”巽以一阴潜于二阳之下呈巽之伏象。盖一阴伏于内，阳必入而散之，以阳散阴，为阳气布施之道，阳者善也，以善养阴，阴性凝滞，唯阳才能散之，阴散而阴不消再与阳合德，以阳散阴，再以阴制阳，制者，节制也，阳善不足不能广施，只能节制以散阴凝，此为量力而行，故言申命行事以节制。申命者，明其天命与使命，巽的天命便是以阳散阴凝，在立世行善政之初，阳不足以行大事，而阴的使命便是节制阳的横行，不知“命”的横行容易耗散阳气而失阳道根本，也会失去以善养阴的根本，故申命以节制在于阴，故在初六曰“进退，利武人之贞”。其进退犹疑之事，易刚猛决断，便是以下阴果断制阳，以决定巽体的方向和巽体阳道应所为之事。

巽者，德之制也，为养而有节制，能使立世进位的基础在于恒益固德与恒养阳善，其养德与养善必当有节制，所谓节制者，履法序也，初浅言之，谓入世修善应有入世之准则，君子当履共法而节制之。巽以申命行事言节制，为以下阴制阳耗散，阳以存而阳足则德裕；巽者风也，以风入而教化无迹，风入教化，以无为之善行有为之政，以此养德。

巽之道。巽之道在于“重巽以申命”，君子当执巽道而申命行事；同时，巽者风也，为随风而教化，且王化无迹，而取善德。巽卦以双重“风”立象，以“申命”明达其天命与使命，以“行事”遵循巽道法则而行善政，立于卦而言阴、阳、善、政，在于“制”之有法，使上施政不违天命与下行事不逆民情，以上下皆能通乎情而阴阳合德，节制有法；在巽卦，初六不明其命，不达其理，为巽体阴凝不化之群体，九三频巽而使精气耗散，使巽体阳道有失，皆是巽之积弊。风入教化是巽道主旨，在巽卦以利见大人而言君子进位，君子立身修德养外善，需进位以行善政普施之利，故而言风入温养以行阳道之教化；九二之阳化初六之阴，九二阳入床下，正是风入教化之善行；六四以得见大人成进位之人，并得风入教化之利；以巽道行风入教化，在于善政以功，德政以教，以善政得功而居善，以德政教化而有德，成其巽卦阳入化阴与以阴制阳的阴阳合德之重巽义。

巽：小亨。利有攸往。利见大人。

彖曰：重巽以申命。刚巽乎中正而志行。柔皆顺乎刚，是以小亨、利有攸往、利见大人。

象曰：随风，巽。君子以申命行事。

卦辞：以巽进位而利见大人。

彖辞：阳入化阴与以阴制阳而呈阴阳合德之重巽。

象辞：申命行事是王化之基。

巽卦，上巽下巽，为随风而王化无迹之象。巽者，风也，以风入之象言巽体以阳入阴而化阴。巽者，制也，一阴伏于二阳之下，为阴凝而散，以阴潜之而制阳。巽者，消散也，为以阳养善而王化无迹，以无为而能居善。故巽取风入，节制，消散无迹三个层次含义。巽者，入也，以阳入阴而化阴，在巽体有一阴伏于内，“内”者为阴至深的描述，阴寒深故凝滞不通、不动，以阳入而化阴，使阴凝者散之，以阳化阴，在于温养，非急火能成，故入者应微且微而久。如同处启蒙之初，阴凝顽固不化之人难以教化，不可求速。

巽者，制也，以阴节制阳而使阳行阳道；《杂卦》曰：“兑见而巽伏也”，一阴潜于二阳之下有巽伏象，为以阴伏阳。阳入阴使阴散，阴散而阴不消再与阳合德，合则潜之于下，阴者居下也，以阴节制其阳；节者，使阳气少损耗，制者，阳善不足不能广施，以制其不可行大事。以阴制阳之象，为巽申命行事之体。

巽者，消散无迹也，《释名·释天》曰：“巽，散也，物皆生布散也。”

所谓消散者，为阳养人、养物后而散之，为养而不居功，如天地生万物不以生而居生功，善亦如此，养而有成则无迹也，此为无为之大善。善政之功，功在以无为行有为，无为者无迹，教化也，德政以教，则是风入教化之能，故德具也，养德有成。故巽者，俱也，《说文》云："巽，具也。"为巽体以无为之善行有为之政而德具才备。

"利见大人。"为处巽体的立身而进位之象，以进位言利见大人。井者地，井乃地下之所，又取地下泉以用，故居下；巽者风，风行地上，以风入为用，故取上，从井之地到巽之风，为从下而上的进位之象。君子立身修德养外善，需进位以行善政普施之利，无位则无政可施，君子进位者需如井卦汲水一样有上汲引之人，故言利见大人，大人者，对比欲进位君子而言，为当政者和能擢拔健德与有德君子之人。在卦中，二五不应，只能小亨；但二五刚中志行皆行其阳道，巽以阳化阴与以阳教化，皆以阳为大用，故利有攸往；初四柔顺承刚，是以利见大人之象。四为上体之下，非为阴凝者，乃阳化阴后之阴，因得阳利而顺，四知其阳善之功，又明阳命之用，是阳善之政见证者，得利者，又是善政之宣说者。

"重巽以申命。"巽为风，风尊自然法序而行，巽之法序者便是风之命，为尊其法序之号令，风象便是法相。申者，重复也，上下体皆巽，故谓"重巽以申命"，以双重"风"象言自然法序是一切之本，只有遵循而法之，方能制胜，立于卦而言阴、阳、善、政等，也皆有其法度，尤其是居卦体便要随卦体之法，非一成不变之理，尤其是善与政，井之善与巽之善完全不可同日而语，便是此理，故申命者，为明达其理也。所谓"申命行事"，便是明达其天命与使命，而行巽之善政之事。在巽体，离为文，兑为言，巽为令，为申命行事，首先阳应明达其使命，为以阳化阴而养善，以其小亨行微入温阳之功，而非不知命的横行且大行其事，耗散卦体阳气而一事无成，既会失阳道又会失去养阴之本命。其次，阴应知命，阴申命在于节制阳，此等节制需有“利武人之贞”刚猛决断，以阴制阳而使阳行阳道。再次，柔应知命，柔者六四也，阳善之政见证者，得利者，便应该是善政之宣说者与巽体之忠实者，正因柔知命，方有“柔皆顺乎刚”而成就巽之功。最后，阴与阳皆应申命共行风入教化之善政，即决定巽体的方向和巽体阳道应所为之事，大行风入教化，温阴养善。“君子以申明行事”为君子师法自然法序与卦体阴阳之序，明达其法理与命理，从而依理、依命笃行其事。

李光地曰：“王者欲知民之休戚，事之利弊，则必清问于下而察之周，告诫于上而行之切，此其所以申命也。盖始则入民情之隐，而散其不善者，终乃入人心之深，而动其善者。”在巽体言申命行事便是王化之基，阳化阴而养善，阴制阳而使阳能尽其用，阴阳合德而教化有功。

“刚巽乎中正而志行。”为二五阳刚居中，居中有正，为当位申命而行阳道之事。志行者，志在善，为以阳化阴而养善；志在政，为当位行阳道之善政；志在德，阳道能用，善政得行，风化有成，故而有德。在卦体中，巽与兑皆刚中正，兑有阳之为，巽以阴之为，兑柔在外，以用柔，而巽柔在内，为性柔。从而呈现上施政不违天命与下行事不逆民情，阴阳合德，节制有法，上下皆能通乎情。

巽卦取“巽在床下”之“床”象。床下，房中幽暗之地，阴邪滋生且不易去之地，言床下，为阳善温养阴邪有应去之地，不以位卑而厌弃之，善有大小，而德无强弱，皆行善道以温养而化之，再者，以床下位卑言阳尚弱，只能微入光照难入之地，可见，君子虽进位但君子尚无当位，只能行此卑难微小之事，心中所怀当位而大行善政之理想尚不能实现，只能缓图善政而存固德之心志。床者，卧榻休憩之所，君子虽未当位，但进位不以休眠为主，而以休养为上，言睡而睡有睡功，为内证取阳固气养神之道，无政可施便反身固阳以济阳弱，在巽卦虽言以阴节制阳，使阳免损耗，但君子应知阳出之道，虽积善升阳气，但立于身内证取阳之道方为固阳之正图。君子居床而思固阳，为房中术也，在卦中，以阴伏阳，也取卧榻之侧有妇人伴之，巽柔在内又顺乎刚，为以阴助阳之术，又以阳入阴，而兑者悦，有恒益固阳之夫妇之道齐乎于礼。

申命行事

初六：进退，利武人之贞。

象曰：进退，志疑也。利武人之贞，志治也。

九三：频巽，吝。

象曰：频巽之吝，志穷也。

九五：贞吉，悔亡，无不利，无初有终。先庚三日，后庚三日，吉。

象曰：九五之吉，位正中也。

初六居以阴居下，巽而不中，处最下而承刚，为过于卑巽者。卑巽太过而无进退之决断，为进退不果之象。进退不果，或进或退，不知所从而志疑。若能用武人刚贞之志而决断之，以此救治志疑之失。疑者，阴也，阴居下而无刚断之能；武人，刚猛决断者，乾也，以乾阳救阴而济疑。进退者，为不知进退所言的犹疑之辞；武人，刚猛勇武之人；贞者，定也，“精定不动惑也”；疑者，犹疑而不决也；治者，救治也。俞琰曰：“巽，申命行事之卦也。令出则务在必行，岂宜或进或退。初六卑巽而不中，柔懦而不武，故或进或退而不能自决也。若以武人处之，则贞固足以干事矣，故曰利武人之贞。”

九三过刚不中，居下之上，为非能巽者，用刚乘刚，上下悉巽，频巽频失，频失频巽，失巽道而志困穷，吝之道。频者，反复也，反复布告谓之申命，朝令夕改谓之频巽。频巽为精气耗散而志困穷，以阳温阴而耗阳，阳者精气所结也，阳耗则精气散，精气散而志困，精者坎之精，肾主志，故以此言。阳耗气散故曰吝，这也是真个巽卦阳不足之所在，之所以以阴节制阳，就在于阳不足以行大事，只能以阴节制之使阳专行阳事，同时，频巽者，反复申命也是耗阳之举，既劳顿又反复决策，才至于阳耗气散；之所以频巽在于志穷而无知命之进退。《程传》曰：“三以阳处刚，不得其中，又在下体之上，以刚亢之质，而居巽顺之时，非能巽者，勉而为之，故屡失也。居巽之时，处下而上临之以巽，又四以柔顺相亲，所乘者刚，而上复有重刚，虽欲不巽，得乎？故频失而频巽，是可吝也。”

九五刚健中正而主巽，居中履正又六四承之，为有孚于下、于民，故其悔乃亡。有悔，是无初，为始未善；亡之，是有终，革除积弊而善终。处巽出令，皆以中正为吉，可见九五行有为之政。庚者，更也，《史记·律书》云：“庚者，言阴气庚万物，故曰庚。”为秋有阴之始，“阴无始而阳无终，终则有始，阳之用也，无初有终，阴之用也。”俗语云：“久雨不晴，但看甲庚。”盖甲庚者，阴阳之始也，变化之端者也。甲者事之端也，庚者变更之始。十干，戊己为中，过中则变，故谓之庚；事之改，更当原始要终，如先甲后甲之义，如是则吉也。郭雍曰：“慎乃出令，君人之道也。先后三日而申命之者，慎之至也。慎之至者，令出惟行，弗惟反故也。命令之出，有必可行之善，而无不可行复反之失，是以吉也。上曰贞吉，九五之贞吉也。下曰吉，盖命令以是为吉也。庚，即命令也。先庚，谓申命。后庚，谓出令之后而行事也。”又梁寅曰：“五居尊位，乃命令之所自出也。巽之义为入，入于理者深，而见于行者决，巽之道然后为尽矣。不然优游牵制，其多思者乃其所以为累者也，曷足贵乎。”

申命行事。反复布告谓之申命，朝令夕改谓之频巽。初六卑巽而进退不果，在于身弱志穷，故要以阳治其志艰，从“申命”之“申”的明达知理而言，初六不明其命，不达其理，为巽体阴凝不化之群体，所以求阳以济，求阳温养，求阳助振。九三频巽而使精气耗散，使巽体阳道有失，本可以阳济阴，以阳行善，却以吝道而失命。先庚以申命，后庚以令出，九五先庚后庚者，为求中正而使政善，未有中正者，需革除积弊而使善终。

风入教化

九二：巽在床下，用史巫纷若，吉，无咎。

象曰：纷若之吉，得中也。

六四：悔亡，田获三品。

象曰：田获三品，有功也。

上九：巽在床下，丧其资斧，贞凶。

象曰：巽在床下，上穷也。丧其资斧，正乎凶也。

九二以阳处阴而居下，执刚履阴，意有不安；当巽之时，不厌初六之卑，取信初六，能尽申命行事之道，是以吉而无咎。床者，取巽之艮，止于木，为床之象；史巫，祝史和巫觋，古代司祭祀、事鬼神之人，谓以诚而通神明者；纷若者，以多言谓反复申命。九二取“床”象，《程传》曰：“床，人之所安。巽在床下，是过于巽，过所安矣。人之过于卑巽，非恐怯则谄说，皆非正也。二实刚中，虽巽体而居柔，为过于巽，非有邪心也。恭巽之过，虽非正礼，可以远耻辱，绝怨咎，亦吉道也。”二与五，在卦中皆谓“刚巽乎中正而志行”者，为能尽申命行事之道如此。冯椅曰：“周官史掌卜筮，巫掌祓禳。卜筮所以占其吉凶，祓禳所以除其灾害。”

六四承乘皆刚，阴柔无应，宜有悔，然以阴居阴，处上之下，“四以阴居阴，得巽之正，在上体之下，居上而能下也。居上之下，巽于上也。以巽临下，巽于下也。善处如此，故得悔亡”。田者，猎也，取象乾之战；品者，按品次分类也；《礼记·王制》曰：“天子诸侯无事，则岁三田，一为乾豆，二为宾客，三为充君之庖。”郑玄注：“乾豆，谓腊之以为祭祀豆实也。”按：一等猎物作成腊肉用于祭祀，二等猎物用于燕宾，三等猎物国君自己食用。六四近君以柔巽于上下之阳，如田之获三品，谓遍及上下也；四之位本有悔，以处善而为功。郭雍曰：“六四近君，志决于进，无初六之疑，则悔亡矣。是以有田获三品之功也。六四至柔，不当有田获之功。而此以顺乎刚得之，由是观之，则巽之为道，岂柔弱畏懦之谓哉。”

上九居高处亢，为过于巽者，过巽者穷而不知变通，又丧其资斧而失断。丧者，失去之义；资斧者，善于断割之利器；王弼曰：“处巽之极，极巽过甚，故曰巽在床下。斧，所以断者也。过巽失正，丧所以断，故曰丧其资斧。”上九亦取“床”象，虽刚且亢，却因丧其资斧而失正，为何失正呢？在巽以阳行温养为善，以风入教化为正，而上九皆未能行，为亢极行床事而耗散阳气，被阴所伤，不明巽道之所在。

风入教化。风入温养以行阳道教化者，正是以九二之阳化初六之阴，这便是九二取“床”象之所在，床下者，初六也，位卑且幽暗，为阴邪之生和阴凝之地。九二阳入床下，正是风入教化之善行，九二之所以有不安之意，在于并不明温养初六以养善之真实义，反而依靠“用史巫纷若”助其占断凶吉。初六需武人救志，而九二虽阳但需史巫助志以行志。六四是进位之人，既得见大人，又获阳利，田之战用武以除害，获三品，以上下之得而兴利，皆为善之功，善之功，既伐害有得利居功。可见，六四得风入教化之利，且为大利，已不战而能获且居功便是如此，在于处位尽善，已不战在于上下皆有阳可战，六四之上下阳以战，六四便不战而获，居功者，上下以阳行善政，善政到者，尽是六四获利，所以“巽风也，乾天也，风行天下，无微不入，无大不容，无高不登，无远不至，无物不化，田获三品，武功之盛者也”。上九亦取“床”象，上九以阳且亢之质，既未行温养之善，又未履风入教化之政，且不以阴助阳道，反而取阴耗阳，为疲于床事被阴所伤，继而伤处巽之志，大败其风俗也，“丧其资斧”为已经丧失了断欲之利器，其凶可知。

德之制

在巽、履二卦呈现治君子修身健德的入世养善状态。以进位节制之道呈现从德之制到德之基的变化关系，通过在井卦立井养善，使外善有井之地可立、可依，进而在巽卦以勤健养德有成而立身进位，进位者健入世图治之志，对比道屈志困的修健阶段来说，处巽之时，有了进位济天下之转变，此转变以“志”的明显变化呈现修身健德有功，君子以展现志德说明阳德已健，阳德已健便有进而济邦之志，君子立世便有图志之心。在巽卦有基于井而进位之象，从井之地到巽之风，为从下而上的进位之象。君子无论是养善还是图志，均以进位且当位而交于世，从进位到当位便是以巽到履之过程。在巽卦，虽言进位但并未得到“大人”擢拔而当位，反而因阳不足只能行微弱的温养之责，只能微入光照难入之“床”地，以行卑难微小之事，只能缓图大行善政之理想。

德之制者，为君子处巽无当位之位而制其志，这个“制”为抑制和限制，这是巽当体所决定的，犹如井体，只能以井养小善，虽有生水之源与往来井井之兆，毕竟受井之限制，非大江大河以能养其大。而巽对于君子欲当位大行善政而言，只能小亨，从巽卦内外可知，多言“申命”，又言“频巽”，还借助武人与史巫决疑，皆表明进位君子尚不能自作主张，尤其是在政见上，君子尚不能舒政而见政，只能听命而行旧政，行他人之政，这也决定了君子只能行卑难微小之政，究其原因在于君子自身阳德不足，非“大人”不擢拔而是尚不能当大任，叫虽进位亦不得志。虽进位亦不得志，在于从井卦始，井所行善小，故养德亦小，但既然处巽能进位，且有卑难微小之政可行，就应该处位当政而固德，以善小而养德大，如同以阳温阴一样不可速成，君子自当有君子之明，勿以善小而不为，所谓“善不积不足以成名，恶不积不足以灭身。小人以小善为无益而弗为也，以小恶为无伤而弗去也”正是如此。

进入德之制在巽卦内的主体，便是以阴节制阳，既是节制阳耗散的固阳之道，也是阳温阴相辅相成的善政之地。在巽卦重点在于理解阳入阴与阴伏阳之象，阳入阴为君子以阳道行善政之为，如同蒙卦启蒙之道，既是以阳蒙阴，更是君子合群之所，君子在巽卦养善健德在何处？便是在以阳入阴之随处随时，虽然取“床”象言位卑之地和阴暗之地，但是有为之所。阴伏阳，便是君子养善健德之时，因善举善功而受人拥戴，对君子之阳道以节制而倍加珍惜，在巽卦君子虽怀才不遇勉为其政，但在立世境遇中似乎有了知音，这便是阳善之利和启蒙将发。君子阳德不足量力而行，卦中反复强调申命，政令为上位所出，执令者不自作主张也是避免犯错，德之制也，也是制其擅自擅为。

言节制者，唯上九不在节制，而在斩断。上九亢且极，以为阳裕德足，对进位而未当位的施政现状不满，亦不明处巽之理，以为无当位之政以及无权无事便是现状，进而昏蒙贪图享乐，故在上九贪图床事，被阴耗阳而伤。究其原因在于上九既不知渐进之理，又不知治君子之天命与使命，被现状迷惑而失健德之道。渐进者，从井卦入世养善而有善之地，都要经过立井、渫污、修井、汲水等过程，才能有水可食，且还要经历井泥不食、井渫不食以及瓮敝漏、羸其瓶的艰难过程，才能立善之地，在巽卦亦是刚从井之地进位，以进位而利见大人领命差事，虽行者卑难微小，但亦是养善健德之地，君子奋图之所。如困卦被酒食、金车、赤绂所困一样，值巽卦上九又出现了被美色所困，不仅被困，还被阴耗阳而伤，想一想复阳道而健阳德的艰难过程就知，若不加以节制便会大败，故在上九不再言节制，以言“斧”就在于斩断，以斧之利而断淫欲，“贤德巽入床下，政教行于朝堂。君子居贤德，化风俗，家齐而天下定，以大人之德而用女归之教，可也”。上九断欲才能进而当位，才能图志。巽卦取风入教化，以治于精神而制欲。

巽者，风也；以风入之象取风入生教化，而言王化无迹。在巽卦，申命行事言节制，风入教化言善政，善政之功，功在以无为行有为，无为者无迹，教化也，德政以教，则是风入教化。言风入教化要明无为之境，君子入世皆志在有为，皆面对为政之实务，而忽视“精神”，君子当追求精神，以重德性而非求德善，德善者福德也，而德性者，福德性也。以无为之境行有为之政，以不着善相而居善，则善德大焉。取风入教化而治于精神，以此制上九横欲，又避免君子得志与不得志的世俗之争。节制之道大者，为履礼共序以节，且制之于位与法，以位履德而使德正固。履礼，既行节制之道，又以进位修善而言德之基，以履言治君子健位德之基础，是君子修身健德最大的善政之地，为君子得志而图志之当体，既利于君子自强不息阳德以健，又是以当位行善政而有厚德载物之位。

履卦：德之基

乾上兑下

履位制礼之道

履者，德之基也，为进位修善而节制履礼、履法。“基”者，以履言治君子健位德之基础，它区别于在辨质见修之初，以惩忿窒欲言修身之基，以“复”区别于“履”。同时健位德也需修身，为修身应履法，此“法”者，为损益与恒养之道。除此以外，言德之基，为健位德应依位定礼而履礼。《序卦》曰：“物蓄，然后有礼，故受之以履。”蓄者，为治君子恒益养德、养善之阳蓄与德蓄，以此养德有蓄并节制之，而成履；履者，礼也，以履言进位，依礼、依位才能践履，为建礼并循礼，依礼制慎行而健位德。《杂卦》曰：“履不处也。”不处则进，以“进”而言践履，践履之进则有虎险，必然“履虎尾”而危，必有危之虑，故履道为危厉之道，以“不处”而不可长居，欲长居，则必依履而处其“位”，谓位礼，以确位、定位而确礼，定礼。

履卦，乾上兑下，为上天下泽之尊卑有位而言德位正理之象。以上天下泽之尊卑言德位，处“位”之当位则言位礼，万物皆有其序位，是“礼”出乎自然法象之所在，而德位正是治君子健位德以履定礼之法则，在治邦国言履礼而行礼制与德位之道，在治君子为履礼以善政健位德，而成位德之基，有此德之基，可益君子之善，定君子之志，进而图邦国大治。

履者，礼也。德位者以履定礼之法则，践履必然言位，且依位言礼；邦国礼制，礼术大成也，礼制成，则可定民志而治邦国。在治君子系统里，正是以履礼而行节制之道；节制者，履礼共序以节，当位履政以制，君子以当位而行善之当时，又以位履德之正固。在履卦以柔藉刚而履礼为常，以礼言德位，定民志，治邦国，而行礼制与德位之道，而君子正是定民志、治邦国之主体，更是礼制与德位之道之典范。

在履卦，取"虎"象与以虎触礼。"虎"者，乾三阳为虎象，上六为虎首，九四为虎尾。以遇虎"履虎尾"在于言其危，在定礼为序前，取虎之危象。虎为刚强之兽，性凶且能伤人，故人皆惧虎。乱虎、凶虎者，乱邦伤人，其乱邦伤人之祸，重在失序、无序导致的"欲"望横行，不加管束与教化，进而失己位进他人位，成凶害之险。何为虎？在邦体言位，若不安其位，且其位无礼，便会失位德继而各失位序，谓"乱"虎；在众言欲，众欲若不疏导或正确引导，将人人为己私，不仅不择手段，且丧心病狂，继而失向邦与共之志，成邦之负累；同时为政之欲将出食肉之贪政，食人之恶政，谓"饿"虎。这便是履卦的"遇虎"事件。

在履卦，取虎喻欲，再以虎言慎。欲者，言克也，有共礼可依则可克；慎者，若无礼序以供其行大度，故只能践蹑慎行。取虎喻欲，必须建序以克欲。君子修身健德，以惩忿窒欲便是重在克欲。克欲，君子当自省，为政者当有所作为，据"虎"之危象而思安虎之法——当建序克欲。建序克欲便是克其多欲，可其失位之欲与无德之欲，使其归其位序，继而守其位礼与位德。也正是因遇虎而发生触"礼"事件，以"履虎尾"言安分其欲与安位其序而确礼序。

在履卦，六三履其九四之位尾，六三阴柔，九四乃至上乾体皆阳刚，为"柔履刚"之象，本有"履虎尾"且履者危之虑，但终未发生咥人事件，为"说而应乎乾"，以六三阴柔之性应乎乾阳之志，从而以六三与九四两者之"位"，发乎出礼。介于六三与九四两者而言"位"，此为以辨上下之明——"位"出，以此定"位"，则出位礼与位德。位礼，发乎其天理自然之端，为"位"

的道法之序德，呈现出“礼”。

纵观履卦，履卦确位，继而确礼制与德位之道，从而成就履卦的德位法则核心之卦，正因有履卦确德位之内核，方能以履卦通他卦而使易体井然有序。履之六爻，皆以履柔为吉，所谓履柔者，在于见礼而柔，乃礼之于文明之柔性，同师卦刚性冲突而言，礼之柔性乃文明扬升之兆；九二有中德，以中不自乱履位，故有“坦坦”之象，九四履虎尾而确礼，故有愬愬终吉，上九用位之道而视履考祥，故有其旋元吉之象；六三以柔履刚，才弱志刚，不能克己，履刚致凶；初九九五所履皆正，初九当位而触礼知礼，素履于礼，使礼发乎于自然而无咎，九五以夬履行中正，实乃以刚断之明来维护礼制。卦爻取眇象，以“眇”之视言明德，诸爻中阳爻有明，皆能明位序知礼序，以阳明之德履柔故而见吉，阴爻有暗，虽卦辞言善，但终以履刚有凶。

履礼而行节制之道。在巽卦言以阴节制阳而使阳行阳道，巽卦之节制为卦体内以阴阳互制，而健德行阳善之节制之道却在履，以位定礼践履礼、法而节制，既规范位德，又激励善政；既有治善之术，又有礼法共序。同言进位节制之道，在巽偏重言刚进位利见大人的小众君子，而履则言进位且当位的大众君子，对比巽的小而类而言，履有大而共之特性。故而履体诸君子与履君大有作为，以振履序，从遇虎有危的事发之因，到寻求解决之道，从“礼”行为发生到建礼成序，最终有礼制健全之果，没有凶虎、饿虎、贪虎当道。

履卦通所有。履卦之所以有“元吉”的吉祥之兆，便在于履卦确“位”序定礼序，以一卦通所有卦，以一爻贯其他爻，履卦确位序定礼序的核心在位，思想在德，在德位法则统领下，贵在践行，故而因践履而见德治，这也是言“盛德”之所在。

履，德之基。以确位序定礼序之基石言正序之基，基于正序方能使君子践履而健德；以修身健德需履礼、法行节制而有身德之基，之所以在治君子九德系统能健德而成称位君子，便在于德之基石稳固。履卦通过确制之基石来确身，一制正序正是从身德之基开始，若不能节制身德便不能守位序履礼序。身德之基，在于能践履治君子九德来修身健德，找到正确的身德之“位”，践履而不逾矩，确乎礼而不沾染妄习，根于礼而不逐妄，所谓克己复礼便是如此，健德一事，贵在践履治君子之道，找到践履位序的克制之道，便得修健之精髓。在履卦言“君子以辨上下，定民志”。所谓辨上下之上者，乃称位君子之质地，下者乃昏蒙之草昧，以辨上下明暗之别，从而确民志，让民发乎修健之志，使民在确制之基石来健身德。履卦言法→礼→德三者一体之德树光明，在治君子过程中更是依赖德位来行克制之道。

履者，德之基也，此“基”为君子当位行善政健德之基，它区别于以惩忿窒欲言修身之基。从修身立身，到立身进位，再从进位继而当位，是君子修持入世并健德之过程，从“复”到“履”位域发生了多层级的变化，君子从修身立身到当位，完成了个体化健阳德之进化，当值履时，以“与共”的属性完成个人到与共的大转变。而履以礼之秩序言邦体共序，君子在共序下，行君子之责，图君子之志。处履，因共序以健而成行有为之政之基础，履礼正序，以德树光明各安其位，各舒其礼，各正其德，成治君子德之基。有此德之基，可益君子之善，定君子之志，进而图邦国大治，从昏蒙未明之屯卦，到大同世界，正是君子以健，才完成德文明构建而实现德被天下之道。

从巽到履，君子从将志到得志，也从进位变成当位。以巽进位，虽利见大人而无当位之实，以履进位，不言利见大人，而凭善与德可位正当也，位正当则大施可为。因礼序保障，使君子当道，亦使治君子之文明状态得以进步，君子健德扬善成为主体与主流，从治君子开始转变为治邦国而振济小人，使小人有德成为邦体与君子共识。履礼正序，以众位有序如树陈列，根、干、枝、叶位域分明，各舒其礼，各正其德，以德树光明成治君子德之基。

谦卦：德之柄

坤上艮下

谦谦君子之道

历经从巽卦德之制到履卦德之基的修习过程，以巽养而有节制与节制而履礼、法，呈现治君子进位节制之道。君子修身以立身，立身入世修善，必立世而进位，唯君子当位而言善政以施。进位者，利见大人，巽也；进位而当位，践礼以守位，履也；在巽、履二卦，呈现从立于身德到外德，再从外德走入位德之转换，君子进位而守位，从而以当位之位，健配位之德，使其能称位君子。能称位君子者，是治君子之大成，从处困入复的治君子之修身健德始，到入履健配当位之德，乃至“君子有终”而有称位君子之终者，正在谦卦，以此完成九卦所呈的治君子九德系统。

在治君子九德系统里，“君子有终”并非治君子在谦卦终结，而是经过谦卦德之柄的修持，历经九卦之修持过程，君子才德备具，可以“称位”君子进位当位而志在大邦。从体，君子进志而图治，以善政养民资治；在私，以君子之范式教他人有德，邦小人健德，以自明而启蒙德照他人。故而，谦卦为治君子之终，亦为与共志邦图治之始，以同体而位域不同，发生确私向与共之转换。

谦者，德之柄也。柄者，把持之义，为以谦道驭德，以谦道为柄、为把持而健德，有从修德到驭德的重要转换。《说文》曰：“柄，柯也。”草木之实与枝茎连着的部分是柄之范式，草木之实与枝茎相连，以柄作转换。以“柄”言修德到驭德之转换，为修身之私德向进邦之公德之转换，而柄为转换之关键。修身健德立于私，厚德载物向于邦，也正是值谦卦有治君子之终以及进邦伸志之始。《玉篇》曰："谦，逊让也。"谦者，礼之让也，《礼记》曰："是故礼者，君之大柄也。"故治君子言谦者，履礼而后谦，从德之基入德之柄，正是治君子有终时，终者，非终止也，而是以终言成也，治君子之成者，可"称位"君子之谓。

谦卦立三大格局。大有卦之后之谦、治君子有终之谦和地山隐伏之谦，并以此三种谦卦格局立三种释义。大有卦之后之谦，为谦敬；《序卦》曰："有大者不可以盈，故受之以谦。"谦之所以序大有，在于"其有既大，不可至于盈满，必在谦损，故大有之后，受之以谦也"。大有因德而治，尤其是"德被四野，无所不照；德服天下，盛大丰有"。德政普施之大有，故而在谦必敬德、崇德、唯德，之所以有大有之盛世，在于自泰卦后，收获君子当道而治之利，尤其是从同人卦君子由野济邦始，君子修德并有德，继而进位且当位以治，所以处谦之当时，必然见大有而明德，继而敬德；故，谦者，敬也，为谦敬之义。治君子有终之谦，为谦始；终者，为身德君子之终，此终非终在谦卦，而是九卦所呈之治君子修身健德之集合；始者，为位德君子之始，履礼进位而当位，君子志邦而志展宏图之始；位德者，从邦之大体有君子当位而治大有之极；故，谦者，从私向共立邦之大体之始也，为谦始之义。地山隐伏之谦，为谦卑；谦卦为地中有山之象，地体卑下，山高大之物，而居地之下，以崇高之德，而处卑之下，有谦卑之义。除此以外，一切谦义皆履礼而谦，以履为德之基，故谦含有谦让之义。此基非基石和基础，而是根据和凭借，治君子之基在于复，以复阳为健德之基始，治邦体之基在于履，以履共序为基，故履位进礼是君子进位且当位的图志之基始。故以谦敬、谦始、谦卑、谦让之谦义四体，以谦卦呈谦谦之道。

德之柄者，以谦道驭德。处谦体之当时，有天、地、人、鬼神之谦德四位域，因谦之亏盈、变盈、害盈、恶盈而呈现益谦、流谦、福谦、好谦之义。驭者，统帅、驾驭之义，以谦卦统帅治君子其他八卦，以此“驭”修身之德健；以谦道驾驭天、地、人、鬼神之位域法则，既修持君子之德，又健法序之德，用内在之谦德，处外在之谦事，从而以谦敬来敬畏法序，以谦卑事天地人鬼神，以谦始自养其德又志邦进位健德，以谦让履自然法序、邦制礼序、德位正序……以谦道驭德，正是谦谦之道之关键。而能驾驭天、地、人、鬼神之位域法则，必有君子之明或谦必治君子之明，若不明道体德性，自然法度、法序，又何言驾驭呢？故言谦者，虽言卑下，但要法谦，必然要以德位治之于精神。

谦：亨。君子有终。

彖曰：谦，亨。天道下济而光明，地道卑而上行。天道亏盈而益谦，地道变盈而流谦，鬼神害盈而福谦，人道恶盈而好谦。谦，尊而光，卑而不可逾，君子之终也。

象曰：地中有山，谦。君子以裒多益寡，称物平施。

卦辞：以称位君子而健谦卦亨通之道。

彖辞：以谦体四域与谦德四体而言谦体健德之本质。

象辞：以谦卑之质行大乘之道。

谦卦，坤上艮下，为地中有山而法谦之象。法谦者，师法谦道也。谦卦，以艮承坤，以屈已下物而有谦之象，艮承坤者，坤顺乎外而艮止乎内；止乎内者，德也，以山高而言德崇，喻健德无止境，非德高而止，人健德再高也高不过天地，故谦立天道与地道入卦便是如此；顺乎外者，法也，驭法而顺，洞悉自然法序，并驾驭天、地、人、鬼神之法序而能顺。言驾驭法序者，必治其明，处谦时，兼听则明，以艮言、坎听立象有谦之兼听也；兼听者，以师法、效法、取法自然而言法，以取经圣贤而言听。《周易本义》曰：“谦者有而不居之义，止乎内而顺乎外，谦之意也。山至高而地至卑，乃屈而止于其下，谦之象也。占者如是，则亨通而有终矣。有终谓先屈而后伸也。”

谦之亨。谦卦有德健之亨、取法之亨、有德之亨、称位君子之亨、尊德之亨。德健者，谦卦德之柄也，以谦道健德，有修德和驭德之实。取法者，谦卦取法天、地、人、鬼神之法序，并师法法序而驭德，能取法者，卦体必以“明”达本体，以明济未明。有德者，谦卦修德与驭德，则必然有德，且有而不居有，反而守之以虚，行之以谦逊，不以有而满，只以卑而不足。称位君子者，以九卦所呈言治君子系统，既有谦卦统领其他八个卦体，又在谦卦以君子有成而言“终”，君子有成者，使君子才德兼备，因德之健全而能称位君子，君子是成泰与大有之基，也是邦体前进的动力。尊德者，在谦卦以谦敬义尊德，不光尊德，反而崇德与唯德，正因为德引领了大同文明，君子尊而能卑，高而能下，尊德而达理。亨者通，正因为谦之亨，能使谦道通道法本理，通自然法序，通德文明邦体，通君子之质地，通小人之昏蒙，故谦道能远且能济远。

“君子有终。”以谦卦统帅其他八个卦体，自复卦始，历经困→复→损→益→恒→井→巽→履的过程，在谦卦有君子之成，同时也形成修身健德的治君子系统，在治君子系统里，君子有终为健君子之终，是君子之成的标志，为以成言“终”，非终结与终止，而是在谦卦可以“君子”来称谓，故曰称位君子。在坤卦言“大终”，艮卦言“厚终”，唯独谦卦虽言“终”，却是以终言治君子之成，亦以终言始，使“谦”具谦始之义。在谦卦，以确身德之成而可称位君子，身德者，君子私德也，君子私德以终有成；始者，以确私德之成，而向邦与共育位德之始，向邦与共者，为志在邦之大体，治邦体必先健君子，这是确保邦体文明发展的自动力。从“君子有终”的君子之成，便有了大同文明之基石。

“天道下济而光明，地道卑而上行。”在谦卦，下体为山，为山势退而居地下，上体为地，为地越居山上，地者，承、顺也，在谦之时，以健德有成，德高而崇，地以承德故居上，居上者下济，为以德济下，虚己下物，为德施而顺，故言天道者，是以地载德，以德为天。“下济”者，德普施以助万物，犹天道生而不宰。山居地下，山为何居地下？为山势纵高，难敌德高，世间有为之大，难比无为之道生，山居地下，为以山之势承地之德，睹天道法度而尊德，崇德；上行者，为君子健德自强不息之势，为志气上行，亦为健德而德积上行。天道者，言德性育万物之无为法，而地道者，言健德育君子是有为法。地道卑俯，君子勤健德志在无为境，故积德成山势，山（有为之德）虽高，高不过天（无为之性）道；天道下济，德性育万物无声无息，天道法序得以地道万物呈现，故天道光明显现成地，地虽卑，但为天道无为所生，故高于有为之德山，此为之所以能成谦体之所在。下济与上行，皆神主精气也，为精气左旋而右转，皆为德在盈虚转换。

谦体四域与谦德四体。谦体四域者，为天、地、人、鬼神四域，谦德四体者，为与谦体四域相对应的谦德，为益谦、流谦、福谦、好谦四德。天道亏盈而益谦，天道生育万物而不居其功，盈者，德之健也，盈为德之本性；亏为盈之反，以“亏”言生育之法象，天道因亏而育，可为“天下母”，虽言亏却益，因益而本不亏；益谦者，为天道“生而不有，为而不恃，长而不宰”的玄德之性，也为大道本性，究其本原，天地、万物不过道生德蓄。地道变盈而流谦，变者，变易也，因变而坏，因坏而空，地道成物，万物皆在成住坏空中循环往复，因无常而无定体，虽无定体，空后又能因缘聚合而能成盈；流谦者，流注也，体虽成住坏空，但法性不变，能盈者，德性因不易而显盈象，流谦者法性只不过因物象变易而流注。鬼神害盈而福谦，言害者，福祸也，鬼神者，无体无状，福祸非鬼神为之，乃祸福自招？鬼神何在，为德的阴阳法则属性所赋予，积善升阳气，则得神，神者，阳也，阳裕则德升，反之，积不善则降阴气，得鬼，鬼者，阴也，在身成阴寒之病，如处困卦；福谦者，因明福祸之所在而得福。人道恶盈而好谦，恶者，厌恶也，人之所以有厌恶之心，在于好恶之习性也，人有好恶之习性，进而被习性所沾染，全凭习性做主而触不到事情的本质，之所以言惩忿窒欲，便是损陋习，以致不被习气左右；好谦者，为交好有谦之士，有谦之士善修德，重健德，是谦而能盈之表率。

之所以以谦体四域言谦德四体，为以不同位域属性所呈现的谦道动态过程，而明了唯一本性——德性，谦道虽有谦敬、谦始、谦卑、谦让之谦义四体，实际上皆是因德的盈虚实质而呈现的外在表现，故皆言“盈”，盈者乃德之本性使其德健而盈，而谦道恰好能盈其德，在天、地、人、鬼神，无能是处哪一位域，以谦谦之道事之，总能盈其德，以谦言，在于谦的健德之能，又在于以谦体可统领其他卦体，使其相互促进而增益，更在于处谦体而明谦之理，以洞悉法序而敬畏法序，以德之大用而崇德，唯德。在谦卦，山隐伏于地下，因隐伏而无光明，但又因尊德、健德、有德而大放光明。之所以能隐伏，在于自明，自明者，君子之质地也，因见德性而明，呼应复卦以复见天地之心的德之本，在“复”言德性，言见天地之心，因刚刚出困且刚一阳来复，无足够的阳与德使其见性，虽有见性之理，未必有见性之功；见且明者，在谦卦，在于治君子有成，因君子之明以及诸德之健，使其既从睹自然法序而明见性之理，又因阳固德裕有见性之功。虽言卑，但卑而能尊，能尊不是可尊，能尊之“能”在于德健已成，以能尊而不尊，谓谦而不居。

“君子以裒多益寡，称物平施。”君子处谦，明谦之理，法谦之象，故益损有余而补不足，损非损其山高，而是以损言增益其大道生化之功，大道生化万物，万物生成，以平衡之道以为大道亏损，实则大道不亏，不亏在于因德盈而充实之，道生德蓄也；补不足非补其地卑，而是以卑而尊言德之厚，但德再厚厚不过天德，故要时时感其健德不足，时时保持谦卑之心，行大乘之道。称物平施者，乃齐物之质也，因见德之本性，而明万物与万法平等，善无大小之分，德无高下之别，健德应广健，施德应普施。裒多益寡者，在治君子系统中，为以平衡之术行兼听健德之道，损其自身漏习之余，而补其健德不足。

养谦

初六：谦谦君子，用涉大川，吉。

象曰：谦谦君子，卑以自牧也。

六四：无不利，撝谦。

象曰：无不利，撝谦，不违则也。

初六以柔处下，又居山之下，是以涉难被山所限，但君子以谦道济渡险难，是行谦者。行谦者在初，为谦而又谦，故曰“谦谦”。《程传》曰：“自处至谦，众所共与也，虽用涉险难，亦无患害，况居平易乎？何所不吉也？初处谦而以柔居下，得无过于谦乎？曰：柔居下乃其常也，但见其谦之至，故为谦谦，未见其失也。”坎为水，震为足，有足在水中“用涉大川”之象，之所以能用涉大川，在于卑以自牧而健德，凭“德”涉川渡难。卑为处山之下之卑下，自牧，称位君子自健其德，因健德而不卑。胡炳文曰：“谦主九三，故三爻辞与卦辞皆称君子有终。初亦曰君子，何也？三在下卦之上，劳而能谦，在上之君子也。初在下卦之下，谦而又谦，在下之君子也。在上者尊而光，在下者卑而不可踰，皆所以为君子之终也。用涉大川吉，虽用以济患可也，况平居乎？”

六四居上体，柔而得正，上而能下，不与物竞，为谦之至善者。六四近君位，恭畏以奉谦德之君，下之九三又有大功德，为上所任，故以卑巽以让劳谦之臣，六四动息进退挥扬谦德，故无不利。挥者，挥也，取象震之布施。梁寅曰：“六四柔而得正，上而能下，可谓谦矣，无不利矣。然处近君之地，在功臣之上，故戒以更当发挥其谦也。世之人臣，固有执柔守正，不与物竞者矣。然或谙于事理。辞受失宜，无功而受其禄，无实而处其名，若是者失谦之道矣，不可以不戒也。”

养谦者，初六与六四皆执谦道而继续养谦，使谦更谦富。子曰：“七十而从心所欲不逾矩。”从心所欲者，如六四挥谦之谓，不与物竞，而发挥谦之至善；不逾矩者，同处六般卑以自牧而健德之谓。

执谦

六二：鸣谦，贞吉。

象曰：鸣谦贞吉，中心得也。

六五：不富以其邻，利用侵伐，无不利。

象曰：利用侵伐，征不服也。

六二以柔顺居中，以中正之道而积谦德于中，六二顺承九三，九三乃治谦之贤臣，故见吉于外，谦德充积于中，谦名扬发于外，见于声音颜色，故曰鸣谦。鸣者，以谦有闻者也，取象震之声又坎之听者。六二居中得正，有中正之德，故云贞吉，凡贞吉，有为贞且吉者，有为得贞则吉者，六二之贞吉为其自有，因中正之贞而自得吉。在卦中，艮之巽，诚于中，止于逊，见于颜，播于远，此“鸣谦贞吉”也。苏轼曰：“雄鸣则雌应，故易以阴阳唱和寄之于鸣。谦之所以为谦者，三也，六二其邻也，上九其配也，故皆和之而鸣于谦。”

六五以柔居尊，为在上而能谦者，故为不富而能以其邻之象，是不以己富而得人亲者，因执谦道众所归往，或有不服者，则利征讨之。不富者，取象坤之吝；邻者，近也；侵伐，取象震之出；坤之坎，以地水师而是利用侵伐。《程传》曰：“富者众之所归，唯财为能聚人。五以君位之尊，而执谦顺以接于下，众所归也，故不富而能有其邻也。邻，近也。不富而得人之亲也。为人君而持谦顺，天下所归心也。然君道不可专尚谦柔，必须威武相济，然后能怀服天下，故利用行侵伐也。威德并着，然后尽君道之宜，而无所不利也。盖五之谦柔，当防于过，故发此义。”

执谦。有六二得中正执谦者和六五得尊位执谦者。六二与六五皆以谦德充积于中，故而皆贞吉，充积于中者，健德之道。六二因执谦道健德而扬名发于外，以鸣谦而扬名，扬者，德自扬而他鸣，之所以鸣者，为惊叹与感佩，为有谦德之实更有德之名，执谦之道更是扬名之道，这是鸣谦得以鸣之所在。六五尊位执谦，在于恩威并施，恩者，既执谦富其位德，又普施谦德以惠上下，威者，六五执谦为器，威以戡乱，再施恩以治平，宽猛相济而无所不利。六二执谦为器健德在于治君子，六五执谦为器在于治邦国。杨万里曰：“五以君上之尊，体谦柔之德，欿然不有其崇高富贵之势。此一卦，谦德之盛也。推不富之心，则其臣邻翕然，焉往不利哉！利用侵伐，姑举其大者。”

服谦

九三：劳谦君子，有终，吉。

象曰：劳谦君子，万民服也。

上六：鸣谦，利用行师征邑国。

象曰：鸣谦，志未得也。可用行师，征邑国也。

九三以阳刚之德而居下体，为众阴所宗，履得其位，为下之上，是上为君所任，下为众所从，有功劳而持谦德者也，故曰劳谦。王弼曰："处下体之极，履得其位，上下无阳以分其民，众阴所宗，尊莫先焉。上承下接，劳谦匪懈，是以吉也。"坎为劳，艮为终，一阳值坎艮之体，履正而上下归之，九三者为全卦唯一阳。九三以刚居正，劳而能谦，终身持之，则其道吉；有功劳而持谦德者也，万民悦服；万民者，取象坤之众；服者，顺从也，取象坤之顺又艮之臣。冯椅曰："一阳五阴之卦，其立象也，一阳在上下者为剥、复，象阳气之消长也；在中者为师、比，象众之所归也；至于三四在二体之际，当六画之中，故以其自上而退处于下者为谦，自下而奋出乎上者为豫。此观画立象之本指也。"

上六以柔处柔顺之极，又处谦之极，以极谦而反居高，未得遂其谦之志，故至发于声音，又柔处谦之极，亦必见于声色，故曰鸣谦。上，谦之极也，极谦反居高位，不能任天下事，则反求诸已，故利在以刚武自治。邑国者，已之私有；征邑国，谓自治其私；行师者，以师言用刚武。朱震曰："征邑国者，非侵伐也，克已之谓也。君子自克则诚，诚则物无不应。有不应焉，诚未至也。"

服谦。有他服和众服者，九三也，使其自服者，上九也。九三劳谦君子，有功劳而持谦德者，万民悦服，故众皆归服，此服为服其谦德，为有德令其服，服则归，归其谦卦九三之位，这是君子当位之德服所在。称位君子在谦卦，不仅进位且当位，当位健谦德且令人归服，位德崇高，这是治君子之成在谦卦且在九三位的位果，《程传》曰："古之人有当之者，周公是也。身当天下之大任，上奉幼弱之主，谦恭自牧，夔夔如畏然，可谓有劳而能谦矣。既能劳谦，又须君子行之有终则吉。"上六鸣谦，非扬名也，为志未得而鸣，有鸣不平之义，不平何在呢？因处位极柔而不平，故因极柔以鸣求阳刚之配偶，使其平衡，鸣谦者实为寻求刚柔相济之道，刚柔相济求刚武自治而服，正是谦象言“裒多益寡”与“称物平施”之义，上六以刚武克己之私，己私者，己欲也，言服谦者，为以德谦胜己之私欲，为健德之大成，成在明私欲，又成在能克私欲，再成在有克欲之道。

德之柄

在谦卦呈现治君子修身健德的处谦状态。处谦者，为谦卦立三种格局收谦义四体，以修身健德之最而有治君子之成。且以显著的称位君子呈现了从外德到位德的变化关系，外德者，入世进位修善言德，以履礼为基，而位德者，在谦卦有当位君子，如六二、六五、九三，尤其是九三在当位中执位，使治君子发生君子以治的重大转变，能有这种重大转变的原因就在于称位君子之成。在谦卦，以称位君子而有治君子之成，在谦卦以“君子”称谓。称位者，才德兼备，才者刚明之才，阳足且明是刚明的显著标志，就算以柔性处阴位也不影响其君子的刚明之才；德者，身德、外德、位德皆足以能被称位，因称位而谓，因才德皆具而当之无愧。

治君子与君子以治的转变。在谦卦，有修身建德之治君子之最，用德之柄以谦道驭德，最显著的便是以谦卦统领其他八个卦体，使其在谦卦融会贯通，有处一谦卦而修其他八个卦体之会，这便是治君子之“最”的来源，且还有谦卦三种格局和谦义四体，又是独特的修而健德之内容。以治君子之最而有治君子之成，成者，有也，在谦卦，当有君子，此君子兼具立身君子、积善君子、进位君子、当位君子之综合，这也是称位君子之才德。正因有“君子”，故而君子当位以治，君子进入邦体担任重要角色，甚至以一己之位成为卦眼，如谦卦九三以劳谦君子不仅在谦卦当位，还在当位中执位，并执一卦之体。从治君子到君子以治，便是治君子之成的标志。在治君子系统里的前面几卦言治君子修身德、修外善等，皆是集一卦之力，帮助健德君子修身而立善，如损卦以惩忿窒欲修己身，皆围绕损益之道而言固阳，在井卦以立井、渫污、修井、汲水等过程言立善之地难寻，外善之德难养，皆是以全卦之力，助其修而健德。而君子以治不同，在谦卦，九三以一阳统领全阴，以己位治全卦，助其他爻皆安位而处谦。

身德之终，位德之始。在谦卦言身德之终，为身德之大成，身德大成者，立身君子当之无愧，这也是谦卦能立君子之关键所在。身德之终不但非终结，还以谦敬、谦始、谦卑、谦让之谦义四体修健君子的谦谦之道。终者，极也，最也，正因在谦卦发挥了最大限度的修德动力，而使君子以立。君子以立，非逍遥遁世，而又以进位及当位君子修健位德，发生君子以治的重大转折。它的重大意义就在于立小乘之大成而行大乘之实质，君子以治，使小人有德，助邦体健德，便是君子志邦、志大众之宏愿，就是此志以济远，能济通。在六十四卦中，《彖辞》与六爻象辞皆吉者，唯有谦卦，就在于它立能独善其身，进又四通八达。

在谦卦，初六敬始而谦，卑以自牧，虽位卑但德高；六二居中而谦，当位以健，厚积而发；九三履正而谦，当位且执位，以谦之主，屈己下人，以一阳志养全卦；六四执柔守正而养谦，发挥谦之至善；六五以谦之尊而执谦，恩威并施，以图德服而治邦体；上六处谦之极却有明，反躬自治而克私欲，集惩忿窒欲健身德之大要。所谓身德之大成，成在上六，成在有明私欲之明，处位之极还能有“明”，是因德健而真明，一般皆居极而反，而谦之上六唯独能明，是治君子阳足德裕而明的写照，上六之明在此通“复”，复者德之辨，辨则明，明则明其本而辨质见修，而上六不辨自明，不处困而知本因。同时，上六反躬自治而克私欲，以能克私欲而通“损”与“益”，集惩忿窒欲健身德之大要，上六以刚武之象克私，可见既有克欲之刚强，又有克欲之利器，此种君子是健身德之典范。对比身德之大成在上六，而当位之成在六二、六五、九三，二与五皆以中正之位而执谦，且以谦德充积于中，健其己之德位，为当位而健德位者。执位之成在九三，九三虽不中，但以己位领全卦，成执卦之主，以有功劳而持谦德者，使万民悦服而归，以德归服始发生在九三，九三不仅执位，还因德服而执卦，为六五之治世贤臣。以六二、六五当位，九三当位且执位可知，在谦卦，因治君子之终而有君子之质之大成，这也是之所以有能称位君子的原因，六二、六五皆阴爻，性柔，但能当位而执谦，且以谦德充积于中而健位德，可见虽以柔，且居阴位，但也不影响其君子刚明之才德，称位君子之质地，所以说同样一爻的阴阳属性，位域格局不同，结果会完全不同，这就要发挥同体位域方法论的作用。

德之柄。谦者，德之柄也，为以谦道为柄而驭德。柄者，转换之机要也，以“柄”言修德到驭德之转换，处谦而有转换之能事者，有法序之柄、统领之柄、健德与有德之柄、小人与君子之柄、君子与大同文明之柄、身君子与位君子之柄等。驭者，统帅、驾驭之义，尤以谦卦四通八达，既能“驭”修身之德健，立身德君子，又能以君子以治健位德，立位德君子，还能通天、地、人、鬼神之位域法则，以洞悉自然法序而言驾驭。处谦再以谦道事之，既敬畏法序，又师法、取法法序而用于谦，这也是以柄作转换之机要所在，立于道，取于法，明其性，而言“驭”，为能“驭”之极。

法序之柄。法序之柄是处谦第一机要，不明谦之法序，便不入谦卦之门，诸卦皆言法序，但从未如谦卦从天、地、人、鬼神四域齐言法序者，故除乾坤二卦外，从未有谦体四通八达，谦体之所以四通八达，就在于谦卦建立了属于自己的体性系统。体者，为天、地、人、鬼神之谦体四域；性者，为益谦、流谦、福谦、好谦之谦德四体。在这个体性系统里言说法序，不再是只言片语，在道与法面前，人何其卑小，但人健德明性而证道，又齐于道，又能与道和光同尘。以体性系统言“谦”，在于谦道有能“盈”之本性和法性，“谦”道能包含的所有含义，皆因德的盈虚实质而呈现的外在表现，盈者乃德之本性使其德健而盈，而谦道恰好能盈其德，在天、地、人、鬼神，无能是处哪一位域，以谦谦之道事之，总能盈其德，以谦言之，在于谦的健德之能。以众多法序能明谦之“盈”以及能盈之本性，是法序之柄发挥的作用，借谦而入道法之质。

统领之柄。统领者，为在治君子系统里以谦卦统领其他八个卦体，形成从困→复→损→益→恒→井→巽→履→谦的治君子过程。统领之柄者，以谦卦融会贯通其他卦，有处一谦卦而修其他八个卦体之会，言柄者，既是转换之柄，又是通融之柄，在治君子系统里，围绕“君子”主体健德修持，从处困而治困，从一阳始生起修，到君子在谦卦当立，完成治君子身德之终（成），在除谦卦外的其他八个卦体中，虽以“君子”言，但皆是以君子名，非有君子之质，直到在谦卦以称位君子来称谓，方有当之无愧之君子修成，以谦卦有真君子而有统领之实。同时，谦卦以统领和贯通而兼具身德君子、进位君子、当位君子等修持内容与特点。在其他八个卦体的治君子过程里，处处可见谦道，也处处可明“谦”之于健德之作用。从辨质见修可知，之所以治君子，就在于有处困的外在因、内在因、本因以及呈现困象的因果之道所左右，想要济困、济通，唯德能通所有，能济所有，而谦卦正是真君子立大志之卦，君子有德还能如山一般隐伏，谦卑，就在于立世就志于大同理想，遁世就在于证道与天地齐，所以谦卦君子的转换，支撑了君子个体与邦国大体之间的联系，更加强了小人健德而有所作为的示范。

健德与有德之柄。在从困→复→损→益→恒→井→巽→履→谦的治君子过程里，皆是健德的过程，而且从复卦明了一阳来复对阳德的意义，再在损卦与益卦建立了使阳足且固阳的修健方法，又从恒卦与井卦以恒益之道养之，还在井卦发生了立身德向外德立善之转变，再经巽卦与履卦的进位节制之道，君子开始从立外善以养，到进位图政，最终在谦卦实现了健身德之成，以及有称位君子之成。从治君子过程可知，成就有德真君子非一个谦卦可单独支撑的，它只是走在成的终端，它的“成”建立在治君子系统里任何一卦的基础上，这也是同体位域所发挥的作用，在同体上，谦卦和其他八个卦体同为一个整体，在位域上，谦卦为九卦所呈的其中一卦。健德者，健身德、外德、位德也，以身德、外德、位德之健，使君子有德，而能称位君子，有真君子之成；有德者，在身德、外德、位德范畴内一切可修可健之德，均是治君子修身健德应该具备的才德。

身君子与位君子之柄。身君子者，以己身立身而独立于世，位君子者，以身君子之基立于邦。在谦卦，以一卦呈现了身君子向位君子之转换，初六与六四皆执谦道而继续养谦，使谦更谦富，尤其是初六居山之下，而山又有隐伏于地，这在任何一卦都会涉难，只有君子方知健德，此时君子无位，更无外善，只有健身德，使其成德高之身君子，这便是在谦卦虽身君子谦卑于下，但德却崇高于上，除此以外，还有上六健身德而成身君子之典范，上六以刚武之象克私，集惩忿窒欲健身德之大要。初六、上九是身君子者，而六二、六五、九三便是位君子，六二与六五皆当位且履中正，九三当位且执谦卦，当位者便当政，六二以鸣谦当政，鸣谦者，扬德之名，实为宣德也，以执谦之道而行扬名之道，是鸣谦之政，有德在己，健德在位，但扬德在政，六二鸣谦便是德政，它归于礼德之教的宣讲、宣扬，是德教非常重要的方式；六五以执谦为器，威以戡乱，因治于邦国而行谦道，为以谦谋政，实为谦德之盛。无论是身君子还是位君子，皆因健德而有德，正因为健德和有德，使其成为小人与君子之柄，君子与小人的区别就在于君子以德称位，以德可言，以德衡量，而小人既不知处困，又不知健德，故而少德或无德，既使自己陷入困境，多灾多难不说，又拖累邦体向更高的文明进步。从修证本质而言，是否身君子必然要向位君子转换呢？身君子可以不立于邦，向位君子转换，而可以继续内证成内德君子，这是修真者性命双修的证道之路。位君子之所以入世当位，在于以德政而健德，从积善和积德而言，位君子可以政之普遍性而广积善、广健德，尤其是从使小人有德且天下同德的大乘而言，位君子显得意义重大。

德服天下之柄。在谦卦，九三劳谦君子以有功劳而持谦德，使万民悦服，继而归服，德服从九三劳谦君子开始，在此通大有和同人卦，使其有了君子与大同文明之柄。谦卦之君子者，从身德君子、外德君子到位德君子皆是一个“真”君子之质地，既有刚明之才，又具阳刚之德，是同人卦“同人于野”野之所起的那种君子，可以由野济否而达无所不同，这就是君子治邦之心和济邦之志，这就是通往四野所归，归而尽有的德服之道，更是以天地人三才合德之德文明构建而德服天下，使其盛大丰有的大同文明之道，皆在于居于邦体之中的核心源动力——劳谦君子。君子与大同文明之柄以及德服天下之柄，尽在如劳谦君子一样质地的健德与有德君子，若邦体社会人人皆如劳谦君子，则不治而同，邦体文明则有以道体德性驱之的自动力。

明德卷：君子九明

卷之言：从重险之难到君子九明

本卷领起之卦为坎卦，统领之卦为豫卦。以坎卦重险之难领起，且犹以重险之难集诸难于一体而有难之最深重者，围绕出坎难与避祸而治明德，以豫卦统领遯卦、临卦、睽卦、丰卦、旅卦、节卦、兑卦、豫卦、既济卦，形成君子健明德的君子九明系统。本卷以“致明通君子九明”为旨，所谓致明，必先健个人之明德，立身德且健明德方能致明，致明后用“明”治卦体有功，方显与共之大明德，尤其是行传道讲习而教他人有明，方是明德彰显之所在。

重险之难。坎以陷义主险，当阴阳皆陷于坎体，上下皆坎，陷之又陷，是为重险，重险之难便生。卦中阳实阴虚，阳虽实但阳为欲重妄沉之实，欲、妄之沉重与重陷堆积，又值上下无据，足踩阴而不实，头顶阴而无明，使其陷之又陷，所陷者不仅是阳陷，阴亦沉陷，尤其是坎之阴无明以引，无德政以教化，自己无明亦无志，以欲当政而堕落自伤，越陷越堕落，以阴上加陷而成险，应难不及而疲于奔命。更有甚者，坎卦重险之难集诸难于一体，坎之重险从大过过极而陷，因过阳塞满中位栋桡，泰通成否势使王道壅滞，否弱之资无以成泰栋之才，虚而浮夸之“阳”随德政系统的崩溃而皆沦为小人，不仅造成大过之难，还以否塞不通致否难与小人之难。处坎难无引援之人亦无助援之体，使坎之陷众苦难深重矣，故而难至重且昏蒙而暗至极。

“有孚维心”乃坎卦领起健明德之因。坎难虽大陷，但终有刚中之维心君子从坎体炼出，维心君子通过习坎通坎以“维心亨”而明心见性，从三习三炼居坎难而达大明。三习三炼，便是坎炼维心君子的过程，也唯维心君子能习坎，从水流不安众求安，从坎之悲苦中求乐。当维心君子从坎难中炼出，君子内圣外王时，才是维心有用武之地时，方是君子之时位，方能君子正位居体而拯重险之难。

豫卦统领之因，在于豫卦制礼崇德有功，不仅如此，还以传道之师行大乘之教教他们健德致明。豫之卦体，正是“时”所赋予的德果享有者，之所以有豫乐，便在于完成了行谦到治豫而生豫乐之过程，此“德果”之成，乃先王制礼崇德之功。明豫之时义必明治豫的载体——法礼德三者一制正序之“制”。先王以“元永贞”之精神当位，称位“修思永”之长久意识而作制并确制。宗庙之道以收神取信之能，行德化天下而感格之王道，乃凝人心、摄众志、收神制礼、立德范之王道重器，正是豫卦顺承先王美制而德治天下生豫乐之因。

君子九明。遯卦君子避其阴势行退避之让，且以迁避之明得存阳护德之功；临卦阳临阴必临蛊惑之祸事，但以知临之明复正道而阳舒阴疾；睽卦二女同居且以乖张之性情乱其和合，以睽同之明治睽违而相合；丰卦“动以明”能致丰，但对丰而无实以及尚大假丰要行中丰之明止其危丰；旅卦有柔暗者羁旅与刚明者正旅之两力存卦体，以止丽之明使其诚明合功而正旅；节卦以水泽之体若不节则生祸患，节其妄动，制其过常，苦节其陷，以节制之明立德而节又以制行节；兑卦以讲习之明行讲习之道，集各卦启蒙、德政、教化为一体，通过讲习的方式，传道，解惑，授业，启民智于发蒙之际而健明德；豫卦以顺动之明行顺天应人之动，建礼乐德治之师治豫，使其动而和顺且万民悦服；既济卦以豫防之明，从大处着眼，放眼易之全体而行居安思危慎终如始之防。

在遯卦，君子行迁避，小人行逃遁，以两义并存而成其“遯”义；避祸有明，行藏有志，乃遯体君子之明；君子行迁避在于有明照见时势，以存阳护德行固本之职。在临卦，以知临之大明，成临民布德政之典范，使临之阴类得阳正启蒙而渐明阳之利，及时舍阴从阳，以正道匡直阴妄，践行知临之明而育明德。在睽卦，治睽取同且习御时合睽之道，以睽之时用变易其体、时、位，使其进入新的卦体阶段而生睽合；睽生时用，六爻皆有先睽而后合之象，睽时背离而生离散，御时合睽则能合而成体，合而丰大。在丰卦，以“民众富丰大、德政制丰大、天下人健明德光大、王与王道德丰大”四种丰大立其“大”，然而丰中多故，卦中有日中见斗与日中见沫之暗，只能先立法治，再健全法制，用法制清幽隐，行法制明照丰大天下。在旅卦，柔暗小人畏惧森严法制之“火”，只能行羁旅而避其灾，刚明者崇德主明且健全法制治旅体，以诚明合用之功正旅，行崇德贞正之道。在节卦，确立了立德而节又以制行节的节制之道，使节卦发生从苦节到甘节的重大转变，节卦立德而节的治道思想，成为节卦转化危与险的舟楫，亦是节卦以德济通所有而致亨通的根本。在兑卦，以讲习之明行讲习之道，通过讲习的方式，来完成启蒙治明、励志正志和养正教化之功能，成其兑卦以一卦之力贯通其他所有卦体之功，既顺天道而贯通天地，又遍应民情而广应人心，既能见善行于微小，还能见德长于毫末。在豫卦，以顺动之明崇德制礼，建礼制以供众人，应众人之共理，以一制而位天下，健法、礼、德三位一体之德序，民众顺圣人所建之制安分守己，无有违和，随德治日深，豫之时日久，从万民悦服的和豫之渐生德服。

在既济卦，以豫防之明，居安思危慎终如始，以一卦得济来济通所有卦体，且以正位正序之能使德政皆能和济；既济卦以正位而正其他卦体，显诸仁，以水火得用而八卦齐用，藏诸用。

《大学》曰："大学之道，在明明德，在亲民，在止于至善。"明德者，天地万物尊道体德性得常运转之至理，君子健身德且进位德之利器，以及行德治以明治暗全正大事业而求大同之重器，亦乃明心见性而证道之大器。所谓"明"，乃明晰"明德"之至理，以及健明德而致明的途径与方法；君子修身健德以称位君子健明德在身心，必以大学之道明道体德性之至理，明万物独立不改周行不殆的法序之理，明举大善谋万政当行德化全大体之理；君子立身德且健明德来致明，用"明"行德治之功而厚万德，方显与共之大明德。

个人健明德、与共行德政有为学之大，而有"大学"之谓。大学之道，乃君子健明德而致明之道，亦乃圣人以讲习之明行传道、解惑、授业的讲习之道。言"亲民"者，乃君子正位居体，发乎从正大到大同之事业，谋善政与教化临民，以德治之师、文明礼乐之师大器大用，行德化亲民，教民有德，使民皆能有明，既有小乘治道之利，又有大乘之德教之全。言"至善"，乃德之大者，唯有全大体求大同的大乘之同治方言大德；至善之德，乃德文明丰有而德服四方之德，乃明心见性有德升于"精神"而精神圆明之德。言止者，以至德之本性行圣德之妙化，达德化天下大治之功，实无止境。

章一：重险之难

坎卦：重险之难

坎卦：重险之难

坎上坎下

阴阳尽陷须维心尽诚

君子行德政内外之治道，当有所作为，却最怕蒙受大过之难，各难体均还能有所作为，唯大过之难使君子难得作为。在大过卦以阳过中之“过”本来可行“大”事，却奈何激阳虚而不实又激进用过，“过”君子群体据位以政，致泰通往来之德政壅滞，而受大过之难。大过之难是过君子群体以虚而浮夸的非君子行为所造成君子文明之大难。称位君子或卑以居下，或远遁阳外，以远遁避祸只求自保；过君子伪作称位君子，违背事物正而序的发展规律，无以担当泰之栋，行其泽灭木之大过，以害称位君子、害位、害政、害王道、害民、害泰通文明之桡，造就君子文明之大难。

当德不备、才不具、功不成、行有过的过君子群体以虚而浮夸之质，陷入小人之体，便陷入重险之难，而成坎体。重险者，坎也。《序卦》曰：“物不可终过，故受以坎。坎者，陷也。”大过因栋桡而使王道壅滞，因害正道而大过至极，过极必陷，陷入重难之坎险，此坎所以次大过。卦中一阳上下二阴，阳实阴虚，上下无据，一阳陷于二阴之中，成坎陷之义；坎者，陷也，卦之所言，因陷而处重险之难。阳居阴中则为陷，阴居阳中则为丽，阳在中为陷，阳被二阴所陷成坎。

小人当道的卦体环境。阳在中为陷，阳被二阴所限，阴者小人之处位，而“阳”从大过而来，却为“过”阳、激阳、伪阳，大过的称位君子早已在大过蒙难，或遭迫害，或远遁避祸，卦体皆是小人当道的处世环境。原本在大过卦当位的过君子群体，由于阳本来就虚而不足，再随大过德政系统之崩溃而皆沦为小人。过君子为出现在大过体的独特“君子”现象，非有称位君子的德之实，却又非小人无志、无德的阴柔之害，虽言君子，但又有小人之质，言小人又行君子之志，又具阳之属性，故为介于称位君子与小人之间的过君子。过君子群体皆健德有虚，养正不实，自视过高，言过其实，浮夸妄动，经过占位、抢位等激进之事后，造就大者过与本末弱的栋桡之因，在大过体成其大过之难，使称位君子、邦、民皆应大过之难。原本还有过君子之质、称位君子之表的非君子，已完全沦为小人，使其小人当道。坎卦继大过卦之卦体，小人当道的处世环境在大过卦时已然全无君子当位之可能，然并非已无君子之实，而是明君子睹大过之难境遇，时位不予皆远遁，且远遁于野。

阳皆不实。当小人当道的处世环境无从改变，只能求阳以救阴，而言“阳”者，以过阳、激阳、伪阳而皆不实。阳不实之因在于健德有虚与养正不实两者，健德不能激进求速，养正更要行渐进正固之养，而过君子发生在大过卦的激进事件皆对健德与养正不利，所以“阳”皆无实。过阳者，致否塞；阳虽过中，却以无实充塞中通之位，使虚而不实之阳充实于两阴之间，以阳塞满而滞，导致否势，以“否”势成小人当道之主因。激阳者，害正道；过君子群体通过激进事件占位而害当政之位，又以当位之利害政，以当政之无能害王道，王道壅滞而正道废。伪阳者，害文明，大过体所有当位之“阳”，皆无力当担大任，栋之所以成“桡”，在于四阳虽充塞但皆伪，伪于表而害于质；崇德推明之德政，本以阳求离明，而阳皆伪，则文明蒙难，以否塞之势和正道之废，首先便使泰通文明蒙难，继而难势蔓延，损伤其他卦体与治道，而使大过至极。

过极必陷。过极必陷是大过必陷坎难之所在。大过卦以过阳、激阳、伪阳太过，而导致害称位君子、害位、害政、害王道、害民、害泰通文明，且皆“害”其至极，才德越虚，过则越大，过君子群体过激的气焰在大过有多盛，其大过重罪便有多甚。过极必陷，所陷者，包括正当位的过君子群体，本来过君子群体阳皆不实，再造坎阴所陷，便阴上加阴，难上加难。

坎体以重险立卦，以陷取义。陷者，阳被大过所伤使阳陷于阴，此为阳之险，亦是成坎之体；坎体以陷伤阳，继而伤阴，当阳被伤且阳陷，阴之陷则甚于阳陷，此为阴之险；最后阴阳俱伤，阳伤重而阴伤残，阴阳皆陷入重险，便是坎卦主陷之义。阳险，阳先被伤在大过体，过君子以非君子之质和小人之实充实于大过体，说明大过体皆成小人当政且胡作非为之体，在激进事件中，其占位、抢位等皆是伤当位君子之举，尤其是使王道壅滞而正道不立，大伤君子之道。君子之道伤则阳伤，君子与阳皆社稷之栋，栋桡至极必致王政塌陷，当王政伤废，社稷有危，称位君子就算有避祸之明而远遁于野，在卦体整体之陷的情况下，覆巢之下焉有完卵？继而值大过至极，阳陷于坎体。阴险，大过之伪“阳”皆坎体之阴，亦是坎体小人当道的处世环境。他们在大过卦便已据位而当道，在大过卦还有阳的过、激、伪等特质，而在坎卦已然全为小人之实的阴质，当自保正固之阳随卦体之陷而遇阳险，其充塞中位之伪“阳”小人亦全陷于坎体，陷阴比其陷阳而言，阴之陷更甚，以此成坎卦四阴之体，且处下有阴，居上亦有阴。

《杂卦》曰：“离上而坎下。”坎为水，水曰润下，水以润下之性，使坎体下陷。陷者体陷，阴阳之众皆成体，在坎之大体内有内外之体，内外之体内亦有小体，值润下之性主坎，故体显下陷之象。坎卦四阴，居上与处下皆有阴，阴者无阳不实，足踩阴而不实，根基不稳，使其陷下而愈深；头顶阴而无明照，明德不具，使其昏蒙而暗至极。

阴阳皆遭险。伤阳之险，阳被大过卦所伤，使真阳无以成栋，而伪阳充塞四体且当政，使其大过陷坎体，在坎体阳又被阴所伤，为伤而又伤之险。阳被两体所伤，在大过无阳成栋，故大过至极，阴阳皆陷于坎体，在坎体无阳作根基，陷下之势而愈深。一个卦体受难之程度从卦体之阳被伤到的程度可知，处坎之阳被大过体与坎体两体皆伤，且伤而陷，陷而重险，成其诸难最难之体。

对比明夷之难伤阳而言，明夷伤阳为阳性被阴性所伤，而坎之伤阳为阳被政所伤，被体所陷。阳弱明小与阴强妄大的明夷之体，有明系统和暗系统两者，明系统为有圣贤、大君子与君子等群体，主导明德、明志、阳德、德政、德教等内文明，暗系统为有昏蒙草昧、欲望刚强的暗众，主阴与妄，成履明夷之主体，也是遭明夷大难之主体。暗系统以大阴体的阴强妄大行大阴诛阳、昏蒙诛明、迟钝诛志、否塞诛序、险困诛身、大过诛位的明夷六伤而伤阳，造成善政难为、教化难行、阳德难积之明夷大难，虽阳被伤，但明夷内文明系统尚在，其纯粹精神尚隐，在明夷的这种夷伤是被阴阳法则所主导的阴阳盈虚过程，也是正大之德政的转化过程。明夷的明系统以正大之进行内阳化外政而被阴体夷伤，非人为攻击、征讨之夷，而是阳小而阴妄大之转化。

坎之伤阳，阳被政所伤和被体所陷。大过致栋桡之政，致王道壅滞而正道废弛之政，是伤阳致否之祸首，尤其是当小人当道对阳的消耗比明夷伤阳还甚，明夷在乎转化，当阳被阴噬，为阴吸阳而收，阴收阳则阴体内阴消阳长，而大过之阳被小人吞噬，长了小人之势不说，阳还将被消解或荡然无存。从大过陷入坎体后，阳又被坎体所陷，以“陷”主义，在于阳有明因陷而不能照，阳有志因陷而不能伸，无政亦无位，被小人围困而陷。当坎卦之阳有明不能照暗，有志不能升而进阶，此难深重程度可见。

坎之伤阴。坎之阴为大过塌陷之全体，已然应大过之难，那些在其他卦体被合群、被安政、被教化、被激励，使其伴君子之侧的人，皆迫于应难，无以效法明夷体围绕在君子身边被教化，况且大过体君子早已在激进事件发生时远遁于野，小人无明以引，无德政以教化，自己无明亦无志，以欲当政而堕落自伤，致坎体后，越陷越堕落，自伤便越深。坎体之阴，为诸多难体的受难主体者——昏蒙草昧与阴强妄大的刚强众生，处明夷体为暗众，处坎体为陷众，他们总是受难的主流群体，且贯穿于任何卦体，和君子有明亦有志相比，他们无明亦无志，有时候连小人都不是，常常不会跟随君子，且只愿随小人或被小人结党且类同，认昏蒙习以为常。坎之陷众被伤，以阴上加陷而成险，应难不及又遇险自伤，难上加难，难以自持而疲于奔命。

坎以陷义主险，当阴阳皆陷于坎体，上下皆坎，陷之又陷，是为重险，重险之难便生。值重险之难，阳虽陷，但阳有明有志，遇时位得体时可自行出难；而阴之陷因无明以识时务，亦无志正固健德，则出入无期。凡是伤阳之卦体，阳被伤应难，终究难更甚且更苦不言的还是昏蒙暗众，在坎体重险之难面前更是，阴遇重险，阳亦同陷坎体，则无引出坎之人，且阳政早已在大过体窒塞且正道伤废，无有助援之体。无引援之人亦无助援之体，使坎之陷众苦难深重矣。这些深陷苦难之众，大多时候帮衬小人，助小人得势，岂不知终究最苦不堪言的还是自身？不知跟随君子得教化，致难时又无良知保护君子不受中伤，处处应难不知祸难皆自招。

重险之难。坎卦重险之难集诸难于一体，坎之重险从大过过极而陷，因过阳塞满中位栋桡，泰通成否势使王道壅滞，否弱之资无以成泰栋之才，虚而浮夸之“阳”随德政系统的崩溃而皆沦为小人，不仅造成大过之难，还以否塞不通致否难与小人之难。否塞不通则无法与大秩序建立天人合一全息元象“动态”交易联系，使本来就陷落之体无法在大共体里引援而助益，故陷之愈深。小人之难则以小人之秉性当道，小人不重天道、不知阴阳、偏居偏安且妄作非为，以好欲且趋身利为秉性，以害正道和乱位序成为他们的显著特征，害正道则伤君子之阳和德政之大明，乱位序则容易引入失序之难。无明亦无序是导致昏昧之主因，也是坎体愈发深陷之所在，本来居坎体治明与治序已很艰难，再加上小人伤无明和乱序，使坎卦混乱之局面可比肩屯难之无序状态。小人无明且无德，又困陷君子，使其发生如蹇卦的险、困之难，既有蹇难之有险阻，又有光明掩蔽之困，使其身困险难，集蹇卦、困卦之难于一身，既无济困之道，又无脱身之途。面对重险之难如此，小人或民众必涣散，小人或民众迫于应难将从君子处涣而离散，不得已而疲于奔命，心神涣散。重险之难深重且大如此，引发君子都有丧志的风险，至少君子之志被坎险所陷，只能坚贞于内而无能为力于外，故而卦中有孚心亨之象，有孚则诚立，心亨则明通，以此正固静待时位济坎体。

坎：习坎，有孚，维心亨。行有尚。

彖曰：习坎，重险也。水流而不盈。行险而不失其信。维心亨，乃以刚中也。行有尚，往有功也。天险，不可升也。地险，山川丘陵也。王公设险以守其国。险之时用大矣哉！

象曰：水洊至，习坎。君子以常德行，习教事。

卦辞：维心君子居坎习坎且通坎而济难。

彖辞：居重险之难当明重陷之因果。

象辞：习坎，通坎，师坎，方能用坎。

坎卦，坎上坎下，为阳陷阴中而重险之象。卦中一阳陷于二阴之中，以阳陷阴而成坎陷，阳居中成实，上下二阴成虚，阳实阴虚，上下无据，使其头上无明，脚下无根，阳实有重，阴之虚无力承阳重故陷；坎者，水也，水以润下之性而陷体，相比性柔体则沉重，坎之体者皆小人之体，其中实之阳，为根于大过卦体之伪阳，皆欲重而妄沉，阳且如此，阴体更甚，欲、妄沉重堆积，故无力承受其难而重陷。阳实居体而重，亦是出坎之任重，唯寄君子本心，习坎而见性，以有孚心亨处险难，而得居坎之道。

“有孚，维心。”坎以有孚维心立卦德，在于睹坎象，见重险之难，明处坎法则，而得居坎之道。睹坎象，睹阳陷阴中而重险之象，在于明重险之难；坎陷之发生在于坎体根大过体，大过行至极之过而致使过极必陷，从过极陷入坎体；坎体之阳从大过栋桡后塌陷而来，大过之阳以过阳、激阳、伪阳本来就虚而不足，随大过德政系统之崩溃而皆沦为小人，成其坎体小人当道的卦体环境；阴体当道且阳皆不实，坎体以陷伤阳，继而伤阴，当阳被伤且阳陷，阴之陷则甚于阳陷，阴阳皆遭险而阴阳俱伤，阳伤重而阴伤残，阴阳皆陷入重险。

见重险之难，从睹阳陷阴中而重险之坎象，当知坎之重难发生过程，知难之所生，陷之所在。卦中阳实阴虚，阳虽实但阳为欲重妄沉之实，欲、妄之沉重与重陷堆积，又值上下无据，足踩阴而不实，头顶阴而无明，使其陷之又陷，所陷者不仅是阳陷，阴亦沉陷，尤其是坎之阴无明以引，无德政以教化，自己无明亦无志，以欲当政而堕落自伤，越陷越堕落，以阴上加陷而成险，应难不及而疲于奔命，故坎卦重险之难集诸难于一身，昏蒙而暗至极。

明处坎法则。居诸难于一身的重险坎难中，当以习坎为居坎法则，从坎难中学习坎道法则而居坎，以图出陷而济难。谁能习坎而明居坎法则？唯坎体君子，值坎陷至盛时能以明避祸，再固志习坎，以得坎道而通险难。坎体中虽阳不实且受陷，坎阳与众阴皆应坎难而无力习坎，唯从坎难中出维心君子，通过应陷，习坎，再居坎和出坎。陷体所出君子，便是维心君子，坎体因陷伤阳，阳被政所伤、被体所陷，阳虽中实但阳为欲重妄沉之实，在坎之表体只能因“重”而沉陷，这是为何坎之阳亦陷之所在。表阳欲重，阴体陷而无力承重，致使坎体陷而又陷。

表阳逞能。维心君子者，乃坎体真阳，经坎难之炼方出，为何真阳君子值坎难要经坎难之炼方出呢？在于坎难时有表阳逞能之过程。表阳逞能，在坎陷初期，阴体皆附于阳，以求救与求教于表阳君子，表阳欲重无能却欲担大任，欲以“中实”之力领众人出坎陷，居坎而轻视重险之坎难的破坏力，这是表阳君子无明所致，而阴体从来皆无明亦无智，表阳君子好大喜功，欲揽大任，故而皆附从之，哪知阳不实却又负阴体之重，如同大过卦之栋桡塌陷般，自身亦陷而阴阳齐沉沦，陷入坎难的至甚之陷，这便是陷之又陷之陷义。又陷便在于表阳逞能，在坎陷之难的基础上又陷。由此可见，表阳君子同大过体的过君子一般，皆有德不备、才不具、功不成、行有过之显著特征，尤其是造成大者过与本末弱之祸，在大过体为造成栋桡之因，在坎体为造成陷之又陷之因。表阳君子不仅无力救坎还因阴阳齐沉沦牵连自身亦陷之更深，坎体重险之难进入了陷险深重且民众皆心神涣散的至难时刻，原本在大过体远遁避祸的阳君子于坎体以有孚维心之使命，通过习坎而知居坎法则，以得居坎之道，经过合群、安政、教化、激励之过程教导尚存志心之人，以“行有尚”和“往有功”之君子行，救坎众出坎难，这便是经坎难之炼方出维心君子的原因。

坎难之炼。坎难先炼出表阳君子，再炼出维心君子，维心君子经过坎难炼出习坎之道，君子再在坎难中炼难救众。坎难之深重在于难深而日长，一个“炼”字，可见维心君子只是以维心之质应难，亦要经过坎难之外在，方能洞悉坎难陷之原因而知居坎法则，维心君子在坎难中可能和应难众人一样，居无定所，衣不遮体食不果腹，亦如明夷卦文王与箕子都不免蒙难，但这只是难系统的外在，维心君子与明夷卦的内阳精神一样皆隐而不常见，当道与时违，内阳归虚隐而不见，维心君子亦难炼，方归位明心和志心，而这个归位的过程便是习坎。

“习坎。”习者，重习、服习、温习，皆有重义。孔颖达曰：“坎是险陷之名，习者便习之义。险难之事，非经便习，不可以行。故须便习于坎，事乃得用，故云习坎也。” 习坎，习坎水流而不盈之理，习水乃知坎，坎非用物，以习为用，以用达知，虽被重坎所陷，但唯习水知水，方能出入水而不溺，习乎险难，方能知难因何在。所谓以习为用，以用达知，无非是通过习坎之过程，而做到洞坎水之法序原理，再师法坎性，取法水用而出难；习坎之首要便是应难，只有在难中方能吃透坎水法序，洞悉坎性，明居坎之重险的法要。

故而言习者，为居习、洞习、师习三义。居习者，应坎难而居之，不以重险之陷而乱志心，以外在之难而炼心明；洞习者，洞悉坎水致陷之因，以及从润下之特性而明坎水法序，再从法序知坎性，洞而习，以习炼智明；师习者，师法坎性而用水，用水之所行，当居物能用物则能得心应手，炼出难之明。三习三炼，便是坎炼维心君子的过程，在坎卦只有维心君子能习坎，从水流不安众求安，从坎之悲苦中求乐。当维心君子从坎难中炼出，君子内圣外王时，方是维心有用武之地时，方是君子之时位，方能君子正位居体而拯重险之难。吕大临曰：“习坎，更试乎至难也。八卦乾健坤顺，震动艮止，离明坎险，巽入兑说。惟险非基德，君子所不取，故于坎也，独以习坎为名。更试重险，乃君子所有事也。”

“维心亨。”居坎如何得“心”？在卦中二阴得之于坤，一阳得之于乾，乾辟坤乃成坎象；天地开辟，唯水始生；坎，水也，一始于中，有生之最先者为生水，所谓天一生水，地六成之，生于中，乃金性生水，才成于水之物象。管子曰：“水者何也，万物之本源也，诸生之宗室也。”金性生水，习坎既见坎性又见相生之金性，金为水之母，从坎性循金性为循流而达源，以致乎心。故从乾辟坤之坎体，以习“用”而见体，从见体而见心。六十四卦，独于坎卦指出心以示人，八纯卦，亦唯险非基于德，而直言心，便是坎之重险之难已为诸难之最，难之至难矣，唯有君子明心见性之大洞明方能出难济难。当维心君子出则刚中，所谓“维心亨，乃以刚中也”便是如此。以维心君子对比华而不实之表阳君子，可知道心唯微，必知至深至微处。言“亨”，为维心君子明心见性习坎通坎，从三习三炼居坎难而达明。

“行有尚”乃维心君子济难之行，有可嘉尚而有功。维心君子身虽居险，但经过三习三炼，以维心之亨通心已出险，之所以有“行有尚”之谓，在于阳实而有孚，阳明而心亨，以此诚一而行，维心君子以有孚心亨济难。维心君子济重险之难，为何强调有孚致先呢？在于表阳君子遑能致重陷而失信在先，因失信之祸致使不再信能出险之言行。

一个经过三习三炼居坎难而达明的维心君子，志心济重险之难，却先要为昏蒙陷众治孚信，这本身就是对昏蒙陷众无明至甚的讽刺。不信和不能致信，是昏蒙陷众无明亦无智所致，维心君子治孚信在于济世的大乘之心，来图谋建德政正序之利。

吴曰慎曰：“阳陷阴中，所以为坎。中实有孚，所以处险。有孚则诚立，心亨则明通。心之体，静而常明，如一阳藏于二阴中也。心之用，动而不息，如二阴中一阳之流行也。一阳者流行之本体，二阴者所在之分限。流而不踰限，动而静也。限之而安流，静而动也。有孚心亨之义，发于习坎，至矣哉！”

“天险，不可升也。地险，山川丘陵也。”维心君子以中孚维心居坎习坎，以行有尚济坎险，当明天险与地险之分别，天险者，致重险之坎难的内因，也就是因果法则所主导的心险，唯因果不可违，而天险不可升。济当济可济之人，不可升险之人必有因果所主，之所以陷如此深重之坎难又无法跟随维心君子出难，自有“天”之因果所在，君子行有为法难以升其内在因果，故君子睹天险不可升，应回归德政与德教，对陷众教之以因果，以治明和立志重塑德政之序，使其自健德而出重险之难，唯内健其德能自升，非外力可主升与助升。地险者，便是君子能三习三炼之所在，通过师法水象，从山川丘陵中找到生克制化之理，洞悉坎水润下之特性而明坎水法序，再从法序知坎性，师法坎性而用水，用水之所行来济险。

“王公设险以守其国。”言应重险之难时应“设险”防重险波及甚广，心神涣散如水决堤将一泄千里，只有以“守”言固守。国者，大国小民，小国寡民，乃心中一明神，身中一口真气，必当固守之，以待时变，当真气守于内，方能设城隍之险，以守山河在外。之所以言守神守气，在于心神最易涣散，要能从坎之悲苦中固守求安。

“险之时用大矣哉。”坎卦言“时”，在于坎难发生过程有“时”义，从初应难到陷难，又从陷难到陷之又陷之重陷，从重险之难到坎难至深重，再到维心君子济难，皆依时而成，尤其是遇时位得体时方有维心君子出，亦时位得体时才能使维心君子正位居体，且中间还贯穿了君子三习三炼之过程，以及“行险而不失其信”治中孚健信的过程，皆依时、待时而成。不知“时”之变，不明出入无期究竟何义。时者，处坎体乃正道之天时，唯有孚维心者能通天时。

“君子以常德行，习教事。”值重险坎难，应思坎难之因，如水汇江成海而亦在源，源者，因果之“天”，而能主导因果者唯德，德积之于行，健之于明。君子习坎、主坎、济坎皆当知因果，唯明因果之教，方至维心之境。积之于行，以常德行尚之，积小以汇大，如涓涓细流终成江海，《荀子·劝学》云：“不积小流，无以成江海。”习教事者，教之以明，以因果之道教之，使其自健德而出重险之难，唯德能自升，非外力可主升与助升。

陷之又陷

初六：习坎，入于坎，窞，凶。

象曰：习坎入坎，失道，凶也。

上六：系用徽纆，寘于丛棘，三岁不得，凶。

象曰：上六失道，凶三岁也。

初以阴柔居坎险之下，柔弱无援，阴柔失位而处不得当，为不能出险且险陷益深者。窞者，深坑，《说文》云："坎中小坎。"坎主陷，坎中小坎为陷之又陷。

张浚曰："阴居重坎下，迷不知复，以习于恶，故凶，失正道也。传曰：小人行险以侥幸，初六之谓。"初六居下已在坎之至深处，又陷深坑，其凶可知。初六以不实、不中、不上居坎，陷之又陷而不能出险。不实者，阴而无阳之实；不中者，既无中位又无中道；不上者，无引援使其上。迷不知复又行险，心存侥幸而往，往而又致陷，使其入坎窞。

上六以阴柔而居险之极，坎陷已深，又居险极，失济坎之道而不得出，以其陷之深，取牢狱为喻，以牢狱拘系为象。系缚之以徽纆，因寘于丛棘之中。阴柔而陷之至深，三年牢狱之灾不可免。王弼曰："囚执寘于思过之地，自修三岁，乃可以求复，故曰三岁不得凶。"

系者，捆绑，《说文》云："系，约束也。"徽纆，绳索也，陆德明《经典释文》云："三股曰徽，两股曰纆。"徽纆皆刑具；寘者，安置，孔颖达疏："谓囚执之处，以棘丛而禁之也。"《九家易》云："周礼，王之外朝左九棘，右九棘，面三槐。司寇、公卿议狱于其下。害人者加明刑，任之三事。上罪三年舍，中罪二年舍，下罪一年舍。" 三岁不得，其罪大而不能改者。《案》曰："不得者，不能得其道也。如悔罪思愆，是谓得道。则其困苦幽囚，止于三岁矣。圣人之教人动心忍性以习于险者，虽罪苦已成，而犹不忍弃绝者如此。”

陷之又陷。初六脚下无根致陷而又陷，上六头上无明致牢狱之灾。在坎体中一阳陷于二阴之中，以阳陷阴而成坎陷，上下二阴成虚。上阴者上六也，下阴者初六也，初六脚下无根，阳实有重，阴之虚无力承阳重故陷，致坎陷时又迷不知复而又行险，心存侥幸而妄动，往而又致陷入坎窞。上六头上无明，无明无以习坎，更无以知坎，坎之伤阳亦伤阴，尤其伤阴使陷而至深，坎之阴皆无明，上六无明犹甚。初六与上六皆尽失坎道而不能出险，既不能自救，又无引援以救，更无正道来救，无引援之人亦无助援之体，可谓悲惨至极。

受如此深重之苦难，从自身而言，初六下欲重，上九上无明，行欲与无明在坎体以重险之难显现，且陷之又陷。从卦体而言，欲、妄沉重堆积，无力承受其难而重陷，小人无德无明亦无智，非出坎之人，亦是无缘见维心君子而出难之人，《彖辞》以“天险”言坎难之因果，便是行欲之初六与无明之上九两类，他们便是被“天险”因果所主而不能升险之人，在易体中很难出现如初六、上九这种死路一条之人，只有在困卦上六困于“葛藟”之极悲惨如此。可见平日所说节欲且治明无人信以为真，可能是难不深，祸不大，所谓不见棺材不落泪吧。

小得与既平

九二：坎有险，求小得。

象曰：求小得，未出中也。

九五：坎不盈，祗既平，无咎。

象曰：坎不盈，中未大也。

九二以阳刚之才居中，虽居中却处重险而未能自出，为有险之象。然刚而得中，使其求而有小得。求者，自求，刚中之才虽未出险，但亦未深陷，求于心以中济之；外虽有险而心常亨，故曰求小得。

《程传》曰："二当坎险之时，陷上下二阴之中，乃至险之地，是有险也，然其刚中之才，虽未能出乎险中，亦可小自济，不至如初益陷入于深险，是所求小得也。君子处险难而能自保者，刚中而已。刚则才足自卫，中则动不失宜。"

九五以阳刚中正居尊位，为得时而将出之人。九五居坎中，是不盈，盈则平而出矣，必抵于已平则无咎；曰不盈是未平而尚在险中，故未得无咎。有咎在于人君之才却不能济天下坎险，不能使天下人皆能出险，未有称位之德，故而成咎。

坎不盈，以其流，流则动，居坎陷有动，非九五处坎之道，之所以九五求平，在于以平求静，处坎陷而求静，乃平而能出之理，然而动则不平，违背求平求静的出坎之理。九五居尊位非求自身之平，若不能济天下太平，则为有咎。在坎之重险中，九五有阳刚、有中正、有尊位尚只能求平，可见坎难之深重。

九五既平则将有孚天下，先治孚再济险是坎之特例，坎卦之所以不基于言德，就在于一切所陷者皆失德基，皆不唯德，更不识德，连有孚之德必先治之，方能使众信。故坎体继大过体栋桡后又塌陷，所陷者，皆是礼崩乐坏之陷，礼序失恒方从根本遭其破坏，人皆无乐。

小得与既平。九二与九五皆刚而中，却只能小得；九二与九五皆只能求其小，不求其大，亦在不能成其大，处坎难已然艰难，无大得可言，更无济天下之力，连立大志都是奢侈。九二与九五也是处坎有"得"之人，有得则能汇其大，如掘地得泉，总能涓涓不已而汇流为江河。从小而言大者，在于有源地，从九二小得到九五既平，要借水德之功，有源之水，涓微而不舍昼夜，只能如此才能习坎而用水，从习到用是一个漫长的过程，因为处坎体大明皆丧，只有微不足道的小明可用，类九二与九五之人，言出坎要经过三习三炼方能知坎而用水，何况他人乎？这也是为何有出坎之慢亦在此。《案》曰：“盖不盈，水德也。有源之水，虽涓微而不舍昼夜，虽盛大而不至盈溢，惟二五刚中之德似之。此所以始于小得，而终于不盈也。”凡人为学作事，必自求小得始，立行险之本方能图厚大。

虚中尽诚

六三：来之坎，坎险且枕，入于坎，窞，勿用。

象曰：来之坎坎，终无功也。

六四：樽酒簋贰用缶，纳约自牖，终无咎。

象曰：樽酒簋贰，刚柔际也。

六三阴柔失正，履重险之间，来往皆险，前险而后枕，进退皆无事功。枕者，支倚，倚着未安，为不安之甚之意。王申子曰：“下卦之险已终，上卦之险又至，进退皆险，则宁于可止之地而暂息焉。且者聊尔之辞，枕者息而来安之义。能如此，虽未离乎险，亦不至深入于坎窞之中也。其进而入，则陷益深，为不可用。勿者，止之之辞也。”

六三在坎险之时，居险支倚以处，不安犹甚，是因入于坎窞至深，下险未终上险又至，以致进退不得，以“来之”入坎，下来亦坎，上往亦坎，之者，往也，进退皆险而不能自处。险且枕，犹在意不能安睡，非枕得安，却使枕而不安，不枕又困倦至极，心神憔悴非同一般。入于坎是六三现状居下卦之终的现状，在坎中不能出坎，又值上卦临界，从上卦看六三，六三又“窞”于深坑，六四在上卦之下，而六三又在六四之下，双阴居中而无力。如此危厉临近，不可以有为，无静处之修为，动之为皆为行欲，恐为不及而又致祸，言不可用，故戒勿用。

六四居正而顺承九五尊位，以柔居柔，履得其位，五亦得位，使刚柔相亲而各得其所；相比他爻无应，六四比五而承阳，明信显著，故修其洁诚，进其忠信，祭品虽薄，祭礼虽简，以进结自牖之象，尚其质，终得无咎。王弼曰："处坎以斯，虽复一樽之酒，二簋之食，瓦缶之器，纳此至约，自进于牖，乃可羞之于王公，荐之于宗庙，故终无咎也。"

樽者，酒器。簋者，祭祀时盛黍稷之器，内方外圆曰簋，以盛黍稷。外方内圆曰簠，用贮稻粱。《周礼·舍人》云："凡祭祀共簠簋。"注："方曰簠，圆曰簋。"贰者，副益。《说文》段注："当云副也，益也。"《周礼》云："大祭三贰，弟子职，左执虚豆，右执挟匕，周旋而贰。"是也。缶者，瓦器，祭祀时因尚质素故用陶匏。纳者，荐献。约者，简约。牖者，窗牖。一樽旨酒，副一簋黍稷，用瓦盆作祭器，简单的祭品通过窗户荐献。

《周易本义》曰："晁氏云：先儒读'樽酒簋'为一句，'贰用缶'为一句，今从之。贰，益之也。《周礼》大祭三贰，弟子职，左执虚豆，右执挟匕，周旋而贰，是也。九五尊位，六四近之，在险之时，刚柔相际，故有但用薄礼，益以诚心，进结自牖之象。牖非所由之正，而室之所以受明也。始虽艰阻，终得无咎，故其占如此。"

值重险之难而又虚中之位，必用享祭祀，示诚示礼于天地，此为应难处难第一要义。一樽之酒，二簋之食，瓦缶之器皆乃以至微物，但以虚中尽诚行有孚之道。"樽酒簋贰用缶"与损之"二簋可用享"意同，言简仪而尚诚实；"纳约自牖"与睽之"遇主于巷"意同，言自间道而通于君；六四开自牖既通君又通明，在坎卦九五之君为心所明处。

六四以柔居臣位，为臣却处险道，自无助又不能济天下，唯至诚见信于君。

示诚不在多仪而在见质通孚实，故言当不尚浮饰，唯以质实通明。而通明又须纳约自牖，以牖之开通室之暗。六四为何只能以牖通明呢？在于陷难至深，所见明只有牖户之大小，可见连如此进君之人都艰难如此，可贵的是尚知通明，且尚有通明之处。《程传》曰："人臣以忠信善道结于君心，必自其所明处乃能入也。人心有所蔽，有所通。所蔽者，暗处也；所通者，明处也。当就其明处而告之，求信则易也。故云纳约自牖。"

纵观坎卦，坎以陷义主险，本以阳陷为象，实则阴阳皆陷于坎体，上下皆坎，陷之又陷，是为重险之难，故六爻俱无吉辞。二小得与五既平尚能以小汇大，且求还不能立得；初与三皆值陷时又入于坎窞，为陷之又陷，上以牢狱之象三岁不得；唯六四正位，亲比九五而刚柔有情，知示诚示礼于天地，又知开牖户而通明，虽阴亦在陷，但为治孚得孚之人，且知谦恭自处，应是居坎重险之难中习坎之人，亦是卦辞言维心有孚之人，维心有孚而三坎三炼之人，必陷深难而目睹九五尊位无力济难，而自身通过治孚通明来习坎炼坎，终以自身苦难尝尽行险，终致大通明之人。

章二：君子九明

遯　卦：避祸之明

临　卦：知临之明

睽　卦：睽同之明

丰　卦：中丰之明

旅　卦：止丽之明

节　卦：节制之明

兑　卦：讲习之明

豫　卦：顺动之明

既济卦：豫防之明

遯卦：避祸之明

乾上艮下

以迁避之明得存阳护德之功

在坎卦，一阳陷于二阴之中，以阳陷阴而成坎陷，坎体以陷伤阳，继而伤阴，当阳被伤且阳陷，阴之陷则甚于阳陷，阴阳皆遭险而阴阳俱伤，阳伤重而阴伤残，阴阳皆陷入重险。坎之所以陷之又陷，在于坎水以润下之性陷体，体重阳无实且小人皆行欲，欲重妄沉，且沉重堆积而陷入重险之难。坎卦重险之难集诸难于一体，既无济困之道，又无脱身之途，小人或民众皆疲于奔命，心神涣散。

值坎卦如此深重的重险之难，不仅阴阳俱陷，还有诸如上九死路一条之类，坎难集诸难于一体，其因皆在行欲与无明，行欲本来就阻碍健明德，而无明便无以照见行欲之妄，深陷其中而不能觉知，进入无限的深陷循环，导致出入无期。君子之所以健明德而治明，从坎卦唯有维心君子最终能出难可知，唯明德方是处难而应难之利器。维心君子实乃坎之六四，亦是苦难尝尽行险，经过三坎三炼，才能开牖户而通明，终致大通明之人。

无明，便不能以“明”知陷坎难之因，亦无应对坎难之智。不知处难之出路，亦对难境无应对之策，所思所行皆是行欲妄行，无正固之法，更无习坎通坎之机。而使明德渐明的，更需有志贯穿，尤其是明志双用，方能致大明通。维心君子三坎三炼，正是以志贯穿，终从习坎处通坎并见性，以有孚心亨处险难，而得居坎之道。

当无明德时，以志健明可渐通其明，可往往无明又会导致失志，值难当健志，唯志能奋发图强使其早日出难，若失志则必将失明，所以说固志是首要的，震卦以大器应大用戒之，警告切勿失志，失志致必招陷溺之祸。坎难如此，必健明德，以免陷入坎难，或以免重蹈陷入他难之覆辙。当治明且健志时，又遇祸来难致，难避之不及，祸又接踵而至，则当有避祸之明。

避祸，身隐而退避之，使不被祸所伤、所陷，乃遯之义。遯卦，乾上艮下，天下有山，正是君子遯藏之时。《序卦》曰："恒者久也，物不可以久居其所，故受之以遯。遯者退也。"恒者，久也，恒养与久居，正是君子阳裕德固之时，君子养阳与裕德，正是以损益之道损其陋习与阴疾，使阴退而阳固之道。然，居恒久矣，阳裕阴退之恒道将被"时"所赋予，值阴势从姤渐长而盛，恒卦德养之明，必然避其锋芒，以保阳存德而遯之。以持恒之道裕阳而固德，使阳裕而德固，通过养阳而固德，其阳与德皆来之不易；德能恒固，必然有明知阴之所存乃阳之祸事，何况阴势渐长，故以保阳存德之明行遯义，为避其阴势锋芒，以避阳不存、德不固之祸。继恒能知遯者，乃有避祸之明也。

遯之明。遯有正固养阳与固德之先明，继而以先明照阴妄之势而有避祸之后明，此为遯体之所以知遯之所在。遯之先明，为继恒明，以恒明知养阳与裕德乃正固之事业，君子立身德、进位德必有阳、有德，故而遯体以养阳固德为己任。正因有遯之先明，以明照见阴势之长，遯知阴势在先。恒因去阴养阳而得恒，遯必以保阳存德而继恒，见阴势长于遯体，必避阴势以存阳，这是遯之先明所赋予的识阴妄渐长之势。

遯之后明。遯体二阴生于下，阴之势从姤长而进，其阴被"时"所赋予，不可与敌，以存阳当明避阴，阴者，阴妄与小人之体位也，阴之势长进，必助阴妄之长，小人之长，皆为伤阳败德之群，其失正之祸已祸及姤体，再蔓延至遯，遯之先明居上，因阳裕德固而贤，遯之贤人必行避祸之举，以免陷入失志之泥泽。避祸之明紧随遯之先明，为察时势而明盈虚用度。

避祸之明。祸从何起？祸从阴起，以阴之势长，使遯体恐陷阴长之难，君子因阴、妄之浸，而有失志之虞。卦体陷溺与君子失志，皆是遯卦应防之祸变。之所以行避祸之举，在于阴之势不可与敌。之所以不可与敌，在于阴之长，从姤生到遯进，皆被“时”所赋予；乾体至阳金性且德化文明纯粹，都无法“阻止”阴生于内识，以极其微小之易念，经过气形质的浑沦状态后，阴成形、成质，渐成爻位而成姤。当阴从姤进成遯后，阴势较姤体更盛，其姤体的不正之祸以阴长而阳消，使阴妄逐渐遮挡心性，不正害乾性而致君子失志，以致使德政失恒，教养难行，直到柔道牵乾，发展到纯阴之坤。避祸，既避阴势渐长将所致之祸，又以避阴之势而存阳固德。避其祸端，行存阳固德之实。

迁避之遯义。避其祸端，行存阳固德之实的避祸之明，赋予了“遯”为迁避义。遯之阴势，从六爻之位势而言，其阴在下卦占二爻，阴虽长但仍势中；在遯体，阳强阴弱，阳正无需逃，义正无需遁，只是以明德迁避阴长而盛之势。以迁避而言遯退，在于有遯明在先，以明识势而迁避于主动。

君子迁避，小人逃遁。阴遇阳，阳以明照见，君子行迁避的避祸之举；阳战阴，虽阴势迫进，但阳强阴弱，小人必行逃遁，存阴势而防阳战。君子迁避为明举，小人逃遁为狡黠。明迁避与逃遁之差别，便知遯之明明在何处，以及行迁避之因。姤以“遇”为义，而遯以“刚当位而应”必战阴，阳势刚强且以当位之德战阴，阴必将被阳所伤，故遯之祸发生在阴体，阴体畏其祸势而被迫逃之、遁之，为遯卦的逃遁义。

君子行迁避，小人行逃遁，以两义共存于遯体而正“遯”义。再以“遯”的迁避与逃遁二义言避祸，君子行迁避而避祸，在于明势而明祸变将至，为祸变发生之初，以预防之明，防之；小人行逃遁而避祸，在于阳战阴且祸已致，只能逃遁而避之。由此可见，避祸之言，祸势渐长在阴体，君子以贤明做出了避祸之举，而祸尚未触及和伤及君子，反而祸端却真实地发生在小人群体，小人无先见之明，临祸不知，祸至方觉而觉时已晚，只能四下逃窜。

遯以阳战阴而制阴。在姤卦五阳皆有制阴之任，犹以“以杞包瓜”和“包有鱼”言制阴之志，谓以“包”行制阴之法；在遯卦，从“刚当位而应”以应战来应阴，行阳当位之责，虽言阳战阴，但战之伤阳，非存阳护德之举，遯有明，故以避阴势为主，必要时以战迎阴，为守“位”责。

在遯卦避祸有明，行藏有志。君子健明德方明阴长之势，值阴长而迁避其锋芒，行存阳护德之举，在于明德治遯所致，无明德治遯，必遭阴长而陷溺，若任其阴浸阳，既能使丧明，又能使丧志。君子避祸有明、行藏有志正是居遯之要，君子有明知阴祸，又行避护行藏之法，值阴势藏阳必知阳之贵重。行藏谓有志，如大过卦避祸远遁之君子，行藏皆是有志，既然治有明德，就应让明德发挥其明，做出最利时势与最利正大事业的举措。从姤制阴，到以行遯而避阴，皆是君子有明又行志之谓。

遯：亨。小利贞。

彖曰：遯亨，遯而亨也。刚当位而应，与时行也。小利贞，浸而长也。遯之时义大矣哉！

象曰：天下有山，遯。君子以远小人，不恶而严。

卦辞：以明德见遯、治遯，迁避而藏志护德。

彖辞：以乾刚之制应阴势浸长，得存阳护德之亨通。

象辞：远小人且自守以严，行存阳护德之遯。

遯卦，乾上艮下，为天下有山而君子行遯之象。卦中二阴浸长于下，阴长将盛，阴长则阳消，君子避其阴长之势，行退避之让，为有存阳护德而避祸之明。为卦天下有山，天在上，阳性上进，为进明亦进志，而山在下，有阴存之，形虽高起，体乃止物，值阴势之长而成山，天以上进之性遯去。避祸有明，行藏有志。艮山有止，二阴浸长势长如山，山势参天与阳战于天际，阳强性刚，阳战阴则阴有祸乱，阴弱需蓄势，只能避之，阴势虽长却远遁天下，以避阳刚。以“遯”成卦义，君子行迁避，小人行逃遁，皆互畏其势。

君子行迁避在于有明照见时势，以存阳护德行固本之职，小人逃遁在于尚无力与“天”刚决势，以远遁而蓄积山势。高山之下皆阴长之势，且蓄势待发，天上皆阳刚上进之势，守刚制固本，故君子应进志升于天上，而非远遁山下与小人为伍。天下有山，正是君子远小人而遯志上进之时，君子遯志上进，力足时以乾健之性而志在天下，力不足时行藏，值阴浸长之际，行避祸之明而藏志蓄德，以图上进于天。

“小利贞，浸而长也。”遯之六二从姤阴浸长而来，姤之九二因阴浸而陷溺，使阳失明，继而失志，且失中道之德而沦为阴类，一阴长成二阴，使遯体已成，阴类山势已蓄，山成于地则远于天上。在遯卦，君子为何会有存阳护德之举呢？在于面对姤阴有长之时，虽阳可避退阴长之势，但姤之九二以中德有失沦为阴类，使遯之贤人与君子不堪其辱，在姤体行德化之教的重要贤才被浸而沦落，使遯之君子不得不行避祸与行藏之举。

为何只是小利贞呢？在于九二阳刚中正之位，位不在，其中德亦不存，虽然“天”依然行健，但行正大普施之德化，无九二则损正道。姤之九二以“包有鱼”担起了制阴之任，将阴包容于内，以包而制之，使阴不得逸于外，对比他爻而言，九二有亲民之位，有位、有中德、有刚健之性，但在遯体却被阴浸而沦为六二，原本一阴微存之姤阴，因占了“二”之中位，使阴蓄而成山势，可见“二”之中位对阴体与阳体皆至关重要，当遯失二阳之位，其德化天下的贞正之道如同折了羽翼而大打折扣。姤得二，使阴蓄成山势，遯失二，使阳失德政之地。一得一失，一长一消，足见其“势”之厉害。

浸而长。姤阴渐长，浸之，使二之中位失位，失中德，失德政之地，原本“包有鱼”之刚，反被“鱼”之柔美所惑，从姤进遯，皆阴浸而长，值遯卦，阴浸长阴势成。阴势在遯体成山，原本姤之巽风无力化山之沉重，故而失姤德化之风物。从阴生于乾体内识，被“时”所赋予，渐长成姤，继而成遯，阴长之势不可与敌，能敌者只能在卦体之当时，如成姤体时，以五阳包一柔而制阴，此阴可制，在遯体时，以天之刚强战山阴之势，使阴小畏阳势而远遁。

“与时行。”在“时”轴上，其阴长之势不可敌更不可逆转，但在成卦之体上，可有所作为。所以君子当明时之大势而有为在体势。时之大势，是周乾而易坤的乾→姤→遯→否→观→剥→坤执迷妄失过程，此势一旦阴从内识生成，便能经过气形质的浑沦状态成形、有质，发展成姤，从姤进遯，皆不可与敌，其法序可夺任何卦体。有为在体势，周乾而易坤的执迷妄失过程，由乾、姤、遯、否、观、剥、坤卦体组成，在这些卦体过程里，又有卦体之时，卦体之时以位为体，故可据爻位而定有为之策略，虽言阴浸长之势不可与敌，但在卦体之时里，因位之限制，使有可为之“小”时。如何有为呢？为“刚当位而应”，阳亦有阳责之位，必然捍卫守阳护德之责。

遯行双避。君子行迁避，小人行逃遁，以两义共存于遯体而正“遯”义。为何要值二阴势成行遯而避祸之举？二阴浸长从姤成遯，阴渐蓄长成山势，虽有山势，但从卦体而言，其阴势尚在势中，若任其阴势浸长发展，则势大成否，值否时将有阴窒塞不通而无所遯，故遯之君子以明察其“势”，在阴势中之时，行迁避，若不在遯体行迁避，至否体后，小人当道，贤与君子将失去寄存之所，还将处处遭小人与阴妄陷溺，阳必然被伤，被消耗，而在遯体尚有存阳、保阳之所，应明察其势，在势中行避。反观阴体，虽有山势之成，但阴为渐浸而长，值阳道当政时，阳强刚壮，且有“天”刚之制，有优良的体制优势，而阴势刚成遯体，其势尚蓄，不可与阳敌，故而阳战阴时，阴必远遁避祸，因阴小之类，无远见之明，临祸不知，祸至方觉且觉时已晚，祸来只能远遁。

阴小之类的祸，正是不正之祸所引起，在震卦的不正之戒，在姤卦的不正之预见，一直提醒的祸患将至，至遯体阳战阴时，已然变为现实；阳战阴，至阳至刚的冲击非同小可，阴小之类只能饱受战乱之苦，陷溺于不拔的苦难之中。虽言双避，但君子因有明，做出了行避而藏之举，其祸患并未触及和伤及君子，反而祸端却真实地发生在小人群体，这便是为何要健明德治明，首要的便是能明时势而避祸，集诸难于一体的重险坎难还犹在眼前，阴小之类应师法君子，避祸有明，行藏有志。

遯体以“亨”立卦德。遯卦君子以明德照见遯体大势而亨，尤其是在遯体行避有明，照见时势，应对有度，使天在上，阳性上进，能进明亦进志；遯体以明志双用，既明遯势，又藏遯志，以此致亨。君子遯志上进有进志之亨，而君子在遯体进志，乃大明之见，君子若不进志升于天上，便随阴浸而长将与小人为伍，故而君子行避祸之明而藏志蓄德，以图上进于天。遯体君子之所以避祸有明、行藏有志，在于存阳护德，因阳存德固而亨，虽阴浸而长，时势利阴，但正道得固，乃亨通之本。君子有明、进志有恒，正道得固有亨，其阴小之类亦有亨通之处，遯体阳战阴，只是值“位”而战，非时时而战，阴小虽无远见之明，预见祸患将至而避祸，但临战乱之祸而能远遁，亦能保全自己，从避难远祸而言，阴小之类亦有亨。在卦中，言亨者，九五之位也；言利贞者，六二之戒也。

“刚当位而应。”刚当位，为九五居中履正而当位；应者，以阳刚之制应阴之浸长，六二柔顺以下应。刚当位而应，有遯体阳刚之体应阴体，为四刚应二阴；其次为卦中六二下应九五之应。四刚应而二阴，则有阳战阴，阳战阴，与时行，为从“时”而姤进成遯，阴浸长之势，阴势从“势”而行长，尤其是夺姤之九二，使二二之中位失位，失中德，失德政之地，君子之类以失九二之痛，值时长而战。阳战阴，与时行，非时时而战，正因有战，故阴在遯体畏阳势，远遁蓄势成山。遯之战，为阳类为正道而战，虽值大时无以为敌，但值卦体小时，九五以位，帅众阳战之，将阴“封印”在遁体成山，凡人见山势不动，乃不知有阳封阴。阳以刚制战阴，阴迫不得已化山而远遁之，不敢再越刚制之雷池；刚制者，天道法则也，震以雷威起神，存之以精气。

六二下应九五，以“执之用黄牛之革”固志，坚守“系于金柅”之固，虽姤之九二被阴势浸落，但遯之六二依旧可行王道，当阳战阴时，行远遁避祸的阴类应是六二之类。在遯卦，以君子行迁避，小人行逃遁，以两义共存于遯体而正“遯”义，故遯以避为主，以战言卦时，亦是避与战的策略问题，值阴势勇猛时战之，使阴类远遁，君子行避，两相畏势。既然阳战阴，能使阴远遁避祸，为何君子还要行避呢？君子行避，在于避大时，虽在卦中小时以阳强刚壮胜之，但君子有明应明大势，而舍小得，故而以行避藏志为上，此为遯卦君子之远见。

“遯之时义大矣哉。”遯有大时亦有小时，大时为周乾而易坤的乾→姤→遯→否→观→剥→坤执迷妄失过程，此为阴长成势之时；小时，为卦体之时，卦体之时以位成体。大时不可与敌，遯以行避藏志应对之，显遯体之明。大时之法序可夺任何卦体使其失体，但此种之“夺”为“浸而长”，其“时”是宏大时空的时概念，或已然超脱常规时概念，存在于不同法序体系里，只能以“震”网通大小法序而通之，从小时贯大时，再从大时降小时，必通易的时、位、体以及震传德承序之大器。

“君子以远小人，不恶而严。”遯体之所以遯行双避成“遯”义，在于阴浸而势长，阴夺姤之九二成遯体，原本一阴微存之姤阴，成遯体而蓄阴成山势。遯以天下有山之体，使君子行迁避，又使小人行逃遁，皆畏彼此之势。从大时势而言，阴势必进，而阳必退消，故而应避阴势而远小人，若不避阴势远小人，因阴浸恐遭陷溺之祸，使阳失明，继而失志，如同姤之九二失中道之德而沦为阴类，被阴小同化。君子以远小人在于防祸变，以“远”行避祸之举，避祸有明，行藏有志，乃是君子所为。阴小之类之所以畏阳战，在于畏“天”刚之制，制之刚，在于“严”，以刚制之严而严于利己。君子既严其身，又严于行，既严其位，又严其正固，以远小人且自守以严，而存阳护德。杨时曰：“天下有山，其藏疾也无所拒，然亦终莫之陵也，此君子‘远小人，不恶而严’之象也。”

君子有明小人失明

初六：遯尾，厉，勿用有攸往。

象曰：遯尾之厉，不往何灾也？

九四：好遯，君子吉，小人否。

象曰：君子好遯，小人否也。

初六阴柔居下，居遯而在后，以遯尾之象言位卑职小；尾为在后之物，遯而在后，为处遯之危。孔颖达曰：“遯尾厉者为遯之尾，最在后遯者也。小人长于内，应出外以避之。而最在卦内，是遯之为后，故曰遯尾厉也。危厉既至，则当危行言逊，勿用更有所往。”

阴进为前，遯体为姤之初进二所成，遯之初六在进之下，故为尾。初以柔处尾而不能决，止而不能行，遯而在后，危厉之象，退而不果，动而不及，危厉益甚矣。往则与灾难会，故勿用有攸往。往既有危，若不往之无灾，当及时隐退，以避其难。

初六征进，乃阴浸渐长，迫使阳气消退，小人道长，是以不可往。不往则无灾，故戒之“勿用有攸往”。易之例，初爻为尾、为趾、为拇，上爻为首、为角、为辅颊。遯之初六有遯尾之象。《案》曰：“初于序则先，然于位则内也。遯者，远出之义也，故以外卦为善。”

九四正应初六，性体刚健，是所好爱之好遯者，有所好而能决然隐遯者，唯君子能之；君子虽有所好爱，然值当遯之时，则遯去而不疑，所谓克己复礼，以道制欲，便是如此，所以有吉。然小人不能以遯义处之，被所好牵于私情，而陷辱其身不能已，小人失明，耽于安乐，不能察遯时，故而被私情拖累而失遯之先机。张子曰：有应于阴，不恶而严，故曰好遯。小人暗于事几，不忿怒成仇，则私溺为虑矣。

好者与恶之相反，好遯，言其不恶，乃情之所好，然遯为处遯大义，唯君子能刚决以义断，值遯时而舍弃所好，明遯而去，于情于义于时皆吉。小人否也，小人不能如君子般，于情，小人被情所牵而陷溺；于义，小人无明，故而失刚决之断；于时，小人处阴，阴势浸长小人不觉，不能明其遯时。

案曰：“‘君子吉，小人否’，若以小人与君子相敌者言之，则否字解如泰否之义，谓好遯者，身退道亨，在君子固吉矣。然岂小人之福哉？自古君子退避，则小人亦不旋踵而履败，是君子之遯者，非君子之凶，乃君子之吉。而致君子之遯者，非小人之泰，乃小人之否也。此义与剥上小人剥庐之指正同，盖易虽不为小人谋，而未尝不为小人戒也。”

君子有明小人失明。九四与初六相应，初处阴而有所系，以陈小人之戒，来佐君子之决，尤其显现君子有明小人失明之比对。值遯时，阴长而成山势，为阴渐壮也，阴壮则“女壮”，其女壮勿取之戒犹在，九四与初六正应，正是因情取女之时，故言好遯，好者情之所好，但九四明遯义，虽好而不取，好于情而不沉溺于情，当遯时则能遯。九四处乾体为能刚断者，立初六小人之“否”

来让九四戒其所系。李光地曰：“易虽不为小人谋，而未尝不为小人戒也。”君子吉，有所好而能绝之以遯义，有刚决之明；小人否，昵于所好而牵于所私不能绝之以遯义，无明断之能。

小人固志君子正志

六二：执之用黄牛之革，莫之胜说。

象曰：执用黄牛，固志也。

九五：嘉遯，贞吉。

象曰：嘉遯贞吉，以正志也。

六二处中居内，以中正顺应于九五，五以中正亲合于二，顺道相与，两相交固，其固如执系黄牛之革，其相交之固莫之胜说，不可胜言也。执者，固守；黄者，二以黄，中色；牛者，顺物。革者，坚固之物。二五中正相与而应，相交固如执系以牛革，犹为坚固也。

孔颖达曰：“处中居内，非遯之人也。既非遯之人，便为所遯之主，物皆弃己而遯。何以执固留之？惟有中和厚顺之道，可以固而安之也。能用此道，则无能胜已解脱而去。”

在卦中五爻皆言遯，唯六二不言，六二虽有中位，且陷小人之群，无六二助其中位，阴势无以成艮山，六二不遯在于坚守应九五，以期九五之王政能惠及众阴，治其正道，故六二居人臣之位，任国家之责，值遯时，明遯义而为不当遯者。六二虽陷在阴类之群，却能固志向正道，乃中德所赋也。从遯义而言，无论是君子行遯，小人远遁，皆遯而隐去，而言“隐”者，正是六二藏志之隐，以中德自守而不形于外，处阴而不群之，有志既不张扬于群阴，又固而应其正道，在阴类中从其正。

何谓中顺？以中德顺阴群而藏志向正，从群义言，顺其阴势，从正义言，正应九五顺其正道，六二能中顺，在于中德。在遯卦要知六二之处境，方能解其遯义，六二位于二阴之类，且因二阴之长使阴有成山之势，此为六二之外在；六二虽陷阴，但志不屈，以正应九五而中顺正道，既固守中德，又藏志而志在佐世。

从遯义而言，六二处中位，非以避阴而行遯，亦不会远遁，故六二为下遯群阴，如同值明夷体时，内阳化外政的大乘之进，执抱元守一之精神，行进全大体而大同之理想，进明夷，遯之六二正是下遯群阴的大乘之进。六二以固志而有明在内，以舍身取大义之行，坚固其志，与正道笃应，虽有身陷之难，却是“我不入地狱谁入地狱”的大悲之行。

九五刚阳中正，下应六二，六二以柔顺中正而应九五，为遯之嘉美者也。九五执遯而不为情移，更不为阴势所屈，以执天道行王道之正，而得贞吉。

遯之嘉美者，九五中正在上，下应柔顺六二，致遯体虽言遯隐，但因志相连且使上下亨通，亦致正道亨通，所谓“亨者，嘉之会也”乃九五与六二嘉美之会。是故嘉遯者，遯而亨，九五同上体行遯天上，以乾之美居天下应六二，六二固志相连且中顺其正道，使正道亨通，虽遯之下体有二阴，但因九五之嘉遯而贞正。

九五正志者，为九五与六二虽应但无私系，均是正道相连，以道相牵而不系私，为亨通之至。《程传》曰：“九五非无系应，然与二皆以中正自处，是其心志及乎动止，莫非中正，而无私系之失，所以为嘉也。”

小人固志君子正志。六二固志，九五正志；六二居阴小之类，却能固志向正道，乃二之中德所赋，同时在遯卦阴浸渐长，阳皆有固正制阴之责，故九五以中正之天德制六二之阴，使六二虽处阴但尚正道。遯之六二为姤之九二阳变阴所成，姤之阴浸长，使“包有鱼”之九二，反被“鱼”之柔美所惑，刚被柔浸，皆阴浸而长，从姤进遯。值遯卦，阴小之类据有二阴渐成山势，使阳之群类失二之中位，又失中德，失德政之地，六二之失为被“时”所赋予，在周乾易坤过程中，阴长之势不可与敌。反观遯之阴势，无六二助其中位，阴势无以成艮山，二之位阴浸而陷，身陷而志不陷，故六二虽陷阴小之群，依然固志坚守中德，以期九五之王政能惠及众阴，治其正道，故六二身陷类隐遁，如同隐遁于阴小之群，虽言隐，却藏志。

九五与六二皆中正而应，九五以执天道行王道之正，行遯有明在上，六二行藏有志在下，上下皆中美。六二继姤系金柅后，又值遯执牛革，以扶阳抑阴而执姤象之主。扶阳者，九五正应而扶六二，抑阴者，九五正抑与六二以中德自抑。当六二经过扶阳抑阴之过程，在遯时，将正道之阵地转入阴小群内，必使阴小之类畏阳势而远遁。

存阳护德有功

九三：系遯，有疾厉，蓄臣妾吉。

象曰：系遯之厉，有疾惫也。蓄臣妾吉，不可大事也。

上九：肥遯，无不利。

象曰：肥遯无不利，无所疑也。

九三刚居阳位，下比二阴，当遯而有所系，有疾而有危；言遯贵速而远，有所系累，则遯之不速，系累害于遯，故称有疾；有疾之遯，危厉也。九三比二，蓄养臣妾，怀小人女子之道。所谓阳志说阴，三与二切比系乎二者，二乃为三所蓄养之臣妾。臣妾者，小人女子，怀恩而不知义，亲爱之则忠其上，系恋之私恩，怀小人女子之道也，以蓄养臣妾，得其心为吉。

孔颖达曰：“九三无应于上，与二相比，处遯之世而意有所系，故曰系遯。

遯之为义，宜远小人。既系于阴，即是有疾惫而致危厉也。亲于所近，系在于下，施之于人，蓄养臣妾则可矣，大事则凶，故曰蓄臣妾吉。”

九三无应，近比六二，以系遯而系于下，虽当遯之时有所系不能速且远，但以阳施下蓄养臣妾，则得吉。蓄臣妾吉，示之以待小人之道，小人易亲，施惠利则亲近，如臣妾易以惑之，若阳蓄阴，蓄之有法，则可行以阳严阴之道，实为正道得行，则为“吉”之所在。且盖臣妾至贱，可以远则远之，近则近之，远之不受系累，近之施阳惠于小人。孔子曰：“惟女子与小人为难养也，近之则不逊，远之则怨。”不远不近之间，则是九三虽习遯，但以蓄臣妾得吉，其“不逊”与“怨”正是小人处世之道，阳利得之太易而不逊，阳若超然遯乎远去，又怨之无昵比相亲。

苏浚曰：“蓄臣妾吉，示之以待小人之道，见其不可系也。盖小人之易亲，如臣妾之易以惑人，蓄之法，止有不恶而严，严以杜其狎侮之奸，而不恶以柔其忿戾之气。用蓄臣妾之法以蓄之，庶可以免疾惫而吉耳。”

上九阳刚居外，处极远之地，下无系应，成其心无挂碍而远遯者，遯之远而处之裕，是谓肥遯。肥者，充大宽裕之意。能遯而远之，在于得其遯时，又能以肥遯处之，在于得其遯势。王弼曰：“最处外极，无应于内，超然绝去，心无疑顾，忧患不能累，矰缴不能及，是以肥遯无不利也。”

上九知时而行遯，得势而远遯，是得遁道而无所疑者。上九远遯，飘然远去，无所系滞，心无挂碍，得其遯道之大善。上九居乾之上，刚明果敢，值下无累系时远遯，既无阴浸之忧，又无阳责之累，以阳足德裕而肥遯，所去之地亦宽绰有余裕。

存阳护德有功。整个遯体都在以避祸有明、行藏有志之遯义，行存阳护德之举，终在上九得其所愿，成其遯功。值阴势浸长成山，遯体四阳以刚明之德，行迁遯而避之，九五执了正道，终成其迁之有明，遯之有效，而护了上九。所谓四之好，不如五之嘉，五有嘉，不如上有肥；上九之肥遯，所肥者，乃阳裕而肥，以及阳裕德固而肥，正是因阳、德之肥，方有无所系滞，心无挂碍之福报，亦才成其飘然远去之超然心境。

在遯卦，君子得避祸有明、行藏有志的居遯之要，以明德治明，既明遯之大时与小时，又知遯之阴势，以行避护行藏之法居遯，值阴盛有参天之山势时，战之，反使阴远遁避祸，完成了居遯制阴之责。居遯体时，当阴无伤阳之势时，四阳以迁遯行藏，以“存阳护德”为任，经过九四好遯而不取，九五执政而正志，使上九既无陷溺之忧虑，又无战阴制阴之时责而能超然遯去。上九之肥遯，值阴势浸长之大时居临之际，乃正道之胜，上九本为天之上，其远去之地甚高，非阴之山势可及，遯体存阳护德之功已然超乎遯体。

纵观遯卦，姤之九二被阴势浸落，以二阴浸长之势成遯体，在遯卦，以君子行迁避，小人行逃遁，以两义共存于遯体而正“遯”义，君子行避，在于舍小得而避大时，以明德治明而有迁避藏志之远见。君子以远小人在于以明德防祸变，以“远”行避祸之举，若不避阴势且远小人，因阴浸恐遭陷溺之祸，使阳失明，继而失志，如同姤之九二被阴小同化而沦为阴类。在卦中，下三爻共艮体，主止，阴势不宜进，在于阴进则阳战，天道阳刚之战使阴畏，故而远遁成山，以畏阳势，成其卦体小人行逃遁避祸之态；上三爻共乾体，主行健，既行阳刚之健，又行藏志之健，为明志双用之体，因用明且藏志，故九四好遯，九五嘉遯，上九肥遯。遯之道，利速遯且遯远，初六遯尾，遯失时；六二执革，以固志之进不言遯而居遯，行非遯之正；九三系遯，遯而有系，蓄阳臣妾；九四好遯，明能断系；九五嘉遯，中正在上，中顺在下，执天道行王道而主德政；上六肥遯，使遯之全体存阳护德有功，上九阳裕德固而肥，以心无挂碍而飘然远去，得超然心境。

临卦：知临之明

坤上兑下

以明德复正道而阳舒阴疾

在遯卦，二阴浸长势长如山，山势参天与阳战于天际，阳战阴则阴有祸乱，阴势虽长但难敌四刚，故远遁天下以避阳刚，同时天以上进之性亦遯去避其阴势；君子行迁避，小人行逃遁，以两义并存而成其“遯”之卦义。避祸有明，行藏有志，乃遯体君子有明。君子行迁避在于有明照见时势，以存阳护德行固本之职，小人逃遁在于尚无力与“天”刚决势，以远遁而蓄积山势。

君子迁避为明举，乃明德所主；小人逃遁为狡黠，乃利益所趋。遯之四阳敌阴，本可匹敌，但阴长与阳战，阳必渐损耗，故君子进志升于天上，而非远遁山下与小人为伍。在遯卦避祸有明，行藏有志，以明志双用治遯正是居遯之要，乃最利时势与最利正大事业之举。

值阴长之大时，遯之阴山必待时而成，遯山之下阴类相居，阴者皆不正，不正之姤风遇阴势之遯山回转而成蛊，阴长则生蛊蛊事，蛊事之成，以女惑男行欲情蛊于人，再生蛊事而鼓动于众人，使众人皆受蛊。遯卦有知阴势之明，而知蛊事之明，则在临卦。

临卦，坤上兑下，泽上有地，泽上之地与水相际，临近乎水，而成临体。《序卦》曰：“有事然后可大，故受之以临，临者大也。”临卦之所以继蛊卦，在于临卦必临蛊事，而蛊事随阴势浸长则会生祸事，且蛊惑之事随遯山蓄聚逐渐长大，蛊事之长大在于阴势渐长，而临蛊事必治蛊，以临治蛊则需以阳克阴，故临之二阳势长克匹敌蛊阴之长；临者大也，乃二阳长而大，以阳大制阴势之长，故受之以临。遯有阴长之大时，临有阳长之大时，遯为二阴长成山，临为二阳盛成泽，阳大阴小，故二阳之临能克制二阴之遯，使其能扶阳抑阴，尊尚正道。

临之大时。二阳浸长以逼于阴，故为临；二阳长于下，继复卦一阳来复于下后，刚复阳气以正固之利渐盛而成临，临者，二阳壮盛成刚，阳刚之势壮而浸阴，使阳进而凌逼于阴，为阳临阴而阳长而大之状态。临之阳长，有大时亦有小时，大时为正坤返乾的“坤→复→临→泰→大壮→夬→乾”正固德盛过程，此为阳长成势且刚壮之时，乃阳气刚复之大时；小时，为临卦卦体之时，虽二阳长而盛，但与四阴共成卦体，阳长尚待卦时，二阳与四阴类比，阳虽小，但却有位，故而临之小时，因大时之阳长而成其阳之体位。阳长之大时，阴不可与敌，尤其是阳临阴，阴阳必战，处临卦之体，可以少胜多，以弱盛强，而阳逐渐盛大。临卦同遯卦一样，皆有“浸而长”之言，在于言明阴阳盈虚的法序过程乃以“浸”成，遯卦为阴浸阳而阴势长，临卦为阳浸阴而阳势长。在临与遯的“浸而长”过程中，皆以小时贯大时，又以大时降小时，皆时、位、体之法序使然。

临者大也，乃刚长而大，刚长为阳浸阴而从阴处长，为以阳临阴，阳长而大乃阴阳盈虚之法序也;阳长刚盛而正道立,正道者,乃尚大正之正大事业,故临必临事，先临蛊惑之祸事，以阳制阴而立正道，再者以正道确立而临民，临民之事乃经世之治，为德治；故临之义，乃法序之临和经世之临，法序之临乃阳临阴与尊临卑，经世之临乃德政临民，德政者，正道也，以正道临不正之道。故而临之义，从法序和经世两者言之，有阳临阴和德政临民之义。

临卦有知临之明。阳临阴，以临体继蛊，必临蛊惑之祸事，临蛊事而知蛊则有知蛊事之明；德政临民，值临卦二阳长而大，阳长刚盛之际，正是以阳复阴而立正道之时，民众受蛊事之累久矣，急需德政临民，德政与民若地水之亲比，民期望德政下临，而德政必将临众，两相亲比，方使正道有根基，不正之蛊事只会祸民，只有正道临民方能阳正而大正。

《《程传》》曰：“为卦泽上有地，泽上之地岸也，与水相际，临近乎水，故为临。天下之物，密近相临者，莫若地与水，故地上有水则为比，泽上有地则为临也。临者，临民临事，凡所临皆是。在卦取自上临下，临民之义。”

《杂卦》曰：“临观之义，或予或求。”在观卦，四阴势长成观，四阴已然成势，值三阴之否卦时，小人当道阴妄渐长，否小人当道且驱利已久，正道被小人害，必再观卦行中正大观天下而予政与予德。在观卦，观阴长，君子予德政，暗众求教化；在临卦，临刚长，君子予明德，暗众求脱凶。故临之或予或求，在予阳于阴民，而民众陷群阴之中，需君子见凶而治其不正之阴凶。临卦乃泽上有地成体，二阳长于下成泽水，水与地亲比相邻，施阳惠予地众，地岸之众得泽水之阳，而民众陷阴之凶亦求拯济，予求两相交融，临能使民众得阳利并从正，有成其正道复立而行天道之功，故而临有大亨通。

知临有明，治临有明德，乃临卦“大亨以正”之所在。知临有明，乃临卦之明，如同遯卦有避祸有明、行藏有志一样，临卦有知阴蛊成祸之明以及有德政临民而振民凶之明。临卦知阴蛊成祸之明，乃时成，因大时赋予阳长而阳临阴，以阳照阴而知蛊祸所在；后者德政临民之明，乃位成，阳长刚壮而有位，九二居中位，以刚壮中德居当位行德政。知临在于有明，而以阳复正道治临则有明德。临之明，皆在乎阳长且阳刚壮而盛，阳盛自然德裕，而此德裕仅在临卦初与二爻，二以中正当位，再以德政全临体，则为以小乘全大成，当德政惠民众，则有“说而顺”的治临之功；说者，兑之悦，予求两相交融则两相和悦，顺者，民众顺德政而从正道，故而临卦既有明德，又有治政德。

临：元亨，利贞。至于八月有凶。

彖曰：临，刚浸而长，说而顺，刚中而应。大亨以正，天之道也。至于八月有凶，消不久也。

象曰：泽上有地，临。君子以教思无穷，容保民无疆。

卦辞：以法序转换之理临经世之德政，戒不正之凶。

彖辞：刚长而正道复立，知临而共任天下。

象辞：临民布德政施阳惠予地众，行德教而无有止境。

临卦，坤上兑下，为泽上有地而德政临民之象；为卦泽上之地与水相际，地临水而水地亲比，地岸之众得泽水之阳，予求两相交融成临体。临卦二阳生于下，临之二阳乃刚复阳气"刚浸而长"成刚壮之临，临体之水乃泽水，泽之金性生水，故有水象，而泽之金性乃阳足德裕之刚复阳气所化，此种金性之成，随正坤返乾的"坤→复→临→泰→大壮→夬→乾"正固德盛过程，至乾卦成金性之全体，也正是这种"金性"特性赋予了临卦二阳必乃刚壮之盛阳，必刚壮出震气方能接通天地之金性，实乃阳足→刚壮→金性的渐进过程。这也是临之二阳能以少胜多、以弱盛强的原因，在于阳虽少但"壮"性十足，具备金性之资。

在临卦，水地亲比，阳惠地众，临以二阳息阴成体，为以阳临阴，值临之大时，阳长阴息，阳大阴小，故又为以大临小，大者，正道为大，小者，阴邪为小；正者尊，不正者卑，乃以尊临卑。临者，临视也，正因有临视，阳正临视阴妄，方有知阴蛊成祸，而治临之明，也正是临视之用，方行以阳惠地众之政，使德政拯济民众陷阴之凶，以九二当位复立正道，正是临视之功，如观卦以"中正以观天下"观阴妄之生又以"观"行王化之道。临视不同大观，大观者，值四阴盛时，乃观全局也，而临视者，临面对之对的局部也；临与观皆有予政之功，言予者乃正阳予邪阴，观亦有临义，临也行观法。

临卦以“元亨，利贞”立卦德。临卦有法序阳临阴和经世德政临民两义，其“刚浸而长”便是基于阴阳盈虚之法序而近本“元”，临卦之大时二阳长于下且刚壮而复，是临致亨通的关联，正是因阳气刚壮和正道复立而致内外亨通，内亨通乃刚壮来复，以法序之元而有元亨义，当临卦二阳居下且九二当位，外亨通乃以阳惠地众行德政，以正道大行而有利贞义。在临卦予求两相交融，以元亨与利贞之卦的，成其正道复立而行天道之功。临之元亨者，乃阳气刚壮阴妄消退的阴阳盈虚过程所呈现的法序转换之理；临之利贞者，乃正道复立以阳惠地众行德政的经世之理。

“刚浸而长。”临卦顺其正坤返乾的“坤→复→临→泰→大壮→夬→乾”正固德盛之大时，从复卦而阳长，以阳浸阴渐进而变之特性，二阳阳足且刚复成于临之九二，且临之“刚”乃刚壮而蕴含金性之刚，使泽金生水，而有水地比临成卦体。临之“刚浸而长”历经了阳复、刚长与刚壮之过程，从阳到刚，正是复卦一阳来复之道，阳足且固而成刚，必依正固之道，才能发生从阳到刚的变化过程；而刚长正是刚浸阴，阳长而阴息，直至刚壮有临之当位的变化过程。

成临体言法序与经世两义，必然要有九二刚中当位之果，无九二刚阳当位产生“刚中而应”之德位，不能当位施德政，且正道虽随二阳复长于下而有转机，而德政若无九二之当位则无以行，可见当位在临卦何其重要，若无九二当位之位，则无以阳惠地众而称位其位，自然不能言配位之德。临卦既治明德，又有政德，便在于九二当位，以中正之德，行大亨以正的天之道。

临有大时亦有小时，大时成体，小时占位。大时成其二阳复长于下的“说而顺”之体，小时以二阳应四阴犹以九二当位以阳临阴而显临义。小时占位之“占”，便是阳占中位，言“占”非阴小之争夺，而是顺承大时而有九二刚中之当位，从德政拯济民众陷阴之凶而言，必然要有“夺”位之战，阳夺阴而占之，便是从复卦到临卦成体的过程，此过程以阳战阴的“刚浸而长”为过程，顺承大时直到九二刚中当位小时乃成，阳占九二中位成其临体，而进入临卦小时之格局。

在大时成体与小时占位的“刚浸而长”过程中，实乃阳足→刚壮→金性的渐进过程。在正坤返乾的大时义中，阳自复卦起，刚长且足，以刚而出震之力言“刚”之阳足，“阳足”赋予了临卦阳气足而成刚，且以刚性渐长；“刚壮”赋予了刚性渐长之阳刚随阴息阳长而渐刚壮，临卦阳之刚壮乃阴息阳长之结果，阳进凌逼于阴且阳战阴而使阴息，为临之大时所成，虽阳弱阴盛，但阳亦然又强壮之势，阴长时生祸乱，阳长则拨乱反正，随阳气刚壮而正道乃复，临之当九二占中位，以中德之盛，复立正道；“金性”赋予了泽金生水之性而有地临水的水地亲比之状态，泽之金性乃阳足德裕之刚复阳气所化，且刚壮出震，以震之功接通天地之法序之性，故金性乃足。

“刚浸而长”乃临之大时降小时，又以小时贯大时，当地临水之临体乃成，临能使民众得阳利并从正，有成其正道复立而行天道之功，此“功”重在九二占中位且以德政临民而中德壮盛。以德政临民之事，乃以正道教民使民从正向阳，以阳正临阴妄，成其以正道临不正之道，使临秉承天道之大时，在小时卦体里大亨以正，既知临健明，又治临有德，以九二之当位，称位中德，且配位临之大明德。

“至于八月有凶。”至于者，乃先前之弊祸也，故临体先有凶，或其凶祸存于临体之先；八月者，乃消息之时也；程迥曰：“阳极于九，而少阴生于八，阴之义配月。阴极于六，而少阳复于七，阳之义配日。”八月消息之时乃介于大时与小时之“时”，同更大时的法序之度而言，更偏重于小时。《周易本义》曰：“八月，谓自复卦一阳之月，至于遯卦二阴之月，阴长阳遯之时也。或曰：八月谓夏正八月，于卦为观，亦临之反对也，又因占而戒之。”

王应麟曰：“临所谓八月，其说有三。一云自丑至申为否，一云自子至未为遯，一云自寅至酉为观。《周易本义》兼取遯观二说。复所谓七日，其说有三。一谓卦气起中孚，六日七分之后为复。一谓过坤六位，至复为七日。一谓自五月姤一阴生，至十一月一阳生，《周易本义》取自姤至复之说。”

凶祸在哪儿呢？乃阴之不正为祸，阴之不正乃临体有四阴之存，且四阴之体盛于二阳，且临体继蛊，必临蛊事，此为知临之明必明之理，明阴之不正为祸存于临体之先且仍有四阴值临体。二阳临四阴，乃临体以刚临柔，阳值大时而势长，因“大时”之赋予，二阳方长于下，阳道向盛之时，要戒其阴长消阳，阳虽在大时义中浸长，从时令消息而言，至“八月”其阳有道消之患，故而阳消阴又长，使其原本阴之不正之祸更盛大而成“凶”，故言有凶。《周易本义》言夏正八月，于卦为观，观卦正是四阴盛大之体，亦是阳消阴又长之义。值临卦二阳长于下，阳道复立之际，须警惕阴又盛长而使阳道消之弊，临体之先本有不正之祸当道，当阴盛长而阳道消，必遭比不正之祸更凶之事，故立“至于八月有凶”立戒。

“说而顺，刚中而应。”临体之成乃兑下与坤上成体，兑悦坤顺而有“说而顺”之体，九二居中上应六五以“刚中而应”上下成体。“说而顺”者，乃临卦成体之体，“刚中而应”者，乃临体之位，“刚浸而长”者，乃临卦之时，此三者以时、体、位共同成临，使临卦称位并配位其德。在“说而顺”的上下临体里，阴息阳长且九二当中位而悦，九二当中位，正道复立，德政得施，君子布德政有布政之宣说，同时民众受阳惠而悦之，以说与悦共成其义；君子予德政，陷群阴之民众求阳拯济，以予求两相交融，使民众得阳利并从正，故而民众“顺”德政，“顺”正道。

九二刚中，六五“知临”而应，刚柔相济而共任天下，成临民布德政之典范。临卦之民众原本处不正阴患之中，因九二刚中当位施阳惠予地众，地众受德政之教化，渐而顺服，“地岸之众得泽水之阳”便是先顺之民众，“地岸”之众先顺，继而带动非地岸之众后顺，成其坤众皆顺。

“君子以教思无穷，容保民无疆。”君子法泽上有地之象，以临民布德政施阳惠予地众而行德政之教化，阳惠之利使阴妄渐消，民众得阳而渐明，民众有明则顺正序，顺正序则天下治焉。“教”者，以“临”以行临民之德政教化也；“思”者，驱不正阴妄之识而存阳正之正意；“容”者，包也，容受也；“保”者，育护安保也；“无疆”者，无有止境；乃君子临民布德政行德政之教化宜无穷尽，正道之教无有疆境，使民众受正道育护而和顺亲比。孔颖达曰：“君子于此临卦之时，其下莫不喜悦，和顺在上，但须教化思念无穷已也，欲使教恒不绝也；容保民无疆者，容谓容受也，保安其民，无有疆境，象地之阔远。故云无疆也。”

孟子曰：“劳之来之，匡之直之，辅之翼之，使自得之，又从而振德之。”其“劳之来之”正是君子执德政之操劳，以阳正匡直阴妄，再辅之以育护启蒙，使民众自得其阳而自从正，再以从阳向正之道振其德，正是教思无穷、保民无疆之行。

感同之至而阳舒阴疾

初九：咸临，贞吉。

象曰：咸临贞吉，志行正也。

六四：至临，无咎。

象曰：至临无咎，位当也。

初九刚而得正，以阳正之长感动于阴，使其阴得阳感化而临，成咸临之象。

咸者，感也，阳正且长，阴阳交感，阴感阳而得阳利，使其感而动，以阳动阴，此“动”乃阳长阴息之动。初九应四，四为其感之者也，四以近君之位与初九阳正相感，此相应之感对阴从阳正而言尤其重要，四以阴与阳正相应，为得其正道所信，又近君，被君所任，故而贞吉。

《程传》曰：“四近君之位，初得正位，与四感应。是以正道为当位所信任，得行其志，获乎上而得行其正道，是以吉也。它卦初上爻不言得位失位，盖初终之义为重也。临则以初得位，居正为重。凡言贞吉，有既正且吉者，有得正则吉者，有贞固守之则吉者，各随其事也。”

咸者，感也；有感同与感速之义。《说文》曰：“咸，皆也，悉也。”感同者，临之二阳并立，使其六四与六五皆感其阳正，二阳并立，二阴并感同，初九正位，六四位亦正，乃正位居体之感，阳长动则阴交感，以阳唱阴和之交融，得其感而动之象；其“动”乃阳长之动，以及阴感阳因感而应有动，乃交感时气机往来交通之动，同时亦是阳长阴息之动，阳正止阴邪之动。感速者，感必有应，有应则阴阳气机往来而有动，此动为不疾而速的感速之动，言“速”者乃感之以气、神也，速以动成，乃气动必是精用，精气神之感，感速也。

以感同与感速为咸临义，是咸临贞吉之所在，贞吉者，乃阴感阳而得阳道有吉，原本阴而不正之六四得其阳正交感，以从正之动，以“身”临阳，以位临正，继而行贞正之道。

咸临贞吉，乃阳舒阴疾也。阳正得布，阳惠得施，乃临之初九行德政之志，初九以刚临柔且阴随阳化之志，亦是天下君子之正志，故而得其“志行正也”。阳大阴小，初九虽位下却能感其上六四之因，以大临大，先以阳临妄，在六四得阳从正后，又以刚临柔；其以阳临妄与以刚临柔之变化，正是阴之不正得正，不正之祸转危为安，使阴妄转柔，不再为祸。

六四处得其位，居上之下，与初下相比，是切临于下之临之至也。王宗传曰：“四以上临下，其与下体最相亲，故曰至临。以言上下二体，莫亲于此也。”六四正位居兑坤之交，以“说而顺”之亲比，所处最当，所临最亲。六四虽阴，阴妄不正之祸先于临体存之，故成临之先为有咎，但六四与初以咸临交感，得其阳舒阴疾的咸临贞吉之感，使阴而不正之祸，转为“位当”之柔，且以“至临”之亲，成其六四无咎。

六四位当，为所处之位当也，但并非当位之位。四居近君之正位，下应刚阳之初，既从阳应正，又守正任贤，以临之至之亲临，交感又得任。六四居兑坤之交，下悦而上顺，乃临体位当之爻，“说而顺”之交，乃阳正改阴邪之交，更是正道复立君子予德政，而民众受阳惠顺正道之变。此种“交”与“变”正是临卦时、体、位使然。六四处阴从正而守柔，近君居正，屈己下贤，以得柔之利称位其德。

感同之至而阳舒阴疾。处九与六四之咸临，以至临之交，感同且身受，上下和悦，初九行德政化天下之志，先志行使其阴受阳利，待六四阴妄转柔且守柔，再志刚，以先志行再志刚之“行”志，使其六四先有咎，再无咎，有咎之弊在临卦成体之先，为阴妄所主，无咎之得在临体之中以至临之交，改阴妄而顺正道，当六四处阴从正而守柔时，邪与正完成转化和交接，临之大义彰显其德，有大亨以正的贞吉之美。由此可见，君子志行，乃德政之利器也。

知临之明而从正改命

九二：咸临，吉，无不利。

象曰：咸临吉无不利，未顺命也。

六五：知临，大君之宜，吉。

象曰：大君之宜，行中之谓也。

九二与初九二阳并立，九二刚而得中且阳势上进，以阳正之长感动于阴，使其阴得阳感化而临，成咸临之象。九二值临之大时，阳浸长且势盛，上应六五，感化以临，感动于六五中顺之君，得柔君信任，能行其志，德政得施，为临体最贤明者。

《程传》曰："二方阳长而渐盛，感动于六五中顺之君，其交之亲，故见信任，得行其志，所临吉而无不利也。吉者已然，如是故吉也。无不利者，将然于所施为，无所不利也。"

九二刚中比之初九刚正，因其有中位之当位，且有中德称位，故而吉无不利。得吉，乃刚浸而长且阳居中位，得无不利，乃正道改阴邪之弊，既利阳道，又惠阴小。

九二之志，随刚浸而长且刚中而应，历经升志→志行→志刚之过程。刚浸而长，九二阳居中位，乃君子虽阳势盛长而升志之时，君子所升之志乃以阳正之中位，行德政施阳惠于民而化天下，此志亦是天下君子之正志，君子升行德政化天下之志，必将秉志而行，乃志行得正之时，当其志渐行，施为得当，能称位其德，得"吉无不利"之德果，自然得人君信任，乃至天下民众信仰，再以大任天下之任，行志且志刚。君子志刚，正是君子坚固其德政，恳切其德望之时，渐成正道之栋梁。

何谓"未顺命也"？阳正不从阴，九二贤在下主正道，从正道而不顺上命，故曰未顺命，上命者，六五在上之命，在六五尚未与九二以咸临交感且交通心志之前，六五以阴妄为属性，其"命"自然非阳正且利天下之命，九二不顺上命，正是舍阴从阳，改邪归正之举，可见九二刚中有大明，以大明德坚固自我主张之事，虽只顾己命不顾君命，却是利天下之大命，此举亦是九二志刚的表现，坚固其德事，乃九二咸临天下之心。同时九二乃临之大时赋予阳长且"刚浸而长"成爻，爻成之先，乃阴妄所主，以不正之阴为祸，阴而不正且为祸乃九二成爻之初之命。当“刚浸而长”乃临之大时降小时，又以小时贯大时，使其在九二占中位且以德政临民而中德壮盛，九二以治临有德得其当位，又称位中德，以正“夺”阴位之成，使其九二爻能改命，改其阴妄为祸之命，而从大正之命，故曰未顺先前之“本”命。

六五柔中顺体居尊位，下应九二刚中之臣，不自用而任人，五以虚中之位，下应九二，不任己而任人，所以为知，六五因“知”而明，以知临之明所以为大君之宜。

知临为大君之宜。大君者，必健明德，处临卦当知临。六五以柔中之德，任九二刚中之贤臣，以己临人不自用而用其贤能，为知人，知人能用，且以柔中任用刚中之人，则有其“知”，九二之贤，天下皆知，六五不自用而用其知且兼众知，谓其知临。处临体而有“知”，乃六五尊位之明德。

《程传》曰：“夫以一人之身，临乎天下之广，若区区自任，岂能周于万事？故自任其知者，适足为不知。唯能取天下之善，任天下之聪明，则无所不周。是不自任其知，则其知大矣。五顺应于九二刚中之贤，任之以临下，乃己以明知临天下，大君之所宜也，其吉可知。”

《中庸》曰：“唯天下至圣，为能聪明睿知，足以有临也。”六五任天下之聪明，从不明而达明，乃九二咸临感动之故，以感同与感速之咸临义，使六五产生得仁与得知之变动，亦是六五健明德之过程。六五智慧以临，知人善任，以大君之大明知临天下而得吉。

六五行中。六五柔中当位，九二刚中亦当位，刚柔相应，阴阳相合，君明臣贤而共任天下；之所以有临道大吉，乃六五与九二行其中德，且称位中德，自然能配位其德，六五以知临而健大明德，九二以志贤临而健志德。六五与九二明志双用，六五知临而制大君之宜，九二刚中事贤临之功，同主德政，称位中德。

知临之明而从正改命。知临者，乃六五与九二皆有其明，只是六五有从不明到大明的过程，也正是从不明到大明，使六五从正改命。九二以“刚浸而长”之阳长过程，以阳夺阴位而知阳，居中位而知正道，由此赋予了九二刚中秉德之属性，也正是阳夺阴位之过程，历经以阳临阴以及以正临不正，方知祸患所在，亦知正道难得又难行。六五知临，既知九二之贤，又以“知”而明，明“临”之大义，渐知临体且渐明天下；六五有临“变”改命之过程，正是此种改命之临“变”才是临卦言“临”之真实义，亦才能洞悉知临之明的高明之处，也正是阳临阴以及刚临柔的“临”之对照，方言“明”。“明”的位域属性要高于“知”，同知相比，“明”需德之健，故而六五配位大明德，乃知临之善果。

《书》曰：“王懋昭大德，建中于民，以义制事，以礼制心，垂裕后昆。”六五柔君与九二贤臣，刚柔相济而共任天下，同“建中于民”，又制事于德政，得民众亲比敬仰，“以礼制心”生德望，成临民布德政之典范。

改临敦厚而教思无穷

六三：甘临，无攸利；既忧之，无咎。

象曰：甘临，位不当也。既忧之。咎不长也。

上六：敦临，吉，无咎。

象曰：敦临之吉，志在内也。

六三阴柔失正，乘刚据阳，居下之上，为以甘说临人之象。说者，兑之体，甘者，乐而受之谓之甘；在上而以甘说临下，失德之甚，故无所利。然而若能忧而改之，则获无咎。胡炳文曰：“彖唯取刚临柔，爻则初二外皆上临下。三兑体在二阳之上，为以甘说临人之象。节九五以中正为甘则吉，此以不中不正为甘，故无攸利。忧者说之反，能忧而改，则无咎矣。”

六三甘临。六三居兑之上，又乘二阳之上，阳方长而上进，阳进必使六三之阴息损，临之阳进乃大时之阳长，无可与敌，阳长必然阴息，六三乘阳，必损自身，六三爻体消损只能受之，此为六三所忧之事；六三近二阳，且二阳势长，六三必得阳利，虽有爻体消损之忧，但阳利更佳，故而有“甘”，且为甘美。六三虽有甘临，但甘之来乃阴身受损，得甘美阳利之乐，必乐受其身阴之损，故曰乐而受之。六三甘临，有得阳利之甘美，又兼身损之忧虑，故而“既忧之”；六三乐而受之的状态，使其六三以阳进阴息而内辱其身，六三居兑体，却与二阳相异，不能行二阳之事而外荒其事。六三内辱其身又外荒其事，恰是位不当之真实写照。

六三之明。六三值阳临阴之际，知得之者何，又知损之者何，以临危而知惧，忧而改之。六三临危，非阳进阴息而身损之危，乃以阴之质处位却不知阴害为危；所惧者，无非见二阳之德事却已身不能同为，故而惧其阴而不正。六三以临危知惧之明，知其忧患所在，值阳长之时，以咸临之感，感刚动而化阳，则能明阳临阴之临义。六三之明乃借爻位以明时位者，既明阳浸长之大时，又明阳临阴之位，以甘临之实行迁善从正之举。当六三有明且忧而改之，则咎不可长，以至于无咎。

《案》曰：“临卦本取势之盛大为义，因其势之盛大，又欲其德业之盛大，是此卦彖爻之意也。初二以德感人，故曰咸。以德感人者，盖以盛大为忧，而未尝乐也。六三说主德不中正，以势为乐，故曰甘临。夫恣情于势位，则何利之有哉？然说极则有忧之理，既忧则知势位之非乐，而咎不长矣。”

上六居坤之上，处临之终，敦厚于临，顺之至也，乃吉而无咎之位；上六与初二虽非正应，然值改临之际，阳临阴使阴皆能改阴从正，故上六亦求阳振济，又处至顺之位，实则以改临之心而志从内二阳，有舍阴改正之决心，故而顺之。顺之且敦厚，使其上六有坤厚之德。

上六敦临。上六高而从下，以敦厚之至顺从于阳正，故曰敦临；上六阴柔在上，本非为临者，故有就在先，然以改临之明，舍阴改正，以其敦厚于顺刚，当“厚”与“顺”积累至极处，自成敦临之德。杨启新曰：“处临之终，有厚道焉，教思无穷，容保无疆者也。如是则德厚而物无不载，道久而化无不成。”上六敦临，正是阳教阴的德政之功，让教思无穷、容保无疆非一句空谈，也可见德政之教化亦然能教到上六“极”位，使其顺正，之所以能教思无穷，全在君子志行且志刚之用，无君子主正道而德治，不会有坤之极也能顺之至。坤之极位亦能顺且敦，便是保民无疆的“无疆”之谓。

改临敦厚而教思无穷。六三与上六二阴值正道复立之际，以知临之明改临从正，且坚固其改临之心而志从内二阳，以敦厚且顺之德坚固其改临之举。六三甘临忧而改之，乃先忧后知，知而改之，既有知之明，又有改之行；六三知危惧而忧惕，正如《书》所云“慎乃俭德，惟怀永固”。以居敬行简而慎，慎其阴而不正之举，改临从阳之事。上六敦临正是改临且改而有德的体现，改临敦厚，乃将改临付诸行动而有德获也。在临卦，随阳浸长且阳长阴息过程，其处“阴”之爻，皆有“改”临之过程，六五以知临之明而从正改命，统帅六三与上六皆改临，改临即是改命，改阴而不正之既命，从阳正之本命。改临之“改”的过程正是二阳执德政之操劳，以从阳向正之道行教思无穷之举，若无正道复立且九二执德政，以志刚之心，临民布德政施阳惠予阴众，则无有阴阳合顺且亲比之局面；同时，临之阴类在阳道盛长之际，能得阳正启蒙而渐明阳之利，及时舍阴从阳，以正道匡直阴妄，践行知临之明而育明德。

睽卦：睽同之明

离上兑下

以睽同之明治睽违而相合

在临卦，以法序阳临阴和经世德政临民两义，值二阳刚壮盛长之时，以阳气刚壮和正道复立致内外亨通，使其二阳以明德复正道而阳舒阴疾，众阴以知临之明而从正改命；知临有明，治临有明德，九二刚中与六五柔中刚柔相济而共任天下，以知临之大明，成临民布德政之典范，使临之阴类得阳正启蒙而渐明阳之利，及时舍阴从阳，以正道匡直阴妄，践行知临之明而育明德。

临民布德政施阳惠予地众，行德教而无有止境，乃临体立德政之旨，也正是德政临民，使其地岸之众得泽水之阳而皆顺正道，以予求两相交融之亲比，使民众得阳利并从正，有成其正道复立而行天道之功，且临之众阴改临敦厚，将改临付诸行动而有德获；众阴处阴本有咎，其改临改命之行，必当于“咎”处知危惧而怀忧惕，以居敬行简而慎行，唯有慎行阴妄而从阳正之本命，方能坚固其改临改命之举。

改临改命，必改阴妄而求阳同。阳临民而民亲比求同方为改临，得阳从正方能改其阴妄不正之命，两者皆言同而求同。同者，在睽卦乃从相违之异取同，为睽同之道，治临则必行睽同之道从异中求同。

睽卦，离上兑下，离火炎上，水性润下，火居上而上行，水处下而下行，其性相违，成睽义。睽者，违也；离为目，坎为水，兑为泽，目见水从四方流入泽中，水源各异，使目不能集中视线同视一源，乃目不相视之睽，以此取睽象。水从四方各处来而源头各异，能明见其异，违则异，异则背离，离则逾行逾远而失和合之美；水入泽众，汇入又有同，必将从违异处求同取同。卦中中女少女，二女虽同居，但所归各异，其志亦不同行，成同中又有异。异中又同，同中又存异，乃睽之义。

《序卦》曰：“家道穷必乖，故受之以睽，睽者乖也。”家道穷则睽乖离散，理必然也，故家人之后，受之以睽。家道以“正位”而正家，尤其是“女正位乎内，男正位乎外”的男女位正，以守位且履家人伦序之正而正家道，是家道之所以正的原因，且以正伦序之德教，养家与家人，使家人之体成为德教最显著且最经典之所，家道正则家道兴，再以家人之道见伦序之道，便能建立起家与天下的纽带关系，家人卦以上下两体相爱而促天下相爱，用治家之范式以用诚、严、位而示范于天下；反之家道不正则家道穷，家道穷家人无法和睦，继而伦序渐乱，家道之所以穷，在于正位而正家之“位”不正，在睽卦，二女主内外，无法正男女之正位，虽同居又所归各异，心志又不同；位不正又心志各异，虽有家而不顾其家，不能再建伦序之同，以乖张之性乱其和合，家合则万事兴，性情乖张家不合则家道渐穷。

睽乖。睽卦之所以有“睽”，在于二女无法正男女家人之正位，位不正同居一体又心志各异，心志各异在于二女性情乖张，以睽乖之情状导致睽而离散。睽乖乱其和合，上下二体“炎上”与“润下”本不能和合，日久必趋离散，虽言离散，但尚有“同居”之体，在同体之众二女以睽乖之性情，扰乱本以离散之合，使外体将合而不和，两柔失位又以乖张乱志，以志向各异而离散之。睽乖致离散，使家道睽而生不和之难，家道不和则家道穷，乱其位序，丧其礼序，日久终无家德可言，故而处睽要知睽乖之因，更要解决如何从离散之异中睽同。

睽外。《杂卦》曰：“睽，外也。”家道穷于内，乖张见于外，穷于内见睽违，虽睽而有同，见于外言背离，虽同而有异。穷于内见睽违，虽睽而有同，乃内生家道穷之难而外尚有同体；见于外言背离，虽同而有异，乃乖张之性情发乎身达于外，二女虽同居一体，但志不同行而睽外，使其能见背离于外。家道之穷难并不能明见，而乖张致离散之“异”却能明见。睽外之因，在于二女以乖张之性情使其志不同行，让背离之情状发乎外而能明见，睽者，目有同，而睽视不同，目不能相视同一物，乃心志各异所致，双目者，二女同目之喻，乃同体之谓，虽同体，但以睽外发乎外使其背离之情状见于外。

睽同之明。处睽体当知生睽之因——家道穷于内并乖张见于外；家道穷于内，虽见睽违而有同体，乖张见于外，虽有同体而背离有异，使其内生家道穷难之忧患，外生志异之背离。睽同之明既要明其睽因，又要从睽因处明“睽”体之存乃天地之理，天地有正位且尚正序，必然存睽而有违之体，如何从睽而有违之体建法序才是正位而皆正序之关键。无论是睽违、睽乖还是睽外，皆以离、异成睽，值睽体，内外用同，乃睽同之大明。

明天地睽而事同。天地之大，包罗万象，必存睽违之体，天地有睽同睽卦之体一样，其位并非总正，总有相睽之时以及成睽之体。“天地睽而事同”值睽违时能立事同，以事同立事之势，使其虽睽违但终统一在同一事势之体中，乃违而取大体有同，以立事势而生趋同内体，使其成为能立天地正道之“脊梁”，待时、位皆不违而相和时，以正天地之位序而法序井然。

明男女睽而志通。男女以正位而立家人之道，男女位正则皆能治家，当男女位睽时，必以志通而谋外事，以志之同来同其性情之异。正家道在于正位，且从“位”知正序之所在，男女以及二女睽违，皆在于位不正，位者，礼序与德位法则所主，终在于是否有德，而正志则是正德之表现，立志正位便是从正之道。治睽体，要取体中之同以及异中求同，使其和合来制其违离，以家人伦序之道正其内，再以健德同志来节制其乖张性情，使其能克性情之欲而正志，以正志来正睽违，乃治睽取同之明。

睽：小事吉。

彖曰：睽，火动而上，泽动而下。二女同居，其志不同行。说而丽乎明，柔进而上行，得中而应乎刚，是以小事吉。天地睽而其事同也。男女睽而其志通也。万物睽而其事类也。睽之时用大矣哉！

象曰：上火下泽，睽。君子以同而异。

卦辞：睽大而同小，大事相违，故只能小事有应。

彖辞：以睽之时用，值睽违之体需治睽取同。

象辞：明睽同之理治睽违，习圣人御时合睽之道。

睽卦，离上兑下，为上火下泽同体而睽异之象。卦体以离兑同居睽体，虽居同体，但离火炎上，兑泽润下，火居上而上行，水处下而下行，其性相违；离者中女，兑者少女，二女同居，所归各异，不仅其志不同行，还以乖张之性情乱其和合，位不正又心志各异，虽有家，但不能不顾其家，以家道穷于内和乖张见于外成睽。睽者，以睽违、睽乖、睽外成义，睽从目，目有同而睽视不同，目不能相视同一物，乃心志各异所致；对内穷其家道，对外背离有异，穷于内见睽违，发乎外见背离。家道穷于内并乖张见于外乃成睽之因，以离兑同体而成睽体。

“火动而上，泽动而下。”睽卦以离上兑下成卦体，离火居上且炎上，泽水处下且润下，炎上与润下之性相违，又以上下卦体之别使炎上者处上不能就下，润下者居下不能合上，以上下卦体之“位”别而顺承相违之性，使其上下二体行背离之道。火炎上与水润下的相违之性乃火、水之本性，其本性相违到二体相背离，被“睽之时用”所赋予，以“动”成用，假以睽时，使其能明见二体之背离。火水相违之性在内，而背离之情状见于外，从内违到外离的过程，正是以“动”成用；动者，性之使然，离之火性与泽之水性必被本性所主，动而不居之变易乃万物之性，动而炎上与动而润下，才能有上下“位”之别，动为内因，炎上与润下乃物相，正是性相用三者一体而贯穿其用。以二女同居之体言“动”，乃女子欲动的乖张之性情，情欲多动且心各有归属，使其二离逐渐分离，睽乖乱其和合，两柔失位又以乖张乱志，在内穷家道，乱位序，丧礼序，在外志不同行而能见背离于外。

“二女同居，其志不同行。”顺承离火与兑泽之性，睽以二女同居成体，离为中女，兑为少女，中少二女同处其“家”，两柔皆失位，女居其家而失其位，则不能正位而正家，家道以“位”正，位不正则家道不能兴，此为存于内之睽违，有此睽违必然家人无法和睦，被“睽之时用”所赋予必然家道穷矣。二女主内外，无法正男女之正位，所动必然失礼、失序，且“动”皆为行其私欲，非顾家正家之正行，故而二女同居一体又两体相背离。其背离之因除失位并失序以外，还有“其志不同行”之弊，志乃贯穿使其有同之利器，君子进志且志行而通天下君子之志，便是以志求大同，二女阴柔，其“志”阴而不正不说，还所思各异，其“思”正是各自所主之私欲，非正志之阳刚。位不正又性情乖张各异，使其以“睽”成体。

“小事吉。”家道穷于内并乖张见于外之睽体，其二女心志不同，所“动”之行又不合，虽大事不足以济，但小事尚可。睽体所言“志”非正志，皆阴而不正，乃各自所思所想之私欲，成其乖张之性情，之所以乖张，在于不明大体亦无大志，固执其已见以为是正见，故而阴柔多欲，被自我情绪所主，“志”非正且被欲所主，故不足以大事。二女以乖张之性行事，毕竟是“家”内之事，不波及伦序之大体，虽位不正但并未乱其位序，家道虽穷而不兴，乃失位又失睽时所致，虽不能行大事，但尚可小事。何楷曰：“业已睽矣，不可以忿疾之心驱迫之也。惟不为已甚，徐徐转移，此合睽之善术也，故曰小事吉。小事，犹言以柔为事，非大事不吉，而小事吉之谓。”

“说而丽乎明，柔进而上行，得中而应乎刚，是以小事吉。”卦中六五居中，下应九二，以柔主事，柔进而上行且得中，得中而有应，所以得吉。兑主悦，离主明，柔进上行得离明以照，足以明其固执乖张之性情，阴柔之女得明而悦，乃睽中而得明同与悦同，六五柔中应九二刚中，柔主乎刚且用刚，故而可在背离之体合其睽违，柔不主大事，用刚行小事，则能得吉。柔进上行之动，得中而应刚，乃全大体之行，对比各自乖张主事生背离而言，能相应而合，实属幸事，此乃睽中所存之同。离兑二体之应，乃睽之大体中所存爻位之应，乃睽大而同小，故而只能小事。小事有应，大事相违，乃睽体之格局，故而只能从睽体中行其有应之小事，行小事而不行大事，既在于大事因志相违而不能成，又在于小事可控而不伤及大体，睽体必有家道穷之小事可行，但家道不兴之事关乎伦序之大体，则要制其小事免伤大体。

“天地睽而其事同也。”睽违之体，乃天地万物必存之体，天地有序，亦有其熵，此乃天地包罗万象应有之理，物不可终序，亦不可终熵，其序与熵之存，皆乃体、时、位所赋予，在不同的体、时、位条件下，序亦为熵，熵亦可成序。其“熵”并非终混乱，亦能从熵中建位、取序，难得的是睹睽违之体而能明其睽之所在，再在睽违时立事同，以事同立事之势，以“事势”重新赋予事物的体、时、位条件，自然能变违成同。新事势可统一违，立事势而生趋同内体，待时、位皆不违而相和时，则能正位。

“男女睽而其志通也。”男女处体，本有其正位，乃以正位正家之谓，当男女睽违，除位不正外，必有其心志不同，睽卦之所以睽违，在于二女穷家道于内并乖张见于外，所思所想不同且志不通。以男女替二女言睽，必然要纠其失位而睽，男女有别于二女，二女皆阴而不正必失位，男女则可正其位。男女纠睽违必先正志，再通其志，正志在先，在于确保其“志”有正，非各自性情之私欲，通志在后，乃以“志”通其行正，此乃正家道，正位序，正礼序之正行。位正且志通则能将睽体所失之事纠正，以正志来正睽违，乃治睽取同之明。

“万物睽而其事类也。”师法睽体不济大事而小事吉，可从睽违之体中取可归之序；“事类”，乃取事物所同之属性，并归其类，于位不正之中能正其自有之位，在无序中归其自有之类序，此乃万物睽而其事类之理。易有取象比类之原理，取象乃取万物之象，万物杂乱且纷繁，以比类之法归其类，而成八卦之属性，再以八卦统一万物使其有类，便能在万物中建序，使不同有同，不相干之事物亦有其事类。

“睽之时用大矣哉！”睽有时义，亦有时用之义。睽之时义，在于睽体从内违到外离的过程，需睽时所赋予再以动成用，从内存火水相违之性，到背离之情状见于外，要以“动”成用且动而有时，家道并非一日可穷，乖张之性情亦不能一日致两体离散，皆需“时”所赋予，无睽时则不能见二体离散，无离散之体见于外，则不能见睽而取同。睽之时乃睽体内之时，在睽体内可见因“时”不同所致的家道穷而睽违之变化。

睽之时用，乃睽体必行其用，无论是成体之时用，还是治睽求同之用，皆有时用义。成睽体之用，本性相违到二体相背离必用其“动”，其动亦被睽时所赋予，无动成用则不能使二体相背离，既然成睽体，必然以动成用并假以睽时而成。治睽求同之用，正是天地睽而其事同、男女睽而其志通、万物睽而其事类之理，立新事势可统一违合，无论是天地、男女还是万物，要用其建新序而求同之时用，立新势而生趋同内体，待时、位皆不违而相和时来正位且建序。

时用，乃待时而用，且用而需时；待时而用，乃用其二女性情之动，用而需时，乃治睽求同需赋予新的体、时、位，使其在新体、时、位条件下能变违有同。时用与时义的区别便在于时义只需顺承其特有属性而顺延“时”

之发展，时用以其“用”则能变易其体、时、位，使其卦体进入新的卦体阶段。赵汝楳曰：“睽盖人情事势之适然，圣人自有御时之方。”御时而用，乃超然于时而变化无穷也。

“君子以同而异。”君子法火泽同体而违异之象，应明睽同之理而治睽。当以异为体，则从异中求同，大事相违，小事有应，便是异体中求同；当以同为体，则从同中存异，要于大同之中，知其所异并存其所异，如阴阳法则，万物无至阴至阳且极致之理，总是阴阳混而杂糅一体，阳体有阴存，阴体亦有阳存，事物亦不能独异，必有其互存互通而同之处，从为政治理来说，同中存异，要允许不同的属性与“声音”存之。

《庄子》曰：“同则无好也，化则无常也。”知万物之大同则无异之偏私，用万物之化知变易之理，则将不偏执其不变之常理，正是以同而异之理，同而不排异，异者亦可御时而化，圣人御时合睽，乃大明其体、时、位之大用，超然入化境，于变化无穷中求同得同，存异有异，既能同而异，又能异而同。

志通同德而合睽

初九：悔亡。丧马勿逐自复。见恶人无咎。

象曰：见恶人，以辟咎也。

九四：睽孤遇元夫，交孚，厉，无咎。

象曰：交孚无咎，志行也。

初九居睽之初，在卦之下，必安静以俟之，宽裕以容之，刚动于下且无应而有悔；然初九阳刚，在阴柔睽乖之时能心存悦道，与人合志而同德相应，则悔亡，故而有丧马勿逐而自复之象。方睽之时，乖离未深，犹丧马之失未远，若逐马则马将愈逐愈远；然亦必见恶人，然后可以辟咎。

初九之所以能悔亡，在于初九与九四同德相遇，九四在上，亦以阳刚居睽，初九与九四同为阳爻，同居下，阳刚有志，以志相通，二阳本无应，但以志相通而生睽合，睽以阴柔乖张而背离，唯阳同志又同德而合睽，上下相合，故而能亡其悔。初九与九四合睽使其非应而成相与，乃志遇以及德遇也。

丧马勿逐自复。马者，阳而能行，九四阳刚且有志，故为有阳而能行者，但处睽体有睽违时则不能行，为丧其马；然九四与之有睽合之遇，是勿逐而马复得也，初九与九四睽合的过程中，必然见其“恶人”，所谓恶人乃阴柔而乖异者。若失马逐之，则愈逐愈远，逐马，马反行，乃九二之谓，九二亦有阳，九二居中更能行健，故愈逐愈远；见恶人乃见六三，六三以阴柔居兑之上，故而生口舌言语激之，恶人激之，则愈激愈睽。值逐马而马反行以及见恶人之际，唯有勿逐而听其自复，当初九与九四相见，自然可以既得马又辟咎。何楷曰：“静以俟之，逊以接之，泊然若不见其睽者，夫惟不见其睽，而后睽可合。”

睽合艰险之路，初九与九四合睽乃艰险之路，在合睽的过程中，既有丧马之虑，又有恶人激睽之险；初丧马，乃失其匹配而丧其志行，睽体皆小志，无有阳明大志，陷睽体失志如丧马；见恶人，阴柔而乖异者乃睽体二女，二女性情乖张且无明，不能识初九之阳、志，故而言语激之。初九与九四生睽，在于失马而淡然处之，见恶人，逊以接之，待自复而生睽合；丧马勿逐自复，乃往者不追也；见恶人无咎，来者不拒也；终可辟咎。

《程传》曰：“当睽之时，虽同德者相与，然小人乖异者至众。若弃绝之，不几尽天下以仇君子乎？如此则失含弘之义，致凶咎之道也。又安能化不善而使之合乎？故必见恶人则无咎也。古之圣王，所以能化奸凶为善良，革仇敌为臣民者，由弗绝也。”

九四以阳居坎体之众，为睽孤无助者，四处无应且处二阴之间，坎体易陷，故而所居非安，危厉无需多言；九四以阳刚之德，值孤立无与之际，必以气类相求而合，是以遇元夫也。睽孤者，乃无应之谓；遇元夫，乃得初九；交孚者，乃同德相交而生孚信。

夫者，阳之称；元者，始也，始乃初九，处九有善；孔颖达曰："元夫，谓初九也。处于卦始，故云元。"初九为睽之至善者，初九当睽之初，与九四同德合睽而能亡睽之悔，亦乃睽卦之善士。王申子曰："四居近臣之位，独立无与，幸有初九同德君子，与之相遇，四能交之以诚，则睽不孤矣。然当睽之时，必危厉以处之，乃得无咎。"

四处位过中，从睽时而言，乃睽已生背离之时，九四之处境不能比初九居睽初之时，故有睽孤陷落之象；四与初以同德而相与，值睽乖无应援之时，同德相亲比，必然际会而遇；当同德相遇之时，必然至诚相与而交孚。所谓交孚，初与四皆各有孚诚，故而言交孚，上下二阳以至诚相合，则可济危，亦能振陷，故虽处危厉而无咎也。

志通同德而合睽。初九与九四处睽，初九有悔，九四有咎，虽有刚明之德，但无有施展之地，初九有丧马之虑，九四有陷孤之险，但初九终能亡其悔，九四处危厉而无咎，便在于初九与九四以刚明之德志通同德而合睽，睽乃违离之体，能合其违离，自然能逢凶化吉。初九于九四而言，有元夫之谓，元夫非亲，只能言交孚以交之，以交孚互通其志，使其能志同而同德。初九与九四处睽，皆在于求同，志同、德同、孚同三者，乃合睽之利器，终能化奸凶为善良，革仇敌为臣民。奸凶为善良，革仇敌为臣民，在睽卦只有阳明君子可行，初九与九四以睽同之明，知睽违又知睽同，且能化睽违成睽同，故而亦有"时用"之功。

得中应乎刚而睽合

九二：遇主于巷，无咎。

象曰：遇主于巷，未失道也。

六五：悔亡。厥宗噬肤，往何咎。

象曰：厥宗噬肤，往有庆也。

九二阳刚居中，上应六五，阴阳正应，乃君臣主宾之道，居睽之时，乖戾不合，必委曲相求而得会遇，二以刚中之德居下，上应六五之君，道合则志行，成济睽之功矣。在睽之时，唯九二独遇六五之主，故曰遇主于巷。彖辞所谓“得中而应乎刚者”，便是九二与六五之应。

九二与六五为何委曲相求？《程传》曰：“二与五正应，为相与者也。然在睽乖之时，阴阳相应之道衰，而刚柔相戾之意胜。学易者识此，则知变通矣。故二五虽正应，当委曲以相求也。”处睽必有乖戾不合而违离之虑，虽有应，但不能以应合睽，必定以刚胜柔而合，刚胜柔必屈柔，而柔又处尊位，二应五，遇四为滞，五应二，有三为阻，二五相与，必有委曲相求之意。

遇主于巷。遇者，会逢之谓；巷者，简陋之所，委曲之途也；主者，爻指六五；《案》曰：“《春秋》之法，备礼则曰会，礼不备则曰遇。睽卦皆言遇，小事吉之意也。又《礼》，君臣宾主相见，皆由庭以升堂。巷者，近宫垣之小径，故古人谓循墙而走，则谦卑之义也。谦逊谨密，巽以入之，亦小事吉之意也。”遇主于巷，当委曲相求，期于会遇；如《程传》所云“所谓委曲者，以善道宛转将就使合而已，非枉己屈道也。”

六五柔居尊位，以阴居阳且当睽之时，而有悔；六五居中得应，比四应二，得贤人九二为应，又有九四为辅，而悔亡。厥宗，其党也，谓九二正应，乃同族同宗之谓；噬肤，噬啮其肌肤，而深入之也。睽之诸爻皆以睽离为义，二五相应而能睽合，肤者睽之浅，噬则合之深，乃“得中而应乎刚”，君臣之合如此，可往而有为，故言“往何咎”。

胡炳文曰：“噬嗑六二曰噬肤，睽六五以九二为厥宗噬肤，睽二变即噬嗑也。或曰：二至上有噬嗑象，二五刚柔得中，故五以二为宗，其合也，如噬肤之易。二以五为主，其合也，有于巷之遭。宗，亲之也，上当以情亲下也。主，尊之也，下当以分严上也。”

睽合之道。九二遇我（六五）于巷，是厥宗之来噬肤也。九二来遇巷，径情直行则难，委曲求而有通；五以二为宗，以宗同而合，则有合之易，如噬肤之易；二以五为主，二行志向五，救五于睽离之时，是往有庆之谓，二遇主有庆，五得刚中之应更有庆，二五睽合则以睽合之道行睽之时用。

阴阳和畅而合

六三：见舆曳，其牛掣，其人天且劓，无初有终。

象曰：见舆曳，位不当也。无初有终，遇刚也。

上九：睽孤见豕负途，载鬼一车，先张之弧，后说之弧，匪寇，婚媾。往遇雨则吉。

象曰：遇雨之吉，群疑亡也。

六三居二刚之间，后为二所曳，前为四所掣，柔被刚侵陵处不得其所安，阴柔于平时且不足以自立，况当睽离之际乎？三与上九正应，欲进与上合志，而四阻于前，二牵掣于后。故而有“见舆曳，其牛掣”之象。

舆曳者，向后牵引；牛掣者，向前拖拉；舆曳与牛掣，在后者牵曳之矣，当前者进者之所力犯也，故重伤于上，为四所伤，而有髡劓之伤。其人天且劓，天者，髡首（髡：音昆，乃剃发之刑）；劓者，截鼻也；三从正应而四隔止之，三虽阴柔处刚而志行，故力进以犯之，是以伤也，天而又劓，乃言重伤也。

无初有终。然三正应于上，于睽违而受刑之际，终必得合，当相合时，以“遇刚”而群疑消除；言无初者，处睽之初始，三为二四所曳、掣，被二四之刚侵陵，使其不能得其安，虽应而初无合；言有终者，以睽之时用，三终被上九所信任，从而柔遇刚而合。无初有终，正是值睽离之时，以睽之时用，化不合而合，从始不合而终有合。

上九以阳刚处睽之极，与三正应待其合，奈何六三无初有终，需睽之时用方能得合，在三尚未与其合时，上九呈睽孤的状态，上九睽孤，六三为二阳所制，而己以刚处明极睽极之地，又自猜很而乖离也，进退皆睽，愈至其睽，是生豕、鬼、车、弧、寇之群疑也，上九之所以生群疑惑，在于上九处离之上，乃用明之极也，明极则过察而多疑，多疑则难合。

上九有六三之正应，有应而实不孤，奈何六三在初始时不能合，而上九又以明极多疑，疑其有正应而不来与之合，则以刚生暴躁，更阻其六三与之合，而以睽孤自处。上九居睽极，无所不疑在于用刚则生暴躁，用明则生多疑，用应则需睽时，故而正应当合之时不能合，虽有亲党而常孤独。

上九见六三如豕之污秽，又背负泥涂，所谓见豕负涂，乃见其有污也，上九以刚明见六三之污，则恶之，既恶之甚，则猜成其罪恶，乃上九刚暴多疑之性，上九猜疑六三之事，乃捕风捉影毫无根据，如见载鬼满一车，或言六三罪恶之“鬼”，有满车之多，鬼本无形，而见载之一车，则言其以无为有。载鬼一车，以无为有也。《程传》曰：“鬼本无形，而见载之一车，言其以无为有，妄之极也。物极而必反，以近明之，如人适东，东极矣，动则西也。如升高，高极矣，动则下也，既极则动而必反也。上之睽乖既极，三之所处者正理。大凡失道既极，则必反正理。故上于三，始疑而终必合也。”

先张之弧，上九始疑六三之恶而欲射之，乃张弓欲射；然三虽身有污，但实无恶，上九之疑亦疑在初始，终以其离明照见六三之状况，三无恶而上九复于正，故后放下弓箭，说弧而弗射，言“说弧”乃疑稍释也。三终来之与合，非为寇仇，实来求亲，言匪寇婚媾，婚媾求亲有，而匪寇非有。三与之合，阴阳相交而和畅为雨。遇雨则吉，乃得遇且合，上九之与六三疑尽释而睽合，且阴阳相交而有“雨”之合果。耿南仲曰：“凡物之情，信然后合。合则愈信，疑然后睽，睽则愈疑。”

睽极而合。六三以阴柔处睽，受劓鼻之刑伤，值睽离之际以重伤而生睽之极，六三虽位不在极位，但六三重伤比之他爻，为重伤有极者，其他处卦之爻，最多有离而不合之危厉；上九居睽极，用刚生暴躁，用明生多疑，用应又不得睽时，以此三者合用，居极位有不合而有其极。六三与上九正应，本应有合而始未合，当处睽皆有睽极时，无论使上九刚躁且多疑之性情，还是六三受侵陵乃至受刑之遭遇，皆能复正，以睽之时用，在睽极而生合。合而有雨，乃不仅有合反而阴阳相交，小畜之上九曰“既雨既处”，乃蓄极而通，睽之上九曰“往遇雨则吉”者，乃睽极则合，皆乃阴阳和畅且相合之果。

纵观睽卦，值睽违而生背离之睽体，内卦皆睽而有所待，外卦皆合而有所应。初丧马勿逐，至四遇元夫，有初四同德相合；二委曲以求遇，至五厥宗噬肤，有二五得中而应刚之合；三舆曳牛掣，至上遇雨，以睽之时用而合；六爻皆取先睽后合之象。吴曰慎曰：“合六爻处睽之道而言，在于推诚守正，委曲含弘，而无私意猜疑之蔽，则虽睽而必合矣。”

丰卦：中丰之明

震上离下

行法制明照丰大天下

在睽卦，离兑两体性相违，又值二女同居心志相异，被睽之时赋予渐成睽而背离之体，内卦皆睽而有所待，外卦皆合而有所应；家道穷于内并乖张见于外乃成睽之因，穷于内见睽违，发乎外见背离，成其大事相违，只能小事有应；值睽违而生背离之睽体，当明睽同之理，治睽取同且习御时合睽之道，以睽之时用变易其体、时、位，使其进入新的卦体阶段而生睽合。睽生时用，六爻皆有先睽而后合之象，睽时背离而生离散，御时合睽则能合而成体，合而丰大。

治睽取同而生睽合，同之谓者，乃以有志同和德同为大同，志能通天下君子，使天下君子皆同，德能使人悦服，更乃济通与生同之本，治睽取同之道，以合而同以及同而合，而生丰大之象。

丰卦，震上离下，震者动，离者明，乃以明而动，动而能明的致丰之道。丰者，大也，以丰大而成丰；大者，多、广、壮也，乃收获甚大，物资繁庶；大者，所应广大也，王行致丰之道的“制”与“序”有遍应之广大；大者，德照光大而大，乃德高明足之大。

丰之体，丰卦行致丰之道的王道德政乃丰卦之体，上体震与下体离，震离同用而德与明同功；行丰道德政，使离明德照天下，德政成丰卦之制，遍应民众，民众得德政之惠，则得其丰，当善政盛大，阳丰而有时，则出震，震者德之高也，乃王者丰天下之德明见于天下，王者德丰，民众富庶，德政致丰大之功光大天下也。言体者，乃以体载政，使德政又成民众致丰之体。

丰之时，王者以德政致丰天下，而有丰之时，丰大有时，当顺法序与正序而丰，该丰之时则丰，该大之时则大；德政丰天下需时，王者德丰明见天下更需时，只有当明足以照，动足以亨，使天下人皆能有丰，才能言丰而广大；丰之时，民众繁庶，事物殷盛，方有盛大之实，民不丰不足以成其大，民众富庶有丰若不知德则不足以有明。丰大之时，必然国富民强且民众皆广富，民众富庶，乃德政之功，民众丰大而知德，有明德乃健。德高明足之丰大，方是震离同用而德与明同功的丰大之道。

丰大之道。言丰大之道，乃民众广富而“富”丰大；德政遍应天下而“制”丰大；天下人值丰大富庶之际，明德广健生广明，天下人同有明而“明”丰大；唯王者极天下之光大，王者致丰天下，王与王道皆有德而“德”丰大。民众富丰大，德政制丰大，天下人健明德光大，王与王道德丰大，四种丰大成一体，必然成为大同盛世之基。

《序卦》曰：“得其所归者必大，故受之以丰。”物所归聚，必成其大，故归妹之后，受之以丰；丰以归聚成其大，若从归妹之“归”而丰，则丰中有患。在归妹卦，以妹随嫁立意，妹自媒自荐动于男先来归，归妹虽归，若以娣犯姒之正位，若乱位则将失位序、乱礼序；丰体之所以有丰，在于德政乃致丰之体，德政者，乃法、礼、德三者一体之政，失位序、乱礼序则坏德政，若无有德政制度予以保障，其致丰的种种措施均失去依存，必然不能得大丰，只能从所“归”之小得，小得与大丰怎可同日而语呢？故而若从“归”而丰，则有内患而成丰之忧虑。

从归而丰，则多忧患。归者，从卦体而言乃归妹卦也，从归义上言，乃所归之人与所归之物，从归而丰，易不行王道而尚霸道，行师掠夺，行暴抢夺，皆能成其归。夺归而丰与丰大之道背离，归者不稳且人心不服；从归妹卦言归亦有患，存患之丰必然无丰之实。《杂卦》曰：“丰，多故也。”值丰体盛大时，故友多，乃丰而有亲之谓；当不丰而故友多，则夺其丰盛而生忧患。故，乃忧患也，多故则多忧患。解决不好致丰之道，没有正确的丰大路线和策略，便是存患而治，必不能致丰且大。

在丰卦，有致大而亨之致丰之道，亦有日食必于朔以及月食必于望之忧道；初九“过旬灾”，六二“得疑疾”，九三“折右肱”，上六“阒其无人”，皆丰中之故，亦是处丰之忧，正因有忧道焉，卦辞言“勿忧”。之所以可不比犹，在于正确的行四种丰大成一体的致丰之道，则无忧。

圣人忧丰之事。圣人忧心，在于圣人深知致丰大必有其弊。从丰之道致丰，最忌无道而丰，如得其所归者能成其大，若在乎人与物之归，则易剑走偏锋而不行恒常正道，如归而乱位之丰，虽丰却多忧患。若得丰之时，致丰易，而致丰大不易，丰卦主明，唯“明”能主丰大且盛，日中之明，尚有“无忧”之虑，而日过中则昃，丰过盛则衰，明不足，则是健德不顺，德政有缺，此乃圣人深忧之事。当以丰道得其丰大，如何持久保丰且以丰体之盛大走向天下大同的德文明之境，亦是圣人高瞻远瞩而心怀大志之事。

何以去忧而主丰？乃离明主政，震动主德，震离同用，使其德与明同功，则能致丰且保丰。卦中言“日中”，乃丰卦以明为主，以日中之明，照而无所不及，连幽隐亦能照；日中照幽隐，便是去忧患之故，而存震离之明。丰主明，而生明之法在于有德，无德不足以有明，亦不能行德照。

中丰之明。何以致其丰且大？乃王者行王道致天下丰且大；王者致其丰，王道乃致丰之本，王与王道同用，则能使震离同功而致丰。王者，在丰卦为明德之主，明德盛大足以照之主，且所主德政之动足以使卦体亨通，再行民众富丰大、德政制丰大、天下人健明德光大、王与王道德丰大四种丰大之道，则必能丰而盛大。行丰大之政治丰体，乃以中实之道致丰，将丰而有实，当丰而无实时，则要中止其托大生故之丰。在治丰体而治丰的过程中，必然生多故之患，丰卦之王非圣王，虽然有明，但不是如晋卦、离卦、同人卦等大明，明不足不足以照天下，在丰卦明德乃治丰利器，丰卦主明，必依明德，丰卦用明德才能走上正确的致丰之道，亦才能察坏丰之患。在丰卦言明时，虽有日中之照，但必有非日中之时，尤其是光明暗淡或光明被掩蔽时，丰卦则不能持盈保泰，尤其是丰卦九三折其右肱而不可大事，以及上六阒其无人而三岁不觌之弊，都将暴露无遗。故而值丰卦行致丰之道必然要有中丰之明。

中丰者，行中正之道实其丰使丰而有实，为中肯其致丰之道，乃正丰；行不能正确致丰而致虚丰且托大之“丰”，则要止丰，中止其不能丰大之政，以及不切实际之虚丰。丰卦以雷电皆致立象，乃行致丰之道却立警示之象，警示丰而无实以及尚大假丰。

适时且适当中丰，乃丰卦言明之大明，不行盲目且托大之丰，更不行浮夸好功之丰，盲目且托大之丰以及浮夸好功之丰，不仅不能出震而有德，反而引起天下民众震怒，从而天怒人怨。中丰之明，在于明者止其丰。中丰之明并非独王者有明，当王非圣王，若行托大之虚丰则害民，以浮夸好功揽己之功且与民争利，则王德无实，王德无实且王政霸道，有明却暗，必然要中丰，乃天下人止暗主行危丰。止其托大，中其“危丰”，以免虚大而生更大变故，虚大之丰，不仅不能使民众富其丰大，反而害民众使民众遭难。

丰：亨，王假之。勿忧，宜日中。

彖曰：丰，大也。明以动，故丰。王假之，尚大也。勿忧，宜日中，宜照天下也。日中则昃，月盈则食，天地盈虚，与时消息，而况于人乎，况于鬼神乎。

象曰：雷电皆至，丰。君子以折狱致刑。

卦辞：行王道德政全天下，以日中之明照天下。

彖辞：以明动相资主丰，以法制宜照天下治丰。

象辞：立雷电警示丰而无实以及尚大假丰之故。

丰卦，震上离下，乃雷电皆致行丰而警示之象。为卦震者动，离者明，震动于上，明照于下，乃明而动，动而能明的致丰之道；虽然“动以明”能致丰，但在震离同用行丰道之际要兼顾雷电警示，对丰而无实以及尚大假丰，乃至与民争利和害民之危丰，要有中丰之明。上体震与下体离，震离同用而有功，下体离明以照，使天下得德政之明而能丰，德政治丰得体，使其生德而出震，以震之功动于上，而行王道德丰，故而丰卦以民众富丰大、德政制丰大、天下人健明德光大、王与王道德丰大四种丰大一体而成致丰之道。故而丰卦之德，乃下政上达而生德，亦是震动于上之因。

“明以动。”丰卦主明，以离明照下行致丰之德政，待德政有功生德而出震，再以震离同用而同功，乃明以动的丰卦之体。明照于先，震动于后，明照于下，震动于上，下者万民居下，离明德政以照，必然先确民，在丰卦丰民为万丰之先；王者居上，下功上达生德才能确王之德，王有功与王之德必在万民之后，此乃丰卦先后与本末之道。故而丰卦言丰，必然先确民丰，以治民丰而富有之功，才有见丽明之德生于民体而出震，丰卦震之德乃民确之，用民丰确于下，乃丰而有实。当王者行致丰德政使民丰而富有，则可继震离同用，而求德政制丰大，天下人健明德光大，王与王道德丰大。

“丰，大也。”大者，以多、广、壮之丰大成丰，收获之多，遍应之广，富足之壮，乃大之谓。丰之大，更要遍应广大，能遍应广大者，乃“制”与“序”也。王行致丰之道丰民，乃广应万民之大，此乃丰卦待丰的万民之体，围绕这个万民之大体，如何使其万民致丰，以及在致丰的过程中如何治丰，才是丰卦应该建立的秩序。当万民皆得其丰大，必然有善政盛大，善政盛大则有王者之功，王德震动于上，使其丰卦上体有德高明足之广大。虽然言其丰而大，若无万民丰实确其下，则无上体德高明足之大。

“亨”。丰卦立“亨”为卦德，乃丰卦之体明足以照，动足以亨。明照致亨，震动更致亨。丰主明，离明之德政使下民丰而富实，民富则亨，丰卦取日中之明，日中之明可照幽隐，连幽隐亦能照则有照之广大，之所以言万民丰大，在于照之广大，日中之明能照，在于致丰之德政有德，且以“制”之广应照之大，德政有德使民富且亨通之所在，民富之，则能确民丰在下，从而生德出震于上，若无明照致亨，则无以言民丰大且德政有大。震动致亨，丰卦之震动，乃下确上之动，下以明政致丰，民丰确离明德政之功，而上达出震，自下而上之震动，乃上下皆贯通也，故而行亨。震动于上，离电在下，雷电并行可清丰之弊，雷电之威，威在惩戒，使不正得正，使不通能通。

“王假之，尚大也。”乃行王道而致丰大。王，往也，震主治，离主明，震离同往而治之，以此确王道，所谓“王者，往也。天下往之谓之王”便是言治道之法，乃行王道而治；王者，乃丰卦治道确立者，崇尚王道之王，确立法制之明政，以及丰大之德政者。“假”，乃治道之用，王行德政之王道用于治丰体。“尚大”，崇尚丰而“大”，以尚大言明高民众富丰大，而求德政制丰大，天下人健明德光大，王与王道德丰大；同时赋予“大”有立制又立德而大之义，以制遍应所有而立制大，以有德深且广而大，立德大。故而丰大之“大”，乃以王道全天下而成其大。

《程传》曰：“丰为盛大，其义自亨。极天下之光大者，唯王者能至之。假，至也，天位之尊，四海之富，群生之众，王道之大，极丰之道，其唯王者乎。丰之时，人民之繁庶，事物之殷盛，治之岂易周，为可忧虑，宜如日中之盛明广照，无所不及，然后无忧也。”

王不能越其大。丰卦尚大，在丰卦能极天下之光大者，唯王道能达之，王道非霸道，故王不能越王道而自大。丰体有雷电并至之象，乃确立法制乃治丰之明政；虽然说雷电并用其威，但丰卦之政，多用离电之明，雷威慑在上，但不行震，离电在下，以离明照刑罚之清明，乃以“折狱致刑”之法治行在先，丰卦致丰之德政，先立法治。雷威在上，在于法制利剑高悬于上，以应万民而有法之“制”，以法制治丰体，乃离明之明政，民尊法、守法，不行不正之归聚而丰大，丰卦继归妹卦，在丰之始必有不正之归，乱位之归，且有夺归事件，故而必然明确法制在先。

以法制治丰，乃丰卦王道之基。建立健全的法制成为丰卦基础之政，才能确保能致丰且言丰大，尤其求德高明足之“大”，必有法制之基，不以法治清刑狱，丰卦乃多故之丰，谈何言“大”。丰卦言王有德，在法制面前，王必然与众民平等，不能享有特权，若王不尚丰卦法制之大，丰卦则无足以照天下之明。王亦不能超脱法制之外，王亦敬惧雷电之威，方能示范天下，在离明照天下的同时，天下人亦能明察王是否越法制而自大。

“勿忧，宜日中，宜照天下也。”丰卦以明主丰，明足以照与动足以亨乃丰体之兆，故而在丰卦皆求明，亦皆求出震，日中之照，乃明足而能照幽隐，照幽隐则能取幽隐之故。宜照天下之照必然是法制之宜，以及“制”遍应天下而照。在为政治理里，唯以“法”治之而有明，清明刑狱、清明讼法，乃至清明一切与“法”相关联的事物，建立并健全法制，才是解“勿忧”之良药，没有优良的法制制度，则必有忧虑。

用法制清幽隐，则能清丰卦多故之患，卦中下三爻皆明而无咎，在于有法制之明，上三爻皆暗，在乎震有威却不在乎明，反而以不明而有凶；由此可见，下层民众尊法，而上层不尊法尚明却尚威，威者，权势也，乃以权势凌驾于法制之上，此乃丰卦深忧之事。胡炳文曰：“丰之大有亨道焉，大则必通也。亦有忧道焉，大则可忧也。不必过于忧，如日之中斯可矣。泰、晋、夬、家人、升皆曰‘勿恤’，此曰‘勿忧’，皆当极盛之时，常人所不忧，而圣人所深忧。其辞曰‘勿忧’，深切之辞，非谓无忧也。”

民众自明而自丰。立法制治丰体，法制清且明，使其离明得以照，乃丰卦主明之因，丰卦有明在于法制照而明，法制治丰必生大德，德者，亦明也，乃万民因法制之治而自明，法制之于丰体初始，既是启蒙，又是教化，故而法制有健明德之能，民众能自明则能自丰，这种自丰，乃内生明德而丰。用法制健明以及以德政致丰而带动万民自丰，此乃丰卦最善之政。民众自明而自丰，既实现了民众富丰大，又实现了健德自明的目的，丰卦言中丰之明，尤其是行中正之道实其丰使丰而有实的正丰，便是如此，民富丰大且有德，且德为内生明德，使其丰卦民众内外皆富足，以正行之正丰示范多故之虚丰或不丰。

丰之故。丰体继归妹卦，且治丰乃尚在健全法制之当时，待法制应民，方能全德政之王道，以法制治丰体之始，必然多故。何况还有“日中则昃，月盈则食”之状况，天地盈虚，与时消息，皆自然法序所呈现的大时与小时，皆人力不可为，纵然王者有大明，亦只能顺应自然消息而制定治道策略。丰卦言日中之明，然而日中必昃，明将不足，盛后必衰，此乃盈虚的盛衰之谓；法序规则不可扭转，人力不可及，言“消息”者，要健明德而知进退，盛时进机，衰时退守，方能显鬼神之造化。盛时进机，衰时退守，乃制定致丰治道时，更要有守常保丰之策略；守常保丰必不能浮夸托大，王者要适时止其托大，中其“危丰”，顺应自然法序而深谋远虑做长远打算。

“君子以折狱致刑。”丰大之“大”，乃以王道全天下而成其大，丰大言“大”反而要先以法治务实，在求德高明足之“大”之前，要先富民，确民丰在先再求丰大于后，方有丰卦正丰之大明。丰卦以雷电并至立象，在行致丰的路上，立雷电警示，警示丰而无实以及尚大假丰之故。欲成其王道丰大，必然先立法治，再健全法制，以法之“制”广应民众，从而“折狱致刑”执其法。立法制的雷电之威明，让丰体在“日中必昃”明不足的情况下，仍有体制之大明，且明足以照致丰大之路。

明动相资与日中见斗

初九：遇其配主，虽旬无咎，往有尚。

象曰：虽旬无咎，过旬灾也。

九四：丰其蔀，日中见斗，遇其夷主，吉。

象曰：丰其蔀，位不当也。日中见斗，幽不明也。遇其夷主，吉行也。

初九以阳居明之初，与九四虽旬而相应；旬者，均也，乃皆为阳之谓；初九明之初，九四动之初，位则相应，用则相资，故初谓四为配主。故而雷电皆至，明动相资，以致丰之道而有丰之象。

初以四为配，四以初为夷，自下并上曰配。通常言相应，皆阴应阳，柔从刚，下附上，常非均敌，初九与九四本为阳敌，安肯相从？唯丰之初四，其用则相资，其应则相成，故而成其配。

在初不言丰，在于丰之初尚未丰，虽有明动相资的致丰之道，但尚待丰时；旬者，有均义，亦有时义，十日为旬，十日者，谓数之盈满也，言初与四其德相符，虽居盈满盛大之时，可以无咎，待丰时到，以此而往，则行有所尚，之所以有尚，在于同德相遇，以志通而致亨。

来知德曰：“因宜日中旬，爻辞皆以日言，文王象丰，以一日象之，故曰‘勿忧宜日中’。周公象丰，以十日象之，故曰‘虽旬无咎’。十日为旬，言初之丰，以一月论，已一旬也，正丰之时也。”

在丰之初，虽有初九与九四同德而配，且明动相资甚合丰卦离震合用之体，但丰之初亦有“旬灾”待过，旬灾者，致丰之时尚未到，未有丰之时，则是丰之灾。何以成灾？在于丰之初始必多故，明动之初又配震动之初，皆在丰之初始不说，还多“动”，治丰而多动，在于治道尚未最终确立，或执丰之政，尚需“旬”之时日。治道未成且多动，乃丰灾之因，唯有丰之时到，以“往有尚”往之，成其配，才能明动相资而合丰之治道。由此可见，明若独用，则尚需时，必然明动合用有功，才能过丰之灾。

《程传》曰：“盖非明则动无所之，非动则明无所用，相资而成用，同舟则胡越一心，共难则仇怨协力，事势使然也。往而相从，则能成其丰，故云有尚，有可嘉尚也。在它卦则不相下而离隙矣。”

处丰之初应从过灾之经过生忧患之心。丰喜明忌暗，初九有明，但非日中之明，日中才有明之大，日以下升上至日中，尚需时，从暗到明且与震合用，又需德，当时与德皆不具足时，便是丰之忧患。无日中之大明，必然要建有明之政，其明动相资，乃丰卦初始的法制之治也。师法“旬”之时日可知，十日之期不能多亦不能少，才能从明初遇震初，此乃应自然法序而履法制一丝不苟。

九四以阳居震之初，阳刚失位又为动之主，以大臣之位遇阴暗柔弱之主，当丰而遇暗主，岂能致丰大乎？故而为丰其蔀。九四丰蔀见斗，非有中正，故而日中见斗，当盛明之时，反昏暗。蔀者，周围掩蔽之物，周围则不大，掩蔽则不明。

九四近比于五，故亦云见斗；正应亦阳，故云夷主。孔颖达曰：“据初适四，则以四为主，故曰遇其配主。自四之初，则以初为主，故曰遇其夷主也。”初四皆阳而居初，是其德同，又居相应之地，故为夷主。九四虽遇暗主，且日中见斗，但下就同德初九则吉，同德相辅，其助有大，何况以明助动，成其“明以动”之丰义，乃得吉之所在。

《程传》曰："如四之才，得在下之贤为之助，则能致丰大乎？曰：在下者上有当位为之与，在上者下有贤才为之助，岂无益乎，故吉也。然而致天下之丰，有君而后能也，五阴柔居尊而震体，无虚中巽顺下贤之象。下虽多贤，亦将何为。盖非阳刚中正，不能致天下之丰也。"

明动相资与日中见斗。丰之所以能丰，在于明动相济而可有为，丰体必然离震同用且同功，以此相资成用，才能有成，无论是初之明，还是四之动，若无相互际遇，则不能致丰，反而皆有灾、患。初谓四为配主，四谓初为夷主，相互皆称彼此为"主"，在于相互所适，相须相用，明者必求动以为主，乃明治有德而从下升上，动者求明在于有德出震，必然下政有功上达而生德，下政乃以明主政，彼此相须相用，都奉彼此为主，初视四为配主，乃以下偶上，四视初为夷主，乃降上就下，正是明动相资而使丰有治道，且治而有功，亦是彼此得吉之所在。反之若无相互际遇，相互引援，初生过丰之灾，四有日中见斗之暗，过丰之灾不得其时，日中见斗非中正且失位，由此可知，同心同德何其重要，完全能化腐朽为神奇，从自身不良之际遇转身成为治丰之功臣。从明动相资之转换，亦可知君子应灾患远远强于小人，初与四都奉彼此为主，在于有明知彼此，又明时势，以此明德来应时与位之灾患，可供处灾患而不知所从者学习。

信以发志与来章有庆

六二：丰其蔀，日中见斗。往得疑疾，有孚发若，吉。

象曰：有孚发若，信以发志也。

六五：来章有庆誉，吉。

象曰：六五之吉，有庆也。

六二中正居丰，以离之主而成至明者。上应六五柔暗，六五阴柔不正，为非能动之者，以离明之主应非动之君，成丰蔀见斗之象。蔀，乃障蔽，掩晦于明也。大其障蔽，使日中见昏，若往而从之，则必被昏暗之主反疑，故曰“往得疑疾”。凡言往者，皆进而上，初进而上，刚生明，遇阳四而有尚，二以阴居阴，又所应亦阴，柔生暗，故往而增疑疾。

日中见斗。斗，北斗，黄昏而始见，言斗乃昏而见斗，斗以昏见，见斗则丧明有暗，故不得丰之时；二虽至明之才，但以昏见斗而不得丰之时，故不能成其丰。当二不能成其丰时，亦丧已位之明功，二中正离明居下，乃明而有功之位；斗乃帝车，乃言五虽尊位而不见其尊，反见其车，更加丧尊之位，二至明且有功有德时，却遇柔弱之尊主，柔弱到不能明见，只能暗时见其“车”，不仅柔弱失位，无暗失明，正因失位又失明，反而大行疑猜之能事，其“暗”之程度可想而知。

治疑疾必以孚诚感发之，所谓“有孚发若”便是如此。六二虚中，乃有孚之象，应尽其至诚，以诚意动发其昏蒙，使其开昏蒙而可辅，如《程传》所云“苟诚意能动，则虽昏蒙，可开也；虽柔弱，可辅也；虽不正，可正也。古人之事庸君常主，而克行其道者，已之诚意上达，而君见信之笃耳”。物感以动，动必有应，应必能和，以“信以发志”之功，使其震离能合用。信以发志之事例，管仲之相桓公，孔明之辅后主亦是如此。

六五以阴柔之才成丰之主，质虽柔暗，若能来致天下有明，则有庆誉而吉矣。六五昏弱，唯有任用六二章美之才，则有福庆，可复得美誉，六二文明中正，便是章美之才也。

章美，六二之谓；来章，尚六二之贤也。六二以五为蔀，乃五在上而暗，六五以二为章，为二在下有明；六二言往，五阴暗则往而疑，六五言来，二文明则来而章，二五以来而章往来交合，成丰体章明之象。二与五虽非正应，在丰体尚明动相资之时，五若用二之章美，而不生疑，则有庆誉而吉也。

从有疑疾到来章有庆，可见五终将致明，并明而能用，从六五虚已下贤引二来章可知，明之用终从下升上，使六五有明而发挥明动之功，若五无明，则不能用六二章美之才，二往五反受疑，只有五自健明德，明知已弱必用二之贤，才能虚已下贤成其往来交合之用。彖辞所谓勿忧宜日中者，便是六五暗弱之忧虑终消，六五终将以日中之明与二离明大照，六五终明在于居中，以柔中之德再健明德，且能资其章明以自助，胡炳文曰：“三爻称日中，皆有所蔽。六五不称日中，盖宜日中，无蔽也。”六五日中无蔽，若有明则明无掩蔽之虑，六五宜日中，在于六五始弱而无明，后资其章明以自助而明，乃六二信以发志之功使六五渐明。当六五有明，则行来章有庆之举，彖辞言“王假之”乃王假二之用且用而有功。

信以发志与来章有庆。六二以离之至明而日中见斗，见弱而昏暗之主，初往而受疑，以“疑疾”来未疾病缠身，一时难以祛除，六二既然有明则必然除疾，以有孚发若行“信以发志”之功，六二虚中有孚，乃六二见六五之利器，物感以动，动必有应，此乃六五先动之处，被六二致丰大之道的孚诚感动，故而六五动而健明。六二大明焉有从暗之理？用明投暗，往得疑疾，但六二终明要想致德高明足之丰大，必然震明同用，明动相资，六五处震之中，无主之丰，必不能大丰，故而六二发六五之昏蒙，以发志之功使六五渐明。六五有明，用六二章美之才，以来章往来交合，使丰体章明，再以明动合用，而得有庆誉之大吉。

日中见沬与阒其无人

九三：丰其沛，日中见沬，折其右肱，无咎。

象曰：丰其沛，不可大事也。折其右肱，终不可用也。

上六：丰其屋，蔀其家，窥其户，阒其无人，三岁不觌，凶。

象曰：丰其屋，天际翔也。窥其户，阒其无人，自藏也。

九三刚居阳位，处至明之极，三居明体又阳刚得正，为本能明者，却反暗于四，在于所应阴暗而致使自身亦暗。三应于上，上阴柔无位又处震之终，震之终则不能动，乃止其动，无动则不能明动相资，三虽有明但无动以援，成孤明而不能用丰。丰之道，必明动相资而成，三有明却无动以援，故而不能成其丰。

"丰其沛，日中见沬。" 沛，一作旆，谓幡幔，其遮蔽之能甚于蔀矣，九三之蔽，又甚于二四者，爻取日中为昏义。沬，星之微小无名数者，见沬，阴遮蔽更暗才能见小星，乃暗如夜之谓，九三以明值丰之时而遇上六，乃日中而见沬者。右肱，上六无用，如人之折其右肱，人用右肱而折，其无能无力可知。《程传》曰："人之为有所失，则有所归咎，曰由是故致是，若欲动而无右肱，欲为而上无所赖，则不能而已，更复何言，无所归咎也。"

九三有明因无动以援成孤明，故而不可大事，不能震离合用而有丰之功，不仅不能致丰，还有损己身，九三视上六为己身，且有右肱之重。日中见沬，自损其明，折其右肱，又自损其身。九三有明，才能日中见沬，而上六昏暗，只能以"沬"示之，若非昏暗如夜，怎能见微小之星？可见九三值丰时对上六期望至深，而上六以处震之终，止其动，无动且暗，使九三无用武之地，以"折其右肱，终不可用也"止丰大之事。虽不能大事亦终不可用上六之右肱，但终无咎，在于九三只是失助，自身并未陷灾患之中。

上六以阴柔居丰极，处动终，为明极而反暗者；上六以阴柔之质，居丰之极，处动之终，亢然自高，乃丰其屋之象；丰其屋，所处太高也，蔀其家，在于动而居不明也；上六处阴柔而自蔽，远离明而蔀暗，居高亢而躁动，是丰屋蔀家而窥户无人象也。

上六以阴柔居丰大，却处无位之地，高而无位自然亢然自高，自绝于人，人谁与之，而有“窥其户，阒其无人”之境。丰大其屋，乃反以自蔽之象，无人不觌，乃障蔽之深而自绝于人。窥者，窥视，由内向外，由暗向明，窃视之；阒者，寂静，动极则止；觌者，相见也。

上六阴柔失刚健，居动体之极反而不能行健而动，不当其位，又不得其时，自然不能担丰大之任。不仅不能当丰大之任，反而高其屋舍，大其家室，使其空寂无人，三年不能相见。至于三岁之久，乃不知变；不觌，谓尚不见人，亦知不变也。六居卦终，有居变迁善之义，三岁不觌，终不能迁善，不能如六五可渐明。

龚焕曰：“丰卦与明夷相似，唯变九四一爻，丰其蔀蔽，皆六五上六二阴所为。二丰其蔀，以五为应也。三丰其沛，以上为应也。四丰其蔀，以承五也。然五虽柔暗，以其得中，故有来章之吉。上居丰极，始则蔽人之明，终以自蔽，与明夷上六相似。”

日中见沬与阒其无人。九三之所以日中见沬，在于上六阒其无人，上六丰大其居而距人于千里之外，就算九三以丰大事业为己任，希望能引动援明，期望深切也无济于事，只能以自明而见昏暗出沬。上六“丰其屋”，居高反而无位；“蔀其家”，障蔽至深而日中出沬，昏暗而不得见；“窥其户，阒其无人”，乃自绝于人；“三岁不觌”，终不能迁善亦不知变动。九三以刚明之才，明而有志，行健于上，阴六三为股肱，奈何上六以其昏昏，使人昏昏，不能成其助，反使九三之蔽，又甚于二四爻。

《案》曰："易中所取者虽虚象，然必天地间有此实事，非凭虚造设也。日中见斗，甚而至于见沬，所取喻者，固谓至昏伏于至明之中。然以实象求之，则如太阳食时是也。食限多则大星见，食限甚则小星亦见矣。所以然者，阴气蔽障之故，故所谓丰其蔀、丰其沛者，乃蔽日之物，非蔽人之物也。且此义亦与《彖传》'日中则昃月盈则食'相发。"

旅卦：止丽之明

离上艮下

诚明合功尚法制而正旅

在丰卦，以雷电皆至震离同用而同功立象，以“明以动”而明动相资行其丰用，致丰之道乃行王道德政全天下，以日中之明照天下也，故而以明动相资主丰，以法制宜照天下治丰。丰卦以“民众富丰大、德政制丰大、天下人健明德光大、王与王道德丰大”四种丰大立其“大”，虽有致丰之能且求德高明足丰大的远大之志，然而丰中多故，丰体主明，卦中却有日中见斗与日中见沫之暗，只能先立法治，再健全法制，用法制清幽隐，以务实之举保民富丰大在先,以民富之确民丰在下,从而生德出震于上,乃自下而丰上之道。

丰体行法制明照丰大天下，只有法制清明，民众才能自明而自丰，故而丰卦立雷电警示丰而无实以及尚大假丰之故；丰卦以中丰之明，既确王道德政，又务实法制之清明，在重视持盈保泰的同时，以同德相辅为善，以来章往来交合得章明为吉，使卦体内外能同功且同德。

丰卦之所以言丰且大，既确王道德政，又务实法制之清明，皆在于得正，若不得正且多故之危丰日久，必非丰且穷大，穷大之丰，则必行旅。旅者，去其所止而不处，所居之地已然穷大，又值山上有火，必然行旅而迁之。

旅卦，离上艮下，山止于下，火炎于上，山止其所安无居而迁，火行又不能居，只能违去不处而成旅，去其所止而不处便是旅，山上有火又不得不行旅。《序卦》曰：“穷大者必失其居，故受之以旅。”旅体次丰体，无非两种境遇，第一种乃丰盛穷极而生变，在致丰大而盛时，无法行持盈保泰之道，渐衰落而穷其丰；第二种乃丰体多故，所期望的丰卦有明君且行王道的盛大局面并没有出现，丰多故，丰体柔弱之君少明且无能，所任用六二章美之贤，但六二毕竟柔而无大志，明照下体尚可，求德高明足之丰大尚力不足，故而丰卦最终不能成其大丰，反而治多故无能，被多故所伤而半道衰其丰。

从丰卦日中见斗与日中见沫之暗甚多可知，丰卦虽主明，但多爻无明反而求明，虽明动相资可合功，但往往明多而动少，又生疑疾，使其动不能在日中大明时合功，失去丰之时，尤其是九三与上六之应，九三有明因无动以援成孤明不说，还折其右肱而自损其身，上六又以丰其屋，蔀其家，窥其户，阒其无人而居暗，亢然自高，不知变通，又不迁善，以其昏昏，使人昏昏，怎能行丰大之事？纵观丰体，离明被阴气蔽障，全体少有明动相资之功，虽有信以发志与来章有庆之事，亦不能挽丰之全体从半道衰其丰，继而穷尽。

之所以丰卦以中丰之明言之，便在于丰体多柔而阴暗居之，制定最切合实际的致丰之道才是明智之举，不在于求大，而在于务实。丰体虽有先立法治的务实之举，但毕竟法制之“制”遍应天下，尚需时日，如六五之明需要发蒙，需要用六二用信以发志之外力给予启发一样，发蒙致明的过程可想而知，柔暗之人健明德，必然要经历治君子过程，非一个道理和一时之明而能明，丰体柔暗之君尚且如此，他爻怎能快速致明且奋发君子大志呢？故而丰卦必然在多故之丰面前，半道而衰，柔暗之人拖拽柔弱之体奔丰大，必然力穷又消耗卦体亦穷，一个日渐穷尽之丰体，不仅不能致富丰大，还因山上有火必失其所安，而不得不行旅。

旅者，乃羁旅、众旅、迫旅之义。羁旅，失本居而迁旅他乡，有长久漂泊而无定所之义，旅卦乃艮离同体，艮主止，山止其寄居之所，离主丽，日经于天而变动不居，如羁旅之行，离主分别，艮主家乡，乃离别家乡往居他乡之象。羁旅之旅，首要的在于失本居，其次无本居又生山火之灾难，必迫而行旅，当迁旅他乡又居无定所。旅在于离本居，而行在于居无定所而忙于行。

众旅，以“众”言多数人之羁旅。丰之治，失政且日渐穷尽，民富丰大之“大”，乃万民之谓，富丰大万民受之，丰道穷尽而衰，民亦受之，故而行羁旅之人乃多数民众，虽然不至于万民皆羁旅，但必是柔暗且最终无明之人行旅，不能被丰体法制启蒙而自健明德，不能行明动相资之功者，当丰体渐穷而最先穷尽者，终是暗而无力又不知变通迁善者。暗而无力，必失丰体所主之明，无明便暗而又暗，处丰之穷与旅之初便不能自寻出路；不知变通迁善，当柔暗又不能自健明德时，唯有迁善且积善能改其境遇，丰卦之上六自绝于人而不知迁善广积德，故而成众履之人中的不得不履之人。

迫旅。丰体穷尽，山火燎原之势已成，柔暗之众必失其所安，而迫失本居；火行而不居，必行羁旅，行羁旅居无定所，行而不处，又而迫行之。前者之迫乃丰体穷尽而受迫，后者之迫乃山止失安、火行不居、违去不处三者迫之，山止其所安，不迁旅则无路，火行而不能居，必随火势燎原之进势又艰难举迁。先旅者以及受迫旅者，皆乃柔暗之众，《杂卦》曰：“亲寡，旅也。”羁旅在外，漂泊无依，正是既失本居，又离散亲众而亲寡之局面，羁旅又居无定所，失去了丰体故友多而有依靠的局面，实则居无定所又心生孤苦，乃身心皆苦之谓。

旅正。丰体穷尽之因多在于以柔暗居体而不正，不正则无大志，亦无大能，不能行健，又不能挽救危亡。旅继丰，不能继其不正，反而必然要行旅正，方能旅而有居，否则以变动不居之态，将深陷居物定所的灾难之中。离者，明也，因明而丽，明而有德方见丽，可见明而有功；艮者，诚也，诚于中而止妄行于外；诚明之用乃艮离之旅体。曾国藩曰：“自其外者学之而得于内者谓之明，自其内者得之而兼于外者谓之诚，诚与明一也。”诚明一体而艮离居体，方为旅正之正旅，让正旅成为自内而外之品质，因行旅不可须臾离正。

两“旅”成义。旅卦以“止而丽乎明”立意，艮者行止，止其所安使弱暗之众行羁旅，又顺乎刚且丽其明，对刚明之人，丽而有明。故而旅以刚明之旅和柔暗之旅成两旅义。柔暗之旅，乃柔暗之众，遇山止其所安，火行又不能居，值山上有火之体，不得不以羁旅、众旅、迫旅而行旅，柔暗之众行羁旅乃应山火之灾也。刚明之旅，乃刚明之人，以刚行健而发志，以明生离而有功，遇艮止柔暗之丰，遇明丽刚明之德，值山上有火之体，行止丽之明而健诚明之德，刚明之人行旅正而诚明一体。在旅卦，以刚柔与明暗之对比而有两旅成义，刚柔与明暗，在旅卦呈现了两种完全不同的境遇，刚明者行其诚且得其丽，柔暗者，失去所安且迫行羁旅，实则应灾也；刚明之人无灾，柔暗者有灾，使旅卦成为有德君子与柔暗小人在患、祸、灾、难上呈现不同境遇的分水岭。

旅卦主丽明。继丰卦主明后，旅卦亦主明，旅卦既言明又言丽，在于刚明之人处旅体而有功，同样的“离”之性，对柔暗小人来说，为必行羁旅之“火”灾，对刚明有德君子来说，乃明而德照，成有功之丽。丽者，文明之象，乃旅卦刚明君子在旅体有升华之象。旅卦主丽明，乃先止柔暗之丰，再丽诚明之旅，以丰旅合用之卦时，从丰见旅，柔暗之众因丰穷尽而行羁旅，刚明之人因丰主明而继续用明。

丰旅合用。止柔暗之丰，丽诚明之旅，实乃行旅强丰之道，丰卦主明乃需旅卦刚明且丽之明，需诚明合体之明，以旅卦刚明君子之正旅强丰，才能实现民众富丰大、德政制丰大、天下人健明德光大、王与王道德丰大这四种丰大理想。丰旅合用，更是柔暗之众与刚明君子因堕落与升华而决分出位域差别之时，柔暗之众从丰见旅而堕落应山火羁旅之灾，刚明君子从丰见旅而升华行诚明之丽，以正旅升华德文明而见丽。正是堕落与升华出现的位域差别，使柔暗者值丰体穷尽又履山火之灾，在患、祸、灾、难诸体中无限循环并继续堕落，使刚明者在柔暗之众行羁旅远离后，继续正志行健而强丰。虽言丰旅合用，实则君子与小人因德位差别而分道扬镳，各行其道。

止丽之明，乃诚明合功而行旅正之明。值艮离同体，应借丰旅合用之卦时，先止柔暗之危丰，使柔暗之众行羁旅远离旅体，再行诚明之丽。止者，终止危丰之前者，诚明正旅之后者；先终止不能丰大之丰政，尤其是明与暗不能合功引援，反而有折其右肱又自损其身之拖累，如丰卦初九与九四相互奉彼此为"主"，能相须相用实在少之又少，也正是有丰卦初九与九四离震同用且明动相资之范，才能有效形成德政之治道而强丰，故而止丽之明，在于先终止非"明"之政，丰卦正是明不足以济，才需能生文明德政之离明，而非柔暗之幽明。从丰见旅，必然出现堕落与升华位域差别出现，刚明君子与柔暗小人所居卦体已然分明，正旅丽明之体，正是刚明君子行诚明之丽而用功之时，故而可得小亨与贞吉，亦是行强丰而振丰衰之时。止丽之明，应取诚明合功之明，艮出诚于内，离主丽明于外，诚于内继刚明再行健并健德有实，使其德足明壮，发乎外再主明，使其明上加明而有丽明文明之象，如此诚明合功之明，自然可以强丰，行大正之道，全正大之事业，且奠定大同之基，尤其是君子明志双用而志通天下之同。

旅：小亨。旅贞吉。

彖曰：旅小亨，柔得中乎外，而顺乎刚，止而丽乎明，是以小亨旅贞吉也。旅之时义大矣哉！

象曰：山上有火，旅。君子以明慎用刑而不留狱。

卦辞：刚明君子以诚明合用之功正旅，行崇德贞正之道。

彖辞：以止丽之明治旅体，得诚明合功而升华文明。

象辞：用正旅之大明健全法制并升华法制文明。

旅卦，离上艮下，为山上有火而羁旅又正旅之象。山止于下，火炎于上，山止其所安使失居而迁，火行又不能居，只能违去不处而成旅体。旅卦以刚明之旅和柔暗之旅两“旅”成义，柔暗之旅，乃柔暗之众，遇山止其所安，火行又不能居，值山上有火，不得不行羁旅；刚明之旅，乃刚明之有德君子，以刚行健而发志，以明生离而有功，以诚明合功生丽明而正旅。柔暗者羁旅，刚明者正旅，羁旅又正旅正是刚柔与明暗在旅卦呈现的两种完全不同的境遇，柔暗者，失去所安且迫行羁旅，实则应灾，刚明之人无灾，反而出诚于内又主丽明于外，以艮离同体而明上加明；羁旅与正旅两义之别，便在于是否有德，刚明君子有德，以正旅而升华，柔暗小人无德，以羁旅而堕落，从而在旅卦呈现堕落与升华的位域差别。在旅卦有丰旅合用之卦事，实则君子与小人因德位差别而分道扬镳，各行其道，亦呈现两种截然不同的治旅之道。

“小亨。”旅卦以小亨立卦德，在于旅卦以止丽之明解决了诸多治理难体，尤其是羁旅与正旅的两种走向。羁旅有小亨，在于在旅体行羁旅，以止丽之明，先终止不能丰大之丰政，以止危丰之能使本已穷尽之丰体不再继续恶化，以免波及更多人，行旅强丰使丰卦亦能小亨；柔暗之众在旅卦羁旅，看似失去居又变动不能居，乃应旅卦山上有火之灾，实则以行羁旅的方式在避灾，使“火”灾终究不能伤害自己，行旅虽然漂泊，但毕竟远离了“火”源，同其他灾难卦体深重且时长相比，旅卦之羁旅乃继丰体之穷尽，被穷丰所迫而在旅卦行迁避，羁旅而避之，既避穷尽之丰，又避山上之火，故而柔暗之众行羁旅能得其小亨通。

正旅之小亨，在于刚明君子行止丽之明，以诚明合用之功，内健刚明之德，外生离明之文明，既从旅强丰，又治旅体而生文明之象；刚明君子正旅本有大亨，奈何旅体还尚有柔暗众人行羁旅，以避灾的方式遭受身心之苦，故而言亨也是小亨。之所以正旅还有小亨可言，在于君子与小人因德位差别而分野，位域已然明晰，虽然柔暗者羁旅与刚明者正旅同处一体，却因治旅之道不同而实则互不干涉，旅体正处君子与小人分野之际，故而无刚明君子以大乘之进救渡柔暗之众，从丰体穷尽可以看出，正是柔暗小人拖累了刚明君子的丰大之治，在丰卦柔暗之众不仅不能成为刚明君子之援，反而以其昏昏使人昏昏之能事，还使刚明君子折其右肱而自损其身，从丰卦走出来的刚明君子，早已对柔暗之众的昏昧失去耐心，不仅如此，柔暗之众还经常亢然自高，以自绝于神明的姿态，不知变通，又不迁善进善，如此辜负刚明君子期望之人，并拖累刚明君子之人，是否让人心生厌恶？

“柔得中乎外，而顺乎刚。”卦中六五柔中主旅，六五居离之中而丽乎外，乃“柔得中乎外”也。六五得离之中且顺乎上下之刚而生丽，离明之所以能“丽”，在于刚明君子有刚明大德，有刚明大德的刚明君子正是六五上下两刚，此乃居旅体能正旅的关键所在，六五顺乎刚，乃以尊位崇德，且顺其刚明君子的诚明合功之治，以尊位崇德且顺德治，故言“顺乎刚”。六五以中德自守，且有明德知刚明而丽之所在，以柔中之德与上下两刚的刚明之德并行，故而明上加明，大生丽明的文明之象。旅卦六五虽柔，以尊位崇德且顺德治，却是刚明君子。

“止而丽乎明”乃诚明合功能正旅的止丽之明。言止者，乃以艮之诚出乎内，止并非止明过，明德要大健，丽明的文明之象要大升，丰体主明，旅体更需大明，故而旅体之“止”为止妄出诚，旅卦初六阴柔居下而多妄不诚，艮之下柔而无诚易陷，故艮需孚诚出于内，以止妄来止欲；孚诚之道，重如山，暗众若知事专诚，出孚诚，则必有所安。言丽者，乃以离之明发乎外，以艮离合体而生诚明合用，此乃能正旅的卦眼所在；言明者，乃是诚明合用的止丽之明，亦是治旅之道。以止丽之明治旅体，正是行羁旅与正旅二用，柔暗之众因丰穷尽而行羁旅，刚明之人因丰主明而继续用明。羁旅之危必要先止，要终止危丰之政在前，再止火势蔓延，方解羁旅之危。以止丽之明解羁旅之危，其柔暗之众必要健明德，只有从内健德，方能与外“止”相合，否则，以外止危丰之政和止火势蔓延，也是解决外在问题而已，内在无明才是最终有危之本因。

“旅贞吉也。”旅卦之所以有贞吉，在于刚明君子正旅而崇德贞正，旅卦六五柔中，唯上下刚明是从，以柔中之德与上下刚明之德并行，使旅卦崇德且顺德治，在乎刚明且以刚明行德治而有文明大象。旅卦之贞，既在于刚明君子行正旅，从德位位域上区别了柔暗众人行羁旅，又在于旅卦以六五崇德顺刚为范，大行刚明之风气，一举摆脱了羁旅之穷困，尤其是君子升华与暗众堕落的分野，使旅体从拨乱反正中得治。旅卦得吉在于小亨之吉，更在于文明分野后，六五以柔性成刚明君子，居柔反刚明的事例说明，德位位域完全可以重新赋予事物的性质。《周易本义》曰：“旅非常居，若可苟者，然道无不在，故自有其正，不可须臾离也。”旅体崇德且顺德治，在于正旅得当，守旅之正使旅须臾不离正。

“旅之时义大矣哉！”旅卦下艮上离成体，火在山上，旅之火烧山尚待时，且在卦中乃居艮之上，处山至高地的九三招焚次之伤，处旅之上又居离之极的上致焚巢之祸，九三受上与上九致祸皆需时，且从下体到上体亦有卦时。观卦之全体来言，正因山上有火，才有行羁旅之事，卦中柔暗者行羁旅，连九三与上九有刚且用强之人亦受火在而不得不行旅，只有九四、六二与六五能正旅，旅体继丰体，从丰体穷尽而来的旅体，定是先有羁旅之实，才有正旅在后，特别使六二以柔居艮，以中正柔顺之德出诚于内，才是旅卦有羁旅与正旅的分水岭，故六二出诚需时，六五治明顺刚亦需时。旅卦有从丰见旅之卦时，又有从旅振丰之能事，从丰见旅，乃从羁旅走向正旅的过程；从旅振丰，乃正旅治旅后再行法制之治道强丰体。在旅卦有刚明君子与柔暗小人因德位差别而分野之事，六五射雉亡矢，所“亡”之矢乃道不同的小人之类，刚明君子正旅以诚明合用之功治旅体生文明大象，而柔暗小人却畏法制森严如火，行畏惧迁避之能事，实则与刚明君子所主法制分道扬镳。君子与小人位域分野，正是由卦时所呈现的羁旅与正旅治道之别，羁旅之旅应祸履灾，正旅之旅治离明而升华法制文明。

“君子以明慎用刑，而不留狱。”在旅卦有羁旅与正旅两义，之所以有羁旅与正旅之别，在于“离”的不同对待，刚明君子见离，乃有明而德照，以刚明正旅使旅体能诚明合用；柔暗小人见离，乃必行羁旅之“火”灾，柔暗之人见“火”则失去所安，背井离乡而行羁旅。之所以柔暗之众见“离”成火，在于柔暗之众不能得正行正而惧法治，丰卦以法治丰之始，尤其是立雷电示警，以“折狱致刑”执其法，丰卦所建之法制连王及上体亦不能违其制，可见法制森严，上下等同，这便是柔暗之众所畏惧之“火”，并非折狱致刑执法过严，而是法制之精神非柔暗之众能领悟，明明是大好的清明法制之政，在柔暗之众眼里却是“火”灾，会焚其住所之火，哪怕失去所居亦要行迁而避之，可见在丰之初始，丰卦所言丰大，乃苟且不尊法制的危非和夺丰，柔暗之众的富丰大皆来路不正，当全法制而治丰使其正大时，柔暗之众视执法如火，恐烧自身，只能行羁旅而避其灾。丰卦上六柔暗无能，且还能丰其屋，其丰屋之资非上六柔暗之才能有，无才亦无能还能丰大其屋，可见其财来路不明，上六乃丰体上层特权人士，仰仗近君谋取私利，又亢然自高，目无王法，当旅卦到来，旅卦君主依然崇德主明且清明法制，让柔暗之众畏法如畏火。

明慎用刑而不留狱。旅卦六五柔君以尊位崇德且顺德治，必然尚明而更加清明法制，其尚法制而治之力必然超过丰卦，柔暗之众畏法如畏火，在于不能得正行其正，刚明君子得正且行正，需以法制保驾护航，便能从旅体诚明合用而全正大之事业。明慎用刑并非不用法制，而是健全法制，使法不私用，更无徇私的可能，旅卦之法制将随刚明君子与柔暗小人分野，而出现治刚明君子“不留狱”的局面，法制明火烛照与君子刚明形成辉映，法制已然成为德政之基石，从旅卦起航。故而法制之建，乃至健全法制，在历经丰卦和旅卦后，终在旅卦随刚明君子诚明合用而全面升华，出现法制之文明大象。

发蒙之难事。丰卦以王道全天下而成其大，以法治务实欲先富民，且立雷电警示，以法之“制”广应民众，法制清明足以照致丰大之路，法制之于丰体初始，既是启蒙，又是教化，奈何发蒙之难事，正在治丰之初始。柔暗之众畏法如畏火，不明法制正是保全柔弱之人的利器，普通民众要想富丰大，必然是法制保障其德政得以施，自己才能受德政之利，奈何正是柔暗之众，以愚昧之昏，视法制之离明为火，以山上有火之势行羁旅，不以法制为家，反而行迁变致使漂泊无家，可见愚昧透顶。发蒙之难事，难上青天，能行启蒙又行教化且保障柔弱之人的法制，让暗众群体都畏之如火，还指望昏蒙透顶的他们明白法礼德三位一体的德制而从德政么?

随旅行旅与以明正旅

初六：旅琐琐，斯其所取灾。

象曰：旅琐琐，志穷灾也。

九四：旅于处，得其资斧，我心不快。

象曰：旅于处，未得位也。得其资斧，心未快也。

初六阴柔不中，以阴柔之资居卑下之位，乃柔弱无力之人，只能迫而行旅，处旅困而在卑贱，乃所存污下者。旅人卑微，处旅之时，离其居所，致侮辱而取祸殃也。

初六柔而无志，位有卑下，无明亦无志，故而所行之事皆鄙猥琐细之事，且不知收敛反而无所不至，以至于获羞辱而取灾咎。琐琐，猥细之状。初六之所以到处行鄙猥琐细之事，在于以童稚小子之身，行童仆之事。

初六才柔位卑，又稚而无知，当旅困之时，致侮辱而取祸殃，所谓“斯其所取灾”，乃行污而引火烧身之谓。上虽应九四，四阳刚且居离体，离火炎上非就下者，故而应四而不能有援，又行旅在身，不能被九四大臣权贵搭救。初六行旅困其身，行污弱其志，身心皆不安，更以稚而无知行事，无大志亦不明“志”为何物，随波逐流，随旅而行旅，得过且过。

九四以阳居阴，处柔在上体之下，有用柔能下之象，以刚用柔且能下乃得旅之宜。四以刚明之才，为五所尚且顺之，又与初有应，乃在旅而善旅且能正旅者。九四善旅而不旅，不如初六那般随波逐流，随旅而行旅，且以五所尚的刚明之明来正旅。六五“柔得中乎外而顺乎刚”，六五以柔中之尊，崇刚明之才且顺刚明有德之治，故而九四得五所与，然九四非正位，居离体而不能行止，不能止下体之旅，不若二之就次舍，九四能正旅却不能行所愿，故而心有不快。

九四以刚明之才，得上下所与，乃旅而得货财之资，器用之利，故曰“得其资斧”。资斧何用？行旅乃多惧之地，乃加斧以自防卫，乃以刚明之明未失戒心。应初而三为之滞，虽居上不行旅，身可安，但心不快也。得资斧，在于防患。九四能处旅而不行旅，在于四居离体，离火炎上而不从下行旅，其才刚明，刚明者行正旅，非柔暗之羁旅，故而可安处之。

蒋悌生曰：“凡卦爻阳刚皆胜阴柔，惟旅卦不然。二五皆以柔顺得吉，三上皆以阳刚致凶。六爻六五最善，二次之，上九最凶，三次之。九四虽得其处，姑足以安其身而已岂得尽遂其志。”

九四虽得上下所与，但上无阳刚之与，只有柔中尚之，柔非刚有力，下唯阴柔之应，从位而言，不能就下止初六行旅，从才而言，自有刚明之才和正旅之志，却不能伸其才，行其志，故而心中不快。九四能安其身，但不能伸其志，可见时、位皆不与。

随旅行旅与以明正旅。初六柔而稚弱，位卑下，无明亦无志，所行之事皆鄙猥琐细之事，不仅致侮辱取祸殃，引火烧身，还只能随波逐流，随旅而行旅，身心皆不安；九四刚明居离体，既得上下所与而得资斧，又以刚明之才正旅，居旅体而身能安。九四心不安在于有大志，有以正旅止初六羁旅之志，以刚明应其弱而稚之初六，以救初六行旅的身心之苦，但时、位不与，有才却不能如愿，大志不能伸而心不快。

诚明合用与位域分野

六二：旅即次，怀其资，得童仆，贞。

象曰：得童仆贞，终无尤也。

六五：射雉，一矢亡，终以誉命。

象曰：终以誉命，上逮也。

六二中正，以柔顺之德，得内外之心。六二中正处位而不使其当，故能保其所有。得就次舍，怀蓄其资财，又得童仆之贞良，乃旅之善者也。即次者，旅所安也；怀资者，旅所裕也；童仆者，旅所助也；即次则安，怀资则裕，得其童仆之贞信，则无欺而有赖。乃行旅处下而得吉者。

六二处下值行旅之际，内不失已则能安居，柔顺承刚，外不失人能得贞信，故而言得内外之心。柔弱在下者，童也；强壮处外者，仆也。胡炳文曰：“旅中不能无赖乎童仆之用，亦多不免乎童仆之欺，惟得其贞信者，则无欺而有赖。”

得童仆贞。六二得位又得中，故而能“即次怀资”；下有初六弱而稚比之，以二视初，乃得童仆之谓，言得者，乃得内外之心而言得，言内者，正是六二之内，乃初六也。之所以言贞，在于行旅既能得童仆亲比，又能以“即次”而旅所安，使在下之童仆随二而安，且即次怀资皆乃正道。《程传》曰：“在旅所亲比者，童仆也。不云吉者，旅寓之际，得免于灾厉，则已善矣。”

六五柔顺得中，居离之中，且上下两刚与之，乃处履之至善者。六五以文明柔顺之德，崇德且顺乎上下两刚，以尊位处旅，因崇德又顺刚，故而能合文明之道，且以尊位崇德顺德治，而治文明有成。

射雉，一矢亡。六五射雉而失矢，实乃六五以诚明合用之功正旅，使旅体得文明之象，射雉得雉乃得丽文明，矢亡，乃君子与小人分野之谓。柔暗小人只能羁旅而行旅，唯刚明有德君子能正旅得文明。雉乃文明之物，射雉虽亡矢，乃所费不多，小人终不能与君子为伍，尤其是视离为火，不能正视离为文明，必然随矢而亡。

终以誉命。五居文明之位，有文明之德，治履出文明大象，乃行中正文明之道之人。李光地曰：“信于友则有誉，获乎上则有命。”誉者，信于友则誉，乃以信取诚。六五自有明，又能取诚，诚之来在于六二；命者，正旅之使命，正旅治旅而得文明，必诚明合用才能行其功用。六五之所以终能致誉命，在于射雉，善用明治旅体；亡矢，小人无德而自分野，所费乃小；誉命，有明且取诚，诚明皆有，所得者大。六二出诚，六五有明，故而诚明合用，使其终以誉命。朱震曰：“五在旅卦，不取君象，有文明之德，则令誉升闻而爵命之矣。”人君无旅，旅则失位，六五不以君位取诚，而以文明柔顺之德取六二出诚，在于有正旅之大志。

诚明合用与位域分野。六二出诚，六五有明，行其诚明合用之道治旅体，以正旅而治旅生文明之象。六二以柔顺中正之德，内不失已，外不失人，己无不安，人无不与，得内外而得艮之诚也；六二出诚，乃旅卦以艮求诚之所在，之所以能以正旅正羁旅，便在于下体能出诚，六二柔顺中正之德，正是出诚之所在，再加上六五以大明照见旅体大命，不以君位取六二，反以文明柔顺之德取六二，亦是六二能出诚之因，六五示之以明诚，信六二之友有誉，二获五治旅体大命，亦肩抗正旅使命，故而出诚相与，从而成其诚明合用之功。

射雉亡矢，乃君子与小人位域分野之事，六五虽柔却为刚明君子，六二亦柔却不是小人，六二紧随旅卦刚明君子，以柔中之德事旅以诚。当六二出诚与六五能诚明合用，旅体便以诚明合用之功行止丽之明，而治旅体生文明大象。

居高用刚而招灾祸

九三：旅焚其次，丧其童仆，贞厉。

象曰：旅焚其次，亦以伤矣。以旅与下，其义丧也。

上九：鸟焚其巢，旅人先笑后号咷。丧牛于易，凶。

象曰：以旅在上，其义焚也。丧牛于易，终莫之闻也。

九三刚而不中，居下体艮之上，自视过高，致童仆不忠，故失旅道而焚次丧仆；自高则不顺于上，故上不与而焚其次，乃失所安也。处旅之时，居下者卑，登高者危，九三居艮之上又自高，故而高而危。

九三居刚用刚，在下体皆行旅时用刚，故而招焚次之伤。九三以刚居下体之上，则焚次，上九以刚居上体之上，则焚巢；九三与上九两相皆用刚且用高，位愈高，用刚则愈亢，故而所招之祸便愈深。

焚次者，刚居高位，失中用刚而不柔，无所容而招焚；丧仆者，上九亦处高且用刚，上无应与，初不顺从，使九三用刚而无所助。丘富国曰：“九三爻辞，全与二反。二即次而三焚，二得童仆而三丧，二之贞无尤，而三之贞则厉者。二柔顺得中，三过刚不中故也，过刚岂处旅之道哉！”九三用刚且过刚招焚，《案》云九三得位而亦有即次象，六爻唯二三言次，乃得位之故；所谓言九三得位在于应“山上有火”之象，应旅卦整体之位。

君子与小人分野。九三用高在于避火势，故而处高用高；九三除处高用高外，还效仿旅卦上体用刚而能正旅，此为九三有刚又用刚之因，奈何旅卦乃山上有火之象，火性炎上，处山之高又用高，自然被火焚之。九三用高且用刚，在于刚而不明，九三无明德知旅体“火”势，更不知旅势，还误读误判正旅之事，结果所用之“刚”并非明智之刚明，而是用强之刚，不仅不能正羁旅，还引火烧身，既受火烧之灾，又不得不行羁旅而受行旅之灾。由此可见，九三虽有刚却乃无明智之小人，同六五虽柔却是刚明君子刚好形成对比，也由此映衬了君子与小人位域分野之事，六五以尊位崇德且顺德治行刚明君子之正旅，九三无明智知旅势且用强之刚行柔暗小人之羁旅。

上九过刚不中，处旅之上，居离之极，骄而不顺，其亢可知，以取鸟象言飞腾处高而过山之极。九三用山高，上九视九三，用“鸟”飞之高，为较九三而尤为刚亢者。上九高极必危，处离之上，离火有炎上而焚，故曰鸟焚其巢。上九用“鸟”飞高，但鸟飞虽高，但必有栖，所栖之处乃鸟之巢，鸟巢处旅之上，值离火炎上之际而有鸟焚其巢之象。

巢，鸟栖而能所安之所；焚其巢，乃失其所安，无所而处；先笑，乃鸟飞高而始快其意，故先笑，为上九居高用高之得意，以为高飞则能免火灾；后号咷，在于火焚其巢，鸟虽能高飞而得意，但鸟巢不能迁，火焚其巢使鸟失所居，依然要迫而行旅；丧牛于易，牛乃顺物，上九用刚失顺，用高失下，皆背“牛”柔顺谦下之德，上九丧至顺之德，所以凶也。《程传》曰：“离火性上，为躁易之象，上承鸟焚其巢，故更加旅人字，不云旅人，则是鸟笑哭也。”

居高用刚而招灾祸。九三与上九皆居高且用刚，九三居艮之上，处山的至高地，上九处旅之上又居离之极，皆居高而用高；九三与上九皆刚，但刚而不明，强用其刚强；居高其用刚强，九三招焚次之伤，上九致焚巢之祸。两者皆用刚自高，无敬慎之心，又刚而失柔顺之德，虽始称其意，但终招灾祸而失其常，九三引火烧身有山不能居，上九被火焚其巢亦失居。九三旅焚其次，丧其童仆；上九鸟焚其巢，丧牛于易；皆在于有刚无明，以居高用刚自丧治明之机，此等作派乃小人之举，空有一副刚强的外表，无明德又不能止其自毁的行为，乃失明又丧德。

节卦：节制之明

坎上兑下

立德而节又以制行节

在旅卦，以刚明之正旅和柔暗之羁旅两“旅”成义，柔暗者被山止其所安，火行又不能居，迫而行羁旅，刚明者以明主离而有功，以诚明合功生丽明而正旅。柔暗小人畏惧森严法制之“火”，视执法如火，恐烧自身，只能行羁旅而避其灾；刚明君子崇德主明且健全法制治旅体，以诚明合用之功正旅，行崇德贞正之道。

小人畏法治如火，而君子却能举法制之明火，使君子与小人在不同的德位治则下因位域差别而分野；同样的旅卦之体，小人在旅体迫而行羁旅，不仅身心难安，且还有焚次之伤与焚巢之祸，君子在旅体，用正旅之大明健全法制并升华法制文明，生文明大象。治道文明因君子与小人分野而产生差别，值旅体从羁旅到正旅的变化，小人因福德不足，必在羁旅的过程中日渐离散，使旅卦之体因柔暗之众离散而涣散之。

节卦，坎上兑下，坎水归入泽而使泽上有水，其泽容有限，泽上置水，若水满则将不能容水，为有节之象，故为节。从水泽之体而言，因有限而止，又因节制而能容，使其水与泽上下两体互用互制。

《序卦》曰：“物不可以终离，故受之以节。”离，有涣卦的涣散之离，亦有旅卦的离散之离。涣卦之“离”，乃从“说而后散之”有形之聚散到豚鱼之祸致精神涣散，形成致涣之因，“说而后散之”的聚散并非涣散而离，只是最终形成涣而离散之前因，柔暗之众通过在讲习所的学习，自认为掌握了简物致通、致远的豚鱼虚舟之利，他们不以专诚为目的，却以“乘木舟虚”之虚妄，望文生义，借兴风而作浪，刮起豚鱼之祸风，继而煽风点火，发起陷害忠良之事，以此掀起刑狱，从而致使柔顺在中孚君子身边的暗众亦逐渐离散，形成有形离散与无形涣散为一体的涣而离散之象。旅卦之离散在于丰卦与旅卦皆以法制为基，小人畏法治如火，且与君子因德位位域差别而分野，小人迫而行羁旅，且在行旅过程中日渐离散已生法制文明的旅体。

止离使合。无论是涣卦的涣散之离，还是旅卦的离散之离，皆有身心难安而人心涣散，从有形之聚散到精神涣散，相互杂糅在一起，形成复杂的涣而离散状态，这种离散状态，乃卦体进程中的必然过程，乃卦时所赋予，但若不终其散，涣卦任其小人趋利而害正道，则涣卦君子被迫害而将不存，涣卦卦体亦将失去涣散而聚气神的卦体职责；旅卦若任其小人畏法行旅而离散，则暗众因昏而无志将堕入更深重的难体，纵然旅卦君子举法制文明，若柔暗之众不能理解法制的价值与意义，也就失去了启蒙与教化柔暗之众的卦责，暗众昏昧之智永远无法开启。故而以“节”义成节卦之体，值涣散而离之际，必然要止离使合，若没有止离而合，则涣卦与旅卦的卦体治道则失去卦责。

节而合。以“节”止涣散之离，使节而合；节而合，乃先止而后合。在涣卦止涣而离散之势，以宗庙之道治涣，立宗庙之重器，正魂魄、聚人心、摄众志，止其精神涣散，再出刑入礼，使刑法基于正序，止秩序涣散；合，终是凝精神而合，出刑入礼健全法制，以法制正风化而合。在旅卦止行羁旅之势，先用正旅之大明健全法制并升华法制文明，再以法制来启蒙和教化行羁旅的柔暗之众，需刚明君子执大乘之进，值君子与小人分野离散之极，行普法教育，让柔暗之众懂得法制是怎么一回事，要以法制为家，行保全自我身心皆安之能事，让柔暗之众最终融入法制体制下；合，终是以法制行启蒙与教化使暗众学法、知法并尊法而合，再以法制为利器来保护民众，使民众身心皆安而合。

在离而能合的过程中，“节”所起的关键作用便是“止”与“治”。以节来终止离散之势，再以节来治离散之因而使其能合。以节言止，乃卦时与卦势所赋予，以节言治，乃治道所赋予。在涣卦之治道乃宗庙之道和出刑入礼之道，在旅卦之治道乃法制之道和以法行教化之道。以节止离使合，让卦体进入坎上兑下的节制之体。

节其动。《杂卦》曰：“节，止也。”坎水入泽而泽上有水，泽所容有限必节水之入，因水有所节而泽又能容之，在水泽之体里，因泽有限而止水入，又因水能节而泽能容水，使其上下互制而互节。节，流水归泽要止其动，节水之妄动，乃节动也。妄动者，皆柔暗之众，小人无明随欲而行，陷水险而不自知，随欲而动不能自我节制，欲愈放愈纵如流水，业越滚越重如坎陷。坎之陷，越陷越深，使泽无所容，只能节其妄动，使行常动；常动者，非欲所使，乃法序所主，常动勿需节，妄动必须节；常动者，君子顺其常度，妄动者，小人行欲妄动。节动，节其妄动，制其深陷；节制小人之妄动，不节妄动，则将深陷坎难，故小人自身要修身节欲，通过健身德而去欲存阳。

节其过。言过者，乃过其常度也；水入归泽，不入则屯，进则将盈，节水之妄动复其常度，方能屯、盈得体。泽之蓄水，平则受，满则溢，泽之所以平，在于水有节，行其常度而入，泽之所以溢，在于水不节，妄动过常，泽不能制水而溢，水溢出泽，小则消剥山地，大则洪涝灾害。节过，水动不能过其常，泽进水亦不能过其容量，故而皆需有所节制。泽之节过，乃不能过其容量，过其容量，水将失去节制而成害，在水入泽时，泽为水之体，水入泽则得泽节制，在水溢而出泽时，水将失去节制，变得无所制。水之所以失去节制而溢出泽外，先在于水过常妄动入泽，水妄动则多入，多入则过其泽之常度，两相皆过度，使泽再不能节水，妄动之水失去节制将成灾害，首要的便是泽被淹没而失泽之体，继而妄水乱动，灾祸深矣。

苦节。水泽之体，不节则生祸患，故而要强制行节，强制之节乃苦节也。《程传》：“节贵适中，过则苦矣。节至于苦，岂能常也。不可固守以为常，不可贞也。”从水体而言，节其妄动，制其过常，苦节其陷；从泽体而言，节其水入常度，制其过泽之容量，苦节满而溢。水体之苦节建立在节其妄动与制其过常上，妄动与过常，乃水成陷险之因，水陷成坎难，若不想遭受重陷之险，故而水体必行苦节。泽体之苦节建立在节其水入常度与制其过泽之容量上，水入过常与泽不能制水，乃水满泽而溢之因，水满而溢泽失泽体，又行妄动之祸殃，故而泽体亦必行苦节。

苦之根。从水泽相互关系而言，乃以泽节水，当水能节则泽可节，节泽重在节水，节水之能事在于节其妄，苦节止息，在于息其欲动，从因上止陷。欲而行妄，为水过常之因，因妄不受节制而妄动过常，使泽深受满溢之害。妄，乃小人之欲，水过泽而满溢成灾，也是欲动不受节制，表现出外在行动伤害。欲存于内，发乎神识，而妄被欲所主，发乎行动于外，故而苦节止息，要息其欲动于内，苦节行动于外，使内外皆受其制，才能很好地行苦节；神识欲动乃外妄之因，只能以静息动，以智识转妄识，方能在外在行动上行节制，不从因上着手，不能节制其动，外在之动被内在动因所主，通常外在的节制力量有限。苦节之苦，在于外受制内又不能息其欲，欲仍然行妄发动，而外被强制行节，故而会“苦”其心志，应苦而知苦根，才能胜苦而拔苦。

节制之明。在节卦行节制之道，应以节制之明立德而节又以制行节。节卦以“说以行险”而需节制之道，行节制之道，先治节制之明。要从“节其动”明节因，欲存于内而妄行于外，乃至过其常度，遭受不节之苦；要从“节其过”明制因，欲动存于内并行妄发乎外，必要节其过常，超越常度使水体与泽体两相不能节制，则致祸患从生；要从“苦节”明节制的方法，行苦节止息，内息神识欲动，外制妄行，内外合用而水泽互制，方能节制有功。

以节制之明立德而节又以制行节。卦中以“当位以节”立德而节，又以“中正以通”以制行节。苦节止息，必立德而节，从本因入手，健德存阳而去阴欲，乃以阳盛阴之法，神识欲动乃阴欲之动，健德既能升阳，又能治明，阳升则阴消，阳长则明大，有明则知节制之明而能自我以明行节。卦中九五阳正且当位，九五健中正阳刚之德而主节体，乃行立德之典范，行健德之大明，唯德能济通所有，尤其是欲动发乎内，行外法不能节制时，唯有健德方能转识成智，德乃阳气刚壮出震而生德，亦是内外发动之利器，唯阳刚能胜阴妄之动，唯德能转识成智而节制于内。言九五当位而立德而节，乃德位法则赋予，以中且正的当位之能，称位节制之道，而配位阳刚中正之德。

以制行节。立德而节乃节之必须，卦中有九五当位之范行健德之功，在节卦若无九五当位之位，既不能立德而节，更不能行“中正以通”的制度之节。以制行节，乃以制度行节制之道，最好的节制，乃以“制”节，用优良的制度行节制之道，以制遍众人，让天下民众皆能行节制。言中正，乃以制度的中且正应万民，包括九五尊位都得尊制而行，言中正以通，在于以制度的中正之道济通节卦全体，使上下乃至万民皆能得到节制，上下二体得以节制，则水泽能循环往复而不过其常，亦不至于陷灾招难，万民得以节制，则能从师从九五健德之范，自健德而制阴妄，既能从治君子系统健身德，又能从明德系统健明德，当身德有成，则能以称位君子进位升志，当明德有成，则能以明济通，既能济通其他卦体，而不再苦节在节卦之体，又能通天下君子之志，以君子之范自节。

自节之明。以制度行节，乃是不伤财不害民，且使民富与民有智的节制之道。在节制面前，小人不明节因以及最佳节制的方式，而只能行苦节，君子有德亦有明且志向远大，乃行制节；君子与小人共处卦体，且节卦有九五当位，必行制度之节，以制度节制小人妄动，而君子因健德有明，能在制度下自节。节卦行制度之节的目的，便是使妄动之小人得节制，当水泽之体能互制互节，无妄动之祸患，便能在德政制度下健德。从而发生从制度他节进步到有明而自节，所谓的自节之明，便是能履制度如常而自行节制，通过德之健能内息其欲，外止其妄，再从治君子系统健身德，从明德系统健明德。所谓的制节之制度，乃旅卦的法制以及涣卦的礼制，此乃立德而节的节卦德政。通过以制行节的有为德政，要让健德成为习惯，把节制转换成修健，则无有苦节之烦恼。

节：亨。苦节，不可贞。

彖曰：节亨。刚柔分而刚得中。苦节不可贞，其道穷也。说以行险，当位以节，中正以通。天地节而四时成。节以制度，不伤财，不害民。

象曰：泽上有水，节。君子以制数度，议德行。

卦辞：从苦节到甘节，在于以节制之明致亨通。

彖辞：立德而节又以制行节，建节制制度成正序。

象辞：崇善并立善，立德节其内和立制度制其外。

节卦，坎上兑下，为泽上有水而行节制之象。节卦以坎水入泽而泽上有水立象，泽所容有限必节水之入，又因水能节而泽能容水，形成上下互节制而又互同体之卦。节，流水归泽要苦节止息，先止其离散，再节其动和节其过，以苦节而成有节之常态。以节行止，在于止涣散之离，使节而合，在止其离散而能合的过程中，节所起的作用为“止”与“治”，以节言止，乃卦时与卦势所赋予，以节言治，乃治道所赋予。节其动乃节其妄动，小人无明随欲而行，若不节制则水溢出泽，妄水乱动而有灾祸，故而制其因妄动导致的深陷，使妄动因节制而回归常动。节其过乃节其水体与泽体两相过常度，泽之蓄水，平则受，满则溢，泽若不能制水则水溢出泽，水若不节其妄动而复归常度，妄动之水则没泽而失泽之体。水泽之体，不节则生祸患，故要强制行苦节。节其妄动，制其过常，苦节其陷，乃节制之思路；节卦以节制之明立德而节又以制行节，乃节卦的节制之道。

“苦节。”强制之节乃苦节，以及节制太过而有身心之苦。在节卦并非单指上六之节，乃贯穿全体的“节”之状态。苦节的目的在于止息，息其欲动从因上止陷，而妄动之“因”乃小人之欲存乎内，妄行被神识所主，再发乎行动于外，若欲动不受节制，则有水过而满溢成灾，其害在外也。之所以行强制苦节，在于小人无自制之能，无明可识神识之妄，亦不能健德转化妄识，内不能息神识妄动，外不能制其所害，只能强制苦节其身心，在强制苦节的过程中，使外受其制，内受其节，以节制之功通过立德而节转化其欲妄。

节制之苦。内受节并外受制，内节其妄，外制其害，小人处节卦必有节制之苦。小人对比君子而言，差别就在于不能行君子修健之自制，必须用他制才能行节制，小人有妄而不自知，妄行时不觉有苦，反而随心所欲还有其欢乐，当被强制苦节，不能纵欲逐利，则有身心之苦。一改日常行为常度受制而苦，当外受法制之节制，内又不能息其欲，欲仍动，身与心不相应而苦，此种苦，将是小人觉察其内识妄动的机会。苦节，亦是通过节制其外，再止息其内，外若不节，则应灾祸而受外苦。节制之苦，有内苦和外苦之分，外苦被节制不能顺其常行而有身苦，因被节制而内无法止息，内外不应而有心苦。之所以小人有节制之苦，而君子有自节其乐，便在于小人不明苦因以及节制之因，苦节之苦，外受制内又不能息其欲，外被强制行节，内又不能即刻除苦根，故而苦上加苦，任其妄识妄动而不节制，则生堕落之险，与君子之道背离而入七难九祸的灾祸卦体；节制虽有苦，但相比七难九祸之卦体，无论从时长，还是灾难深重程度，又皆不值一提。

苦节之功，必先止因过常导致的灾祸，涣卦与旅卦皆因涣散之离而失去卦责，若放任涣散必将遭受卦难，在节卦亦有水泽不节便有灾祸的隐患。以节行止来止涣散之离，使卦体在体、时、位常道下履其卦责，养其卦德，不能致涣卦、旅卦乃至节卦失卦责，又无卦德的地步。涣卦有涣散之离，旅卦有离散之离，以节行合，欲妄不受其制而妄动，使其精神不能专注而涣散，节而合则能凝心志而合，在涣卦与旅卦皆举法制而治，且以法制正风化行制度之节，正是以制度苦节，使涣而能正，散而能止，并依存在制度下涣散的风气逐渐得正，并逐渐从法制之“制”中得到启蒙，以妄识得明，而使小人能身心渐安。故而苦节之功，必先止祸患，再行转化，这也是之所以言苦节的原因，在于不节有祸，且已经严重到不行苦节而有存亡之危的地步。以苦节止危亡而有功，又以苦节转妄识生明而有智。在水泽之体的节卦，能明了止危亡有功与转妄识有智之节，才能知苦根。

苦根。节卦的水泽之众被苦节而有内外之苦，外被节制，不节任其妄行于外，则有存亡之危，之所以言存亡，在于涣卦与旅卦皆有柔暗之众的离散之危，节卦本身亦有水不节而泽被没的存亡之险，卦体若存危亡，则卦体不能称位其能，配位其德，卦将不卦也；内若不节制，神识行妄于内，不能自察亦不能转化，则被妄识所主而有堕落之险，言堕落，皆福德不存，沉入灾难深重之卦体，从执妄迷失过程可知，执妄迷失而堕落便是应灾难更严重的过程。外有存亡之危与内有堕落之险的本因，便是真心被阴妄所迷，继而执妄行欲，使欲存于内，发乎神识，妄被欲所主，发乎行动于外，继而循环往复，识、根、尘相互熏习而出入无期，内外若不受节制则必遭其陷。

应苦当知苦根，不识真心，认贼作父，执妄迷失乃一切受苦之根本。君子修身健德，内德自健便是洗心革面的过程，从内到外，再从外到内，都是在反复节制欲望，转识成智，以阳德际出而散尽阴妄，当修身健德身德有成，有了立身之本，方不受苦节之苦。

“苦节不可贞，其道穷也。”苦节要知苦根，以及节制的目的，苦节并非常道，乃防止外有存亡之危以及内有堕落之险，才施行的节制之法，要通过非常道的苦节而复归常道，使其能够和君子一样自节，苦节的过程便是修身健德的过程。孔颖达曰：“节者，制度之名，节止之义。制事有节，其道乃亨，故曰节亨。节须得中，为节过苦，伤于刻薄，物所不堪，不可复正，故曰苦节不可贞也。”复正之节便是自节，苦节不可贞，而自节才是常道。自节必是健德有成且有明时，方能行自节，在小人通往自节的过程中，便是以制度节制行苦节，不经历苦节，无法内息其欲，外止其妄，更无法通过治君子系统健身德，从明德系统健明德。苦节之所以道穷，在于苦过常则易逆反，过苦逆反，将完全失去节制对的掌控，将与复正的目的背道而驰。苦节乃化危的暂行之道，而启蒙与教化方是持久之道。

“刚柔分而刚得中。”坎阳而兑阴，上体坎为阳卦，下体泽为阴卦，阳上而阴下乃刚柔分，刚得中乃上体坎之九五以刚得中。王弼注：“坎阳而兑阴也，阳上而阴下，刚柔分也；刚柔分而不乱，刚得中而为制主，节之义也。节之大者，莫若刚柔分、男女别也。”坎以刚质柔，兑以柔文刚，下兑上坎则以阴入阳。以阴入阳乃行节制的目的，以修身健德转换阴妄使其阳德际出而生阳刚，以阴入阳说明从外制转入内息，内妄识得息，阴妄得止，从阳正之道便无需他制，亦是从苦节转入常节的关键转换。卦中九五得中而主节，通过节制逐渐达到了以阴入阳的目的，刚主中正，以阴入阳而又以文入质，由文入质则是启蒙与教化显出功用，使苦节终结在讲习教化过程中，也是节制之道从苦节到自节的重大转变，也正是自节之转变，使全卦进入甘节的升华状态，甘美之滋溢出身心内外，使九五能配位节卦大德。

节制之道的转变。刚柔分而刚得中，使节卦从水泽互节互制，发生以阴入阳的从正转变，从而变苦节为制节，制节为复常之节，把非常道的苦节复归常道，乃是节卦的重要转变。节卦通过苦节避险，防止存亡之危以及堕落之险，但苦节不可贞，必然要复归常道而节。以阴入阳让节制之道从苦节转入常节，随着以文入质的变化发生，行制度节制的常节，便转变为了自节，自节阶段的到来使立德而节收获了成效。

“说以行险，当位以节，中正以通。”兑主说，坎主险，说以行险，乃言节卦有存亡之危以及堕落之险，治节卦之危与险，当以节制之明立德而节又以制行节，立德而节，乃崇德而治节，依德位法则行九五当位之能，以制行节而称位节制之道，从而配位阳刚中正之德，使节卦能从阴入阳而能以制常节，以及发生以文入质的变化。以制行节，是“中正以通”的节制之道，也是最佳的节制方式，用优良的制度行节制，以制应遍众人，既是节制，又是教化，既能从本因入手而息欲，又能健全制度而使德政惠民。以制节行中正之道，乃健全制度并赋予制度文明特性，乃是节卦从危险到建设制度文明的过程。

节卦以“亨”立卦德。节卦之所以有亨，在于节卦以节制之明行节制之道，使节卦能从存亡之危以及堕落之险走出来，脱离危与险，乃节卦节制之功。不仅如此，还通过止险达到了建设制度节制的目的，以优良的制度行节制，乃是建制与建序的范畴，使节卦不仅有能治险，还能通达制度建设，以此升华了节卦的治道文明，这便是节卦中正以通的通达之处。节卦的制度建设，亦从涣卦与旅卦之法制，并能出刑入礼，以刑礼并用而有其制亨。节卦有以阴入阳以及以文入质的转化过程，尤其是以制度行启蒙与教化的功用，使苦节终结在讲习教化过程中而自节，故而能亨。节卦之所以有从危险到建设制度文明的过程，在于崇德并立德而节，以德为治道思想，成为节卦转化的舟楫，乃是找到了亨通的根本，唯德能济通所有，亦能使不通变亨通。

法序之节与节之德政。“天地节而四时成”乃天地法序之节，自然法序独立不改其常度，周行不离其位序，皆乃天地的节制之道，天地正因有节制，才有形成四时秩序，万物皆在相生相克的变化关系中依存与转化，不过其常，又不离其正，不偏不倚，恰如其分。君子师从天地法序之节，应行制度之节，乃至健全制度而立德政惠民，所谓“节以制度，不伤财，不害民”便是如此。节以制度，乃以制度行节制之能，不伤财与不害民之节乃法礼德三位一体之政，既是节制的制度，又是以制度行德政。节卦以尚法制而立制度之节，又出刑入礼，使法礼并用，让节卦从苦节之强制，走入不伤财与不害民之礼节，制礼惠民，使民尊礼而自节，民自节则德政有功。

“君子以制数度，议德行。”君子取天地节制之道，在节卦应以节制之明立德而节又以制行节。制定制度规范，尚法制则健全法制，尚礼制则健全礼制，以制度应万民，法规度量准确并赏罚分明。立制度节制乃制其外，“议德行”乃立德节其内，内外合用。从“议德行”立德而节，唯“议德行”崇善并立善，才能存阳而健德，德的阴阳法则属性赋予了“德”乃从阴入阳，从文入质的转换大器，积不善将失德，阴气加重，会加剧精气神的消耗，且不能息妄而更加妄动；反之，正德升阳，积善厚德则会蓄养精气神，皆因“德”是生阳气息阴妄的法宝。所谓“德行，内外之称，在心为德，施之为行”。内者，阳德所谓，德的阳性仪；外者，阴德所谓，德的阴性仪。外议德性，乃举德行善，通过善行健德，能从阴入阳，从外妄行而入内健阳德转换神识成智。

用明知通塞用柔承正道

初九：不出户庭，无咎。

象曰：不出户庭，知通塞也。

六四：安节。亨。

象曰：安节之亨，承上道也。

初九阳刚得正，居节之初，上应六四，为二所滞，不得其时而不可有为，初以阳在下，上复有应，为非能节者。初九在节之初应谨言慎行，以至于不出户庭而无咎。

户庭，户外之庭也；门庭，门内之庭。初九阳刚在下，居得其正，非阴柔不正而需节之人，故而可出户庭，但初九不出户庭，在于初九阳刚有明而知通塞，初九上应六四，为二所滞，不得出户庭而行之时，路塞而不能成其应，初九必以刚正行不出户庭而自守之举。《程传》："初能固守，终或渝之，不谨于初，安能有卒，故于节之初为戒甚严也。"

初九知通塞。初九以阳正应四乃正应，阳主行健，故初九行上乃为顺应，滞于二，使顺行受滞而不通，九二亦阳且居中，阳刚与中德皆盛于初，使初与四有应，却应而不通，不通在于窒塞。初九既知通塞又知固守，不损其阳明刚正之德，故而无咎。徐在汉曰："坎变下一画为兑，象止坎下流。户以节人之出入，泽以节水之出入。初'不出户庭'，以极其慎密为不出，此其所以无咎。"

六四柔顺得正，上顺承九五中正之道，是以中正为节而有节者。六四以柔正承五，故曰安节，以阴居阴，安于正道。《案》曰："安与勉对，盖凡其制节谨度，皆循乎成法而安行，非勉强以为节者也。于象居坎之下，水之下流也。柔正为水流平地，安澜之象。"

六四下应于初，四居坎体，水上溢而无节，就下则有节，六四之节，非强制苦节，乃安于柔顺且安于正道，以柔顺之德顺承九五，又安于九五所主中正之节到，又顺又安，使其能致亨通。

六四能致亨，在于顺承于尊位又安节于正道，并且就下与初九相应，初九应四有窒塞不通之弊，而四应九则有节，能使不通之应得亨通。苦节不可贞，节以安节为善，以安节为常在于正道得行，六四之亨乃正道之亨。

用明知通塞用柔承正道。初九用明知通塞，六四用柔承正道，初九值窒塞不通时行不出户庭而固守，虽窒塞而得其无咎；六四用柔承上道得其安节，又以安解为常安于正道。初九用明在于有明，既明知通塞之状况，又用明行固守之明举，谨慎于初而得全卦，不陷已身于过常危险之中，固守而谨慎，乃用明得当也。六四用柔在于九五所主正道已得亨通，水泽节体已转危为常，从苦节变为安节；节卦有苦节之苦，六四安节便能享安节之乐，六四安节也标志着节卦走入了以制度行节的阶段，并可安享制节之乐，六四承正道，便是承九五所主的节卦之制度。

背正理之凶与甘节之吉

九二：不出门庭，凶。

象曰：不出门庭凶，失时极也。

九五：甘节，吉，往有尚。

象曰：甘节之吉，居位中也。

九二以刚中之质，然处阴居说而承柔，居泽之中，当可行之时，而失刚不正，以无应承柔，知节而不知通，止步于门庭之内。户庭是初爻之象，门庭是二爻之象。

九二处阴，则不正；居兑中，则失刚；承柔，则近妄。九二不正且失刚，乃失刚中之德，与九五有刚正而异，不出门庭，在于不从于五，二五非阴阳正应，故不相从，二不从五之正道，则不能节。九二失刚中之德，则凶，又失与九五主节的正道不相合，又得凶。

钱志立曰："泽所以钟水也，水始至则增其防以潴之，初九是也。水渐盛则启其窦以泄之，九二是也。二与初同道，则失其节矣。"节卦以泽止水行，若水不过其常，则泽将不节其水行，乃水与泽依自然常道而循环也。依常道而节乃取法天地节制之道，既然泽能节水，则必有蓄水与泄水之能事，在水过常时能泄而节之，在水不足时能蓄而亦节之，蓄泄有道，乃泽水互通之状态。

初九在泽地，二在泽中，在泽底者水之方潴，不出宜也，在泽中则当值蓄泄之道，该泄时则泄，不可闭塞而不出。初九应塞可闭之不出，乃行蓄水之能事，二不应塞而亦闭之不出，该泄水反而蓄水，必招水满而溢之凶灾，九二不应道，在于不明蓄泄之道，亦不行蓄泄之举，该泄时反闭，焉有不凶之理。

泽与水互制互用，最忌蓄泄失常，九二失刚中之德，必妄行，时不应塞而塞，为绝物自废其功用。九二行不正之节，既不合五所主的制节，又不值蓄泄之常度，违背了泽与水互制互用必蓄泄有常的正理。《程传》曰："不合于五，乃不正之节也，以刚中正为节，如惩忿窒欲，损过益有余是也。不正之节，如啬节于用，懦节于行是也。"

九五刚中居尊位，以"当位以节"成节之主。所谓当位以节，中正以通者便是九五以当位之位，行中正制节，以此通天下窒塞，从而天下悦服，人心归往。王弼曰："当位居中，为节之主。不失其中，不伤财，不害民之谓也。为节而不苦，非甘而何？术斯以往，往有尚也。"

九五主制度之节而节制天下，使天下万民皆能应制而节；九五以尊位尚中正，乃立德而节，故而九五乃节卦最有节制之明者，以节制之明立德而节又以制行节，创下甘节之局面，天下皆以制节而甘美。

甘节。甘节从苦节转化，以甘对苦，方知立德而节又以制行节之明智。九五以尊位节天下，为天下制定了以制度节制的新秩序，节卦先有苦节，在于避险除难，通过从阴入阳的转化，使节制从苦节转入常节，在履行制度节制的常节过程中，让民众尝到了甘美之滋。《案》曰："水之止者苦，积泽为卤是也。其流者甘，山下出泉是也。五为坎，主水之源也。在井为洌，取其不泥也。在节为甘，取其不苦也。"言苦，在节卦有身心皆苦之苦，而言甘，其甘而美，皆乃心受，可见从苦节止息，阴妄已消止归常，且阳德存内，使其有明而美之意蕴。九五立德而节又以制主节，以制度和秩序的成功构建，其功甚大，故往则有可嘉尚也。

背正理之凶与甘节之吉。九二失刚中又与九五主节之正道不合，以背正理行事而得凶；九五刚中且正，以尊位节制天下，以节制之明立德而节又以制行节，使天下得甘美之吉。通过九二有凶与九五得吉之对比，已经苦节与甘节之对比，可见万事不能违背法序正理，九二不通蓄泄有常之理，且行该泄时反闭的背理之举，可见无明犹甚，九二以刚失明，在于失刚中之德，无"德"治明，便暗黑而不明法理，这便是节卦有危与险之所在，并且有危与险而不能自知，反而背理妄行置天下安危于不顾。九五顺应天地法序正理，明晰节制之道和节制的转换过程，以节制之明，进行制度和秩序构建，使天下能以制度节制，通过以阴入阳的变化，使节制发生从苦节到常节的转化，又通过从文入质的变化，使节制发生从常节到甘节的升华。节以制度，乃不伤财与不害民之节，并使节制的制度逐渐演化成优良的正序。

悔过迁善与苦节贞凶

六三：不节若，则嗟若，无咎。

象曰：不节之嗟，又谁咎也。

上六：苦节，贞凶，悔亡。

象曰：苦节贞凶，其道穷也。

六三阴柔而不中正，乘刚而临险，处非其位，为非能节者。六三处兑之极，有水溢泽上之穷困，处险又不谨节，说于骄侈，不能自节其妄，失节嗟叹，凶咎必至，可伤嗟也。然以柔处顺，其心痛悔，形于悲欢，能悔则有改过之几，则可无咎。

李彦章曰："临之六三，失临之道，而既忧之。节之六三，失节之道而嗟若，皆得无咎。易以补过为善者也。"六三进乘二阳，水在泽上，乃处泽溢之时，六三失位而处兑泽之极，是乃溢而不节；但六三有补过之心，补过者，迁善也，六三能迁善，则能立德而节，虽失位且有凶悔，但能立德而迁善，则能节其溢而获无咎。

上六以柔居节之极，其节已甚，乃用苦节者。既处过极，故虽得正而不免于凶，固守则凶，悔则凶亡，处极用苦节而守则不知变通，处极而苦穷则自然贞凶。然礼奢宁俭，若以苦节修身，变通而迁善，有悔而终亡。

五以尊处中，主制节，故有甘，上位极，不知变通而固守，则为苦。彖辞曰"节亨"，乃九五以制行甘节，所致亨通；彖辞曰"苦节不可贞"，乃上六以苦节行之事，得其贞凶。来知德曰："无甘节之吉，故贞凶。无不节之嗟，故悔亡。"

孔颖达曰："上六处节之极，过节之中，节不能甘，以至于苦，故曰'苦节'也。若以苦节施人，则是正道之凶，若以苦节修身，则俭约无妄，可得亡悔。"

纵观节卦，以坎水入泽而泽上有水立象，行立德而节又以制行节之事，卦中言通、塞、甘、苦，皆取水与泽互用互制而同体成义。下卦以泽为体，以止行制，故初九与九二皆曰不出，初九曰户，九二曰门，乃节制之关口也；六三处泽上而溢，有溢不能止而悔过，六三曰嗟，知迁善，虽嗟但能悔过。上卦以水为用，以止水流过常行其节，六四曰安，九五曰甘，上六曰苦，乃居水之上体身心状态不一也；九五乃行制节有甘，使六四以承上道而安解，虽塞而能安，乃以制行节使节而能通的缘故，上六苦节，失节道而凶。

兑卦：讲习之明

兑上兑下

以讲习之功阳舒阴疾

在节卦，以坎水入泽而泽上有水立象，取水与泽互用互制而节制成义，水入泽需节其妄动，若不节制则水溢出泽，泽之蓄水，平则受，满则溢，妄动之水没泽将使泽失体，水与泽不节则生祸患，故而行节制使其皆能回归常道，节其妄动，制其过常，苦节其陷，乃节制之思路。经过以节行止，节其妄动以及节其过，尤其是苦节止息，最终确立了立德而节又以制行节的节制之道，使节卦发生从苦节到甘节的重大转变。节卦立德而节的治道思想，成为节卦转化危与险的舟楫，亦是节卦以德济通所有而致亨通的根本。

节卦通过“议德行”而立德节其内，使水泽之节体发生从阴入阳的转变，又通过“制数度”而以制行节制其外，使水泽之节体发生从文入质的转变，最终以健阳德转阴妄之识而治节制之明，之所以节卦能发生从阴入阳与从文入质的转变，便在于治明德使阴妄小人有明，用明德履制度行其常道，而健明德，离不开启蒙与教化，行启蒙与教化更脱离不了兑卦的讲习之道。

兑卦，兑上兑下，一阴进乎二阳之上，喜之见乎外，而悦。《案》曰：“地有积湿，春气至则润升于上。人身有血，阳气盛则腴敷于色，此兑为泽为说之义，盖说虽缘阴，而所以用阴者阳也。人有柔和之质，而非以忠直之心行之，则失正而入于邪矣，故利贞。”春至，气润升于上，乃兑卦之时；阳气盛，气血腴敷于色而见和悦于外；故而兑有和悦之义。人有喜悦必见而在外，悦者，心阳主之，和悦者，心悦而阳气盈达于外，使其显露于色；和悦，乃以心主阳，情动于心，而使阳达于外，同时，阳气升阴妄消又能动其悦心，心与阳两者互用互发，使其有喜而见于外达于色。此处所言“心”，乃喜怒哀乐之情，为人之常欲，虽非真心，但亦非大妄，乃欲非过之常行。

《序卦》曰：“入而后说之，故受之以兑。兑者，说也。”在巽卦，一阴伏于二阳之下，盖一阴伏于内，阳必入而散之，以阳散阴，阴受阳利，故而阴悦之。阳者，善也，巽以阳入行以善养阴之道，小人趋利必伏于阳下，使巽能行以阳散阴凝之天命。阴入阳下，阴得利，使阴类有悦，正是从巽入兑之时。

和悦义。小人阴受阳利，阳舒阴疾气血盈达而和悦。兑之所以有悦，在于用阳，一阴进乎二阳之上，使阴受阳利，阴得阳，以盛阳舒阴疾，阴疾消，重业轻，阴体自然有悦，且为发乎内识之悦；当阴疾消，重业轻，阳气便能充盈阴体，阴体从内得阳，便能盈之于气血，气血充盈而让喜见于色达乎外，呈现内外互通的和悦状态。言悦者，乃阴类得利而悦，悦的主体在阴类；阴之所以能悦，在于阳施阳利而阴受之，二阳一阴，阴非为主，为阳之用，阴得阳而生和悦。

和合义。阴阳和合贯穿在生发和悦的过程，或者说因和合之用，才生和悦。言和合者，乃阳施阴受，阴阳有一用一受而相“和”之态，中间贯穿了阴阳盈虚法则，二阳盛于一阴，故而阳和其阴，使阴类受阳亦和之，阴阳因相和而合，阳盛胜阴，使阴能得阳，这也是阳之所以能舒阴疾之所在。阴疾消，重业轻，常欲之“欲”更轻，不再沉重于心，故而有悦发乎内。

说教义。之所以有和悦之情升发，在于内在有阴阳和合之道，且阳盛胜阴；那如何升阳并使阳盛胜阴呢？在于外在立德举善之教，以此应用从阴入阳之转化，使阳者阳更盛，阴者能健德生阳。兑卦主悦的立德举善，便是贯穿了以“说”为主客体的讲习之道。兑主说，乃君子以说教而讲习，在外立德举善，内用阴阳和合之道使从阴得阳转化并入阳。君子以说教举外善，通过说教来使小人明事理而健明德，说教治明，乃小人生明得阳的途径。无论是行德政还是行教化，均离不开君子说教小人，小人行妄且无明，要想治明，必须明理，无论是法序之理还是事理，小人通常皆无法自习而明，而君子说教能帮小人治明，无论是布经典传道，还是布政劝善，讲习都是非常得体的方式。

君子与小人互悦。小人得阳利而悦，君子施善裕德而悦；小人得阳利而立阳，君子施善而立德。君子通过讲习布道治明，用阳使小人阴受，不仅小人得利，君子因施善亦能健德，这便是小人获阳利，君子亦能有阳利之所在。从德的阴阳法则属性可知，内者，阳德所谓，德的阳性仪；外者，阴德所谓，德的阴性仪。行外善能健内德，通过善行健德，能从阴入阳，善行于外，能健德于内，以善行升阳气。君子为小人说教讲习，君子有布施之善，小人有得明之利，故而两相互悦。小人得阳利而和悦，乃阳舒阴疾，使心妄消除，自见法喜而内悦，阳气升发达于外见于色；君子举善健内德，乃阳行刚健而裕，阳裕则德足，从而法喜悦乎内外。

《杂卦》曰：“兑见而巽伏也。”巽卦为一阴伏于二阳之下，兑卦为一阴见于二阳之上。之所以有巽“伏”而兑“见”之变化，正是因为阴受阳利。巽卦之阴之所以入于下，在于巽体小人欲重妄大，阴性沉重，故而凝沉在阳下，经过巽卦以阳散阴凝以及以善养阴之道，使阴受阳利，欲重妄大之重业消退，重欲回归常欲，而有“欲”之轻，巽体阴类经过卦时赋予变“轻”，便能浮于阳上，而成一阳见于二阳之上的兑体。故而阴受阳利，在于阳舒阴疾，阳消损阴之重业，使其有从伏于下而见于上的变化。巽卦以“德之制”立旨，便是以阴节制阳，既是节制阳耗散的固阳之道，也是阳温阴相辅相成的善政之地，阳温阴使其阴受利，经过卦时的变化，使其“阴”类发生从下到上的德位转化。

一阴伏于下，欲重妄大，阴业沉重，阴类小人无所不入，为巽；一阳见于上，欲轻妄小，顽习渐除现阳明，小人跟随于君子，被君子教化，为兑。经过从巽体到兑体的卦时赋予，发生了阴类从一阴伏于下到一阴见于上的德位变化，使其卦时与卦位，通过巽卦与兑卦产生了逻辑联系，这种变化正是德位法则所主；巽卦，乃小人治身德修德进业之地，兑卦，乃君子教小人而讲习布道之所，小人在巽卦修身健德有明才跟随君子，正是立德修健之卦时，使其阴类产生了德位位域的变化，而这种变化的核心正是阴受阳利与阳舒阴疾。巽卦以阴制阳防阳消损，在于巽之阳尚待进位，所立之善尚小，兑卦以阳养阴，且尽施阳利，在于兑卦君子行讲习之道教化小人，君子施善立德使阳裕且德足，兑卦君子的进阳裕德之道非巽卦所能比，故而兑体之阳整体大于巽体，虽都有二阳之数量，但兑卦之二阳乃君子内德之刚阳，巽卦之阳乃外善之阳，以此也赋予了兑之上阴较巽之下阴，要欲轻妄小，且是人之常欲。

兑之二阳主君子明德之体，以阳德见教于阴，使阴受教，乃兑卦所主的说教——讲习之道，君子以讲习之道，劝说小人修身健德，劝说民众从阳进善。故而兑之见，乃诚而不欺之见，君子睹小人见于兑之上，以讲习之道教化之，所传之道要见天地正理，所鼓之事要见善且有功，所说之言要见经得起卦时与爻位检验；君子之教要以建立实诚之受，使小人与民众能感同身受。

讲习之明。兑卦以讲习之明行讲习之道，集各卦启蒙、德政、教化为一体，通过讲习的方式，传道，解惑，授业，启民智于发蒙之际而健明德。教小人修身健德于治君子过程而使小人立身进位，布德政于各卦所崇法、礼、德之政而使制度能立以及正序得建，行振济于阴盛阳消且民众遇祸遭难之时而助涉险困，行养正于进志蓄德颐养正气而行得正大……践行大正之道，全正大之事业，尤其是王化天下德被四方，终离不开讲习之道贯穿所有。所谓实现大同理想，达到德被四野无所不照，德服天下无所不服的德治盛景，正是从君子行讲习之道教化民众开始的，唯有把启蒙与教化“见”于实处，才有天下大同的实施和实践路径。故而兑卦以讲习之明，行使治明的启蒙功能，正志的励志功能以及养正的教化功能，使兑卦以讲习之道贯穿所有卦体，上接天地圣道，下应万民之情，可谓既贯通天地，又遍应民情，能见善行于微小，还见德长于毫末，从而生丽泽和悦之大象。

兑：亨。利贞。

彖曰：兑，说也。刚中而柔外，说以利贞，是以顺乎天而应乎人。说以先民，民忘其劳。说以犯难，民忘其死。说之大，民劝矣哉！

象曰：丽泽，兑。君子以朋友讲习。

卦辞：以讲习之道顺天应人而贯通所有。

彖辞：行启蒙教化之道，立讲习之善功。

象辞：以讲习之明行教化之道，生丽泽和悦之象。

兑卦，兑上兑下，为行讲习说教而生丽泽和悦之象。兑者，说也，以悦与说二义共主兑义，为践行天下皆能丽泽和悦而行讲习之说，以及通过讲习说教使阴受阳利，阳舒阴疾，阴消阳进而生大悦。说者，行讲习于外而健阳善于内，悦者，和悦之情发于内而阳气充盈让喜见于外，呈现善行见于外而阳德生于内的内外互通的和悦状态。在兑卦，一阴进乎二阳之上，二阳照阴而见阴之所有，阳能见阴而阴不能自见，在于阴有妄而无明自见，阴进乎阳上，便能受阳利，二阳盛于一阴，以盛阳舒阴疾，使阴能消欲妄而业轻，阳气充盈阴体，阴体从内得阳而渐明，阴类得阳有明而生悦。阴生和悦在于阴得阳利，兑体阳亦和悦，在于讲习教化施善立德，德裕而悦。无论是阴受阳利还是阳舒阴疾，皆以阴阳和合贯穿和悦生发之过程。

兑卦以和悦和说教二义共主兑义，以阴阳盈虚和合于阴阳二体，发生君子与小人互悦而万民皆悦的卦体状态。在和悦生发于外见于色的过程中，必然要经历阴受阳利、阳舒阴疾、阴消阳进这三个过程，也是和悦产生的三个阶段。阳受阴利，从巽伏兑见对比，巽卦一阴伏于二阳之下，兑卦一阴见于二阳之上，巽之阴比兑之阴要重，在于巽体小人欲重妄大，尽管如此，巽卦亦有以阳散阴凝以及以善养阴之道，让阴受阳利之事，从巽卦便已开始，经过巽卦“德之地”的修健，欲重妄大之重业消退，重欲回归常欲，而有兑之轻。所谓兑之阴孚于阳上，并非违背了阳孚阴沉之理，而是巽卦与兑卦阴阳主体不一，巽与兑虽皆有二阳，在于巽以阴为体，乃阴类修善进阳，非阳直接惠阴，而是通过立身进位，来修德养外善转化自身之阴；而兑以阳为体，乃阳类教化民众与小人，兑之二阳明照阴体，使阴之所有皆被君子所见，故而能纵观所有卦体而行讲习教化。兑之阴类能直接从二阳之体获阳利，巽卦的阴受阳利乃从阴入阳的变化过程，而兑卦的阴受阳利为从文入质的升华状态，两者阴爻所处德位差异很大，也正是阴爻在巽卦和兑卦的德位位域的变化，从卦时、卦位赋予了德位法则的体、时、位特性。

阳舒阴疾。阴之疾，无外乎无明亦无志，在不同的卦时和爻位下显现不同的病症，欲重妄大，神识所发皆妄识，一切受、想、行、识皆被妄所主，妄识遮挡真心自然无明；无明则无以知天地法序，不能在德位法则下识卦体、卦时、卦位而进德修业，更无从立志、进志且志行，来执大正之道全正大之事业。一切身心疾病，皆属阴，内在妄识为阴妄，外在疾病也皆是阴性凝滞所致，阳舒阴疾，从内能以阳明转阴妄，在外能使不通能通，所谓“舒”便是舒展沉凝之阴气，用阳温阴，阴得阳化沉重之阴气，使其欲轻妄小而回归常欲。

阴消阳进。阴疾乃阴气沉凝之病，得阳气温养后，疾病得以治愈，阴体亦能舒展，阳受阴利也变成阴得阳利，从“受”与“得”的转变可以看出，受乃阳主动温昫，得乃阴主动随阳。无论是阳受阴利还是阴得阳利，以及阳舒阴疾的过程，皆贯穿了阴消而阳进的动态变化，随阴消阳进过程，属阴的重业消与欲妄逐渐由重变轻，而属阳的阳与明也逐渐由少变多，欲强妄大遮挡真心，神识被欲所主，无法致明，而随阳消阴疾以及阴消阳进，欲业逐渐减轻，其阳明逐渐到来。阴消阳进的结果便是带来德位位域的变化，从巽一阴伏于二阳之下到兑卦一阴见于二阳之上的变化便是如此，也正是阳与明的转化，可目睹“阴”属性逐渐向“阳”属性转化。

“亨。利贞。”兑卦以“亨”立卦德，以“利贞”立治道思想。阳舒阴疾乃阴类治君子过程，随治君子身德之转变，阴类得阳与明进，其阳与明进乃健明德过程，伴随阴受阳利，阳舒阴疾与阴消阳进过程，君子身德有修，明德有健，以讲习之明行传道、解惑、授业的讲习之道，将启蒙且治明，励志且正志，养正且教化融为一体，以一卦之力贯通所有卦体，故而能致亨通。兑卦之亨，既有应天道法则之亨，又有广应人心之亨；既有讲习治道之亨，又有德位位域转化之亨；既有立德举善之亨，又有教化民众成君子而立志进志之亨，以一卦之体贯通所有卦体，既见圣人之德范，又见君子有为之善政。兑卦之善，可天地大生且广生之至善。

“刚中而柔外，说以利贞。”兑体一阴居二阳之上，阴悦于阳且为阳所说。卦中二与五皆刚中，乃中心诚实之象，中德刚健，孚诚于内外，正是顺天道接法序而化万物之时；兑之柔在二阳之外，乃接物和柔而顺君子之象，阴悦阳而顺阳，正是阴能悦而使兑体皆悦。刚中而柔外，以正道顺人心而人心皆顺，能顺之因，在于阴能得阳利，阳能舒阴疾，阴得阳能明，从而自顺天理，自健其德，人心皆归德也。《程传》曰：“利贞，说之道宜正也。卦有刚中之德，能贞者也。说而能贞，是以上顺天理，下应人心。说道之至正至善者也，

若夫违道，以干百姓之誉者，苟说之道，违道不顺天，干誉非应人，苟取一时之说耳，非君子之正道。”

“是以顺乎天而应乎人。”顺天应人乃兑卦之所以主讲习而治的思想，顺天道在于得天地正理，任何卦体言得正与言治理，皆需顺天道正理，且取法并效法天地法序才能顺而治之；应人心在于治道得正，只有依天地正理而治之，人心才能归附，所谓应乎人，在于人心自归附于天道正理，也正是顺天应人之共理才能志通天下君子，使君子皆能响应。兑卦以一卦讲习之思想，贯通所有卦体，必然以天地共理而应所有治道之理，以顺天下所有人心而应卦体之得失。

进德修业。所谓“说以先民，民忘其劳；说以犯难，民忘其死”，正是兑卦讲习思想所主的启蒙治明、励志正志和养正教化三者。兑卦有君子、民众与小人进德修业的层次，君子进德修业，乃君子在兑卦主讲习教化，通过讲习的方式，为小人治明，可助小人值患、祸、灾、难之卦体能脱灾免难，找到健德修善正确的方式，既拯济自身又能帮助他人脱难，之所以“民忘其死”，在于还有大于自身安危之大任，还有不同卦时与卦体所赋予的深重灾难，从兑卦小人阳进而业轻的转变，便知那些阴凝深亘而遭难的人，急需拯救，无明不能知生死，无志不能舍生取义而忘其生死，民众与小人健明德治明，以及立志而进志，君子对其讲习教化占据了主要方式，亦是民众与小人获得天地正理的主要渠道。

通过讲习的方式，为民众正志。兑体不仅无患、祸、灾、难，更是以主悦为主，民众在兑卦之所以安悦，在于兑体有利贞之道主治，君子为民众励志且正志，正是志通他卦之所在。以兑体生和悦之治理，来对比民众尚处灾难待拯济的他卦，亦对比早已超过兑体有建正序与文明大象之他卦，这种比上不足，比下有余的局面，正是君子为民众励志之时，“民忘其劳”在于民众有远大理想，有大同理想的追求，能践行执大正之道→全正大之事业→达天下大同的路径而忘乎劳。

民忘其死，正是生明德知生死大义之时；民忘其劳，正是生刚健之志且志行之时。忘其劳，身疾得除，忘其死，妄识已转；皆乃讲习立善之功。当民有忘死与忘劳之心，正是明与志合用之时，便需君子执养正之道来悉心呵护这难得之正。师从圣人心寄天道而怀天下之抱负，从大体着眼，教民以卦体治道，非为生计辛劳，乃养正教化之正体。

布施立善的境界。兑以讲习说教而主悦，民得启蒙治明、励志正志和养正教化内生和悦之情，外发喜悦之色，为兑体有悦之主体。兑体除了民众与小人之悦外，还有君子之大悦，乃教而有得之悦与布施法喜之悦；君子通过讲习说教布道，教民使民有得，民有治明、正志与养正之得，君子有布施法喜与讲习善行之得。君子通过讲习布施立善，看似微小，且寄系甚大，功德亦无可估量。

“君子以朋友讲习。”在兑卦，君子通过讲习方式，让小人阴受阳利，伴随阳舒阴疾与阴消阳进过程，阴强妄大之小人阴疾渐消，重业渐轻，以回归常欲而转变为民，又在君子讲习的过程中，启蒙治明，励志正志，养正教化，逐渐被君子引为“朋友”。正是小人到民众，再到朋友的身份转变，既见证了君子讲习之功，又见证了小人在兑卦的蜕变之过程。被君子引为朋友，必与君子志通，且心志相连，更重要的是能够跟随君子学而时习之。孔颖达曰：“同门曰朋，同志曰友，朋友聚居，讲习道义，相说之盛，莫过于此也。”君子以朋友讲习，讲习教化从身边做起，让朋友成为志通天下的明志君子。

和悦在下与介疾有喜

初九：和兑，吉。

象曰：和兑之吉，行未疑也。

九四：商兑未宁，介疾有喜。

象曰：九四之喜，有庆也。

初九以阳爻居兑体之下，无所系应，是能卑下和顺以为悦者。阳刚则不卑，居下则能巽，处悦则能和，和而不流又行而不疑，所以得吉。所谓“君子和而不流，强哉矫”便是如此。

初九阳刚，不比于柔，乃得说道之善，故曰“和”，和者，无乖戾之私，主性情之正，道义之公。赵玉泉曰：“阳刚则无邪媚之嫌，居下则无上求之念，无应又无私系之累，其说也不谄不渎，中节而无乖戾，和兑之象，如是则说得其正矣。”

九四以刚上承九五之中正，为本可决者，但下比六三之柔邪，失位比三，为私所累，故不能决。虽不能决，但商度所说，未能有定，苟能介然守正，疾远邪恶，则有喜。商，斟酌也；未宁，行有疑也；介，两间谓之介，乃以介分限，人有节守谓之介。

九四从五，得正，说三，有邪，在五正与三邪之间商度未宁而不能决，这是九四之所以有“疾”之所在，九四之疾既有六三谀佞之小人，又有介于邪害之间不能决。然四终能远小人，以近君之位，刚介守正，守正则不能被柔邪所害，九四有喜，在于从正且除疾，九四从正则柔邪之疾自消。

疾与喜。九四之疾在于近比六三谀佞之小人，九四之喜在于近君从正而阳舒阴疾，喜者谓病去；介然守正，疾远邪恶，则有喜。九四商兑未宁，在正邪之间有不能决断而迟疑之经过，但最终从正而除疾；九四除疾而有庆，乃兑卦喜庆之事，不为私所累，能明是非，且有近君子而远小人之决断，独善其身而获庆。

和悦在下与介疾有喜。初九和悦在下，九四介疾有喜，两者皆兑卦主悦而有所悦之事。和悦在下，以刚处之，乃兑卦行讲习之道后，下民之转变，初九下民和悦奠定了兑卦主悦之基调，民有悦方成大悦；和兑之和，乃阳和阴使阴得阳而和，和兑之兑，乃讲习有功而民生悦。和兑行说教才有悦，以说和悦二义正兑义，正是初九行和兑之时。九四处五正与三邪之间而曰介疾，乃兑卦之现实，商兑未宁亦兑卦之现状，九四必先从阴后入阳，方言阳舒阴疾，寄于私则被三所累，出乎正从五方能祛病。九四商兑，乃与君子共商是非，也正是商兑之决策让九四从阳得正，兑卦主讲习说教而有从阴入阳的过程，九四从商兑未宁到阳舒阴疾，正是从阴入阳且舍邪从正的过程。和悦在下与介疾有喜，赋予了兑卦之所以有悦之所在。

孚信充内与孚信被剥

九二：孚兑，吉，悔亡。

象曰：孚兑之吉，信志也。

九五：孚于剥，有厉。

象曰：孚于剥，位正当也。

九二刚中，孚诚内充，二比阴柔不正之六三，疑于有悔矣；然二以刚居中，诚实之德，充足于内，虽比阴柔而自守不失，是以吉而悔亡矣。

刚中为孚，居阴为悔，九二以孚而说，则吉而悔亡，自守中正健孚诚之德使悔自亡。九二虽与六三同体，但君子和而不同，不与阴类同而不失己之德，且又守中健孚，必然离三远矣。龚焕曰：“九二阳刚得中，当说之时，以孚信为说者也。已以孚信为说，人不得而妄说之，所以吉也。”

信以发志。九二以刚中之位，健孚诚之德，得中而发志，乃以诚信发其志，使志行正。所谓“信志”乃健信德而诚天下，使其能志天下，九二孚兑之吉便是生发了济天下之志，故而以诚信内充，令人悦服，乃兑而有德之谓。

九五阳刚中正居尊位，密近上六，上六阴柔，为说之主，处说之极，能妄说以剥阳者。王弼曰：“比于上六，而与相得，处尊正之位，不说信乎阳，而说信乎阴，孚于剥之义也。剥之为义，小人道长之谓。”

九五亲信上六妄说剥阳之小人，故曰孚于剥。九五得尊位而处中正，本有说道之善，然九五以尊位信小人，信其阴而不养其阳，有祸乱朝纲之险，乃危厉之道。钱一本曰：“兑五说体，与履五健体不同，履五健，恐其和之难，危在夬，兑五说，不觉其入之易，危在孚，故皆有厉之象。”

剥之为卦，小人剥君子，故谓小人为剥。言剥，乃阴消阳也，孚于剥，乃小人剥其孚信；九五以尊能孚信天下，不亲贤臣却亲小人，孚信被剥，必失天下人心而危厉。所谓“亲贤臣，远小人，此先汉所以兴隆也；亲小人，远贤臣，此后汉所以倾颓也”，正是此理。

《案》曰：“易中凡言厉者，皆兼内外而言，盖事可危而吾危之也。履五爻及此爻，皆以刚中正居尊位，而有厉辞。夫子又皆以位正当释之，是其危也。以刚中正故能危也。履卦有危惧之义，而九五居尊，所谓‘履帝位而不疚’者，故能因夬履而常危。兑有说义，九五居尊，又比上六，故亦因孚于剥而心有危也。”

兑之说义，在于见诚，以诚而不欺相见，方能感人，方能行讲习之道而教化天下。九五居兑之时，当广建诚信系统，以实诚之受使小人与民众能感同身受。亲小人，其孚诚天下之德必被小人剥而丧之，天下人因孚于剥失感则人心不聚。

孚信充内与孚信被剥。九二以刚中之位，健孚诚之德，得中而发志，使其孚信充内，令人悦服；九五以尊位，亲上六妄说之主使其以阴剥阳，让九五孚诚天下之德被小人剥而丧之，九五孚于剥，阳被剥落而威严丧失，亦使人心涣散。九五虽孚于剥，看似有丧阳剥孚之危厉，但纵观兑卦以讲习之道主任天下教化，且全卦生丽泽和悦之大象，九五寄系天下，以孚兑而诚信天下之大事自然得知，如今剥于剥，未尝不是在践行舍阳养阴之道，供阴得阳利而使其有阳之同。在阴受阳利、阳舒阴疾、阴消阳进这三个过程中，每一次以阴入阳的转化过程，都要耗阳，但最终因阴能入阳而得贞正，得其亨通。九五失一时而得全卦，以阳温阴之举反而有大乘之精神。

始于来兑与终于引兑

六三：来兑，凶。

象曰：来兑之凶，位不当也。

上六：引兑。

象曰：上六引兑，未光也。

六三阴柔不中正，为兑之主，上无所应，反来就二阳以求说，以来兑之象而有凶。来兑者，乃六三就下二阳以求说；之所以有凶，在于枉己非道，就以求说。《程传》曰："之内为来，上下俱阳而独之内者，以同体而阴性下也，失道下行也。"三居内体，故曰来。

六三失位，居两兑之间，故而上下逢迎，阿谀奉承，小人行阿谀之事乃非从正之举，故而有凶。六三主悦，又志在悦，阴之悦，在于从阳听教，通过在君子跟前的学习，从内化阴生阳，在外修持妄行而生悦，非阿谀讨好而悦，故而小人之悦若不发自内心，皆失实诚。和悦之道，不诚则无以立君子之侧。

上六以阴居兑之极，他卦至极则变，兑主说，愈极则愈说。上六引下二阳相与为说，以引兑处位而求说。刘牧曰：“执德不固，见诱则从，故称引兑。”所以为兑者，阴三与上而成兑体，三为内卦，故曰来，上为外卦，而曰引。

上六下乘九五尊位，九五阳刚中正，使其无所施其邪说，九五刚正不为所动，上六以引兑之姿，行未光之路，在于兑体阳不从阴之故。

《案》曰：“三与上，皆以阴柔为说主。来兑者，物感我而来，《孟子》所谓蔽于物，《乐记》所谓感于物而动者也。引兑者，物引我而去，《孟子》所谓物交物则引之而已矣，《乐记》所谓物至而人化物者也。始于来，终于引，此人心动乎欲之浅深也。”

始于来兑与终于引兑。六三来兑，上六引兑，所谓始于来，终于引，六三与上六皆阴而行欲之谓，无论是来与引，皆在于阴而不正且不能守己，只能以来、引之姿，行非正之举。兑卦以顺天应人主说，以刚阳得吉，以阴柔致凶，处刚则能节而守位，柔则行逢迎之举。

豫卦：顺动之明

震上坤下

以顺动之明建礼乐德治之师

在兑卦，以和悦和说教二义共主兑义，为践行天下皆能丽泽和悦而行讲习之说，经过阴受阳利、阳舒阴疾、阴消阳进三个过程，天下渐生丽泽和悦之象。兑卦以讲习之明行讲习之道，通过讲习的方式，来完成启蒙治明、励志正志和养正教化之功能，故而兑卦有以一卦之力贯通其他所有卦体之功，既顺天道而贯通天地，又遍应民情而广应人心，既能见善行于微小，还能见德长于毫末。

兑卦以讲习之功，使阴类得阳而舒展，言民忘其死，正是生明德知生死大义之时；言民忘其劳，正是生刚健之志且志行之时。忘其劳，身疾得除，忘其死，妄识已转。故而兑体之阴类阳气发动且阳势际出，阳裕德足而出震。亦正是以和悦之姿行豫动与豫乐之时。

豫卦，震上坤下，雷出地奋，万物随同雷奋而挺出，顺以动，应礼序而通畅和乐，成豫乐之态。豫者，乃安和悦乐之义，人心安和，万物顺礼而乐，人与物尊法序而不逾矩，自得其和畅。《序卦》曰："有大而能谦必豫。"豫卦之"豫"乃雷出地奋，制礼作乐崇德之大象，谦者，礼也，天地因尊礼制而所以有序，而言"大"者，以"象之大"而表关乎天地礼序以及天下德政，有事关重大且关乎大众之"大"；正是因为关乎制礼作乐崇德之重大，必行谦道而制礼行豫，豫者乃制礼尊礼崇德之果，顺其礼制与德序而动，得其豫乐之情且发于颜色，以豫乐之态而享制礼崇德之“红利”，更以“顺而动”之情状，物随序动，万物所以和谐，人心所以和乐，皆在有礼序，尊礼则有德。

豫乐。豫乐者，安适快乐也；安适在于身心皆安且舒适处之，无患、祸、灾、难深陷，亦无争讼侵扰和诸事未济之虑，总之随心所适且安乐，以至于快乐之情状发乎内外；快乐在于随物应情皆称心如意，无有忧戚之色。快乐在乎身，安适在乎有宽裕安舒的容身之世所，其安适快乐之豫乐皆在于治世有成，使人身心皆安。言身安需有身德君子之成，方有立身之基，而身德君子之成在于以谦卦统领治君子九德系统，历经困→复→损→益→恒→井→巽→履→谦的过程而有修身健德之成，谦卦以统领治君子过程之会而言修身健德之谦道。谦道，德之柄也，以“柄”言修德到驭德的转换之机，以法序之柄、统领之柄、健德与有德之柄、小人与君子之柄、君子与大同文明之柄、身君子与位君子之柄等通达四方，豫卦之所以次谦卦，便是享有谦道在修身、养德、治世各方面的德果，无谦不成豫，无“谦”之修持和用谦道治世，便不能有豫乐可享。故而豫乐之因在于继谦体而享谦道修身于治世之功，安适快乐之豫乐更偏重于修身有成，以身君子称位而身心安适，有身君子之成方能有志君子、位君子、明君子之柄。

和豫。和豫者，动而和顺，动而上下顺应以和其动并能平衡而和；和豫之因，在于以谦道制礼崇德治世，制礼且尊礼序，尊而享之，动而和顺，无有逾矩，故而有和。震上坤下之豫卦，雷之所以出于地上，在于崇德并健德，有德出之刚而成雷动，震之动无刚不动，德之刚乃出震之因，而豫卦所言之德，便是以谦道通达天、地、人、鬼神四域之法序且健而有德。谦道以法序之柄通达天、地、人、鬼神四域体性系统，以体性系统言“谦”，在于谦道有能“盈”之本性和法性，盈乃健德且有德而盈，以谦道盈其德，才有豫卦之和豫，豫卦所言制礼且尊礼序，皆乃法、礼、德三者之会的德文明内容，以谦道通达德文明之柄，正是奠定了豫卦制礼、尊礼、崇德的基石，以此治世才享有安和悦乐之豫体。

豫乐与和豫无论是从身心安适，还是从治世享太平，皆离不开制礼崇德之因，制礼让其上下皆能尊礼序而有位序，崇德让其上下皆能德化而有文明之兆，贯穿于德政既以礼治序，又以德贯通所有。豫卦有豫且乐，在于顺序而动，尊礼序而言顺，健德而言动，且动而有德，故而和谐且安乐。卦中九四为动之主，上下群阴所共应，九四居柔尊之下，为君子健德有成而成侯，侯者，治世之能臣，有德君子之进位，侯有德乃治世之幸，以九四之侯位代言天下有德君子早已遍布天下，且行谦有成，治豫有功，而有侯位。雷出于地上，雷之所以能动，在于德刚而出震，震动之德，既合法序而有德，又被坤德所育，豫之坤之所以有德，在于礼序适应天下而成坤之广大，以礼序育德，自然能奋发其声。豫卦君子遍布天下，又能尊礼崇德而谦，待豫之时成，便能奋动而进位，德足且健，成为豫卦君子能进而健侯之因。

豫之动。豫之顺动乃顺天应人而动，豫卦以雷出地奋之动而顺天应人；顺天之动，尊自然法序和天地位序，动而法序井然，应人而动，乃应从民能悦服之动，为存共理而谋众利，不背天地法序与位序之道而制用于人。所谓“豫顺以动，故天地如之”，便是顺动之明的真实写照，豫之动，乃法天地、顺人心之顺动，师法天地之顺动而治豫之动，乃豫动之明。

顺动之明。明者何在？必先明天地顺动之所在，“天地以顺动”乃道之所呈，性之所化，法序与位序使然，以天地内在、外在动，当明自然法序和天地位序，又当从法序和位序而应道体，任何法序与位序之动，皆是道之动，以明天地顺动而见法又见道，并能从法入道，应道见位而又能制序。再明圣人应法序而制礼序之动，圣人洞悉天地万物，取法并效法天地法序与位序，制礼确位，建礼制以供众人，应众人之共理，以一制而位天下，无外乎德位法则下的礼制，制礼确位，尊位而守序，则合天地之道。处豫体当再明顺制而动，制者，坤众之共序也，唯顺制才能存理；顺制而动，再尊位健德，方是豫卦君子与民众处豫之道，亦是豫体之所以有安和悦乐之所在，处豫明豫乐与和豫之源，再明共理之存，便能得其顺动之明。

顺礼践德之豫服。豫之民众之所以有“服”，乃以一制而位天下的制礼之功，且民众之服乃德服，其制礼尊德之道乃德治也。圣人师从天地共理而制人伦序礼，乃圣人顺动之道，民众顺圣人所建之制安分守己，无有违和，随德治日深，豫之时日久，则渐生德服，有美制必有德服，美制所存，乃圣人大明与先王崇德之功。在豫卦，礼者，美制也，尊礼确位之制；乐者，礼制治世，民众生德服而乐之德果；在豫治之功里，随众皆知“乐”便又有乐制。豫体之治，重礼乐德教，而轻刑罚讼狱，是生民服之所在，且刑罚讼狱亦以法制确之，健法、礼、德三位一体之德序，从辨质见修而有德君子可知，治君子以德才是从谦卦到豫卦而有文明之象的所在，故而治豫以德治，方是济困、济通之大器，唯德能通所有，能济所有，才是言顺动之明的大明。在豫卦以尊礼崇德而治，生豫服，乃德治有果，且生德文明大象之兆，所谓“豫，象之大者”，必是德文明之大象。

治豫怠。《杂卦》曰：“谦轻而豫怠。”值豫卦以制礼尊德之德治而生德文明征象之时，易警惕豫乐之懈怠。安和悦乐之豫乐，乃治世有成亦有功，但更应明“生于忧患，死于安乐”之理，行谦使人奋健，行豫怠使人颓败，思患而预防之，乃思豫怠而行预防之道。谦之所以“轻”，在于行谦而知反观与自省，值修身健德与进位执政之际，以谦道事之，自然吉无不利；豫之所以“怠”，在于豫乐易使人懈怠，天地无有完美齐备之事，圣人与先王所作之“制”亦然，其“制”应顺应时代更革新图治，非一成不变，君子之所以有为，便在于顺制而新制，不能安图享乐，丧志而失明，当不明豫之“顺”

理而享其盲顺，不知行健则生怠。

治豫之怠必治豫之明，若不健明德以明治顺，其顺易生盲顺，盲顺之顺则是生怠之因，盲顺不知行健取新，更不知取顺在于明豫有顺之至理，从而解法序并明位序。治豫怠先纠违再察怠，纠违，违背法序与礼序之动，且妄动而无德者，必以刑罚之法制纠其错；察怠，有自察和他察，君子要有自察之能，再借他察鞭策之，但他察有迟，迟则生悔，察怠最终要治明，既明顺动之至理，又明行健革新之变，方能行顺礼践德之豫治。

豫：利建侯行师。

彖曰：豫，刚应而志行，顺以动，豫。豫顺以动，故天地如之，而况建侯行师乎？天地以顺动，故日月不过，而四时不忒。圣人以顺动，则刑罚清而民服，豫之时义大矣哉！

象曰：雷出地奋，豫。先王以作乐崇德，殷荐之上帝，以配祖考。

卦辞：行豫道建礼乐德治之师。

彖辞：以顺动之明，共任天下治豫乐文明。

象辞：治豫生豫乐之大象，乃先王制礼崇德之功。

豫卦，震上坤下，为雷出地奋顺动而豫乐之象。雷出于地上，坤地孕而育阳，阳始闭藏于地中，以行谦蓄阳健德，待豫时到，动而出地，成雷出地奋之象；其雷动乃阳气行健而动，行健之奋发从天之道与地之德，顺天道法序和天地位序而动，成顺动之至理，以此成其豫之顺动乃顺天应人而动，顺天之动，动而法序井然，应人而动，存共理而建美制而制用于人，为大众谋安乐之利；法天地、顺人心之豫动的豫体，得制礼尊德之德治，使坤又承之以顺，为动而上下顺应，使豫体通畅和豫，人心安乐，人与物尊法序而不逾矩，自得其和畅，由此形成豫卦动而和顺且万民悦服的和豫之兆。

豫之顺动。豫之动乃顺而动，雷顺天地法序而动，且坤又承之以顺，坤师雷动而奋发行豫，形成“顺以动”之卦体。豫体的雷动之因，在于坤地孕而育阳，雷伏地中，待时成而出于地际于天，雷顺天地法序而动，天地顺道体德性而动，所谓“天地以顺动”乃道之所呈，性之所化，法序与位序使然。处豫卦言“顺以动”之卦体，除明顺以动的法序至理外，更在于坤遇震之动所成的君子奋发行豫之动；豫体雷之动，乃出豫卦进位建侯君子之动，雷未际出之前伏于地中，正是草昧君子行谦道修身健德以身德之成而称位君子之隐伏，在健德君子隐伏期间，其健身德不拘其固有方式，而有坤之广，地之大，当坤德载君子，便是君子行谦蓄阳健德而奋发待时，君子伏于“地”，经过了蓄阳育德之期，待行豫之时机来到，君子内阳刚健出震而进位际出，君子有德且内阳刚壮成雷象；在豫卦，有君子进位建侯，故而坤众师君子雷动而奋发行豫，承之以顺，效法君子行谦而达豫；坤者，众也，乃民众之谓，民众效法建侯君子的健德并进位之举，顺其健动和出震之过程，行谦道修身健德与行豫道尊礼制而履位，成其坤遇震之顺以动也。

“刚应而志行。”九四一阳，其阳刚足以出震，上下应之，九四升志且志行而治豫，以动之主而带动上下群阴共应，皆效法九四之功而顺以动且行其志。豫卦独有一阳居九四，乃豫体的建侯君子，九四居大臣之位，承柔弱之君，以同德有功而当天下之任，君子升志且志行，行豫道治世，直到进位建侯而成建侯君子。

豫卦之卦眼，便在于明建侯君子。九四伏于地，以坤之广、地之大不拘其固有方式健身德，当行健有时，阳裕且德足，便以称位君子出震际出，成雷出地上之身德君子，当豫时有成，身德君子升志且志行，继而进位建侯成建侯君子，当豫卦成体，建侯君子值豫卦以制礼尊德而德治，以其治豫之道治豫体，以民众生德服而生豫乐之兆。豫卦的建侯君子之路径：草昧坤众隐伏行谦道修身健德，以称位身德君子而出震，继而升志且志行成志行君子，志君子处豫以“刚应而志行”行豫道治豫体，进位建侯成建侯君子，建侯君子治豫有功生德服而现文明之大象，而有豫明大君子。

豫卦建侯君子走过了从草昧到进位并建侯的过程，使豫卦成为君子进位作为之范式，随君子建侯并治世有功，以坤遇震的“顺以动”之功，行教化而启蒙民众效法建侯君子，亦给德治作了卦体范本。建侯君子以同德有功而当天下之任，其“同德有功”在于有身德、有位德以及有治德，有身德，以身德之成而有称位君子之功；有位德，升志进位而有建侯进位之功；有治德，以制礼尊德之德治行豫道而生豫乐之功。豫卦身德君子之所以能进位建侯，在于因健德而生大明，既明顺以动之至理，又明先王确制之美制，继而顺承天地与圣人之道，奋发行健，既有身德君子之成，又以志君子而行志，终以“顺以动”的顺动之明而有为建侯。

顺动之位序。彖辞以“天地以顺动，故日月不过，而四时不忒。圣人以顺动，则刑罚清而民服”言豫之顺动，故而豫卦之顺动有天地顺动、日月四时顺动、圣人顺动、建侯君子顺动、民众顺动等顺动之位序。天地恒顺道生之而有天地之顺动，“天地以顺动”乃道之所呈，性之所化，法序与位序使然，无论其内在还是外在之动，皆不过是“道”的演化，一切动皆道体德性合相妙化使然。日月四时顺动，乃天地法序显示以日月、四时，天地顺动必尊法序与位序而动，非毫无规律与法度之乱动，也正是因为有法序与位序，才能知法序而见天地。圣人洞悉天地万物，取法并效法天地法序与位序，以顺天应人之动，建一制而位天下，制礼确位，应众人而生共理。正是因为有圣人法天地、顺人心而建制，以制礼确位之美制，方有君子通达其豫动之明，从而师从圣人尊位而守序，才能懂得如何健身德，又如何升志并志行而进位，以建侯君子使顺动行豫道治豫体，再以坤遇震的“顺以动”之功，带动民众顺动。民众效法建侯君子健德修业而顺动的过程，正是“顺动”位序之呈现，其天地与四时法序若无圣人垂示其民众不可自明，中间再贯穿建侯君子之示范，从而达到了启蒙与带动的功能，民众不仅无以见天地与四时法序，通常连圣人垂示之言亦难以明晰，只能从身边见有形之势态而效仿之。由此可见，圣人与建侯君子以顺动之明带动民众顺动，对位序的起承转合之用，作用至大，其善亦大。

“利建侯行师。”称位君子升志且进位建侯正是豫卦行豫之旨，豫之顺动与君子志行造就了君子建侯作为之范，称位君子以有位之位，执有为之政，立豫乐之功，故而豫卦乃卦君子进位立善功建侯之时。九四一阳立位，而上下应之，得柔君倚任，君万邦，聚大众，从而行师且统领众师。孔颖达曰：“以和顺而动，动不违众，众皆悦豫，故谓之豫也。动而众悦，故利建侯。以顺而动，故可以行师也。”

豫卦所行之师，乃制礼作乐崇德的德文明之师，非兴兵讨伐的野蛮之师。德文明之师在豫卦，乃君子升志进位以制礼尊德之治道治其豫体，制礼作乐，重在履位序尊礼制，君子带动民众顺动，必尊位守礼，当以法制之全，来监督并纠察履礼制与守位序，以法礼德三为一体治豫体，使豫体成德治之师。建侯君子治世有功，使礼制享有豫乐大象，从而又作乐升“制”之文明，使其豫体成文明礼乐之师。建侯君子以顺动之明带动民众顺动，以德化之功启蒙民众，使民众能明顺动之理，从而又有传道之师。

豫卦以德治之师、文明礼乐之师、传道之师三者行师，以文明代替暴力，以攻心教化的文明之教代暴力讨伐，以行师内容和形式之转换，赋予师卦与豫卦之于“文明”的不同位域和格调，这也是民众悦服皆顺而从之的原因，更是生德服产德果之本。

在屯卦有草昧君子建侯，在于草昧君子健德合群而生德服，使其有统领草昧并带领草昧走出昏蒙之能，豫卦建侯亦然以德为凭，尤其是健德成身德君子，乃以身德为凭，再升志而志行进位，更是以德治之功为凭，君子类别中的“侯”，乃德高而有位望之人，可当位之人，亦非当位之人，以九四处尊位之下，可见九四既可进侯位统领德治之师来治世，又可为在野大贤，教化应人，效仿孔子有教无类，门人遍布天下，而立传道授业之师。豫卦兼德治之师和传道之师两者，也正是两者行师而同用功，让豫卦对民众有启蒙之教化，让豫卦享有文明礼乐之升华。

行师之转换。师卦与豫卦同有“行师”之谓，在师卦讨论军事，而在豫卦讨论文明，前者为有形之兵师，后者为无形之上师，“师”的内容和形式虽不同，但同有师道，此“师道”便是同有有丈功、有尺度、有德范之丈人，行仁义、礼制、德化之王道，师卦九二之“丈人”如此，豫卦九四之建侯君子亦如此，以王道替霸道而兴文明，乃德治之法。以行师之转化来升格“师”文明之位域，以伐心治同为上，顺应人心并使人心顺正，乃生德服的德治之道。

“豫之时义大矣哉！”豫之时义乃法序之时义与豫体治理之时义。法序之时义，以日月四时顺动之理，在豫体治法序之明，以法序之明而知法序见天地，洞悉“顺以动”之至理，以及在豫卦所呈现的天地顺动→日月四时顺动→圣人顺动→建侯君子顺动→民众顺动等顺动位序之理。法序之时义，既有大时又贯穿小时，其九四从隐伏地中健德行健到雷出地上，必以“时”成，被时所赋予。豫体治理之时义，乃治豫需时，从君子行谦建侯到治豫生豫乐，皆需时。“豫之时”为治豫需时以及以制礼尊德之德治而可见德果之时，尤其是德服之德果产生之时，更非一日可成。治豫需时，从行谦到治豫，既待君子修身健德，以及志行进位，又需待制礼崇德的治之时，制度建立并完善，以及民众从制与履制皆需要相当长的过程，而这个过程，便是“时”。以豫之时义治顺动之明，再以明德入法序而见天地，并以德治之师、文明礼乐之师、传道之师行大乘之教。

“先王以作乐崇德，殷荐之上帝，以配祖考。”豫之卦体，正是“时”所赋予的德果享有者，之所以有豫乐，便在于完成了行谦到治豫而生豫乐之过程，此“德果”之成，乃先王制礼崇德之功。若无先王确制之功，则不能行谦道修身而有君子称位的立身之机，亦无行制礼崇德之豫道治世而有君子进位建侯之时，明豫之时必明治豫的载体——法礼德三者一制正序之“制”。先王以“元永贞”之精神当位，称位“修思永”之长久意识而作制并确制——制礼作乐崇德，此乃国之大事，必行荐上帝、享宗庙的宗庙之道。宗庙之道以收神取信之能，行德化天下而感格之王道，乃凝人心、摄众志、收神制礼、立德范之王道重器，正是豫卦顺承先王美制而德治天下生豫乐之因。

中正自守与小人得志

初六：鸣豫，凶。

象曰：初六鸣豫，志穷凶也。

六二：介于石，不终日，贞吉。

象曰：不终日贞吉，以中正也。

六三：盱豫，悔，迟有悔。

象曰：盱豫不悔，位不当也。

初六以阴柔居下，以阴柔小人上应九四，受九四豫主之宠，满极其欲，不胜其豫乐，以至形于声而自鸣，如此轻浅之甚，乃凶之道也。豫之初六，从谦卦之上六，谦卦上六应九三，曰鸣谦，豫初六应九四，故曰鸣豫。

鸣谦得吉，鸣豫则凶。九四豫主与初之小人相应，使小人得“志”，小人得志必贪其“得”欲，逸乐之情动于心，而自鸣之声发诸外，得意而忘形不仅与谦道背离，还失去贯穿豫卦升志并志行之“志”，小人得“志”乃得其轻浅图乐之欲，非君子行健奋发之正志，以情欲代正志，自然有丧而无得，故而以正志穷而有凶道。

在豫卦有和豫和豫乐之义，乃君子进位建侯大得志且治豫体有文明之象而乐，非短见纵情之乐，逸乐于初下，则损其心志，乐极而生悲，使其丧正志而不得进步，固步自封于时势，豫以雷奋向上为健，非故步自封且纵情其自乐而能得吉者，豫而且鸣，其志穷矣。

六二柔而中正，乃豫卦唯一处中正之爻，上无应，乃居中自守之象，六二居中自守，不耽于逸乐且其介如石。豫体主豫乐，但以阴爻受“乐”义，容易因无明而沉溺自乐，并不知豫乐所处位域之大义，豫乐为德治豫体有成生文明之象而有其乐，非阴柔小人得其自乐，小人溺其乐而失正志，则是乐之忧。大乐乃奋发图治且得志之乐，享于精神，而小人之自乐乃纵于情欲，被欲所主，乃失正志之小乐。六二虽阴但不溺于小乐，反而以中德自守其静，不放纵其欲且思虑明审，乃以中德见凡事之几微也。

《大学》曰：“安而后能虑，虑而后能得。”六二安其中位，以中德静守自虑，以耿介如石之心坚确其中道，中正自守其介如石，其去之速，不俟终日，故贞正而吉也。六二之所以不溺其逸豫之事，在于能“虑”而断识之，虑则虑其忧患，见其沉溺，故而远离安逸，能速去其欲乐，回归静守本位，便是得其贞正而吉之所在。

在豫卦，初应四而三五比四，为皆有系者也，唯六二无系，以中正守静，且自守之心耿介如石。“介于石”，其介如石也；介，独立操守，乃确乎其不可拔之谓。守之愈坚，则纵情之欲去之愈速，不溺其小逸自乐，得其吉也。胡炳文曰：“二中而得正，三阴不中正。故盱豫与介石相反，迟与不终日相反，中正与不中正故也。六三虽柔，其位则阳，犹有能悔之意，然悔之速可也，悔之迟，则又必有悔矣。”

《程传》曰：“夫见事之几微者，其神妙矣乎！君子上交不至于谄，下交不至于渎者，盖知几也。不知几，则至于过而不已。交于上以恭巽，故过则为谄。交于下以和易，故过则为渎。君子见于几微，故不至于过也。所谓几者，始动之微也，吉凶之端，可先见而未著者也。独言吉者，见之于先，岂复至有凶也。君子明哲，见事之几微，故能其介如石，其守既坚，则不惑而明，见几而动，岂俟终日也？断，别也，其判别可见矣。微与彰，柔与刚，相对者也，君子见微则知彰矣，见柔则知刚矣。”

六三阴而居阳失正，乃不中不正之人，以阴不中正近卦主之四，上视于四成盱豫之象。盱者，上视也，以张目上望人谄媚九四，乃小人得志之状，虽上瞻望于四，但以不中正却不为四所取，故而言有悔。《程传》曰：“四，豫之主，与之切近，苟迟迟而不前，则见弃绝，亦有悔也。盖处身不正，进退皆有悔吝。”

处豫之道，戒在不能自立，六三失位而不能自立，以盱而上视悦之，非本分之道，更无六二中正守静之操守，迟疑而有待，失位又失操守，进退皆有悔吝，六三盱豫有悔，为事当速悔，若悔有迟，则必悔之深矣。

中正自守与小人得志。豫卦下三爻皆阴，乃坤众之象，坤众处豫因爻位不同，则情状各异，初六鸣豫与六三盱豫，皆小人得志之象，小人得轻浅图乐之欲，失行健奋发之正志，无豫乐之大乐且陷溺于自得其乐之小乐，以丧正志遭陷溺而有凶有悔。同有小人得志之嫌，六二以中正坚确自守，静守自虑，且以虑断识，去小人欲情有速而免其沉溺，速去欲乐而静守本位，不仅得其贞吉，且以中德之得勤勉自励。卦中以坤遇震的“顺以动”使民众效仿建侯君子而奋发行健，便是六二之谓，六二以中德审视全卦体，因健中德而明顺动之理，以介石之操守远离欲乐，从而以得贞吉区别于其他有凶有悔之阴小。由此可见，小人得豫容易失正陷溺，唯有健德治明，方能如六二明顺动之理，知豫乐之“乐”本而勤以自励。

君子志行且得志

九四：由豫，大有得，勿疑。朋盍簪。

象曰：由豫大有得，志大行也。

九四居大臣之位，乃卦中一阳主豫，以豫主使六五柔君亦顺从之，而有由豫之大象；九四以生大豫之位、得豫乐之所、顺人心而和豫当天下大任。九四为震之主，万物莫不由雷以豫，被雷所育；以阳之主成众阴所宗，阴被阳惠以及群物依归，莫不由之，而得由豫。由豫者，乃“豫”之所出也。

梁寅曰：“由豫者，言人心之和豫，由四而致也。处近君之地，以刚而能柔，众阴之所顺附，此所谓大有得也。然人既乐从，则当开诚心，布公道，待以旷大之度，不为物我之私，然后有以致人心之皆服，故曰勿疑朋盍簪。”

生大豫之位。九四乃建侯之位，君子进位而建侯，为君子志行且得志而大得其侯位，豫卦再得建侯君子治豫，因德治有功生豫乐大象，豫卦之所以有豫且能豫，皆在九四正当其位，九四之位，既震行健雷主之位，又为建侯得君主信任而任天下之位，上获君任，下领民众，又以阳明之德统领众阴，使阴类归附顺动行健，既有功于天下，又能传道而有大德。

得豫乐之所。九四以“大有得”得侯位与当天下之任，并以身作则，顺应天地之道，大行其志，以制礼崇德之道治豫，以致天下大治，而生豫乐文明之象。豫卦之所以能豫乐天下，皆出乎九四由豫，故而九四为由豫之所，九四能使天下得其大豫乐，在于以刚阳之大德光耀天下，如同离明以照，使天下大明，豫之众阴得阳而乐，且皆能从正向阳，顺动而自健其德。

顺人心而和豫。豫体大治，自然人心所向，得群物依归，朋从大合。民皆顺侯，阴皆从阳，皆九四之位与九四之德。天下豫乐由此生，民众顺动而大有进益，使人心皆归位而从正。

大有得而勿疑。九四由豫大有得，又必戒以勿疑明盍簪者，九四任重且道艰，之所以言豫之时义，在于治豫非一时之功，九四任大责重，虽然志行得志，但其路途艰难可想而知，要想功成，必得同德者相辅，故而唯开诚布公，得与天下人爻为朋，使其上下同心而励精图治。耿南仲曰："大有得而勿疑，乃能协众力以安其上，犹簪之总众发以安其冠。若自疑则众斯睽矣，未闻疑事而有功者也。"唯当尽其至诚，勿有疑虑，则朋类自当盍聚，使其与天下人共任天下之事。何楷曰："簪，聚也。簪之名簪，取聚发也。或谓古冠服无簪，按《盐铁论》，神禹治水，遗簪不顾，非簪而何？即弁服之笄是也。"

君子志行且得志。九四以生大豫之位、得豫乐之所、顺人心而和豫当天下大任，皆始于君子志行，无君子志行健德，无有出震之机，无君子升志进位，无有君子建侯之时。君子之所以志行，在于健德而有明，明豫体顺动之至理，又明圣人制礼确位之道，以合天地之理以及应先王圣明，自奋行健，值出震之日再进位建功，只有完成这种过程，才能确保君子得志建侯，况且建侯之得志，非豫卦之大志，建侯只得其位，尚未完成大治天下之功，故而君子以建侯之位再励精图治，与天下人共任天下之事，才得豫乐大象。由此可见，君子得志有不同的过程和所得的结果，在不同的"得"果里，所呈现的德位亦迥然不同，这也是为何言健德无止境之因，不同的德位显不同的得志，且要称位其志行，才能配位其得志。

得中与迁善

六五：贞疾，恒不死。

象曰：六五贞疾，乘刚也。恒不死，中未亡也。

上六：冥豫，成有渝。无咎。

象曰："冥豫"在上，何可长也？

六五柔居尊位，乘九四之刚，众皆不附尊位而附九四，乃处势有危，六五受制于下，如痼疾之在身，故为贞疾之象。六五当豫之时，沉溺于豫，乃不能自立者，之所以不能自立，在于权之所主与众之所归，皆在于四，四阳刚得众，乃以德称位其能，非柔弱之君以尊位能制，众人依德不依尊位，使柔君心有疾苦，处尊位反受制于下，是身亦有疾苦也。

六五尊位，权虽失而位未亡也，然以其得中，以得中之吉，故云贞疾恒不死。《书》曰："王有疾，不豫。"六五虽失权势，但不失君道，仍然任九四任天下而享其治世之功。六五得中自守，处尊位而不纵其所乐，以"中未亡"而自振其沉溺。孟子曰："入则无法家拂士，出则无敌国外患者，国常亡。"乃死于安乐之戒也。

《程传》曰："言贞而有疾，常疾而不死，如汉魏末世之君也。人君致危亡之道非一，而以豫为多。在四不言失正，而于五乃见其强逼者，四本无失，故于四言大臣任天下之事之义，于五则言柔顺居尊，不能自立，威权去己之义，各据爻以取义，故不同也。若五不失君道，而四主于豫，乃是任得其人，安享其功，如太甲成王也。蒙亦以阴居尊位，二以阳为蒙之主，然彼吉而此疾者，时不同也。童蒙而资之于人，宜也。耽豫而失之于人，危亡之道也。故蒙相应，则倚任者也；豫相逼，则失权者也。又上下之心，专归于四也。"

上六以阴柔居豫极，为昏冥于豫之象。上六阴柔，非有中正之德，又以阴居上，执迷不悟，而当豫极之时。上六以其动体应戒其豫动，不知有戒乃昏迷不知反者，在豫之终，故为昏迷至深而昏冥已成。

处豫之终，有变之义，若能有渝变，则可以无咎矣。王应麟曰：“冥于豫而勉其有渝，开迁善之门也。冥于升而勉其不息，回进善之机也。”冥于豫而渝变者何？乃开迁善之门也，昏冥至深如能知变，则善矣。爻辞言及此，不言冥豫有凶，而专言渝变之安，乃值冥豫之际劝善也。

得中与迁善。六五失权势而身心受疾苦，以“中未亡”而自振其沉溺，虽有疾苦而不失君道，同样任用九四贤臣治天下，又以得中自振思患预防其安乐之患，仍不失其明智。对比六五尚有明且智，上六却于昏冥中昏迷不知反。若上六不知变而迁善，豫之时则将变，若以豫之时变来生变，豫之上六则不能改其昏冥之现状，不能值豫治顺动之明之际来治其明，可谓将失去豫时，上六无得中之位，只有广迁善门方能健德治明来渝变其昏豫。

既济卦：豫防之明

坎上离下

居安思危慎终如始

在豫卦，雷顺天地法序而动，且坤又承之以顺，坤遇震之动亦奋发行豫之动；君子伏于“地”，经过了蓄阳育德而内阳刚健出震，君子进位建侯，以建侯君子之际出成雷象，坤众师君子雷动而奋发行豫，承之以顺，效法君子行谦而达豫，行谦道修身健德与行豫道尊礼制而履位。法天地、顺人心之豫动的豫体，得制礼尊德之德治，使豫体通畅和豫，人心安乐，形成豫卦动而和顺且万民悦服的和豫之兆。

豫卦以顺动之明崇德制礼，建礼制以供众人，应众人之共理，以一制而位天下，健法、礼、德三位一体之德序，民众顺圣人所建之制安分守已，无有违和，随德治日深，豫之时日久，则渐生德服。

值豫卦德治有成生德文明征象之时，易警惕豫乐之懈怠。行谦使人奋健，行豫怠使人颓败，防止“生于忧患，死于安乐”，应思豫怠而行预防之道。故而豫防之明必先从豫卦治豫之怠开始，当诸事既济，必思患豫防之，况且初吉终乱之体，犹其多也。

既济，坎上离下，水在火上，水火相交，既各当其用，又相互为用，使天下万事得既济之时，又各安正位。既济，事之既成，乃济时济位而有既济之体，时、体、位皆济。《序卦》曰：“有过物者必济，故受之以既济。”在小过卦，以过遇不及系辞，以上逆下顺立凶吉而言过，小过之“过”乃无孚而动且过其常度，言“小”必有阴，言“过”必伤正，乃阴过常且伤正；言小过，为过错尚小，未及祸变，伤正尚轻，处小过当防阴过常，更应守正安本分，治小过，必矫其过使其正。遇正得中行其恭、俭，正是既济之事，故而小过之后，受之以既济。

既济，时、体、位皆济而有事之既成。既济之体，六爻各正其位，八卦各守其分，守其本位尽其本分，不相逾矩又制互用，使其时、位、体皆得其常度，而不生违和之感。卦中，水性润下，火性炎上，水火相交而刚柔正，刚柔得正则能以位立体，水火成既济之体则能用水火也。水润下得火则能止下，火炎上得水则能止上，以水火相制而使其安位，水火得位履位则不过其常，水火以不过常之用，使其水遇火而不涸，火遇水而不灭，互制互用，以本性制位，再以位制用，位序井然，礼序出焉。

《案》曰：“天地交为泰，不交则为否。水火交为既济，不交则为未济。以治乱之运推之，泰否其两瑞也，既济未济其交际也。既济当在泰之后而否之先，未济当在泰之先而否之后。泰犹夏也，否犹冬也，未济犹春也，既济犹秋也。故先天之图，乾坤居南北是其两端也，离坎居东西，是其交际也。既济之义不如泰者，为其泰而将否也。未济之义优于否者，为其否而将泰也。是以既济彖辞曰‘初吉终乱’，即泰‘城复于隍’之戒，未济彖辞曰‘汔济濡其尾无攸利’，即否‘其亡其亡’之心。”

《杂卦》曰：“既济，定也。”既济之定，乃先定位，再以位定序，以序再定他卦之体，使六十四卦体得时得位而次序井然。既济六爻正乎六位，以水火互制互用而安其位，既济之体因位正而安，再以位制用，使水火得其用。既济水火定位，使六爻正位，从既济体济其他卦体，使八卦以本性制位，而各得正位。八卦得正位乃易体最吉之事，依正位能生正序，正序出则治道生，这也是为何能从八卦得六十四卦并生卦体治道的原因；定位得序，显诸仁，水火得用，藏诸用。

以既济来济通所有卦体。既济一卦得济，便能以正位正序之能，来济通所有卦体。易体以显诸仁、藏诸用而谋盛德之大业，故而每一卦或每一事都不能舍既济，尤其是君子行德政之治道，遇到不得时、不得位，君子无位，民众无明亦无志时，尤其渴求既济来相济，君子执大正之道全正大之事业，更需事、功、德，皆能既济。既济卦济通所有卦体，在于行其定位与定序之能，尤其是定序一事，事关重大。一卦正序能够际出，一个卦体世界便能得清明，德政顺畅，民生之功业也能恰如其分而得到期望；反之，那些灾难深重之卦体，皆因混乱无正序，使明德与志德不能行健，德政不能依制依序拯济灾难。

君子与小人之别便在于是否有德，而健德之事唯有正序能举大善，在节卦有立德而节又以制行节，以制度来行节制，实乃启蒙与教化之道，当依正序而健德便无需节制，以自节如常来履位而依正序。以一制正序遍应万民，方是圣人所言盛德之大业，亦方是大乘之道，故而法、礼、德三位一体之德序，任何一种正序皆能治盛德之大业，哪怕非法、礼、德之正序，任何法、礼、德正序中一种自有序的局部，也能治民安居乐业。

豫防之明。居水火互制互用而安其位的既济之体，更应居安思危行豫防之明。既济立初吉而终乱之戒，若能值初吉时防微杜渐，慎终如始，便能在处吉时行用，进德修业，以贯通他卦亦能得其既济。在卦中濡尾曳轮或可保济，终止则乱，上六濡首将返未济而不可救。孔颖达曰：“人皆不能居安思危，慎终如始，故戒以今日既济之初，虽皆获吉，若不进德修业，至于终极，则危乱及之。”

所谓豫防，乃从豫而行预，豫卦乃君子进位建侯有大作为之时，且豫卦以顺动之明建礼乐德治之师，以盛大的文明礼乐之象成为迈向“大同”之基石，言大同，不得不有豫便是如此，最主要的是民众以坤遇震亦承其顺以动，效法建侯君子的健德并进位之举，顺其健动和出震之过程，行谦道修身健德与行豫道尊礼制而履位，方有豫体有豫乐之德果，正因先王确制之功，豫体治世有成，不得不行豫防之明，在豫卦就要治豫怠，使其豫卦全体能进德精进，持盈保泰，切莫失去豫乐文明的大好局面。所以言豫防之明而非行“预”防，便是预防皆小事，而豫防则是立豫体而治大世。

既济卦的豫防之明便是从大处着眼，放眼易之全体而行居安思危慎终如始之防。在建序系统，要预防草昧君子被无序之混乱埋没，不能建侯合群再走蒙体行制度启蒙，贯穿秩序七渐而最终建成制度与秩序核心的便是君子，从屯卦的草昧君子到比卦建制的君主，皆离不开君子的核心作用，也正因如此才有豫卦顺承先王美制而德治天下生豫乐大象。在身德系统，要防止不能持治君子修健之路而一以贯之，最忌半途而废不能以身德之成而立身，从而立身进位走向更大的治理卦体。在志德系统，君子和民众最易被灾祸陷身而失志，以灾祸八体言志德便是要在灾祸中励志且正志，这样方能在任一灾祸卦体能脱灾免难且能立救济他人之志。在明德系统，预防君子失明，君子失明则卦体失治，明德系统通常贯穿了卦体治道，失明将不能依法序顺正理，亦将失去一切根基。在交感系统里，预防随物应情之感被欲、妄左右，被欲左右便不能得感通之道而交通往来，不能以洁静精微之感感于心。在养正系统里，养正需渐进而养，当预防不能革新而渐养，无论是蓄德、升阶还是走向正大之壮大，急功近利都将失养。在德教系统，当预防有德政而不能建德制和德序，唯德制载天下所有德政，某一卦体的德政之功若不能升级建德制，则终将失功又失治。

既济：亨小，利贞。初吉终乱。

彖曰：既济亨，小者亨也。利贞。刚柔正而位当也。初吉，柔得中也。

终止则乱，其道穷也。

象曰：水在火上，既济。君子以思患而豫防之。

卦辞：事之既成，济时又能济位，以始吉与终乱共成体。

彖辞：既济以正位定序显诸仁、藏诸用。

象辞：既济以豫防之明，行居安思危、慎终如始之道。

既济卦，坎上离下，为水火相交而既济之象。为卦水在火上，水遇火而不涸，火遇水而不灭，在于水火互制互用，水火在卦体以本性制位，再以位制用，使其能各当其用又各安其位。水性润下，火性炎上，水润下得火则能止下，火炎上得水则能止上，水火相交而刚柔正，水火得位，刚柔得正，乃既济卦时、位、体皆得其常度。既济卦因六爻各正其位，而位序井然，以位序得正而既济之名正其他卦体。既济，乃事之既成，济时又能济位，济时在于既济之刚柔恰当其时，济位在于水火各正其位。既济水火定位而六爻正位，位能正，则正序可出，以既济卦济其他卦体，能使八卦以本性制位而生正序，从而依正序得治道。既济卦以正位而正其他卦体，显诸仁，以水火得用而八卦齐用，藏诸用。

既济卦以"亨"立卦德。显诸仁、藏诸用，既济一卦得济，便能以正位正序之能，来济通所有卦体，以此全圣人盛德之大业，故而能得亨。既济之亨，乃从小向大之亨，先是水火定位，水火定位方使六爻正位，六爻正位而坎上离下成既济卦体，在既济卦体，刚柔得位而得凶吉之占，因既济有事成得济之吉，才以既济正位得序而济其他卦体，欲使其他卦体皆正位得序而得济。无论是六爻正位之亨、坎上离下相交成体而互制互用之亨、既济有事成得济之亨，还是以既济济其他卦体之亨，乃起于水火定位而由小向大之亨。也恰恰是水火定位在既济卦体发挥的作用，使其亨者小。不曰小亨而曰亨小，在于所亨者乃小事；五刚二柔之卦，通常利小事而不利大事，君强通常不能下贤而君臣合功。

亨者小事而不能得其大用，在既济体水火相制相用决定了是否利大事的格局，水火各有其性，以相制来相用的既济卦，便不能完全发挥水火之大用，以相制克制其功，亦能使相害藏匿其中；正因如此，使其既济卦济其他卦体只能行其“配角”或“助力”之功用。在既济卦体中贯穿了未济之体，当时、位不予时，既济之局面亦会反转到未济，使其事成变成不成，有功变成无功，这便是在相制相用的矛盾体下需用豫防之明，时刻关注时与位，否则就不是亨者小，而是有诸事不成的未济之患。

“利贞。”既济卦之所以是既济事能成而不是未济事不成，就在于既济卦既得其贞正，又利正固。得其贞正，既济卦以六爻各当其用又各安其位而得正，又以正位正序之能而利贞，在易体诸卦之求无非是能生正序，正序出则治道生，而正序必依正位方能出。位不正或失位乃至无位，皆不能全治道之功用，总有差之毫厘谬以千里之误。正位定序，乃德位法则核心之钥，既济卦正是凭此钥济通其他卦体，行其“助力”来帮助卦体打开治道宝库。君子执大正之道全正大之事业，更需事、功、德，皆能既济。故而正位定序一事，事关重大，且以一卦之利贞，事关他卦是否贞正。

言利贞且正固，乃既济卦中刚柔得位且守正，亦是君子进德修业正当其位之时，君子以正固之利，德能健，志能行，从而能济远大。所谓“刚柔正而位当也”，乃卦中刚居五，柔居二，各得其正，刚用刚德，柔用柔功，以既济利贞之道，行正固之利而诸事能济。《程传》曰：“既济之时，大者固已亨矣，唯有小者亨也，时既济矣。固宜贞固以守之。卦才刚柔正当其位，当位者，其常也，乃正固之义，利于如是之贞也。阴阳各得正位，所以为既济也。”

“初吉，柔得中也。”六二柔顺文明而得中，以柔中之德上应九五，以柔善济居下体而成既济之功。初与二居下体，乃君子行健欲济而未得济时，有济之成但尚未济，正是君子行健进志用功之时，此时的卦体是得正而向上的，如果把既济当成诸卦追求的一个结果，那么贯穿既济的正是正济的过程，当正济的过程得正且积极向上，便赋予了卦体利贞且亨通之能，六二用柔，正是与君子行健刚柔并济而得正济之功。

所谓“初吉”，在卦中初九得义无咎而吉，初九取狐涉水立象，狐涉水必翘其尾防沾湿尾巴，所谓濡其尾，身见危，便是如此；狐为阴物，狡诈多疑，狐之行皆有不正之患贯穿，其未济卦的未济之患便是不正所致，在于狐类阴妄刚强不识正道，阴而不正且又不从正，而致诸事未济；初九以曳其轮，止其行，乃止不正之行，当曳其轮止其不正之行，便能在初始得正，且又有各爻当位以制诸多不正，使其初见吉。初见吉，在于既济卦行豫防之明，从卦之初始便豫防不正之行，察妄于初始，纠不正于正，止不正于初，再从六二柔中之德，两相用功，以正既济之义。

“终止则乱，其道穷也。”上六以阴柔居卦之终，既居坎险之上，又得濡首之危，两凶相加，使其不仅不能得济，还因陨身濡首无法行健，失明又失志，以大失君子之道而道穷，不得既济之用而治穷。终止则乱，止既济之势，以及终止小人健德向君子，既乱小人自身，又因陷入灾难而乱天下所有卦体，睹诸卦之灾祸，犹有阴柔小人陷难，不从正且不心向君子而灾难深重。所谓初吉终乱，其治乱相倚又相用，诸卦有物极必反之理，既济亦有未济之变。初为始为本，上为终为末，始吉于锐，在于初九有止患之明，自守而自健，藏锐气于位；终乱于怠，在于上六不能行豫防之明，把祸患终止在未发之初，行怠于日常，违背既济敬慎之义。

《程传》曰：“天下之事，不进则退，无一定之理。济之终，不进而止矣，无常止也。衰乱至矣，盖其道已穷极也。九五之才，非不善也，时极道穷，理当必变也。圣人至此，奈何曰：唯圣人，为能通其变于未穷，不使至于极也，尧舜是也。故有终，而无乱。”

“君子以思患而豫防之。”行豫防之能当治豫防之明。思患，患在何处？患在既济事成，居安不能思危，患在立“初吉终乱”之戒，却不能慎终如始；亦患在既济与未济因时、位而互通互变，未济的不正之患将患于既济；更患在既济不能以其利贞且正固之道，济通他卦，使他卦亦能正位定序而得大治。所谓“惟事事，乃其有备，有备无患”便是行豫防之事。在未济卦体格局里，很难达成既济之愿望，难以成既济之事，而在既济卦体格局里，若不思患预防，慎终如始，便会因时、位之变化而陷入未济的泥潭里。既济与未济之别，便在于既济正位，而未济有不正之患。未济以狐取象，未济之“狐”类，乃德政难以教化使其从正之类，阴而不正且不从正是其内因，未济的不正之患正与既济彼此相连，不仅使其一卦未济，诸卦皆有履灾遭难之恶果。既济正位便要以自身之正来“正”未济之不正，做到以正止邪，拔除不正。

思患豫防而不忘未济

初九：曳其轮，濡其尾，无咎。

象曰：曳其轮，义无咎也。

六四：繻有衣袽，终日戒。

象曰：终日戒，有所疑也。

初九阳居下，上应于四，处离体而有进锐之志，离火炎上，必汲汲而欲动，然处既济之初，进不已则及于悔咎，故以濡尾而曳轮，轮所以行，倒曳之使不进。以濡尾而曳轮，可见其用力之难，虽难但亦止其行。

曳其轮，濡其尾，乃初九止进锐之行，初九止行乃得既济豫防之明。初九处离之下有进锐之志，然值进取之时却曳轮止行，在于兽之涉水必揭其尾，防沾湿尾巴而身体下沉，尽管谨慎如此，但狐类涉水而行，乃阴而不正之行，初九以曳其轮止其行，乃止不正之行。曳轮则车不前，濡尾则狐不济。既济之初，谨戒如是，则获无咎之道。

《案》曰："盖曳轮者，有心于曳之也。濡尾者，非有心于濡之也。当济之时，众皆竞济，故有濡尾之患。惟能曳其轮，则虽濡其尾而可及止也，观夫子《象传》可知。"

止进之明。初九止行而制其不进，乃有心行曳，濡尾虽有患，但若能濡尾而行其止，以爻位小患换取卦体无咎，又何尝不是小舍而大得？初九于未济之患里得既济义，故而有明。既济言正位，在于各爻能制其本性而各安其位，初九若以离之性必进而行其锐志，若进则放任离火炎上之本性；初九有明，既能制其炎上之本性，又能止行安位，以濡尾而曳轮，可见初九行制止之心甚坚，这也是为何卦辞言"初吉"之所在。初九爻辞只言无咎而不言吉，便在于以濡尾之患而行其止进之举，乃以既济正未济也；在既济正位的格局下，虽有濡尾之患但能获无咎。

六四以柔居阴，在济卦而水体，故取舟为义。繻有衣袽，豫防之具不离舟车，乃衣袽所以备舟隙也。《程传》曰："繻当作濡，谓渗漏也。舟有罅漏，则塞以衣袽，有衣袽以备濡漏。"

胡炳文曰："乘舟者不可以无繻而忘衣袽，亦不可谓衣袽已备，遂恝然不知戒。水浸至而不知，则虽有衣袽，不及施矣。备患之具，不失于寻常，而虑患之念，又不忘于顷刻，此处既济之道。"

六四思患豫防。六四居多惧之地，出离入坎，虽在既济之体，但既济以互制而互用，其相害亦藏匿其中，故而罅漏必生，六四能见罅漏之患，必思未济之事，乃以既济而未忘未济之难也。故而六四为能豫备而戒惧者，当既济之时，以防患虑变为急，尤其是值舟有罅漏之患，备衣袽便是防患，有备而无患便是如此。张清子曰：“终日戒者，自朝至夕，不忘戒备，常若坐敝舟而水骤至焉，斯可以免覆溺之患。”

六四有过疑之虑。六四行有备无患之豫防，自然高明，若终日行戒，则未免所疑有过。既济之时，各种事既成条件齐备，能生豫防之心且行有备防患之举足矣，六四值既济如此防未济之患，本应有吉，但因过疑使其生疑疾，便得不偿失。

思患豫防而不忘未济。初九与六四正应，皆行思患豫防之举，初九思不正之进而以曳轮止行；六四以阴居坎，思坎险防陷，行衣袽备濡漏之有备豫防。在既济思患之念不忘顷刻，在于得正位而肩负既济之使命，故而初九与六四时刻不忘净其心念且正其行为，尤其是初九从濡尾之患中行其止进之举，则更艰难；六四以阴居坎，本应陷后才能知觉，但能事先行有备之豫防，一反在他卦之常行，在于六四正应初九，初六以离火之明应照六四，使六四生豫防之明，六四得初九防患之意识，把正应付诸于防患的正行中。从未济之患中走出既济之事，更在于初九与六四皆能自制，这是得正履位的关键所在。

事行警惧而实受其福

六二：妇丧其茀，勿逐，七日得。

象曰：七日得，以中道也。

九五：东邻杀牛，不如西邻之禴祭，实受其福。

象曰：东邻杀牛，不如西邻之时也。实受其福，吉大来也。

六二以文明中正之德，上应九五刚阳中正之君，宜行其志。然九五处既济之尊位，事皆既济，不能下贤以行其道，故二有妇丧其茀之象。六二以阴居离之中，故以妇言。茀者，车茀，“妇人乘车不露见，车之前后设障以自蔽隐，谓之茀。”乃妇人出门以自蔽者。丧其茀，不可行矣。古人乘车，妇人坐乘必有车茀，丢失车茀，则失礼而不可行。

李光地曰：“初二居下位，故皆取君子欲济时而未得济为义。轮者，车之所以行路也。茀者，车之所以蔽门也。初之时，未可以行也，故曰‘曳其轮’。二可以行矣，而不苟于行，苟‘丧其弗’，亦不行也。夫义路也，礼门也，义不可则不行，礼不备则亦不苟于行也。二有应而曰‘丧其茀’者，既未济卦义以上下体之交为济，二犹居下体之中故也。

六二以柔中之德，自然不违出行当有车茀自蔽之礼，然车茀丢失，则不能冒失礼之险而前行；况且二不为五求用，无君命可促其前行，故而于礼于君命皆决定了六二不得行，如妇之丧茀。

勿逐，六二必以中正之道尊礼勿逐，逐则失礼，勿逐则需自守而不失中正；《程传》曰：“逐者，从物也。从物，则失其素守，故戒勿逐。”爻有六位，七日则变，乃自守而待时变。六二虽不为九五所用，但六二亦居中位，其文明中正之德不可不健，中正之道更不能废弛，若行则从外物还将失礼，自守则能健内德，两者之间，孰轻孰重，一目了然，故而不用圣人劝戒，亦当明此理。然而世风日下，世人皆只知妄行奉君以讨利好，不知自守健德而内生文明。所谓勿逐而自得，并非言得九五之欢心或重用，因自守而得文明中正之德，此乃小失而大得。

九五中实有孚，六二中虚有受，故皆取祭祀为义。东邻，阳也，谓五；西邻，阴也，谓二；杀牛，盛祭也；禴祭，薄祭也。盛不如薄者，乃卦时已不同，东阳西阴，言九五居尊而时已过，不如六二之在下而始得时。

姚舜牧曰：“人君当既济时，享治平之盛，骄奢易萌，而诚敬必不足，故圣人借两邻以为训。若曰东邻杀牛何其盛也。西邻禴祭，何其薄也。然神无常享，享于克诚。彼杀牛者，反不如禴祭者之实受其福，信乎享神者在诚不在物，保治者以实不以文，此盖教之以祈天保命之道。”

东邻盛祭，不如西邻薄祭。九五盛极则衰，六二自守虚己有进。所衰者与所进者何？乃德也。九五在凡事可济的既济体中，居功自傲，不知礼敬六二下贤，值既济而盛极时必衰，其德行必有所损，况且既济卦体只能小事得亨，大事尚未进益，九五却不知用治世之贤来谋既济之盛世，必当大失既济之时；反观六二以小失大得之明，自守修持，健德于内，虽行禴之薄祭，但以专诚取胜，自然实受其福。

之所以能“实受其福”，在于既济事成，当物大丰盛时，能行恭敬撙节退让明礼之事，所以受福。受福者为六二受福。既济之体，在于合时位，不在物丰，行祭祀，在于应天时合地利，故时为大，六二得时，以薄祭示专诚即可，九五时已过，不如六二之在下而始得时，行杀牛盛祭反而可羞。

事行警惧而实受其福。事行警惧而实受其福者乃六二也，六二在既济盛极则衰将至时，行恭敬撙节退让明礼之事，既事九五于专诚，又自守知修持，使外有善功内有离明之德，故而“吉大来也”。九五以尊居既济，虽未用六二谋大事，但亦能行专诚之祭，九五以中实有孚化解了诸多失时的矛盾。六二事以中道，九五事以中孚，皆乃思患豫防与持盈保益之道。

始吉于锐与终乱于息

九三：高宗伐鬼方，三年克之，小人勿用。

象曰：三年克之，惫也。

上六：濡其首，厉。

象曰：濡其首厉，何可久也。

九三以刚居刚，居两离之中，以刚健有为之主而用刚之至，远应上六，既济而用刚如是，乃高宗伐鬼方之事。高宗乃商中兴之君，振衰拨乱，自未济而既济者；鬼方，殷周西北远夷之地，指上六；《诗经·荡》云：“内奰于中国，覃及鬼方。”毛传：“鬼方，远方也。”朱熹集传：“鬼方，远夷之国也。”

《程传》曰：“高宗必商之高宗。天下之事既济，而远伐暴乱也。威武可及，而以救民为心，乃王者之事也。惟圣贤之君则可，若骋威武，忿不服，贪土地，则残民肆欲也，故戒不可用小人。小人为之，则以贪忿私意也。非贪忿则莫肯为也。”

三年克之，于时久矣，言其久而后克，于事艰矣，时久且艰，故不可轻动亦不可大意；三年，言其济甚难，故应思患而豫防之。小人勿用，戒才、德皆不能济者行师，在于求事既济之成，以及事成俟保济之事。伐鬼方而克之，用时三年，被战事拖累而极度疲劳，之所以累，在于两坎相连而陷战事拖累。同三年克之，亦有同人卦云“三岁不兴”，困卦云“三岁不觌”，屯卦云“十年乃字”，复卦云“至于十年不克征”等。

上六阴柔居险体之上，处既济之极，为狐涉水而濡其首之象。既济之终，穷至于濡首，其危可知，而小人处之，其败坏可立而待也。物盛则衰，治极必乱，乃理之常也。

上六处既济之终，既济之道已然穷极，至穷极时，又涉险而濡溺其首，其危厉又有极。所谓初吉终乱，上六必乱既济之体，以至穷极而反于未济。薛温其曰：“濡其尾者，有后顾之义。濡其首者，不虑前也。恃以为济，遂至陷没，没而至首，其危可知，历险而不虞患，故曰乱者有其治者也。既济终乱，其义见矣。”既济终乱在于治不思乱，安不虑危，不能行豫防之明而防微杜渐。

始吉于锐与终乱于怠。以卦时言之，初为始为本，上为终为末；以成卦言之，上为首为前，初为尾为后。九三用甲胄，行兵戈，用刚克强，虽三年克之，但亦陷战事拖累而疲惫至极，事虽既济，但消耗过大，亦损其自身。既济之用，在于互制互用，犹以自制为吉，如初九曳轮止行知自制而自守。始吉于锐，在于初九思不正之进而曳轮止行，止行自守，守位正位便能健德，德健阳气升发有锐，锐在于藏志之锐，并非冒进，反而初九有思患豫防的止进之明。上六于既济卦终，终止则乱，在于怠于终，上六之所以有濡首之危厉，便在于不能时刻居安思危，怠于日常，没有把祸患终止在未发之初，任其不正侵袭既济体，当时、位不济时，只能至穷极而反于未济。

纵观既济卦，以水火相交立象，以“亨”立卦德，以水火互制互用使其能各当其用又各安其位，故而能显诸仁、藏诸用，既济一卦得济，而能济通所有卦体，究其因在于既济卦有安位之能，正位而正序出。履卦确位且以位贯穿诸卦，使诸卦皆能确位序，既济又以安位贯穿诸卦，可谓得其终始，故而既济得其终始之功。纵然既济又功，但仍以戒惧系其辞，在于虽得既济安位正序之功，更应居安思危慎终如始而行豫防之明。

初九“曳轮濡尾”止其动，乃思不正之进而以曳轮止行，明患而行止进，实乃思患预防之明举；六二“丧茀勿逐”缓其行，以事行警惧而受其福，缓其行，行恭敬撙节退让明礼之事，又有自守之修持而得中道；九三“小人勿用”戒其终乱，用甲胄行兵戈终消耗过大而疲惫至极，必须升发刚强锐志方能克强；六四“繻有衣袽”戒其始终，思坎险防陷而行有备豫防，六四能自制亦能履正位，从而能行事先行有备之豫防；九五“实受其福”得既济之时，以尊居既济，行专诚之祭，以中实有孚化解了诸多失时之矛盾，既有思患豫防之功，又有持盈保益之道；上六“濡其首”存危厉，历险而不虞患，则至穷极而反于未济。物盛则衰，治极必乱，既济卦体中贯穿了未济之体，当时、位不予时，既济之局面亦会反转到未济，使其事成变成不成，有功变成无功。

豫防之明乃君子九明之基石，豫卦统领君子九明乃明德之高光，而只有做好思患豫防方能在避灾免难的基础上健他明且升华其德。既济卦非求一卦之既济，而是放眼易之全体求诸卦之既济，故而肩负诸卦之卦责，既济以水火互制互用而安位序之象，明其卦义，以昭他卦能济用既济之思想。所谓既济之思想，从安位序来言，德位法则才是济通所有卦体之髓，在德位法则下行德治而生德位治则，使诸卦皆能据“位”而治；从水火互制互用来言，行居安思危慎终如始豫防才是治道之必须，只有在脱灾免难的基础上方能如常地践履正序，方能以正位而正其他卦体，成其德位治则德化天下的大治之功。